사회 보장론

김경우 저

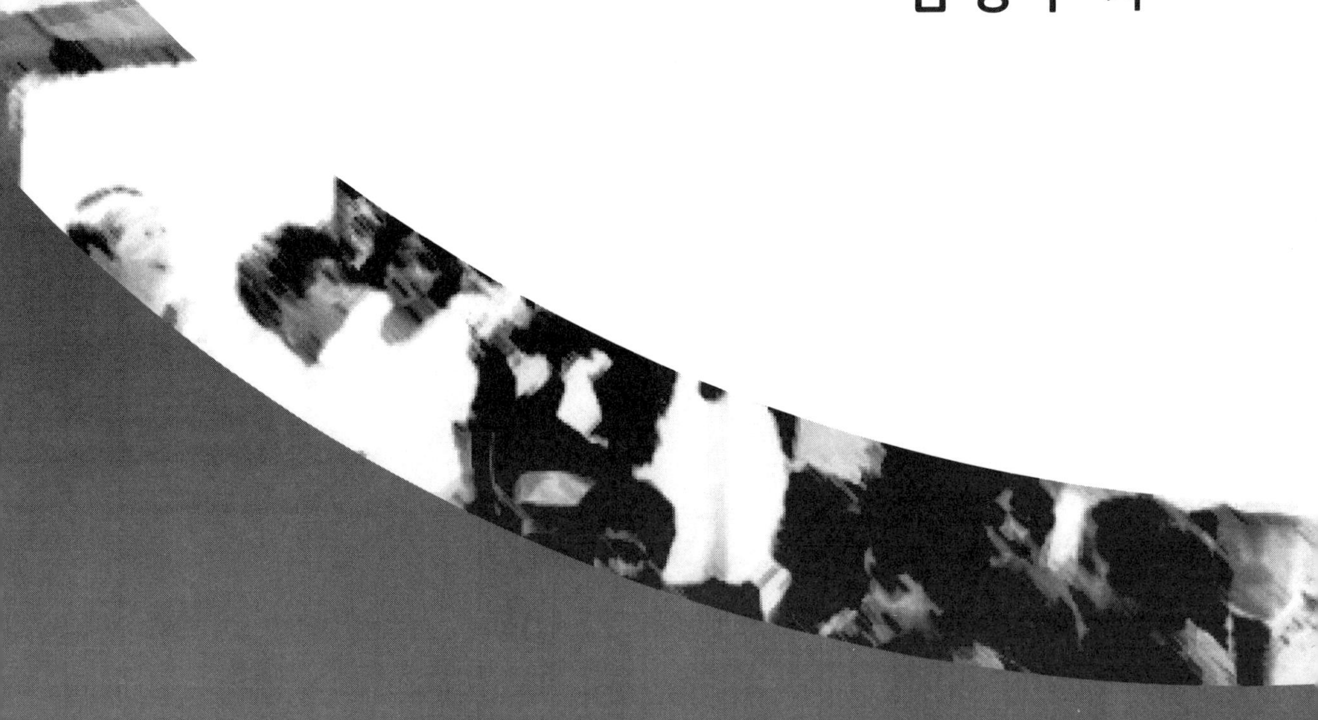

Introduce | 머리말

한국의 사회보장제도는 소득보장, 의료보장, 사회복지와 기타 관련 분야로 구성되어 있다. 먼저 국민생활에 있어 가장 기본적인 문제인 빈곤으로부터의 해방, 즉 생활상의 사고나 장애로부터 발생하는 소득의 상실, 중단, 감소에 대한 소득보장은 사회보장제도의 근간이 되고 있다. 그리고 헌법 제35조에서 규정하고 있는 것과 같이 건강하고 쾌적한 환경에서 생활할 권리를 지속하는 기초가 되는 의료보장이다. 이 두 가지 제도가 한국 사회보장제도의 중심이다. 우리나라에서 사회보장이란 국민의 소득보장과 의료보장을 목적으로 한 제도체계라고 해도 과언이 아니다. 한국의 사회복지에서 핵심은 무엇보다 공공부조에 있다. 공공부조는 모든 국민이 인간다운생활을 할 수 있도록 그 기능을 다해야 하고 그 형식적인 기준이 바로 최저생계비이다. 현행 우리나라 최저생계비는 빈곤선이면서 곧 공공부조급여 기준선이 되고 있다. 빈곤선과 공공부조급여 기준선을 함께 사용하는 것은 최저생계비 수준이 건강하고 문화적인 최저생활을 의미하는 빈곤선으로서 너무 낮다는 문제점이 있다.

최저생계비는 매년 보건복지부에서 발표하는 최저생계비를 기준으로 하고 있다. 최저생계비는 부양가족수에 따라 다르게 책정되며 물가상승률과 생활수준 등을 고려하여 매년 증가하고 있는 추세이다.

개인회생 신청 시에 인정되는 법원 기준 최저생계비는 보건복지부 최저생계비 기준의 150%까지 인정해주지만, 무조건 150%을 인정해주는 것이 아니라 사건의 전반적인 상황에 따라 다르게 책정되기 때문에 중요한 관심사가 되고 있다.

한국 사회보장제도의 당면 과제는 급여의 확대와 효율적인 운영이다. 우선, 한국 경제와 성장 그리고 사회변화에 부응하는 맞춤식 사회보장제도의 도입이 필요하다. 저출산 · 고령화에 따른 아동수당의 제도화, 질병발생 시 기존의 질병치료뿐 아니라 치료기간 중 소득을 보장하는 상병급여의 도입도 매우 절실하다. 이러한 제도는 급여의 확대라기보다는 사회 유지를 위한 필수적인 제도라고 할 수 있다. 둘째, 사회보장제도가 필요에 따라 도입되다 보니 행정 운영의 중복이나 비효율적인 측면이 적지 않다. 이러한 비효율성을 제거하기 위해 그동안 노력해 왔지만 여전히 미흡한 점이 많다. 사회보장 행정의 시민 중심의 효율화가 시급하다. 이 저서는 사회보장의지속적인 유지와 발전방향을 제시해 나가는 데 기여하고자 한다.

2017년 국민기초생활보장제도의 개편과 부양의무자에 대한 논의, 공적 연금제도의 변화와 개혁 그리고 건강보험에 대한 가정경제의 빈곤논의, 부양의무자에 대한 실질적인 사회보장의 동향과 과제 등을 충실히 논의하고자 하였다. 특히 2014년 서울 송파구에서 일어난 세 모녀의 자살사건으로 국민기초생활보장제도가 개편되었다. 이에 따라 빈곤선의 기준이 절대적 빈곤에서 상대적 빈곤으로 적용되기 시작하였고, 급여구조는 개별급여를 중심으로 하는 맞춤형급여로 전환되었다. 맞춤식 급여의 실적인 개편과 지원이 아직도 미흡하여 빈곤사각지대를 양산하고 있다.

또한 OECD 국가 중 불명예스러운 노인빈곤율, 노인자살률 1위라는 후진성 복지를 해결하고자 기초노령연금을 기초연금으로 개편하였는데, 이에 기초연금과 국민연금이 급여부문에서 통합되어 실시되고 있어, 원칙적으로 서로 다른 두 제도가 어떻게 연계되고 지원이 되고 있는지에 대한 정책대안도 새롭게 포함하였다.

이러한 시대적인 사회복지의 흐름은 최저가 아니고 최적으로, 시혜가 아니라 당당한 권리 주체로, 그리고 선택적인 복지가 아니라 보편적인 복지로, 고정된 개념이 아니라 변동지향적인 시대적 사명으로 국가복지가 실현되어야 한다.

이에 따라 교과과정의 구성은 우선 전체보기에 의한 학습주제의 주요 키워드를 조망 하였다. 즉 부분을 통하여 학습할 주제를 세부내용과 특정영역으로 정교화 하였고 이를 전체와의 관계 속에서 파악하여 전체와 부분과의 관계와 다른 부분과의 연계를 확인하는 단계를 거쳤다.

교수설계의 이론적 기초는 첫째, 체제이론에 의하여 피드백, 개방체제와 폐쇄체제, 목적과 목표의 역할을 주지하였고 둘째, 학습이론으로 강화(reinforcement), 기억(memory), 전이(transfer), 연습(practice)에 적응하도록 하였으며 셋째, 커뮤니케이션이론으로 태도, 설득, 언어에 대한 이론, 송신자가 수신자에게 정보를 전달할 수 있도록 하였으며 개념적 수업모형으로 지식의 연결성, 학습의 방향 및 동기를 부여하도록 접근하였다. 따라서 지식과 기술의 이론적 배경으로 제1장은 사회보장의 기본계념, 제2장은 사회보장의 주요형태와 원칙, 제3장은 사회보장법의 기본원칙, 제4장은 각국 사회보장제도의 역사, 제5장 공공부조, 제6장은 빈곤유형과 측정을 기술하였다. 제7장은 노인장기 요양보험제도 제8장은 국민건강보험제도 그리고 은퇴후 관심도가 높은 노인의 소득대체율에 입각한 제9장 국민연금제도, 제10장 고용보험제도, 제11장 산업재해보상보험, 제12장의 사회복지보장의 재원과 전달체계로 구성편성하였다.

무엇보다 매주마다 학생과 교수가 함께하는 소위, "개념도"의 작성으로 장마다 무엇을 어떤 내용으로 학습하게 되는지 그리고 강의 후 수강생이 완성할 수 있는 보충내용을 추가 작성하고 발표할 수 있는 공감학습방법이 될 수 있도록 평가받는 기대를 해 본다.

그리고 집필 후에는 항상 부족함으로 기획의도의 오류에 대해서 후회스러움을 자아성찰하게 된다. 이 부분에 대해서는 창의적인 사고와 열린 마음으로 계속적인 노력을 다 할 것이다. 전문가 및 관계자 여러분의 임상적인 지식과 기술의 충고와 다양한 학문으로서의 접근방법의 대안과 지도가 보다 심오한 발전을 가져올 수 있다고 판단된다. 독자 제현과 전문가 여러분의 계속적인 질타를 부탁드립니다.

그리고 거듭되는 수정과 퇴고로 인한 편집의 어려움과 촉박한 일정에도 지속적인 관심과 애정으로 출판에 대한 열정과 의지를 보여주신 MJ미디어 사장님과 나전무님 그리고 편집장님의 노고에 감사의 마음을 전합니다.

2017. 9

남한산성에서 저자 배상

Contents | 차 례

CHAPTER 01

사회보장의 개요

CHAPTER 02

사회보장의 주요 형태와 원칙

CHAPTER 03

사회보장의 기본

CHAPTER 04

각국 사회보장 제도

CHAPTER 05

공공부조와 사회보장의 의의

CHAPTER 06

빈곤과 공공부조

CHAPTER 07

노인 장기요양 보험의 이해

CHAPTER 08

국민 건강보험의 이해

CHAPTER

01 사회보장의 개요

제1절 사회보장의 의의

1. 사회보장의 의의

1) 사회보장의 개념

사회보장이란 정부 또는 국가가 주체가 되어 사회 안에서 발생하는 사회문제나 사회적 위험으로부터 국민을 보호한다는 것이며, 이를 통해 국민의 복지를 실현하고자 하는 것으로서, 구체적으로는 사회보장과 관련 있는 사회보장 프로그램이나 정책으로 나타나고 있다.

사회보장은 모든 국민이 다양한 사회적 위험으로부터 벗어나 행복하고 인간다운 생활을 향유할 수 있도록 자립을 지원하며, 사회참여 · 자아실현에 필요한 제도와 여건을 조성하여 사회통합과 행복한 복지사회를 실현하는 것을 기본 이념으로 한다.

사회보장을 뜻하는 영어 Social Security에서 Security의 어원은 라틴어 Se(=Without, 해방)와 Cura(=Car, 근심 또는 괴로워하는 것)에서 비롯된 것으로 '불안을 없게 한다.'는 뜻이다.

그러나 social security라고 할 때 그 뜻은 제도로서 형성된 역사적 · 사회적 배경과 시대 및 각국에 있어서 그 어감과 어의가 여러 가지로 해석되고 있다.

Social security라는 말을 처음 사용한 것은 미국의 루즈 벨트 대통령의 뉴델 정책(1934년 6월 18일 의회)을 설명하는 가운데서 비롯된 것이며, 이 용어는 그 뒤로부터 보편적으로 사용되어 왔지만 그 어감은 사용하는 사람에 따라 다양하게 사용되어 왔으며 그 의미는 정치가에 의한 정치가의 목적과 슬로건에서 비롯된 것으로 지적할 수 있다.

우리나라는 사회보장을 사회보장기본법(2009.6) 제3조에서 "사회보장이란 질병, 장애, 노령, 실업, 사망 등의 사회적 위험으로부터 모든 국민을 보호하고 빈곤을 해소하며 국민 생활의 질을 향상시키기 위하여 제공되는 사회보험, 공공부조, 사회복지서비스 및 관련복지제도를 말한다."라고 정의하고 있다.

사회보장이란 용어는 1940년에 개념이 확립되었으나, 처음으로 사용된 것은 1935년 미국에서 사회보장법(Social Security Act)이 제정된 때부터이며, 그 이후에 보편적으로 사용되어 왔다. 우리나라는 1960년 제4차 개정헌법에서 처음으로 국가의 사회보장에 관한 노력을 규정하였고, 1963년 11월 법률 제1437호로 전문 7개조의 사회보장에 관한 법률을 제정하였다. 그 후 1980년 10월 개정된 헌법에서 사회보장이라는 용어를 최초로 사용하였다.

사회보장이라는 의미는 역사적, 사회적 배경과 시대 및 학자나 국가에 따라 여러 가지로 표현되고 있는데 사회보장의 아버지로 불려지는 비버리지(W. Beveridge)가 1942년 영국정부에 제출한 보고서「사회보험과 관련 서비스(Social Insurance and Allied Service)」에 의하면 사회보장의 정의는 실업·질병 혹은 재해에 의하여 수입이 중단된 경우의 대처, 노령에 의한 퇴직이나 본인 이외의 사망에 의한 부양 상실의 대비 그리고 출생·사망·결혼 등과 관련된 특별한 지출을 감당하기 위한 소득보장을 의미하는 것으로 그는 빈곤과 결부시켜 사회보장은 '궁핍의 퇴치'라고 말하며 이는 국민소득의 재분배로 실현할 수 있으며 이를 통한 일정 소득의 보장은 결국 국민생활의 최저보장을 의미하는 것이라 하였다.

국제노동기구(ILO)의 정의에 의하면 "질병·부상·출산·실업·노령·폐질·사망 등으로 인한 소득의 중단 또는 감소에 의하여 야기되는 경제적, 사회적 고난에 대하여 사회가 그 구성원들에게 마련해 주는 소득보장, 의료제공, 아동수당 등의 일련의 공적조처"이다.

또한 ILO가 1942년에 발표한「사회보장에의 접근」이라는 보고서에 의하면 사회보장은 사회 구성원이 부딪히는 일정한 위험에 대해서 사회가 적절한 조직을 통해 부여하는 보장이라고 정의하였으며, ① 전체 국민을 대상으로 하여 ② 최저 생활이 보장되어야 하고 ③ 모든 위험과 사고에서 대하여 보호받고 ④ 공공의 기관을 통하여 보호나 보장이 이루어져야 함을 그 구성요소로 하였다. 이는 사회보장제도가 국민 생활상에 닥치는 불의의 위험이나 소득의 중단이 온다 하더라도 정상적인 생활을 유지할 수 있도록 그 생활을 보장하는 수단을 국가가 책임을 지고 수행하는 제도인 것이다.
여기서 사용하는 용어의 뜻은 다음과 같다.

① "사회보장"이란 출산, 양육, 실업, 노령, 장애, 질병, 빈곤 및 사망 등의 사회적 위험으로부터 모든 국민을 보호하고 국민 삶의 질을 향상시키는 데 필요한 소득 · 서비스를 보장하는 사회보험, 공공부조, 사회서비스를 말한다.
② "사회보험"이란 국민에게 발생하는 사회적 위험을 보험의 방식으로 대처함으로써 국민의 건강과 소득을 보장하는 제도를 말한다.
③ "공공부조(公共扶助)"란 국가와 지방자치단체의 책임 하에 생활 유지 능력이 없거나 생활이 어려운 국민의 최저생활을 보장하고 자립을 지원하는 제도를 말한다.
④ "사회서비스"란 국가 · 지방자치단체 및 민간부문의 도움이 필요한 모든 국민에게 복지, 보건의료, 교육, 고용, 주거, 문화, 환경 등의 분야에서 인간다운 생활을 보장하고 상담, 재활, 돌봄, 정보의 제공, 관련 시설의 이용, 역량 개발, 사회참여 지원 등을 통하여 국민의 삶의 질이 향상되도록 지원하는 제도를 말한다.
⑤ "평생사회안전망"이란 생애주기에 걸쳐 보편적으로 충족되어야 하는 기본욕구와 특정한 사회위험에 의하여 발생하는 특수욕구를 동시에 고려하여 소득 · 서비스를 보장하는 맞춤형 사회보장제도를 말한다.

'사회보험'이란 사회적 위험으로부터 국민의 건강과 소득을 보장하는 제도로 사회보험은 보험료를 미리미리 거두었다가 지급 사유가 발생했을 때 필요한 비용을 지급해주는 일종의 공공보험이라고 할 수 있다.
사회보험 종류는 실업보험, 연금보험, 건강보험, 산업재해보험 등을 확인할 수 있는데 산업재해보험과 건강보험은 노동능력의 상실, 연금보험과 실업보험은 노동기회의 상실을 대비하고 있다.
사회보험의 목적은 근로자와 그 가족들을 상해, 질병, 사망, 노령, 실업으로 인해 피해를 방지하거나 최대한 최소화 하기 위해서 사회보험 개인의 의사에 따라서 가입여부를 결정하는 게 아닌 의무적으로 가입하도록 되어 있어 강제성을 띄고 있다.
일반회사의 보험과는 달리 사회보험의 비용은 수혜정도가 아닌 소득수준에 따라 정해지고, 그에 따라서 소득의 재분배역할도 가능하다.
"사회복지서비스"란 도움이 필요한 국민에게 상담, 재활, 직업의 소개 및 지도, 사회복지시설의 이용 등을 제공하여 정상적인 사회생활이 가능하도록 지원하는 제도를, '관련복지제도'란 보건, 주거, 교육, 고용 등의 분야에서 인간다운 생활이 보장될 수 있도록 지원하는 각종 복지제도를 말한다.
즉, 우리나라에서는 사회보장의 영역을 4개의 영역 즉 사회보험, 공공부조, 사회복지서비스 및 관련복지제도로 보고 있다.

2) 개념규정

사회보장제도는 제2차 대전 이후 선진국은 물론 개발도상 국가에 까지 널리 보급되어 사회보장이라는 말이 모든 국가에서 사용되고 있으나 그 개념이 아직까지 완전하게 정착되었다고 할 수는 없다. 우리나라에서는 사회보장에 관한 법률 제2조에서 사회보장의 개념 내지 범위를 사회보험과 공적부조를 의미하는 것으로 규정하여 그 주된 의미를 사회보험에 둔 것은 루즈벨트 대통령의 연설 및 미국 사회보험법의 취지, 1942년 국제 노동기구의 발간 사회보장에의 길, 동년도의 W. Beverideg의 보고서 및 제2차 대전 후 일본의 관련법에서의 규정과 개념 정의에 영향을 받은 것으로 생각된다.
우리나라의 사회보장에 관한 법률이나 미국 및 일본 등지에서 사회보장을 사회보험과 공적부조로 보는 입장은 제도 형성의 역사적 관점에서 출발한 것으로 이해할 수 있다.

이러한 입장은 영국의 경우 근로자의 상호부조 조합에서 발달한 사회보장과 구민법의 자선 구제에서 발달한 공적부조의 2자가 결합하여 자국의 공적부조를 형성했다는 점에서 역사적 의미를 지니고 있다.

1942년 W. Beverideg의 영국 정부에 대한 보고서의 정의를 소개하면 사회보장이란 실업, 질병, 재해에 의하여 수입이 중단된 경우에 대처하기 위해서 또는 노령에 의한 취직이나 본인 이외의 사망에 의한 실업을 대비하기 위해서 출생, 사망, 결혼 등과 관련된 특별한 지출을 감당하기 위한 소득보장을 의미한다고 정의하고 있다.

한편 문헌상으로 극히 한정되어 있는 국내 학자의 사회보장 정의에 의하면 사회보장이란 사회적으로 경제생활에 위협을 받고 있는 자의 생황을 사회가 공동적으로 보호하기 위하여 국가가 마련한 제반 조치, 즉 사회 정책의 일환으로서 사회 질서를 유지하고 사회 안보를 이룩하는데 그 목적을 두고, 또한 사회구성원이 자력으로 생활을 유지하기 위한 소득을 얻기 곤란한 사태를 대비하여 국가의 책임 하에 그 생활을 보장하는 제도로 보는 견해로 보기도 한다.

일반적으로 법학자는 사회보장의 의의와 목적을 국민의 생존권 확보와 최저 생활의 확보를 국가의 책임으로 규정하고 근대 경제학의 입장에서는 사회보장을 소득의 재분배로서 파악하고 경제개발과 관련시켜 사회, 경제적 개발의 관점에서 이 문제를 다루고 있다.

정치가의 입장에서는 정치적 의도 내지 슬로건으로 이 말을 사용하지만 그 개념은 여전히 모호하다.

근로자의 입장에서의 주장은 1961년에 채택된 노동조합 연맹의 국제 사회보장 헌장에서 찾아볼 수 있다. 사회보장제도를 법률로서 보장된 근로자의 기본적, 사회적 권리이며 그 비용은 국가 및 자본가가 부담해야 한다고 주장하고 있으며 이들의 입장은 그들의 요구 사항으로서 사회보장 운동론으로 이 문제를 전개시키고 있는 것으로 보아야 한다.

국민이 그들의 생활을 영위해 나감에 있어 소득의 중단, 영구적 상실 및 질병과 부상 등 생활상의 제 곤란에 대해 국가가 소득의 재분배를 통한 국민의 생존권 실현과 최저생활 확보를 전제로 국민의 소득보장을 도모하는 총체적인 국가 정책으로 1942년 베버리지 보고서에는 '모든 구성원'의 '모든 경우'에 대한 최저 생활을 보장한다는 의미로 정의되기도 하였다.

사회보장이란 용어는 원래 1918년 소비에트 정부가 노동자사회보장규칙이란 법률을 공포하면서 처음으로 사용되었다고 한다. 하지만 사회보장이란 용어를 정책적으로 가장 먼저 사용한 나라는 미국으로, 1935년 루즈 벨트 대통령이 뉴딜(New Deal)정책을 설명하면서 사회보장이란 용어를 사용하였고, 사회보장법이 의회를 통과하여 세계 최초로 사회보장법이 생겨나게 되었다.

우리나라의 경우 1963년 사회보장에 관한 법률 제정을 시작으로 1995년 사회보장기본법으로 발전되어 왔다. 이 법에 의하면, "사회보장"이라 함은 질병, 장애, 노령, 사망 등의 사회적 위험으로부터 모든 국민을 보호하고 빈곤을 해소하며, 국민 생활의 질을 향상시키기 위하여 제공되는 사회보험, 공공부조, 사회복지서비스 및 관련 복지제도를 말한다.

이렇듯 사회보장의 목적은 국민의 권리와 국가 및 지방 자치단체의 책임을 정하고 사회보장제도에 관한 기본적인 사항을 규정함으로써 국민의 복지증진에 기여하는 것을 목표로 한다.

또한 사회보장의 기본이념은 모든 국민이 인간다운 생활을 할 수 있도록 최저생활을 보장하고 국민 개개인이 생활의 수준을 향상시킬 수 있도록 제도와 여건을 조성한다. 또한 그 시행에 있어 형평과 효율의 조화를 도모함으로써 진정한 복지사회의 실현을 추구한다.

3) 사회보장의 유형 및 관련용어

(1) 사회보험

사회보험은 사회정책을 위한 보험으로서 국가가 사회보장을 수행하기 위해서 보험의 원리와 방식을 도입하여 만든 사회 · 경제적 제도이다. 구체적으로는 국민을 대상으로는 질병, 사망, 노령, 실업, 기타 신체장애 등으로 활동 능력의 상실과 소득의 감소가 발생하였을 때에 보험 방식에 의하여 그것을 보장하는 제도라고 할 수 있다.

특히 의료비 부담은 상대적이다. 같은 병에 걸려도 가구 소득에 따라 피부로 느끼는 비용은 천차만별이다. 특히 소득과 재산이 적은 가구는 잠시 입원해도 가계가 휘청거린다. 하물며 암 같은 중증질환은 더하다. 수천만 원 이상 비급여 의료비가 들어가면서 빚을 지거나 치료를 포기하는 경우가 생긴다. 의료비로 연간 500만 원 이상 지출하는 국민도 46만 명에 달한다. 항암 신약 등 건강보험 테두리 밖에 있는 경우가 대부분이다.

중증질환 비급여 의료비로 가계 파탄이 늘어 재난적 의료비에 대한 보장책으로, 모든 질환으로 지원 대상을 확대하여 소득 기준을 조금 넘어도 개별 심사로 구제 가능하도록 하겠다는 정부의 방향이다. 진료비 본인 부담 상한제, 저소득층 중심 개선으로 소득 하위 10% 연 최대 120만 원에서 2018년 80만 원으로 점진적으로 개선될 것으로 본다.

당초 2017년까지만 시한부로 시행되는 제도였지만 2018년부터는 아예 제도화하였다. 지원을 받을 수 있는 대상도 대폭 늘어난다. 지금은 암 · 심장 · 뇌 · 희귀난치질환 등 4대 중증질환만 해당되지만, 2018년부터는 질환에 상관없이 소득 하위 50% 가구는 모두 지원받을 수 있다. 또한 소득 기준 등이 다소 초과하더라도 꼭 도움이 필요한 경우엔 개별 심사를 통해 구제해주는 방안도 추가됐다. 지원 기준을 기계적으로 적용하지 않겠다는 의미다.

일회성 지원에 그치지 않도록 각 기관의 협력 시스템도 강화된다. 위기 상황에 놓인 환자에겐 다양한 의료비 지원 사업이 이어질 수 있도록 공공 · 대형 병원에 사회복지팀을 설치할 예정이다. 병원에서 퇴원할 때도 지역 사회의 다양한 복지서비스를 받을 수 있도록 연계해주게 된다.

이와 함께 건보가 적용되는 진료비의 부담도 낮아진다. 문재인 정부는 '본인 부담 상한제'라는 이름으로 가구 소득에 따라 1년치 건보 적용 진료비에 상한선을 두고 있다. 2017년 소득이 가장 낮은 1분위(하위 10%)는 연 최대

122만 원만 내면 되지만, 10분위(상위 10%)는 514만 원까지 본인 부담이다. 이를 초과하는 금액은 건강보험공단이 부담한다.

지난 2014년 소득 구간을 7단계로 세분화하고 저소득층의 상한액을 낮췄지만 이들이 느끼는 부담은 여전하다. 실제로 극빈층인 1분위의 상한액(122만 원)은 연 소득 대비 19.8%에 달한다. 100원을 벌면 20원이 고스란히 건보 진료비로 빠질 수 있다는 의미다. 반면 초고소득자인 10분위 상한액(514만 원)은 연 소득의 7.2%로 상대적으로 여유가 있다.

'진료비 폭탄'에 따른 가계 파탄에 대하여 정부가 보장성 강화에 문재인정부가 나선 이유 중 하나다. 우선 의료 안전망 강화 차원에서 '재난적 의료비 지원'을 확대하여, 입원 · 외래 진료 등으로 발생한 의료비가 연 소득의 10~40%를 넘으면 본인 부담의 50~60%(연 최고 2,000만 원)를 지원해주는 제도다.

(2) 공적부조

공적부조는 우리나라와 일본에서는 법률상 공적부조로 표현되고 있으나 사회 구조라고 표현하기도 한다. 공적부조는 자력으로 생계를 영위할 수 없는 자들을 그들이 자력으로 생활할 수 있을 때까지 국가가 재정 자금으로 보호하여 주는 일종의 구빈 제도이다.

공적부조는 체제를 통하여 이루어지고 납세자의 부담에 의하여 비 납세자의 생활을 보장한다는 의미에서 사회보험과 차이가 있다.

또 하나의 차이점은 사회보험이 각출 등의 자격요건을 구비한 사람들에게 하나의 권리 또는 반대급부로서 급부를 지급함에 비하여 공적부조는 원칙적으로 필요성을 입증한 사람들에 한하여 지급하며 그 지급 한도도 최저의 필요 범위에 한정된다.

(3) 사회복지서비스

보건 · 주거 · 교육 · 고용 등의 분야에서 인간다운 생활이 보장될 수 있도록 지원하는 각종 복지제도를 말한다.

사회복지는 인간의 복지를 추구하는 사회적 노력이라고 할 수 있다. 사회복지는 크게 두 가지의 개념이 있다. 넓은 의미로는 1950년대의 영국의 사회서비스의 개념이 여기에 해당하며 구체적으로는 교육, 소득보장 등이 있으며 좁은 의미로는 생활보호, 아동복지, 노인복지, 신체장애자 복지 등이 있으며 부문별 사업으로 포함되어 있다. 사회복지의 대상은 정상적인 일상생활의 수준에서 탈락·낙오되었거나 그럴 우려가 있는 불특정 개인, 가족, 구체적으로 빈곤, 질병, 범죄, 도덕적 타락 등으로 나타나게 되는데 이것을 3D 즉 빈궁, 질병, 비행 등으로 설명하기도 한다.

(4) 사회개발

사회개발은 사회계획과 더불어 관련 용어로서 가장 최근에 사용된 것이다. 1961년 12월 유엔 총회 연자 보고서에서 균형된 경제 및 사회개발을 주장함으로써 GNP 위주의 경제 발전 방식을 지양하고 사회부문의 가치와 목적도 중요시 하는 사회개발계획도 동시에 성취해야 한다고 결의, 권고하였다. 우리나라에서는 제4차, 5개년 계획을 구상하던 70년대 중반부터 공식적으로 주장하기 시작하였다.

사회개발의 개념에는 약간의 논쟁이 있으며 여기에는 정치적, 경제적, 사회적인 과정이 모두 포함되어 있다. 특히 개념의 규정에 대하여 사회학자와 경제학자들이 큰 관심을 표명하고 있으며 사회개발을 경제개발의 선행 조건으로 보고 있다. 이것은 고도의 경제 성장의 부산물에 대처하는 새로운 생활환경의 정비, 사회 및 환경 파괴의 예방, 풍부한 인간성과 인적 능력 개발을 중요시 하는 것으로서 사회개발의 유래는 처음에 개도국에서 경제개발의 선행 조건으로 인식되었고, 선진국에서는 경제성장 과정, 사후 조정 대응 정책으로 출발하였다.

그 후 사회개발은 경제개발과 균형 있는 발전을 기해야 한다는 시대적 요청에 따라 경제·사회 뿐만 아니라 국민의 생활과 복지의 중심 과제로서 모든 사회 부문을 개발한다는 것이 공동이론이다.

사회개발의 궁극적인 목적은 생활수준의 향상을 위하여 소득 재분배, 재산

증대, 교육, 주택, 보건, 영향, 생활환경, 복지시설의 확대 및 개선, 계층간 · 지역간의 격차 해소를 위한 여건 조성 등을 포함한다.

(5) 사회복지와 사회사업

사회복지와 사회사업은 혼용되어 사용되는 경우가 많다. 그러나 사회복지와 사회사업은 엄격하게 구별하여 사용하는 것이 좋다고 할 수 있다. 프래드랜더(Friedlander, 1974)는 사회복지와 사회사업을 구분하여 다음과 같이 정의내리고 있다.

사회복지란 개인의 안녕과 사회질서유지를 위해 기본적으로 필요하다고 인식된 욕구를 충족시키기 위한 규정들을 강화하거나 보장하는 법률, 프로그램, 급여 및 서비스들의 조직화된 체계라고 정의내리며, 이 체계들은 국가의 경제수준이 향하고 국민들의 기대감이 커지는 사회변천에 따라 변화하게 된다고 한다. 반면에 사회사업은 개인, 집단, 지역사회가 사회적 혹은 개인적 만족을 얻고 독립할 수 있도록 돕는 인간관계에 있어서의 과학적 지식과 기술에 기초한 전문적 서비스라고 정의내리고 있다.

즉 프리드랜더는 사회복지라는 용어를 사회사업이라는 용어보다 포괄적인 의미로 사용하고 있다. 사회복지와 사회사업을 구분하자면, 우선 사회복지는 대체로 '이상적'인 면을 중시하며, '바람직한 사회건설'에 목표를 두고, 전국민을 대상으로 하기 때문에 대상 면에서 '일반적'이고 현대적 사회복지를 추구하여 이에 요구되는 광범위한 '제도나 정책'의 기획과 조직화를 강조함으로써 실천면에서 '고정적'인 성격을 갖는다고 할 수 있다. 반면에 사회사업은 대체로 '실천적'인 면을 중시하며, '바람직한 인간화'에 역점을 두고 인간의 존엄성과 독자성을 강조하기 때문에 대상 면에서 '개별적'이며, 개인의 사회적 기능수행의 향상에 도움이 될 수 있는 '지식과 기술'을 실천면에서 '역동적'으로 활용한다.

2. 사회보장의 연구방향

사회보장의 이론적 연구는 여러 가지 각도에서 다루어질 수 있기 때문에 각 연구 방법은 독자적인 방향과 분야를 형성하고 있다. 그러나 각 연구 방향과 내용은 밀접한 관련성을 가지고 서로 협동적이어야 한다.
학문적인 입장에서

① 경제학의 입장에서 이론적, 경제적 연구
② 사회학의 입장에서 이론적 실증적 연구
③ 제도 그 자체로서 역사적, 국제적 비교 연구로 구분된다.

경제학적 연구는 국민소득 체계에서 사회보장의 위치, 사회보장의 소득분배 효과, 소득 수준, 생활수단과 사회보장 수단과의 상관관계 등의 중심으로 최근에는 경제개발 자본형성, 공해, 인구, 노사 관리 내지 노동 경제학의 입장에서 이론을 전개하려는 경향이 있다.
경제학은 경제적으로 박약하여 사회적 구호를 필요로 하는 사람들에게 보건적 또는 경제적 보장을 해주는 일체의 사회적 조치이다.
듣도 보도 못한 희귀병을 앓는 환자는 70만 명에 이른다. 전체 인구의 5~6%, 세계적으로는 3억 5,000만 명으로 추산된다. 국내에선 2014년 기준 69만 4,695명이 희귀질환을 진단받은 것으로 나타났다(건강보험심사평가원). 2010년 47만 9,258명에 비해 45% 늘었다. 정부가 보험적용 대상 질환을 확대한 데 따른 것으로, 실제로는 더 많은 환자가 있을 것으로 예상된다.
같은 희귀질환이라도 환자가 2만 명 정도에 달하는 질환이 있는 반면, 국내 유병인구가 10명 내외인 희귀질환도 있다. 희귀질환관리법에 따르면 희귀질환은 유병인구가 2만 명 이하거나, 진단이 어려워 유병인구가 파악조차 되지 않는 질환을 의미한다. 이런 희귀질환의 종류는 전세계적으로 7,000종, 국내에는 1,066종에 달하는 것으로 알려졌다.
희귀질환에서 가장 큰 문제는 질환에 대한 정보 부족이다. 환자는 물론 의

사조차 정확한 진단이 어려운 경우가 많다. 파킨슨병이나 루게릭병, 다발성 경화증 같이 비교적 대중적 인식이 높은 질환은 그나마 '진단'이 가능하다. 치료·관리는 별개의 문제다. 희귀질환 가운데 치료제가 있는 경우는 5% 미만이다.

화농성 한선염이라는 희귀질환을 앓고 있는 어느 환자는 "엉덩이·사타구니·겨드랑이에 종기가 생겨나고 몸 이곳저곳에 움푹 파인 듯한 흉터가 생겼습니다. 고름 부위엔 마취가 제대로 되지 않아 고름을 짜낼 때마다 심각한 통증을 겪어야 합니다. 신체적 통증은 그나마 낫습니다. 종기 때문에 성병이나 전염병 환자로 오해 받을 때는 정말 속상합니다. 가장 안타까운 건 병원비입니다. 약값의 60%를 환자가 부담해야 하는데, 9개월(36주)간 1,000만 원에 달한다."고 한다.

화농성 한선염은 생물학적 제제를 사용해 평생 증상을 관리할 수 있는 질환이다. 화농성 한선염이란 질환이 희귀질환으로 등록되지 않아 산정특례를 적용받지 못하기 때문이다. 본인부담상한제가 있어 일부 돌려받을 수 있다곤 하지만, 형편이 어려운 사람에게는 어마어마한 치료비를 내야한다.

국내 1,000종의 희귀질환 가운데 치료제가 있는 희귀질환은 37% 가량인 400여종에 불과하다. 그러나 5%의 희귀질환을 앓는 환자 모두가 치료제를 쓸 수 있는 것은 아니다. 정부는 희귀질환관리법에 따라 의료비 지원 사업, 산정특례(희귀난치성질환자로 확진받은 자가 등록절차에 따라 공단에 신청한 경우 본인부담률을 10%로 경감하는 제도) 등을 통해 의료비 보조를 시행하고 있다. 2000년도부터 단계적으로 산정특례를 확대, 현재 164종의 희귀질환에 76만 명이 혜택을 받아 치료비용의 10%만 부담하는 중이다.

그러나 여전히 사각지대에서 고통 받는 환자가 적지 않다. 산정특례 적용을 받지 못하는 경우가 가장 흔하다. 또, 희귀질환 자체에 대한 치료는 지원되지만, 이로 인한 합병증은 보험에 적용되지 않는 경우도 있다. 해외에서 효과가 입증된 신약이 나왔음에도 국내 허가에 시간이 걸려 사용할 수 없는 경우도 있어 환자들의 속을 태운다.

병원에선 대장암이 아닌 궤양성대장염의 경우 약으로도 치료할 수 없는 이 난치성 질환이다.

희귀질환자들이 고통 받는 가장 큰 이유는 사회적 편견이다. 대다수 희귀질환자는 제대로 된 사회생활을 하지 못한다. 어렵게 구직해도 업무를 이어나가기 어려운 경우가 대부분이다. '세계 희귀질환의 날'(2월 29일)에 더해 '희귀질환 극복의 날'(5월 23일)을 정부 차원에서 지정한 이유다. 정부는 2016년 말 시행된 희귀질환 관리법에 따라 희귀질환에 대한 국민의 이해를 높이고, 예방 · 치료 및 관리 의욕을 고취시키고자 희귀질환 극복의 날을 지정한 바 있다.

사회학적 연구는 가족구조, 관습, 전통의 변화와 사회보장, 사회개발과, 복지 등의 문제가 그 중심이 되고 있으며 제도로서의 연구는 선진국 사회보장의 역사적 연구, 부문별, 국제적 비교 연구가 그 주류를 이루고 있다.

사회보장의 정책적 연구는 넓은 의미로는 경제정책, 협의로는 사회정책, 노동정책에 포함된다. 사회보장을 행정이라는 입장에서 볼 때 오늘날 여러 가지 과제를 내포하고 있는데 예로 사회보장의 각 부문에서 연금제도의 충실, 의료보험의 개선 생활보호의 확충, 심진 장애자 및 노인 대책의 추진 등이 그 중요한 과제의 하나이다.

정치학은 사회정책의 한 부문으로 국민의 생존권 실현을 위하여 국민의 생활을 보장하는 국가정책이며, 법률학은 국가의 책임으로 국민의 생활상의 각종 장해를 제거하여 인간다운 생활환경의 형성과 국민의 생존 내지 생활보장을 목적으로 하는 종합적인 법제도의 총체이다.

제2절 사회보장의 범위와 이론

1. 사회보장의 범위

제1절에서 고찰한 바와 같이 각국에서 사회보장의 정의를 관련 법률 및 사회보장 심의회에서 그 범위를 포함하여 설명하고 있다.
우리나라의 경우도 진술한 사회보장에 관한 법률 제2조에서 사회보장의 정의와 범위를 동일시 하여 사회보험과 공적부조의 결합으로 규정하고 있다. 일본은 1950년 10월 사회보장심의회가 사회보장제도에 관한 권고에 기초를 두고 세 가지로 사회보장 범위를 구분하고 있다.

① 넓은 의미의 사회보장은 공적부조, 사회복지, 사회보장과 공중위생을 말한다.
② 좁은 의미의 사회보장은 넓은 의미의 사회보장, 연금, 전쟁 희생자 구호를 말한다.
③ 관련 제도는 주택대책, 실업대책을 들 수 있다.

W.H. Beveridge의 보고서의 강한 영향을 받은 것으로 사회보장의 제1차 목표는 공적부조에 의한 최저한의 확보에 두고 그 다음이 저 소득층 대책으로서 사회복지를 범위에 포함시킨 것이다.
베버리지 보고서는 제2차 세계대전 후 유럽과 미국의 각 사회보장정책에 커다란 영향을 끼친 보고서로서 1941년 6월 영국 전시 내각이 창설한 '사회보험 및 관련 서비스에 관한 위원회'가 작성하여 1942년에 제출한 보고서로, 정식 명칭은 사회보험과 관련사업(Social Insurance and Allied Services)이다. 당시 위원장인 W.H. 베버리지의 이름을 따서 베버리지 보고서라고 부르게 되었다. 빈곤 해소를 주안점으로 하여 국민이 기본적인 사회생활을 충족하도록 사회보험을 실시할 것과 긴급사태에 대처하기 위해 국가부조를 강화할 것을 주장했다. 세부적으로는 전국민이 사회보장의 혜택을 받아 기본적인 사회생활을 영위할 수 있게 하고 여기에 드는 비용은 국가, 노동자, 고용주가 동등하게 분담할 것을 원칙으로 하고 있다. 베버리지 보고서(Social Insurance and Allied Services)는 영국 복지국가의 청사진이 되었다. 윈스턴 처칠의 보수당을 애틀리가 이끈 노동당이 이기고 집권한 후 애틀리와 노동당은 베버리지 보고서에 입각하여 기성복을 만들 듯 복지국가를 만들어 나갔던 것이다. 베버리지 보고서는 대공황과 세계대전을 경험하는 과정에서 국가의 책임과 개입에 의해 선별주의적 구빈법 체계로부터 탈피하여 보편적이고 보다 평등한 사회를 지향하고자 하는 정치 · 사회 · 경제적 분위기에서 등장하였다. 그리하여 영국인들에게 베버리지 보고서는 복지국가와 동의어로 인식되고 있을 정도이다. 베버리지 보고서는 영국에만 국한되지 않고 프랑스, 서독, 스웨덴 등 서유럽 복지국가의 기틀 형성에도 큰 영향을 미쳤다.

그 밖에 사회보장의 범위는 한 국가에 있어서도 시대와 산업 사회의 배경에 따라 다르지만 전반적으로 확대되어가는 경향이 있으며 최근에는 공해문제를 중심으로 환경문제도 함께 포함시키고 있다.

2. 국제비교의 범위

사회보장의 국제비교를 위하여 ILO가 발표한 사회보장의 비용에 의하면 다음과 같은 내용이 범위에 포함되고 있다.

① 사회보험 및 유의제도

② 가족수당

③ 공무원(군인 및 문관)

④ 공중보건 서비스

⑤ 공적부조 및 유이제도

⑥ 전쟁 희생자 구호

3. 범위에 관한 두 가지 이론

1) 경제보장 이론

각국 사회보장제도를 국제적으로 비교한다는 것은 조직 형태, 적용 범위, 수합요건, 확대 내용 등이 통일되어 있지 않아 사실적으로 매우 어렵지만 사회보장이란 최저 생활을 보장하는 제도로서 경제적, 문화적, 정치적, 교육적, 종교적, 물질적, 정신적 등 국가의 사회보장은 여러 가지가 있지만 이러한 모든 생활에 국가가 관여할 수 없고 그것을 희망할 수도 없다.
다만 최저 한도까지의 소득보장을 의미하는 것으로 보고 있으며 이러한 견해는 전통적으로 구빈과 구빈 대책이 중심이 되어온 영국의 사회보장에 영향을 받은 것이다. 사회보장은 경제보장이란 설에 입각하면 의료비를 지급하는 의료보험은 사회보장이지만 질병 그 자체를 치료하는 의료사업이나 건강을 유지하기 위한 보건서비스는 사회보장이 아니라고 본다. 그러므로 사회보장은 소득을 보장하는 경제보장이며, 구체적으로는 사회보험과 공적부조만을 사회보장의 범위로 생각하고 있다.

구분	국민건강보험	실손의료보험
관련법규	국민건강보험법	보험업법
운영주체	국가(국민건강보험공단)	민영보험사
의무가입여부	전국민 대상으로 가입강제	가입여부 자유롭게 선택가능
보상방법	국민건강보험법에서 정한 금액을 국가가 보전	국민건강보험에서 보장하지 의료비를 대상으로 보험사가 보장
보험료산정방법	소득수준과 재산규모에 따라 차등부과	고가위험발생을 토대로 대수법칙에 따라 보험차등부과

2) 소득보장과 의료보장 포함설

사회보장의 범위로서 소득보장과 의료보장(국민건강보험)을 중요한 지주로 삼고 있다. 빈곤과 질병은 상관관계에 있기 때문에 사회보장에서 양자를 분리시켜 택일한다면 그 완전한 기능을 기대할 수 없다. 현대인에게 있어서 빈곤대책과 보건대책은 필수적인 것으로서 사회보장이 생활 내지 생존의 기본적 조건으로 당연히 포함되어야 한다.

제3절 사회보장의 목적과 기능

1. 사회보장의 목적

① 국가는 사회보장제도를 실시함으로써 모든 국민이 건강하고 문화적인 생활을 유지할 수 있도록 한다.

② 사회생활에서 발생하는 사회적 위험과 사회문제를 예방하고 제거하고자 한다.

③ 국민의 최저생활수준을 보장함으로써 국민의 인간다운 생활을 보장하고자 한다.

④ 대상자들의 기여와 급여수준을 조정하여 소득을 재분배함으로써 대상자들 사이의 소득격차를 좁히려는 목적과 기능을 수행하고 있다.

⑤ 경제제도와 무관하지 않으며, 오히려 경제제도를 안정화시키는 목적과 기능을 가지고 있다.

2. 사회보장의 기능

어느 나라에서나 '사회보장제도'는 기본적인 삶에 큰 영향을 주며 매우 중요한 요소 중 하나이다. 미국 사회보장국(Social Security Administration)은 사회보장 카드(Social Security Card)를 발급하여, 근로자의 임금을 기록하고 그에 따른 보험, 장애, 인권보호 등의 혜택을 제공하기 위해 노력하는 미국의 공공 기관이다. 소위 SSN이라고 불리는 미국 사회보장번호는 한국의 주민등록증번호와 비슷한 개념으로 인식될 수 있으나 엄밀히 말하면 엄연히 다른 기능을 가지고 있다.

미국 SSN은 합법적인 일자리 고용이나 은행 계좌 생성, 자격증 발급 등 신분을 밝혀야 할 때 흔히 사용되며 미국 정부는 주로 SSN을 통해 급여와 개인 신용(Credit) 관련 내용을 관리하고 세금 징수 업무를 수행한다.
미국 시민권자 뿐만 아니라 미국에서 일하는 모든 합법적인 이민자 및 거주민은 SSN을 통해 반드시 사회보장세를 납부해야 하는데, 보통은 월급 명세서에서 자동으로 차감된다. SSN이 없으면 취직, 은행 계좌 개설, 신용 거래가 불가능하며 집을 구하거나 병원 진료를 받거나 심지어는 도서관 회원증을 받는 것도 어려워질 수 있으므로 미국에 정착할 계획이라면 입국 후 2~3일 후부터 신청이 가능하니 SSN부터 가장 먼저 발급하는 것이 좋다.
사회보장번호(SSN) 신청 시 준비해야 하는 서류는 다음과 같다.

① 신청자 본인의 여권 원본 및 비자 등 신분을 확인할 수 있는 서류
② 미국 영주권 카드(영주권자일 경우)
③ 회사 재직 관련 서류(취업자일 경우)
④ F-1 비자 소지자의 경우 I-20 및 I-90(학교장 확인서)
⑤ SS-5 신청서 : SSA 오피스에 방문해서 직접 수기로 작성하거나 혹은 미리 온라인 상에서 양식을 출력하여 작성해 가도 된다(하기 SS-5 Form 이미지 참고).
⑥ I-94(미국 출입국 기록)

사회보장의 기능은 크게 경제적 기능, 사회적 기능 및 정치적 기능으로 구분해 볼 수 있다. 물론 각 기능은 완전히 별개의 것이 아니라 중복되는 경우가 많다. 누진소득세를 중심으로 하는 과세를 통한 정부의 재정정책 또는 사회보장을 중심으로 하는 대체지출과의 양 측면으로부터의 정책에 의한 재분배를 소득의 수직적 재분배 그리고 사회보장정책에 의한 것을 소득의 수평적 재분배라고 부르며 양자가 적절히 기능할 때 소득 재분배의 효과를 거둘 수가 있는 것이다.
우리 사회에서 소득불평등 문제가 심각한 사회문제로 대두된 것은 단지 소득 격차가 확대된 때문이 아니라 개인의 능력이나 노력에 따른 계층 이동성

SOCIAL SECURITY ADMINISTRATION
Application for a Social Security Card

Form Approved
OMB No. 0960-0066

1	**NAME** TO BE SHOWN ON CARD	First	Full Middle Name	Last
	FULL NAME AT BIRTH IF OTHER THAN ABOVE	First	Full Middle Name	Last
	OTHER NAMES USED			
2	Social Security number previously assigned to the person listed in item 1	☐☐☐ – ☐☐ – ☐☐☐☐		
3	**PLACE OF BIRTH** (Do Not Abbreviate) City / State or Foreign Country	Office Use Only FCI	4 **DATE OF BIRTH**	MM/DD/YYYY
5	**CITIZENSHIP** (Check One)	☐ U.S. Citizen ☐ Legal Alien Allowed To Work	☐ Legal Alien Not Allowed To Work(See Instructions On Page 3)	☐ Other(See Instructions On Page 3)
6	**ETHNICITY** Are You Hispanic or Latino? (Your Response is Voluntary) ☐ Yes ☐ No	7 **RACE** Select One or More (Your Response is Voluntary)	☐ Native Hawaiian ☐ Alaska Native ☐ Asian ☐ American Indian ☐ Black/African American	☐ Other Pacific Islander ☐ White
8	**SEX**	☐ Male	☐ Female	
9	**A. PARENT/ MOTHER'S NAME AT HER BIRTH**	First	Full Middle Name	Last
	B. PARENT/ MOTHER'S SOCIAL SECURITY NUMBER (See instructions for 9 B on Page 3)	☐☐☐ – ☐☐ – ☐☐☐☐	☒ Unknown	
10	**A. PARENT/ FATHER'S NAME**	First	Full Middle Name	Last
	B. PARENT/ FATHER'S SOCIAL SECURITY NUMBER (See instructions for 10B on Page 3)	☐☐☐ – ☐☐ – ☐☐☐☐	☒ Unknown	
11	Has the person listed in item 1 or anyone acting on his/her behalf ever filed for or received a Social Security number card before? ☐ Yes (If "yes" answer questions 12-13) ☐ No ☐ Don't Know (If "don't know," skip to question 14.)			
12	Name shown on the most recent Social Security card issued for the person listed in item 1	First	Full Middle Name	Last
13	Enter any different date of birth if used on an earlier application for a card	MM/DD/YYYY		
14	**TODAY'S DATE** MM/DD/YYYY	15 **DAYTIME PHONE NUMBER**	Area Code	Number
16	**MAILING ADDRESS** (Do Not Abbreviate)	Street Address, Apt. No., PO Box, Rural Route No.		
		City	State/Foreign Country	ZIP Code
	I declare under penalty of perjury that I have examined all the information on this form, and on any accompanying statements or forms, and it is true and correct to the best to my knowledge.			
17	**YOUR SIGNATURE**	18 **YOUR RELATIONSHIP TO THE PERSON IN ITEM 1 IS:** ☐ Self ☐ Natural Or Adoptive Parent ☐ Legal Guardian ☐ Other Specify		

DO NOT WRITE BELOW THIS LINE (FOR SSA USE ONLY)

NPN		DOC	NTI	CAN		ITV
PBC	EVI	EVA	EVC	PRA	NWR	DNR	UNIT
EVIDENCE SUBMITTED				SIGNATURE AND TITLE OF EMPLOYEE(S) REVIEWING EVIDENCE AND/OR CONDUCTING INTERVIEW		DATE
				DCL		DATE

이 크게 제약을 받는 현실 때문이다.

금수저-흙수저론은 이러한 우리 사회의 계층 이동성 제약을 풍자적으로 보여준다. 단지 부잣집이나 가난한 집에서 태어났다는 것만을 의미하는 것은 아니고, 부모의 소득수준이 개인의 인생에서 평생의 꼬리표가 된다는 신종 계급론의 의미를 내포하고 있다. 예전에는 가난한 환경에서 태어났어도 자수성가하는 사례가 적지 않았지만, 점차 부와 가난이 세습돼 한번 가난하게 태어나면 평생을 가난에서 벗어나지 못하리라는 절망적인 인식이 우리 사회에 광범위하게 확산되고 있다. 이러한 여건에서는 개인들이 최선을 다할 인센티브가 없기 때문에 경제는 서서히 정체되고 말 것이다.

과거에는 정부의 재분배 개입은 시장 효율성을 떨어뜨려 성장을 저해할 것이라는 우려가 지배적이었다. 성장이 일정 단계에 도달하면 소득불평등이 자연히 감소할 것이라는 생각을 했기 때문이다. 하지만 최근에는 분배의 심각한 악화가 인적 자본에 대한 과소 투자를 유발하고 경제 전체의 소비를 위축시켜 경제성장에 악영향을 미친다는 관점이 커지고 있다. 정부가 적극적인 재분배 정책을 통해 분배를 개선해야만 저소득층의 소비 여력을 확대시켜 성장 동력을 회복할 수 있다는 것이다. 이른바 '포용적 성장론'이다.

여기서 지니계수는 한 사회의 계층 간 소득 배분의 평등 정도를 측정하는 지수로 0~1 사이 값을 지니며, 1에 가까울수록 소득 배분이 불평등하게 이뤄져 빈부 격차가 크다는 것을 의미한다.

일반적으로 소득 재분배 효과가 가장 큰 것은 '공공부조'라고 한다. 공공부조는 일반조세를 재원으로 하여 저소득층에게만 집중적으로 급여를 제공하기 때문에 소득 재분배 효과가 크다고 볼 수 있다. 그러나 실제로는 다른 제도에서 소득 재분배 효과가 크게 나올 수는 있다.

그 이유는 공공부조는 최저생계만을 보장하므로 소득의 이전에 한계가 있기 때문이다. 그러나 사회보험 중 건강보험과 같은 구조에서는 실제 소득 규모면에서는 소득 재분배가 더 이루어질 수도 있다.

물론 우리나라에서는 저소득층은 의료보호도 공공부조에 속하기에 공공부조보다 건강보험(사회보험으로서의 건강보험)이 소득 재분배 효과가 크다는 것은 아니지만, 전체적으로 움직이는 금액면에서는 다른 제도(사회보험이나 사회수당 등)가 공공부조를 추월할 수도 있다.

얼마 전 뉴스에서 스위스에서 생활급여 300만 원을 사회수당으로 지급하는 방안이 논의되었다고 하는데 이것의 경우라면 선별적 급여인 공공부조보다 금액면에서는 더 큰 소득 재분배 효과를 가져올 수 있다. 그렇지만 이론적으로는 공공부조가 소득 재분배 효과가 더 크다고 볼 수 있다.

사회보장의 기능에서 소득의 재분배 기능이 없다고 한다면 사회보장의 존재가치 조차도 없다고 할 수 있다. 따라서 사회보장의 경제적 기능으로서 소득의 재분배 기능이 가장 중요하다고 하겠다.

사회보장에는 현대 자본주의 하에 있어서의 소득의 불평들이 확대되어 국가가 재정정책과 더불어 사회보장정책을 통하여 그 조정자로서의 정치적 역할을 다하지 않는 한 그 체제의 유지가 곤란하다는 관점에서 현대 자본주의 체제의 유지 기능으로서의 정치적 기능이 있다.

그리하여 오늘날 복지국가의 사상은 사회보장과 연결되어 자본주의의 부정론에 대한 체제유지 이론의 지주로 되어 있어 현대의 모든 자본주의 국가는 사회보장을 중요한 정책의 하나로 삼고 있는 것이다.

IMF 이후 한국사회의 갈등양상이 통제 불능의 위험 상태에 있다는 우려로 시작됐다. 그 이유를 크게 민주화, 세계화, 정보화라는 전지구적 전환, 1997년 외환위기의 파장, 참여정부로 나구분해 볼 때, 탈권위주의 시대에 닥친 외환위기는 사회구성원 모두를 존재론적 불확실성에 휩싸이게 했고, 여기에 더해진 참여정부의 출현은 균형발전과 같은 정책으로 주류 권력에서 벗어나고자해 더욱 다양한 갈등구조를 만들었다. 기존의 갈등해소 방식에 대해서, 엄밀한 검토 없이 외국 모델을 벤치마킹하고, 가시적이고 실효성 있는 가이드라인이 없었으며, 떼쓰기식의 실력행사를 통해 이익을 관철하는 비합리적 양상이 나타났다.

우리가 나아가야 할 사회통합의 과제로 '시장과 리더십'이라는 새로운 권위의 구축이 필요하다. 시장의 질서만큼 강력한 구속력과 역동성을 지닌 것이 없고, 강자의 양보는 사회통합을 위해 매우 중요하다. 그리고 협치를 통해 열린 행정을 하는 거버넌스와 민주주의"라는 부분도 중요하다. 시장은 사회학적 관점에서 볼 때 본질적으로 자기파괴적 성향을 내포하고 있으므로 민주주의의 개입이 필요하며, 시민들의 적극적인 참여를 보장하는 거버넌스 구축은 질 높은 사회통합을 가능케 한다는 것이다.

사회보장의 성립배경은 다음과 같다.

1) 전통적 상호부조제도 붕괴

현대 산업 사회에 있어서 대도시 형성, 취업, 주거의 분산으로 종래의 대가족 제도가 해체되어 핵가족 제도가 불가피하게 된다.

이에 따라 가족간의 연대감이나 책임감이 상대적으로 약화, 이러한 사조가 현대 사회보장제도를 출현하게 하는 하나의 요인이라고 말할 수 있다.

또한 사회 구성원 각자가 생활의 유지나 빈곤으로부터의 회복이 자력으로 어렵고 현대 생활에 위협을 주는 환경 요인이 증가하고 있고 개인주의 지나친 발달, 사회환경의 복잡화 등으로 사회적 문제로 등장하게 되면서 전통적 상호 부조는 붕괴되고 현대 사회보장제도의 생성을 촉진하게 되었다.

2) 전 국민의 근로자화

사회보장제도가 설립 · 정책되기 위해서는 국민 다수가 근로자화 되는 것이 중요하다. 근로자 보호를 위한 사회보장제도가 처음으로 입법화가 된 독일에서도 오래 전부터, '일 하지 않는 자는 먹지도 말라.'는 속담이 전해오고 있음은 이러한 뜻을 내포하고 있음을 알 수 있다.

3) 역사적 형성체

사회보장은 최저한의 경제생활의 확보를 목표로 한다고 하지만 그 기본이 되고 있는 연금이 최저 생활을 가능하게 하지 못한다면 그 목표는 달성될 수 없다.

1930년대 미국에서 연방최저연금법, 전국산업부흥법, 공공계약법, 근로기본법에서 최저 임금 제도를 규정한 것은 사회보장법과 정책적으로 밀접한 관련성을 맺고 있다.

위와 같은 사실에서 볼 때 완전고용과 최저 임금의 확보는 사회보장의 전제가 되며 국민 생활의 실질적 확보를 위해 의료 사회복지, 주택 등의 확충·강화가 필요하다.

4) 최저생활 보장기능

사회보장의 성립 배경은 국민이 전반적으로 빈곤하게 된 때만 가능한 것은 아니다. 국민들의 경제불황, 실업, 질병, 저 임금, 인플레이션, 세금 등에 의하여 잠재적으로 빈곤의 위험에 놓이게 될 가능성이 나타날 때에도 문제가 된다.

사회보장은 사실상 생활수준이 극히 낮은 국가에서는 존재하기 어렵다.

오히려 생활수준이 높고 문화가 발달된 국가에서 빈부의 차가 현격한 때에 더욱더 필요성을 절감하고 발전을 기대할 수 있다.

사회안전망의 개념은 아직 구체적으로 정립되어 있지는 않지만 소득재분배, 빈곤계층 지원 등을 위한 사회보장제도를 말한다. 우리나라에서는 1997년 말 외환·금융위기를 계기로 실업자 수가 급증하면서 사회안전망을 갖춰야 한다는 논의가 사회적으로 일어나기 시작하였다. 현재 우리나라의 최저생활 보장을 위한 최후의 사회안전망인 국민기초생활보장제도는 생활 경제가 어려운 자에게 필요한 급여를 실시하여 최저생활을 보장하고 자활을 돕고자 하는 데 목적이 있다.

그리고 수급권자는 자격 권한이고, 수급자는 급여를 받는 자이며 수급품은 수급되는 물품 이른바 후원품을 말하며, 최저생계비는 필요조건의 비용으로 보건복지부 장관이 계측하는 금액이다.

개별가구는 수급자 및 수급권자의 가구이며 대통령령이 구체적 사항을 정한다.

소득인정액은 산출 가구의 소득평가액과 소득환산액을 합한 금액이다.

차상위계층은 소득인정액이 대통령령이 정하는 기준 최하 계층인데 수급권자는 제외한다.

기준 중위소득은 보건복지부장관이 급여 등의 활용을 위해 중앙생활보장위원회의 심의 및 의결을 거쳐서 고시하는 국민 가구소득의 중위치이다. 최저보장수준은 생활상태 및 물가상승률 등을 고려해서 급여별로 공표하는 금액이나 보장수준이다. 부양의무자는 수급권자를 부양할 책임자로서 수급권자의 1촌 직계혈족 및 그 배우자다. 하지만 사망 1촌의 직계의 배우자는 제외한다.

국민기초생활보장법의 기본원리는 공공책임, 최저생활보장, 보충성, 타법우선, 자립조장, 무차별 평등이고, 기초법의 급여 원칙은 최저생활보장, 보충급여, 자립지원, 개별성, 가족부양, 타급여 및 보편성의 원칙에 기인하고 있다.

CHAPTER

02

사회보장의 주요 형태와 원칙

제1절 사회보장의 주요 형태

1. 사회보장의 주요 형태

1) 사회보장의 형태

세계의 사회보장체계의 확립에 있어서 큰 기여를 한 베버리지(W. Beveridge)는 사람들의 경제적 욕구를 크게 3가지로 구분하여, 사회보장을 통해 이를 충족시켜야 한다고 주장하였다. 즉, 빈곤이라는 특수한 욕구에 대해서는 공적부조를, 소득의 중단·상실과 같은 보통 정상적인 상태에서도 존재하는 기본적인 욕구에 대해서는 사회보험을, 기본적인 것을 넘는 부가적인 욕구에 대해서는 민간보험이나 개인저축을 통해 경제적 생활보장체계를 구축해야 한다는 것이다.

또한 사회보장에 의한 급여가 제공된다 하더라도 그 원인이 되는 위험이 해소되지 않는 한 영구적인 생활안정을 확보하는 것이 어렵다. 따라서 사회보장계획의 전제조건으로서 ① 적절한 경제정책에 의한 완전고용을 유지하고, ② 소득에 관계없이 아동수당을 지급하며, ③ 질병의 예방, 치료, 사회복귀를 목적으로 하는 포괄적 보건서비스를 전 국민에게 제공해야 함을 지적했다.

2) 사회보험

(1) 사회보험의 성립조건

사회보험은 국민에게 발생하는 사회적 위험을 보험방식에 의하여 대처함으로써 국민건강과 소득을 보장하는 제도(사회보장법, 1995)를 말하며, 세계적으로 존재하는 사회보험의 종류는 건강보험, 연금보험, 실업보험, 산재보험이 있으며, 이를 4대 사회보험이라고 한다. 1995년과 2000년에는 독일과 일본에서 장기요양보험(일본은 '개호보험')이라는 제5의 사회보험이 창설되어 운용되고 있다. 따라서 사회보험은 보험원리에 의한 대처방식을 사용하기 때문에 다음과 같은 보험구조 성립 조건을 갖추어야 한다.

① 위험(사고) 발생이 규칙적이어야 한다. 사고가 어떤 일정의 비율로 누군가에게 발생한다는 것을 통계의 축적으로부터 경험적으로 인지되어야 한다.
② 위험에 대비하여 공동의 기금을 조성하여야 한다. 보험자는 위험이 발생할 경우 이 공동의 기금으로 급여를 해야 하며, 공동의 급여를 만들기 위해서는 보험집단의 각 구성원이 일정액을 갹출해야 한다.
③ 보험기금으로부터의 수지가 균등해야 한다. 위험률의 측정이 정확하게 이루어지면 보험료의 갹출과 보험기금으로부터의 급여가 균형을 이루게 된다.

(2) 사회보험의 특징

사회보험은 국민생활의 빈곤원이 되는 사회적 사고에 폭넓게 대처하여, 빈곤을 사전에 예방하는 기능을 갖고 있다. 그러나 공공부조나 민간보험과는 본질적으로 대별되는 특징을 가지고 있다. Rejda는 사회보험의 특징을 다음과 같이 지적했다.

① 사회적 위험(사망, 노력, 장애, 질병 등)으로부터의 사람들을 보호하기 위해 강제적 가입방식에 의해 운용되는 프로그램이다.
② 모든 가입자에게 최저한의 기초생계를 유지할 수 있을 정도의 소득을 보장해 주는 제도이다.

2. 공공부조

1) 발달배경 및 과정

공공부조는 의미적인 측면에서 볼 때 인류의 역사와 함께 시작되었다고 할 수 있다. 고대사회는 특별히 공공부조라고 언급할 만한 체계적인 사업이나 제도를 구별하기 힘들지만, 서구의 고대 이스라엘, 그리스, 로마 등에서 민간차원에서의 빈민구제사업을 실시하여 국가의 공공부조사업의 역할을 감당하였다. 중세사회는 봉건사회로 교구 단위의 삶이 주류를 이루었는데 이 교구에서 실질적인 공공부조의 기능을 수행하였다. 봉건사회가 붕괴되고 근대사회로 전환되는 과정에서 흑사병으로 인한 많은 사람들의 사망과, 이로 인한 노동력의 감소와 지나친 임금상승, 토지소유자인 영주들의 인클로저운동, 계속된 인플레이션 등으로 농민층이 빈곤해지고 많은 사람들이 부랑자로 전락해 거리로 내몰리게 되었다. 그리하여 국가단위의 제도적 접근을 시도하게 되었고, 여기에 많은 정책과 법들이 출현하게 되었으며 민간차원이 아니라 국가차원에서 빈민에 대한 책임을 지게 되어, 최초의 법인 1601년 엘리자베스 구빈법이 제정되었다. 이 엘리자베스 구빈법은 최초의 공공부조법이라고 할 수 있다. 이로 인해 공공부조에 대한 국가의 관심은 전 세계적으로 확대되었다. 미국은 1929년 대공황 이후 사회복지에 대한 국가적 개입을 확대시켜 1935년 사회보장법에 공공부조를 포함시켰다. 영국은 1948년 국민부조법을 제정하여 엘리자베스 이후에 출현한 기존의 빈민법을 종료시키는 새로운 법을 제정하여 요람에서 무덤까지라는 원리를 정착시켰다. 우리나라 공공부조는 역사적으로 궁핍한 백성을 국가가 돌보아 주는 궁민진휼의 구빈사업과 풍수재해 등으로 인해 일시적으로 빈곤해진 이재민들을 구제하는 재해구호사업이 주종을 이루고 있다. 1944년 일제시대에는 조선구호령을 제정하여 형식적인 공공부조 형태를 갖추고 있다. 1961년 생활보호법을 제정하여 공공부조의 커다란 틀을 마련하였다.

2) 1960년대 이전의 구호사업

근대적 의미에서의 공공부조제도가 시작된 것은 1944년 3월 1일 조선총독부에 의해 조선구호령이 제정 · 공포되면서 부터라고 할 수 있다. 이에 의거하여 65세 이상의 노쇠자, 13세 미만의 아동, 임산부, 불구자, 폐질자 등 생활이 곤란한 자에 대하여 생활부조를 실시하였으나, 형식적인 시혜에 그치는 수준이었다.

대한민국 건국 이후의 공공부조의 역사는 1948년 우리나라 제헌 헌법에 "노령, 질병, 기타 근로능력의 상실로 인하여 생활유지의 능력이 없는 자는 법률이 정하는 바에 의하여 국가의 보호를 받는다."라는 규정이 명문화된 것으로부터 시작한다. 그러나 헌법에 보장된 생존권 보장을 위한 법률이 제정되기도 전에 6 · 25가 발발하여 구빈사업은 기존의 조선구호령을 중심으로 전재민에 대한 응급구호에 치중하게 되었다. 그러나 전쟁고아와 월남 피난민의 급증 등 요구호 대상자의 급증은 기존의 조선구호령으로는 대처할 수 없는 상황을 낳게 되어 외국원조기관들에 의한 수용보호가 불가피하게 되었다. 이 시기에는 새로운 국가의 형태를 취하였으면서도 새로운 공공부조제도의 실시 분위기는 조성되지 못하였으며, 외국 민간원조단체가 주축이 되어 고아원, 양로원 등 수용보호시설을 중심으로 한 미국식 사회사업개념이 도입되어 이후 우리나라의 공공부조제도의 방향 설정에 중요한 계기가 되었다.

3) 공공부조제도 특징

공공부조는 국민의 생존권을 보장하기 위하여 국가가 주체가 되어 빈곤한 국민들의 최저생활을 보장하는 것으로, 도움을 신청하는 사람들에게 대부분 무기여 급부를 제공하는 곳이라고 할 수 있다. 구체적인 개념은 학자나 조직에 따라 다르게 정의하고 있다. 이를 종합하면 공공부조란 도움을 희망하는 빈곤한 사람들을 위하여 국가가 주체가 되어 국민의 생존권을 인정하며, 주로 조세재정을 통하여 이들의 최저생활을 보장하여 주는 제도라고 할 수 있다. 주요 특징을 살펴보면 다음과 같다.

① 일반적 특징

공공부조는 사회보장체계의 일환으로 공적인 최저생활보장의 경제적 부조제도로 소득의 재분배를 통하여 자본주의의 모순을 극복하기 위한 보완책이라고 할 수 있다.

② 사회보험과의 차이점

공공부조의 보호 수준은 상한선이 최저생활보호인데 반해, 사회보험은 보호수준의 하한선이 최저생활보호이다. 공공부조는 건강하고 문화적인 최저생활을 유지하도록 보장하는 사회적 최소한 또는 국민적 최소한을 보장하는 데 반해, 사회보험은 퇴직 이전의 소득을 보장하기 위해 노력하고 있으며 하한선이 최저생활보호이다.

공공부조는 과거 수혜자 자신의 노동과 관련 없이 급여가 행해지는 데 반해, 사회보험은 급여가 과거 수혜자 자신의 노동과 관련이 있다. 사회보험의 경우 국민연금의 연금액, 고용보험의 실업급여, 산재보험의 보험급여는 과거 수혜자 자신의 소득에 기초하여 일정 비율을 급여로 받는 데 반해, 공공부조 가운데 생계보호는 생활보호제도 하에서 소득과 가족수에 따라 차등 급여되고 있으며, 국민기초생활보장제도 하에서는 이를 보충급여로 전환한 후 최저생계비와 소득인정액 간의 차액을 급여로 받게 된다. 사회보험은 능력에 따라 부담액이 달라 응능성이 적용되고, 또 많이 부담한 사람들은 비례의 원칙에 의해 더 많은 급여를 받게 되는 응익성이 적용된다. 반면 공공부조는 자신의 직접적인 재정부담이 없기 때문에 응능성과 응익성이 반영되지 않는다.

③ 자산조사

자산조사는 공공부조를 시행함에 있어서 필수적인 요소라고 할 수 있다. 자산조사를 통해 소득과 재산이 기준선 아래인 저소득계층을 선별, 급여를 제공하는 수단이다.

4) 공공부조의 원리 및 원칙

(1) 공공부조의 6대 원리

① 생존권보장의 원리

헌법 34조 1항에 모든 국민은 인간다운 생활을 할 권리가 있다고 되어 있다.

② 국가책임의 원리

1601년 엘리자베스 구빈법에서부터 기인한 것으로 빈곤하고 생활능력이 없는 대상자는 국가가 궁극적으로 책임지며 이들을 보호하는 것을 말한다.

③ 최저생활 보호의 원리

공공부조제도가 보장해야 하는 정도를 말하는 것으로 수급권자에게 최저한의 생활을 보장해야 한다는 것이다.

④ 무차별 평등의 원리

급부 내용에 있어서 수급권자의 인종, 성별, 종교 및 사회적 신분에 차별없이 평등하게 보호받을 수 있는 권리를 말한다.

⑤ 자립 조성의 원리

급부를 받는 수급권자의 내재된 가능성을 끌어 내어 육성함으로써 그가 부조를 받지 않고서도 자립적이고 독립적으로 사회생활에 적응해 나갈 수 있도록 하는 것이다.

⑥ 보충성의 원리

수급권자가 개인적으로 최저한도의 생활을 유지할 수 없는 경우에 최종적으로 그 부족분을 보충하여 준다는 것이다.

(2) 공공부조의 6대 원칙

① 선신청, 후직권 보호의 원칙

국가에게 보호신청을 우선적으로 한 후 직권보호를 받는 것이다.

② 급여기준과 정도의 원칙

측정된 보호기준에 따라 대상자의 연령, 세대구성, 소득관계 및 자산 조사를 통하여 수급권자의 수요를 측정하며 어떤 수입이나 자산으로 충당할 수 있는 부문을 공제한 부족분만을 보충하는 정도의 부조를 해주는 것을 말한다.

③ 필요즉응의 원칙

무차별 원리에 대한 보완적 성격의 것으로써 보호 신청이 있을 시에 즉시 보호 여부를 결정해야 하며, 일반적으로 신청일로부터 14일 이내에 서면으로 통지하도록 규정하고 있다.

④ 세대단위의 원칙

일반적으로 공공부조는 세대를 단위로 하여 그 서비스의 필요여부 및 정도를 정하는 것이다.

⑤ 현금부조의 원칙

수급권자의 낙인감과 불신을 최소화하는 금전 급여를 우선적으로 원칙으로 하고 예외적으로 현물 급여를 행할 수 있다는 의미이다.

⑥ 거택보호의 원칙

수급권자가 거주하는 자택에서 공공부조가 제공되는 것을 의미한다.

5) 공공부조의 주요 현황

(1) 개념 및 발달과정

우리나라의 대표적인 공공부조 사업의 기본은 1961년에 제정된 생활보호사업이라 할 수 있다. 1987년부터는 생활보호사업 전달체계의 전문화를 위해 사회복지전문요원을 일선 읍, 면, 동에 배치하기 시작하여 2001년에는 4,500여 명이 공공부조의 현장에서 근무하였다. 1999년 8월 국회 본회를 통과하여 생활보호법을 대체하는 국민기초생활보장법이 2000년 10월 1일부터 시행되고 있다.

(2) 생활보호제도와의 차이

국민기초생활보장제도는 기존의 생활보호제도와는 법적 용어, 대상자 구분, 대상자 선정기준, 급여내용, 자활지원계획 등에서 차이가 난다.

(3) 급여의 내용

국민기초생활보장제도의 급여내용은 크게 생계급여, 주거급여, 교육급여, 해산급여, 장제급여, 자활급여로 나뉜다.

(4) 우리나라 공공부조의 주요 쟁점 및 과제

① 특히 국민기초생활보장제도의 빈곤층 선정과정에서의 문제점
② 도덕적 해이 내지는 노동 동기의 약화를 경계해야 한다.
③ 사회복지사의 전문성 확보와 확대배치
④ 자활지원 프로그램의 개선이 요구

3. 의료보호사업

(1) 성립과정 및 의의

공공부조의 정신에 입각하여 생활유지의 능력이 없거나 생활이 어려운 자에게 의료보호를 실시함으로써 국민보건의 향상과 사회복지의 증진에 기여함을 목적으로 한다. 성립과정은 1976년 9월 전국의료보장기반확립을 위한 의료시혜확대방안이 마련되고, 이어 1977년 1월 의료보호에 관한 규칙을 제정·시행하였다가 동년 12월 의료보호사업에서 사회보장적인 성격인 의료보호를 시행하게 되었다.

(2) 대상자의 범위

의료보호대상자는 외래와 입원진료 모두 전액 무료로 보호받는 1종 보호자와 진료비용의 20%를 본인이 부담하는 2종 보호자로 나뉜다.

(3) 의료보호사업에 대한 문제점

① 의료보호대상자의 선정 방법과 그 범위의 객관성 제고 방안이 모색되어야 한다.

② 진료비의 심사와 지급체계를 정립해야 한다.

③ 장기적으로 의료보호제도를 의료보험제도에 흡수, 통합시켜 행정비용을 막고 대상자들의 낙인문제를 해결하고 사회보험의 원리가 적용되어야 할 것이다.

4. 재해구호사업

(1) 개념 및 구호대상

재해구호사업이란 한해, 풍수, 수해, 화재 등 비상재해가 발생하였을 때 국가와 지방자치단체가 공적자금을 활용하여 그 지역의 재해를 구호하여 주는 응급구호이다.

(2) 재해구호의 내용

사망, 실종자의 유족 및 부상자 위로금, 이재민 생계구호, 재해복구지원, 병역, 의료구호 및 식품위생관리가 있다.

(3) 재해구호기금적립 및 관리

재해구호기금은 재해구호법과 자연재해대책법, 농어업재해대책법에서 규정한 재해구호에 필요한 경비로 지출되는데 시, 도지사는 재해구호기금을 적립해야 한다.

(4) 재해구호사업에 대한 주요 쟁점

① 재해구호기금의 관리문제가 중요한 쟁점

② 재해는 천재보다는 인재로 발생하는 경우가 더욱 높다.

제2절 사회보장의 원칙

1. 사회보장의 원칙

1) 원칙론의 상이

사회보장제도의 기본 원칙에 대해서는 지금까지 W. Beveridge의 원칙, ILO 원칙, 세계 노동조합연맹의 원칙이 거론되고 있다. 이들 원칙론은 그것이 제기된 시기 및 각자의 이해에 따라 다소의 차이를 나타내고 있다.

2) W. Beveridge의 원칙

그의 보고서에서는 사회보험을 사회보장의 중핵으로 보고 있는데 그는 사회보험에 대해서 다음과 같은 기본 원칙들을 열거하고 있다.

(1) 균일율의 생활급부

사회보장제도의 첫째의 기본 원칙은 실업이나 발절로 중단되었거나 퇴직으로 종결된 노동소득액의 다수에 관계없이 균일율의 보험 급부를 마련하는 것이다.

(2) 균일한 갹출제도

수혜자의 부담은 자선적 요소를 배제하기 위하여 수입의 다소에 구애받지 않고 갹출액은 동일액이어야 한다는 원칙이다. 다액의 국고 보조가 전제로 되고 있다.

(3) 관리책임의 단일화

사회보장의 실시에 있어서 제제도 상호간 모순을 제거하고 경비절약을 위해서 운영 기관을 통일해야 한다는 것이다.

(4) 급부의 충분성

모든 사회보장에 있어서 급부는 금액에 있어서나 기간에 있어서 수혜자의 기본적 필요, 즉 최저 생활을 보장하는데 적정하고 충분한 것이어야 한다. 급부는 우발적 사고의 경우를 제외하고 근로소득과 직업 중단의 장기화에 따라서 그 조건과 대책이 달라져야 하며 그 필요가 계속되는 한 자산 조사를 하지 않고 무제한으로 지급되어야 한다.

(5) 적용 범위 및 사고의 포괄성

사회보장에 의하여 보호될 사람과 그들의 필요는 포괄적이어야 한다. 대상은 신분이나 수입에 관계없이 전국민을 대상으로 하여야 하고 범위와 대상이 제한적이 되어서도 안된다.

(6) 피 보험자 계층분류

원칙적으로 사회보험은 단일화 되고 포괄적이어야 하는 데 반하여 사회 각 부문의 다양한 생활양식을 고려해야 한다. 최저 생활의 유지비의 차이, 발생한 사고 종류의 상위에 따라 피고용자, 무보수, 서비스 종사자, 취업 연령 미달자, 정년 퇴직자 등으로 구분하여 각 계층의 환경과 필요에 알맞도록 보험을 조정해야 한다.

2. ILO의 사회보장 원칙

UN과 ILO와 같은 국제기구가 사회보장에 관한 국제협약 등의 국제문서를 채택하고 각 국가에게 그 이행을 촉구하고 있으며, 각 국가는 국제협약에 따라 국내법을 정비하거나 입법의 기준으로 하고 있다.
우리나라 「헌법」은 "헌법에 의하여 체결 · 공포된 조약과 일반적으로 승인된 국제법규는 국내법과 같은 효력을 가진다."(제6조 제1항)라고 규정하고 있다.

사회보장에 관한 주요한 국제협약 중 UN의 「세계인권선언」은 일반적으로 승인된 국제법규에 해당된다. 우리나라는 UN의 「경제적 · 사회적 · 문화적 권리에 관한 규약」에는 비준하였으나 ILO의 「사회보장의 최저기준에 관한 협약」에는 아직 비준하지 않고 있다.

사회보장의 확장 및 보급을 위한 ILO의 노력은 제2차 대전을 전후로 하여 활발하게 전개되었다. 사회보장 원칙은 수 차례 국제회의에서 확인된 것으로서 세 가지 기본원칙을 소개하기로 한다.

1) 대상의 보편적 원칙

사회보장이 사회보험을 한간으로 각국에서 처음으로 출발한 때는 한동안 근로장 계층의 전용으로 되어 왔지만 제2차 대전을 전후로 하여 그 인식이 새로워지고 전 국민을 대상으로 하여 생활 대비 수단으로 등장한 것이다.

2) 비용부담의 공평 원칙

사회보장 최저 기준에 관한 조약 제71조에는 공평적 부담 원칙이 제시되고 사회보장의 규정에 관한 기본 방침이 규정되어 있다.

3) 보험 급부 수준에 관한 원칙

사회보장 최저 기준에 관한 조약 제65～67조까지는 정기 지급에 관한 기준에 대하여 기본 원칙을 제시하고 있다.

① 급부 비례 원칙 : 사회보장에 있어서 급부수준은 각 개인이 사회적으로 영위하는 생활의 정도가 다르기 때문에 그것에 상응하는 정도의 급부수준을 제공하여야 한다.

② 급부 균일 원칙 : 보험 급부는 어느 수급자에게도 동액을 지급한다는 원칙

③ 가족의 부양수준의 원칙 : 보험 급부의 총액과 수익자의 자력을 합하여 최저 생활이 되도록 하려는 원칙

3. 세계 노동조합연맹의 원칙과 사회보장협정

사회보장의 이념이나 기본 원칙에 있어서 노동조합 측의 입장은 사회보장에 대한 근로자의 무갹출, 사회적 권리와 국가와 자본가의 비용부담을 강조하고 있다.

OECD 노조자문위원회(TUAC)는 OECD와 노동조합을 연결시켜 주는 매개체이다. OECD 노조자문위원회는 국제 노동조합 기구로서 OECD 및 OECD의 여러 위원회에 대한 협의체 지위(Consultative Status)를 가지고 있다. TUAC은 1948년, '마셜 플랜(Marshall Plan)'이라고 하는 유럽 회복 프로그램에 대한 노조자문위원회로 처음 설립되었다. 그리고 1962년에 OECD가 오늘날과 같은 형태의 정부간 두뇌집단(intergovernmental think tank)으로 창설된 후에도 TUAC는 계속해서 조직된 노동계의 시각을 대표하는 역할을 담당하였다. 이제 OECD는 다시금 새로운 회원을 받아들이는 한편, 세계화와 관련한 정부간 토론의 장으로서 변화하고 있다. 따라서, TUAC의 역할은 효과적인 사회적 차원을 통하여 세계 시장의 균형을 이루는 것이 되었다. 여러 OECD 위원회들, 사무국, 회원국 정부와의 정기적인 협의를 통하여 TUAC는 산업화된 국가에서 이루어지는 노동조합 운동의 입장을 조정하고 대표하는 역할도 하고 있다. 그 밖에 TUAC은 연례 G8 경제 정상회담과 고용 협의회(Employment Conference)에 노조의 의견을 전달할 책임도 지고 있다.

TUAC의 회원은 30여 개 OECD 국가의 56여 노조 중앙 단체로 구성되어 있는데, 이 단체들은 7천만 명의 근로자를 대표하고 있다. 바로 이들이 TUAC 활동을 위한 재정을 충당하고, 중요 정책을 결정하며, TUAC 간부들을 선출하는 것이다.

TUAC 회원 단체 대부분은 주요 국제 노동조합 연맹체인 ICFTU(국제자유노련)에도 가입하고 있으며, 일부는 세계 노동 연맹(WCL)에도 가입하고 있다. 유럽 회원단체의 대부분은 유럽 노동조합 연맹(ETUC)에도 회원으로 참가하고 있다. 따라서 TUAC는 이들 국제 노동 기구와 더불어 국제노동기구(ILO)

와도 긴밀한 협력을 하고 있다. 또한 TUAC는 국제 노동조합 부문별 단체(international trade union sectorial organizations)인 국제 산별 노동조합 연합(International Trade Secretariats)과의 긴밀한 협력을 통하여, 교육, 공공부문 관리, 철강, 해운 등 OECD 부문별 활동에 노동조합의 입장이 효과적으로 반영되도록 하고 있다.

1) 사회보장협정(Social Security Agreement)

외국에 단기파견된 근로자의 파견기간 중 체류국의 사회보장기여금 납부의무를 면제해 주거나, 체류국 사회보장기여금을 납부한 장기파견자의 체류국 사회보장제도 가입기간을 본국 가입기간과 합산(totalization)할 수 있도록 하여 사회보장 급여수급권을 보장하는 것을 주요 내용으로 하는 양국간 협정이다.

사회보장협정으로 외국의 연금을 받는 우리나라 국민이 2,000명 이상에 달하는 것으로 나타났다.

보건복지부와 국민연금공단은 국민의 연금수급권 강화를 위해 해외 여러 나라와 체결·추진하고 있는 사회보장협정을 통해 외국연금을 받게 된다. 1999년 5월 캐나다와의 협정 체결을 시작으로 우리나라와 사회보장협정을 체결한 나라는 총 24개국이며 이 중 연금가입기간 합산을 통해 우리국민이 외국연금을 받을 수 있는 국가는 미국, 캐나다, 독일 등 총 16개국이다.

사회보장협정을 통해 상대국으로부터 연금을 받고 있는 사람도 점차 증가해 현재 총 2,024명으로 그 중 미국연금을 받는 사람이 1,645명으로 가장 많다.

또한 사회보장협정으로 해외파견근로자의 경우 파견국인 우리나라 국민연금에 가입했다는 증명서를 근로지국인 협정체결 상대국에 제출하면 상대국의 연금가입의무가 면제된다.

2) 평등주의와 능력주의

사회보장에 있어서 기본원칙을 평등주의와 능력주의 입장에서 이야기할 수 있다.

평등주의에서 보면 국가는 모든 사람에게 차이가 없는 기본적 필요만의 급부를 행하고 그 이상의 필요는 각자에 따라 다르기 때문에 본인들에게 위임한다는 것이다.

평등주의가 타당성을 인정받기 위해서는 중대한 전제 조건 즉 각자의 소득이 평등할 것과 각자의 필요도에 차이가 없어야 한다.

영국의 경우 과거 블레어 총리의 노동당 정권이 나아가야 할 노선을 "제3의 길"로 제시하며 사회주의식 복지제도와 자본주의를 혼합한 새로운 제도로 향해 나아가고 있다.

이에 대비하여 약간 상이한 스웨덴의 사회민주당(Socialdemokraterna, SAP)의 제3의 길과 관련한 정책 방향을 제시하였다.

흔히 제3의 길이라 하면 단순히 사회주의 식의 평등주의적 분배정책과 자본주의적 경쟁의 요소를 혼합한 것으로 생각하고 있으나 단순한 개념이 아니며, 융합된 복합적인 개념이다. 과거 산업화 시절 단순 자본주의 체제 하에서는 '자본'이 부의 원천이자 성장에 핵심적인 역할을 하였지만, 새로운 제3의 길 정책적 방향 하에서는 지식 즉 지식자본의 역할이 핵심적이다. 자본은 자본가만이 소유할 수 있지만, 지식자본은 누구나 소유할 수 있으며, 노동자 개개인에 체화되어 물적 자본처럼 자본가가 쉽게 '약탈'할 수 없다. 따라서 제3의 길에서는 자본주의의 가장 큰 문제로 마르크스가 지적한 '노동의 소외'가 배제되고, 자본가와 노동자 사이의 수평적, 동반자적 발전이 가능하다. 오늘날 '도서관'에서 형성되는 지식자본의 역할을 강조하며 노동자 중심의 새로운 노선을 걷고 있는 스웨덴의 제3의 길 노선도 생각하게 한다. "제3의 길"에게 인적 자본 담론은 민중을 활용가능하게 만들어 만인의 잠재력을 추출한다.

이러한 '지식 자본'의 발전 노선 또한 두 국가와 두 정당은 노선을 달리하는

데, 물론 두 정당 모두 교육과 인적자원 개발을 통한 안정적 경제 성장이라는 기본적인 틀을 공유하였다. 다만, 영국의 노동당은 평등주의적 교육으로 인해 인재와 엘리트 양성 교육이 훼손될 수 있다는 문제점을 중점적으로 부각하며 엘리트 위주의 교육을 강조한 것으로 영국은 우수한 인재를 배출하는 교육기관에 대한 적극적인 지원에 중점을 두는 등 우리나라의 경쟁 위주 교육 정책과 매우 흡사했다. 그러나 스웨덴의 SAP는 '기회의 평등'을 강조하며 모든 개인에 대한 교육의 기회를 열어 주고, 전 국민의 역량을 최대한 끌어낼 수 있는 교육을 강조했다. 이러한 교육 정책을 '사다리'와 '승강기'에 비유하고 있는데, 전자는 주로 영국식의 엘리트 위주 교육을, 후자는 모든 사람의 지적 역량 상승을 강조하는 교육을 비유한 표현이다. 사다리는 한 사람씩만 오를 수 있으며 먼저 올라간 사람이 '사다리 걷어차기'로 뒤쳐진 사람들을 배제할 수 있는 반면, 승강기는 여러 사람이 함께 역량이 상승할 수 있다는 점에서 이러한 비유를 한 게 아닌가 한다.

가장 주목할 만한 부분은 노동정책 및 실업정책에 대한 차이였다. 노동당의 제3의 길 노선에서도 복지와 사회 안전망에 대한 중요성을 인식하였지만, 이들이 바라본 복지는 시혜적 관점이면서도 동시에 노동시장에서의 개인의 역량과 노동 의무 등을 강조하였다. 예컨대, 영국에서는 노동할 의지를 아주 명백하게 밝혀야만 실업급여의 혜택을 주거나 세제 혜택을 주는 등 신자유주의적 관점의 노동 및 복지 정책을 설계하였다. 여기서 스웨덴의 노동 및 실업 정책의 차별성이 두드러진다. 스웨덴에서는 자원과 인구가 상대적으로 부족한 국가에서 성장과 발전을 위한 핵심이 바로 '창의성'이며 그 창의성이 발휘되기 위한 핵심이 '안정'이라고 본다.

사람들이 미래를 두려워한다면, 잠재력을 실현하지 못할뿐더러 이를 자각하지도 못할 것이다. 실업으로 인해 생계가 위협 당할까봐 걱정하는 여성이라면 더 높은 수준의 교육을 추구하기 위해 사직하거나 기능이나 창의력을 발전시키기 위해 사업을 시작할 여력이 없을 것이다. 해고의 경제적 결과를 두려워하는 남성이라면 경영진의 결정을 비판하려고 목소리를 높이거나 새로운 방법이나 시장을 찾는 위험을 감수하지 않을 것이다.
영국의 근로복지 전략은 생산 참여에 따라 조건부로 권리를 인정하며, 여기에서 권리란 '의무'의 완수를 통해 획득하는 무엇이다. 반면에, 스웨덴에서는 사회적 권리를 개인에게 부여하는 것이 유선이고, 사회보장의 확대가 노동 참여에 있어서 필수적인 전제라고 본다.
"여기에서 가장 강조하는 것은 일할 '의무'가 아니라 사회에 생산적으로 기여할 '개인의 권리'였다. 국가가 일자리를 책임져서 만인이 능력에 따라 참여할 수 있게 만듦으로써 이러한 권리의 실현이 결정된다고 보았다는 점을 주목해야 한다."
즉, 노동이라는 '의무'를 실행하지 않은 개인에게는 복지라는 혜택을 주지 않겠다는 것이 아니라, 노동할 '권리'는 개인의 기본적인 권리이며, 이 권리를 행사하게끔 일자리를 제공하는 것이 국가의 역할일 뿐더러, 그 역할을 이행하지 못할 경우에도 안정적인 삶을 살아갈 수 있도록 국가가 일정한 복지 책임을 맡게 된다는 것이다. 복지와 노동 정책을 시혜적 관점이 아닌 개인의 권리의 관점에서 이 관점의 차이가 오늘날 스웨덴과 영국을 있게 한 가장 핵심적인 차이이다. 다니엘 블레이크가 영국 정부의 실업 급여를 수급하는 사람들을 공짜 점심이나 얻어먹으려는 무능한 실패자로 취급하는 실업 정책에 반발하며 개인의 존엄성을 부르짖는 이유가 여기에 있다.
한국은 현존하는 민주주의, 자본주의 제도에서 어떤 국가보다도 자본의 편이며 모든 것을 개인의 책임으로 돌리는 자본주의의 개인의 책임을 강조한다. 그러면서 복지제도의 설계에 있어서는 인권을 존중하지 않는 시혜적 관점의 복지제도도 다분히 내포되어 있다. 젊은이들은 헬조선을 외치며 나라를 뜨고 싶다고 자조하는 것 또한 이러한 제도와 사회 분위기와 무관하지 않은 부분도 있다.
물론 우리 사회의 진보와 진전을 위해서는 정치권의 역할도 중요하지만, 가장 중요한 것은 먼저 물권보다는 인권을, 자본보다는 노동을, 경쟁보다는 연대를 중요하게 여기는 우리 자신의 인식의 변화가 중요하다. 사실 자본을 중시하고 노동자를 무시하는 경향은 박정희시절 노동탄압 정책부터 뿌리 깊은 것이면서도 동시에 노조활동을 '귀족 노조'의 집단 이기주의로 보는 다수 국민의 관점이기도 하다. 우리는 남들보다 더 많이 가지기 위해 살아가는 것이 아니라, 공동체의 한 일원임을, 공동체의 번영과 지속을 위해서 연대가 최선임을 알아야 한다.

다음으로 능력주의에서는 소득에 비례하여 사고의 정도에 따라 급부와 반대 급부에 차이를 두는 것을 의미하는데 이것은 사 보험의 원리에 입각한 것이므로 사회보장의 합리성이 그 만큼 상실되는 결과가 된다.

능력주의(Meritocracy)는 개인의 능력에 따라 사회적 지위나 권력이 주어지는 사회를 추구하는 정치철학이다. 시장에서 각자 가져가는 몫이 능력에 따라 분배되고 있으며 또 그래야한다고 주장하는 자유주의 경제 사상과 맥을 함께 한다. 얼핏 들으면 굉장히 공정하고 또 평등하게 느껴질 수 있지만, 사실은 이 능력주의는 인간의 불평등을 '자연의 법칙'으로 정당화하는 수단이자, 인간 개개인의 가치를 쉽게 평가하는 역할을 한다.

능력주의가 공평하지 않은 이유는 '능력'대로 세상이 굴러가지 않기 때문이다. 능력과 노력에 따라 보상을 다르게 하는 것은 당연하고도 지향해야 할 일이지만, 이는 기회의 균등이 보장된 사회에서만 통용될 수 있다. 지금 한국 사회가 능력과 노력에 따라 공평하게 대우를 받고 보상을 받고 있는가에 대하여 불만이 높은 편이다. 부모의 경제력이 자녀의 성공률을 좌우하고, 학연과 지연, 혈연, 성별 등 차별에 따른 신분구조가 고착화되고 있다고 생각한다. 출발부터 다를 수밖에 없는 사회구조인데, 능력주의가 맹신되고 있는 건 위험하다.

능력주의는 일반 시민들이 불평등, 노동시장의 착취, 약자에 대한 억압과 묵인과 동조를 정당화하도록 만든다. 고달픈 노동을 묵묵히 수행하는 수많은 노동자들의 존재를 마치 자연의 이치인양 당연하다고 여기게 한다. 김포공항 청소노동자들의 항의를 받고 관리자가 "돈 많이 받으려면 공부 잘해서 대학을 나왔어야지"라고 한 발언은 이러한 인식을 잘 보여준다. 남성 정규직 관리자가 청소노동자들을 착취하고, 여성 청소노동자들에게 저지른 성범죄 만행에 대해 "능력이 부족하기 때문에" 일어났다고 보는 것이다. 인간의 가치는 능력주의 속에서 이렇게 무시된다.

아동양육을 지원하는 정책은 소득보장에 의한 방법과 서비스 제공에 의한 방법이 있다. 소득을 보장하는 방법도 보편주의 원칙에 의하여 전체 아동을 대상으로 일정한 급여를 지불하는 방법과 일정한 기준의 선별주의 원칙에 의하여 사회적 취약계층의 아동에게 급여를 제공하는 방법이 있다. 보편주의 원칙에 의한 사회보장정책은 아동이 모든 가정에게 부담을 가져오며 국가는 이러한 가정의 아동양육 부담을 경감시켜주는 역할을 수행해야 한다고 본다. 선별주의 원칙에 의한 소득보장정책은 스스로 아동을 부양할 능력이 없는 가정에 대해서만 국가가 그 부담을 경감시킨다는 목표를 갖는다. 이 정책은 사회적 연대의 가치에 기초하고 있다.

산업사회에서 경제적 보장을 위해서는 어떤 형태로든 소득이 제공되고 유지되어야 한다.

그런데 신체적 · 정신적 기능의 전부 또는 일부를 상실한 장애를 가진 사람은 소득활동능력을 가질 수 없거나 소득활동능력이 감소되는 불이익을 경험하게 된다.

그 결과 장애인은 기본적 욕구를 충족할 수 있는 재화나 서비스를 구입하는데 필요한 소득의 중단이나 감소를 경험할 가능성이 높아진다.

이와 같은 이유로 정부는 장애인의 인간다운 삶과 권리를 보장하고, 장애와 빈곤이 결합된 이중적 문제에서 비롯되는 악순환의 고리를 막기 위해서 안정적이고 지속적인 소득보장체계를 마련해주어야 한다.

제3절 사회보장과 국민생활

1. 사회보장에 대한 국민의 권리

1) 생존권과 사회보장

생존권은 일반적으로 인간의 생존 또는 생활에 필요한 재 조건의 확보를 요구하는 권리로서 국민의 생존권 확보를 위하여 국민 생활에 위협을 주는 사유에 대하여 건강하고 문화적인 생활을 유지하는데 필요한 사회적 급부를 제공해야 한다.

이것이 사회보장제도로서 그 기능과 방법의 중요한 일면을 담당하고 있다.

2) 헌법상의 사회보장제도

우리 헌법 제32조 2항은 모든 국민의 인간다운 생활보장을 위해서 국가가 사회보장제도를 확립해야 할 것을 규정하고 있는데 국민은 국가의무의 반사적 권리로서 사회보장을 받을 권리를 가진다. 국가는 국민의 인간다운 권리를 보호하기 위하여 사회보장의 증진에 노력할 의무를 지게 되는바 이에 관한 법률이 사회보장에 관한 법률이다. 다음으로 생활 무능력자는 인간다운 생활을 보장받기 위하여 국가의 보호를 받을 권리가 있다. 생활 무능력자란 노령·질병 기타 사유로 인하여 생활 능력을 상실한 자를 말하며, 이들의 권리보장을 위한 법률로서 생활 보호법을 비롯하여 각종 완호법이 있다. 이들 특별법에 의한 보호 청구권은 반사적 이익이 아니며 구체적 개별적 권리이다.

3) 수급권 등의 보호

사회보장제도의 확립 요구는 법률상으로 국민의 기본적 인권으로서의 생존권을 현실 생활에 정착 시키려는 과정에서 선진 사회보장 국가의 경험에 의하면 사회보장의 권리를 자각한 조직 생활로서 특히 노동 조합측의 사회보장운동이 활발하게 전개 되어왔다. 이것은 각국에서 사회보장제도의 충실화 및 조기 실현에 큰 영향을 미친 것으로 볼 수 있다.

2. 사회보장과 국민생활

1) 사회보장과 빈곤

최저생활이란 그 수준 이하의 생활이라면 빈곤으로 판단되는 일종의 한계 개념이다. 이 변모를 면하기 위한 최저 한도의 필요 가운데는 인간의 육체적 생존에 불가결한 수단과 그의 사회생활을 위하여 습관적 또는 제도적으로 필요한 수단을 포함한다.

2) 산업 구조 변동과 사회보장

오늘날 사회보장제도의 이념 및 목표 추구는 소득 보장으로부터 생활 보장으로 이행되는 경향이 있다. 사회보험을 주축으로 한 사회보험이 보험기술의 원리를 이용하여 소득의 재분배에 그치고 있는 한 새로운 빈곤 문제에 대처할 수 없다.

사회보장에 있어서 갹출과 급부의 균형 계산은 물가 상승과 생활 수준의 변화에 따라 수정되어야 하며 사고의 종류도 여러 가지로 변화 · 추가되고 있다.

3) 사회보장에 있어서 니드의 문제

사회보장에 있어서 영어의 need라는 용어는 우리말로 '필요도'라고 번역할 수 있다. 사회보장의 니드는 후술할 급부와 직접적으로 관련되어 있는데 각종 급부의 필요도를 의미한다.

(1) 니드의 측정

사회보장에서 피 보험자에게 급부를 지급할 때 그 기준은 니드에 의하여 결정되는 것으로 볼 수 있다.

여기서 니드는 피보험자가 개별적으로 제시한 실제적 니드, 니드의 평균 지정치, 피보험자가 부담한 비용의 대응치, 수익자의 과거수입 또는 생활수준 가운데 어느 한 가지에 의하여 결정된다.

(2) 니드의 유형

연금과 생계비, 즉 소득 보장을 중심으로 한 생활 니드는 생계비의 산정이 어려운 과제이다. 여기서는 연령, 지역별, 직업별, 소득 정도와 생활수준, 조사시기, 조사항목에 따라 차이가 있다. 의료 보장을 위한 의료 니드 역시 산정상 정확성을 기대하기 곤란하다. 니드에서 의료비는 흔히 국민의료비의 개념으로 사용되고 있는데 여기에는 개인소비 중의 의료 관계비는 물론 정부소비 중의 의료 관계비와 정부로부터 개인에게 이전된 의료 관계비가 포함된다.

3. 장애인 소득보장제도

인간은 의식주에 대한 기본 욕구를 현재는 물론 미래에도 충족할 수 있을 것으로 확실할 수 있을 때 미래에 대한 불안이 해소되고 행복감을 경험할 수 있다.

따라서 산업사회에서 경제적 보장을 위해서는 어떤 형태로든 소득이 제공되고 유지되어야 한다.

그런데 신체적 · 정신적 기능의 전부 또는 일부를 상실한 장애를 가진 사람은 소득활동능력을 가질 수 없거나 소득활동능력이 감소되는 불이익을 경험하게 된다.

그 결과 장애인은 기본적 욕구를 충족할 수 있는 재화나 서비스를 구입하는

데 필요한 소득의 중단이나 감소를 경험할 가능성이 높아진다.

이와 같은 이유로 정부는 장애인의 인간다운 삶과 권리를 보장하고, 장애와 빈곤이 결합된 이중적 문제에서 비롯되는 악순환의 고리를 막기 위해서 안정적이고 지속적인 소득보장체계를 마련해주어야 한다.

따라서 우리나라 장애인의 빈곤 위험에 대응하는 사회보장제도로서 장애인 소득보장제도에 있어서 소득보장이란 장애인들이 일상생활을 영위함에 있어서 필요한 소득을 보전시켜 주거나 금전적 지출을 감면해 줌으로써 장애인의 생활안전을 강화하기 위해 장애수당, 자녀학비 지원, 의료비 지원 등의 제도를 실시하는 것을 말한다.

장애인 소득보장 체계에 있어서 지원방식은 다음과 같다.

1) 직접지원 방식

(1) 공공부조

공공부조는 자본주의 사회의 모순이 심화됨에 따라 그 구조적 산물로서 빈곤이 발생됐다는 역사적 인과관계를 인정하여, 국가의 책임 하에 일정한 법령에 따라 공공비용으로 경제적 보호를 요구하는 자들에게 개인별 보호 필요에 따라 주게 되는 최저한도의 사회보장을 일컫는다.

현재 우리나라에서는 빈곤계층에 대해 국가가 생계, 주거, 교육, 의료 등 기본적인 생활을 보장해 주는 국민기초생활보장제도와 65세 이상의 전체 노인 중 소득과 재산이 적은 60%의 노인에게 매달 일정액의 연금을 지급해 노인들의 생활안정에 도움을 주는 기초노령연금제도가 실시되고 있다.

(2) 사회보험

사회보험은 사회보장정책의 주요수단으로서 근로자나 그 가족을 상해질병, 노령, 실업사망 등의 위협으로부터 보호하기 위하여 실시하는 것으로 노동능력의 상실에 대비한 산업재해보험, 건강보험과 노동기회의 상실에 대비한 연금보험, 실업보험으로 크게 구분할 수 있다.

사회보험은 개인보험처럼 자유의사에 의해서 가입하는 것은 아니며, 보험료도 개인, 기업국가가 서로 분담하는 것이 원칙이다.
보험료의 계산에 있어서도 위험의 정도보다는 소득에 비례하여 분담함을 원칙으로 함으로써 소득의 재분배 기능을 가진다.
현재 우리나라에서 실시되고 있는 공적 연금제도는 국민연금과 공무원연금, 군인연금, 사립학교교직원연금의 특수직역연금제도로 구성되어 있다.

2) 간접지원 방식

간접적 소득보장제도는 각종 감면과 할인 등을 통하여 소득지출을 감소시키는 제도이다.
LPG 세금 감면, 고속도로 통행료 할인, 지하철 요금 면제, 항공료 할인 등이 그것인데 이미 약 30여 종의 할인감면제도는 우리나라 총 장애인복지재정의 약 22%를 차지하고 있는 것으로 알려지고 있다.
특히 LPG 세금 감면이 가장 큰 비중을 차지하고 있는데, 2005년 약 2,367억 원의 예산이 소요되었다.
이 비중은 중앙정부 장애인복지예산의 52%를 차지하고 있으며 장애인고용에 소요되는 예산보다 많고 장애수당의 2배를 넘는 수치이다.
공공부조에 의한 장애인 직접지원방식의 소득보장은 다음과 같다.

(1) 장애수당

장애인에 대한 직접적인 소득보장정책의 하나로 장애수당을 들 수 있다.
장애수당의 목적은 다른 사람의 도움 없이는 일상생활을 영위하기 어려운 기초생활보장대상 중증장애인에게 장애수당을 지급하여 장애로 인한 추가적 비용보전이 필요한 저소득 장애인 가구의 생활안정을 도모하는 것이다.

(2) 장애아동부양수당

장애아동부양수당의 목적은 다른 사람의 도움이 없이는 일상생활을 영위하기 어려운 기초생활보장대상자로서 중증장애아동 보호자에게 장애아동부양 수당을 지급하여 저소득 장애인 가구의 생활안정을 도모하고자 함에 있다.

(3) 국민연금보험

1988년부터 시작된 국민연금제도는 우리나라의 대표적인 사회보험제도로서 공무원연금, 군인연금, 사립학교교직원연금과 함께 가장 큰 공적연금이다.
이 중 특수지역에 종사하지 않고 국민연금에 가입한 일반국민이 가입기간 중에 산업재해가 아닌 다른 이유로 장애를 입은 경우 지급되는 급여는 장애연금과 장애일시보상금의 두 종류가 있다.
장애연금은 연금가입기간 중 질병 또는 부상으로 인하여 완치된 후에도 신체 또는 정신상의 장애가 남아 장래에도 노동능력의 상실 또는 감소가 의학적으로 인정되면 그 장애 정도에 따라 지급되는 연금급여이다.
만 18세 이상부터이며 1, 2, 3급 중복장애인에 본인과 배우자의 소득인정액이 선정기준액에서 낮을 때 받을 수 있다. 다만 18세 미만이라도 18세 전에 가입했다면 해당된다.
지원자격을 세부적으로 알아보면, 부상이나 질병에 대한 초진일 당시 보험료를 낸 기간이 3분의 1 이상일 때, 부상이나 질병에 대한 초진일 당시 가입기간이 10년 이상일 때, 부상이나 질병이 초진일 5년 전부터 초진일까지 보험료를 3년 냈을 때 3가지로 볼 수 있다.
장애인 가구라 함은 장애인이 1명이라도 포함된 가구를 의미한다.
우리나라 장애인 소득보장제도와 비교하여 OECD 국가들의 장애인소득보장체계를 종합적으로 살펴보면 먼저 우리나라를 비롯하여 거의 모든 OECD 국가들은 공공부조에 의한 급여와 장애로 인한 추가비용 급여, 기여식 장애연금은 기초적으로 실시하고 있다. 하지만 기초장애연금(무기여식 장애연금제도)는 OECD 국가들 중 우리나라와 오스트리아만이 실시하지 않음을 볼 수 있다. 하지만 오스트리아는 일반부조에서 장애부조의 내용을 포함하고 있기 때문에 우리나라와는 구별된다고 볼 수 있다. 이러한 소득수준이 열악한 장애인에 대한 국가의 제도는 우리나라 장애인의 장애관련 급여 수급률이 매우 낮을 수밖에 없으며, GDP 대비 장애관련 급여 지출 비율도 매우 낮음을 확인할 수 있다.

결론적으로 OECD 국가들은 기본적으로 장애인 소득보장의 두 축이라고 할 수 있는 소득보전급여와 추가비용급여를 각국의 상황에 맞게 제도적 틀을 구축하여 운용하고 있다. 특히 OECD 국가들은 소득보전급여와 추가비용급여 중에서 장애로 인한 소득상실의 위험을 보전해주는 소득보전급여를 더 중점적으로, 적극적으로 대처하고 있다. 이와는 달리 기초장애연금과 같은 무기여식 장애연금제도를 실시하고 있지 않는 우리나라 장애인 소득보장체계는 국제동향에 뒤떨어지고 있으며, 상대적으로 장애인 소득보장이 열악한 수준임을 보여준다.

CHAPTER

03

사회보장의 기본

제1절 사회보장기본법

제2절 사회보장을 받을 권리

제3절 사회보장기본계획과 사회보장위원회

제1절 사회보장기본법

1. 사회보장과 사회보장기본법의 의의

사회보장이란 최저생활의 확보와 생활의 안정화를 도모하는 것을 목적으로 하는 공적제도를 통칭하여 말한다.

사회보장의 범위는 국가에 따라서 다르지만 기능별로 소득보장, 의료보장, 사회복지의 3부문으로 나누는 것이 일반적이다. 제도의 범위를 사회보장제도의 정의에서 보면 협의의 사회보장은 공적부조, 사회복지, 사회보험, 의료·공중위생, 노인보건 등이고 광의의 사회보장은 협의의 사회보장에 연금, 원호를 첨가한 것이며 사회보장관련제도로서 주택정책, 고용 실업 대책이 제시된다. 또 국제노동기구(ILO)의 국제비교의 기준에서는 사회보험, 가족수당, 공무원에 대한 특별제도, 공공보건서비스, 공적부조, 사회복지, 원호급여를 들고 있고 보건복지부의 사회보장급여비의 추계는 이 ILO의 기준에 따라서 이루어지고 있다.

사회보장의 방법은 일반적으로 사회보험, 공적부조, 사회서비스로 분류되고 거기에 재원을 기준으로 기여제와 무기여제, 급부의 범위를 기준으로 보편적 급여와 선별적 급여, 급여의 형태를 기준으로 현금급여와 현물급여로 분류된다.

사회보험은 궁핍의 시대에 선진제국에서 형성되었다. 사회보험이라는 용어는 1935년의 아메리카사회보험법에 의해서 비로소 공식적으로 사용되었다. 그 후 1942년 영국의 베버리지 보고(사회보험 및 관련 서비스)와 같은 해 ILO의 사회보장으로의 길에 의해 사회보장의 이념이 국제적으로 보급되며 특히 비버리지보고는 1950년에 사회보장제도심의회가 제출한 사회보장제도에 관한 권고 등 사회보장제도에도 큰 영향을 끼쳤다.

사회보장의 수단으로서의 사회보험, 공적부조, 사회서비스는 근대사회의 초기부터 산업화의 진전에 따라서 형성되었는데, 이 시기에 그것들은 사회보장의 목적을 실현하는 수단으로서 이하의 원칙 아래 발전 · 융합하였다. 즉 ① 생활을 위협하는 사고에 대한 사회적 책임원칙의 확립, ② 전국민으로의 적용의 확대(보편화), ③ 급여의 대상자 사고의 포괄화, ④ 적절한 급여수준의 확보이다.

선진국의 사회보장제도의 유형은 유럽형과 영국형으로 대별된다. 전자는 사회보험을 주체로 하여 중점을 피용자에게 두는 직업별의 다원적 조직형태를 채용하고 있다. 급여는 종전 소득을 유지한다는 관점에서 소득비례를 원칙으로 하며 재원은 사회보험료가 중심이다. 후자는 복지국가형으로도 불리우는 데, 사회보험과 함께 사회서비스에 중점을 두고 전국민을 대상으로 하는 일원적 조직형태를 채용하고 있다. 급여는 최저생활보장의 관점에서 균일을 중시하며 재원으로는 공공비용의 부담비율이 높다. 단 1960년대부터 기본적인 특징은 유지하면서도 쌍방이 접근 · 융합하는 경향을 보이고 있다.

선진국의 사회보장은 적용의 확대와 급여의 개선을 도모하여 국민생활의 안정화에 있어서 큰 역할을 담당해왔다. 그러나 경제사회의 변화에 따라 제도의 재평가가 요청받게 되고, 고용 · 가족정책 등과의 제휴, 공 · 사부문의 균형의 확보, 급여의 효율화 · 중점화 등이 과제로 대두되었다. 근래에는 고령화사회에의 대응을 위해 의료보험과 연금제도의 개혁 등 제도개혁의 추진과 함께 노인기초연금의 시행 및 노인장기요양제도의 개선, 영유아 대책의 강화 등이 주요 과제가 되고 있다.

여기에 사회보장기본법은 사회보장을 "질병 · 장애 · 노령 · 실업 · 사망 등의 사회적 위험으로부터 모든 국민을 보호하고 빈곤을 해소하며 국민생활의 질을 향상시키기 위하여 제공되는 사회보험 · 공공부조 · 사회복지서비스 및 관련 복지제도"라고 규정하고 있다.

사회보장법(Social Security Law)의 정의는 다음과 같다.

① 형식적 의미 : 사회보장에 관련된 법령들의 총체이다.

② 이념적 의미 : 국민의 생존권을 국가가 직접적이며 구체적으로 실현하는

법체계이다.

③ 실질적 의미 : 국민의 사회보장을 받을 권리와 이를 실현해야 할 국가의 의무관계를 규정한 법체계이다.

사회보장의 기본이념은 다음과 같다.

사회보장은 모든 국민이 다양한 사회적 위험으로부터 벗어나 행복하고 인간다운 생활을 향유할 수 있도록 자립을 지원하며, 사회참여 · 자아실현에 필요한 제도와 여건을 조성하여 사회통합과 행복한 복지사회를 실현하는 것을 기본 이념으로 한다.

사회보장의 기능은 다음과 같다.

① 빈곤의 예방과 구제
② 인간다운 생활의 조건의 확보
③ 삶의 질 향상
④ 소득의 재분배
⑤ 사회계층간의 갈등 완화
⑥ 정치 · 경제 · 사회의 안정에 기여

2. 사회보장법의 체계

1) 국제협약

UN과 ILO와 같은 국제기구가 사회보장에 관한 국제협약 등의 국제문서를 채택하고 각 국가에게 그 이행을 촉구하고 있으며, 각 국가는 국제협약에 따라 국내법을 정비하거나 입법의 기준으로 하고 있다.

우리나라 「헌법」은 "헌법에 의하여 체결 · 공포된 조약과 일반적으로 승인된 국제법규는 국내법과 같은 효력을 가진다."(제6조 제1항)라고 규정하고 있다.

사회보장에 관한 주요한 국제협약 중 UN의 「세계인권선언」은 일반적으로 승인된 국제법규에 해당된다. 우리나라는 UN의 「경제적 · 사회적 · 문화적 권리에 관한 규약」에는 비준하였으나 ILO의 「사회보장의 최저기준에 관한 협약」에는 아직 비준하지 않고 있다.

2) 헌법

현행 「헌법」(1987년 10월에 개정된 헌법)은 제34조에서 사회보장에 관하여 다음과 같이 규정하고 있다.

① 모든 국민은 인간다운 생활을 할 권리를 가진다(제1항).
② 국가는 사회보장 · 사회복지의 증진에 노력할 의무를 진다(제2항).
③ 국가는 여자의 복지와 권익의 향상을 위하여 노력하여야 한다(제3항).
④ 국가는 노인과 청소년의 복지향상을 위한 정책을 실시할 의무를 진다(제4항).
⑤ 신체장애자 및 질병 · 노령 기타의 사유로 생활능력이 없는 국민은 법률이 정하는 바에 의하여 국가의 보호를 받는다(제5항).
⑥ 국가는 재해를 예방하고 그 위험으로부터 국민을 보호하기 위하여 노력하여야 한다(제6항).

3) 사회보장기본법

이 법은 헌법과 국제협약의 사회보장에 관한 규정을 보다 구체화하여 국민의 사회보장을 받을 권리와 국가 및 지방자치단체의 책임을 정하고 사회보장에 관한 법률들과 정책이 공통적으로 지향해야 할 기본이념과 사회보장의 운영원리와 운영원칙 그리고 정책의 수립과 시행에 관한 기본적인 사항을 규정하고 있다. 사회보장에 관한 다른 법률들은 이 법에 부합하여 제정되거나 개정되어야 한다. 그러므로 이 법은 헌법과 국제협약 그리고 개별

법률들의 중간에 위치한다고 볼 수 있다.

3. 사회보장 관련 법령

「사회보장기본법」은 "사회보장"의 형태를 사회보험 · 공공부조 · 사회복지서비스 및 관련 복지제도로 규정하고 있다. 이에 따라 사회보장에 관련된 법령을 분류하면 다음과 같다.

1) 사회보험

국민에게 발생하는 사회적 위험을 국가가 보험방식에 의하여 대처함으로써 국민건강과 소득을 보장하는 제도로 국민건강보험법, 국민연금법, 고용보험법, 산업재해보상보험법 등이 있다.
사회보험의 재정은 보험가입자의 보험료와 국가의 재정에 의한다.

2) 공공부조

국가 및 지방자치단체의 책임 하에 생활유지능력이 없거나 생활이 어려운 국민의 최저생활을 보장하고 자립을 지원하는 제도로 국민기초생활보장법, 의료급여법 등이 있다.
공공부조의 재정은 공공재정에 의한다.

3) 사회복지서비스

사회복지서비스는 정부보조금과 사회복지법인의 자부담, 후원금 등으로 물질적 · 전문적 서비스를 제공한다.
"사회서비스"란 국가 · 지방자치단체 및 민간부문의 도움이 필요한 모든 국민에게 복지, 보건의료, 교육, 고용, 주거, 문화, 환경 등의 분야에서 인간다운 생활을 보장하고 상담, 재활, 돌봄, 정보의 제공, 관련 시설의 이용, 역량

개발, 사회참여 지원 등을 통하여 국민의 삶의 질이 향상되도록 지원하는 제도를 말한다.

국가 · 지방자치단체 및 민간부문의 도움을 필요로 하는 모든 국민에게 상담 · 재활 · 직업소개 및 지도 · 사회복지시설 이용 등을 제공하여 정상적인 사회생활이 가능하도록 지원하는 제도"(제3조 제4호).

「사회복지사업법」, 「아동복지법」, 「노인복지법」, 「장애인복지법」, 「장애인 · 노인 · 임산부 등의 편의증진 보장에 관한 법률」, 「모 · 부자복지법」, 「영유아보육법」, 「성매매방지 및 피해자보호 등에 관한 법률」, 「성폭력범죄의 처벌 및 피해자보호 등에 관한 법률」, 「가정폭력방지 및 피해자보호 등에 관한 법률」, 「일제하 일본군위안부피해자의 생활안정 및 기념사업 등에 관한 법률」, 「정신보건법」, 「사회복지공동모금법」, 「식품기부활성화에 관한 법률」 사회보장법은 자본주의 체제의 시민법질서를 수정하여 국민의 생존권을 보장하는 것을 구현하는 점에서 노동법과 공통점이 있다. 또한 「고용보험법」과 「산업재해보상보험법」은 사업장 및 사용자와 근로자를 적용대상으로 하는 점에서 노동법의 영역에 속하기도 하다.

그러나 사회보장법이 노동법과 다른 독자적인 법리적 특색을 가지는 것은 근로자만이 아닌 국민을 대상으로 하는 점과 국가가 국민의 인간다운 생활을 보장함에 있어 근로계약관계나 재산거래관계에 개입하지 않고 직접적으로 국민에 대한 생활보장장치를 강구함으로써 생존권보장의 책임을 이행하는 점에 있다.

평생사회안전망이란 생애주기에 걸쳐 보편적으로 충족되어야 하는 기본욕구와 특정한 사회위험에 의하여 발생하는 특수욕구를 동시에 고려하여 소득 · 서비스를 보장하는 맞춤형 사회보장제도를 말한다.

(1) 국가와 지방자치단체의 책임

① 국가와 지방자치단체의 책임에서 국가와 지방자치단체는 모든 국민의 인간다운 생활을 유지 · 증진하는 책임을 가진다.

② 국가와 지방자치단체는 사회보장에 관한 책임과 역할을 합리적으로 분

담하여야 한다.

③ 국가와 지방자치단체는 국가 발전수준에 부응하고 사회환경의 변화에 선제적으로 대응하며 지속가능한 사회보장제도를 확립하고 매년 이에 필요한 재원을 조달하여야 한다.

④ 국가는 사회보장제도의 안정적인 운영을 위하여 중장기 사회보장 재정추계를 격년으로 실시하고 이를 공표하여야 한다.

⑤ 국가와 지방자치단체는 가정이 건전하게 유지되고 그 기능이 향상되도록 노력하여야 한다.

⑥ 국가와 지방자치단체는 사회보장제도를 시행할 때에 가정과 지역공동체의 자발적인 복지활동을 촉진하여야 한다.

(2) 국민의 책임

① 모든 국민은 자신의 능력을 최대한 발휘하여 자립 · 자활(自活)할 수 있도록 노력하여야 한다.

② 모든 국민은 경제적 · 사회적 · 문화적 · 정신적 · 신체적으로 보호가 필요하다고 인정되는 사람에게 지속적인 관심을 가지고 이들이 보다 나은 삶을 누릴 수 있는 사회환경 조성에 서로 협력하고 노력하여야 한다.

③ 모든 국민은 관계 법령에서 정하는 바에 따라 사회보장급여에 필요한 비용의 부담, 정보의 제공 등 국가의 사회보장정책에 협력하여야 한다. 외국인에 대한 적용으로 국내에 거주하는 외국인에게 사회보장제도를 적용할 때에는 상호주의의 원칙에 따르되, 관계 법령에서 정하는 바에 따른다.

제2절 사회보장을 받을 권리

1. 사회보장수급권

1) 권리의 성격과 내용

사회보장을 받을 권리(사회보장수급권)란 사회보장의 급여를 받을 국민의 권리 즉 국민이 인간다운 생활을 하기 위하여 국가에게 사회보장을 청구할 권리를 말한다.

사회보장을 받을 권리에 대해 사회보장법은 제9조에서 "사회보장의 급여를 받을 권리"로 규정하고 있다. 사회보장수급권이라 한다. 이 권리는 인간다운 생활을 할 국민의 권리에서 파생된 권리로서 국민의 생존권을 실현하기 위한 구체적 수단이 되는 권리이다. 이 권리는 국가가 국민에게 직접적이고 구체적으로 사회보장을 실시할 의무가 있고 국민은 국가에게 사회보장을 청구할 수 있는 권리가 있음을 전제로 한다. 그러므로 사회보장에 관한 구체적인 법이 없거나 있더라도 그 내용이 불충분한 경우에도 국민은 정부에게 사회보장정책의 실시를 요구할 수 있고 입법권자에게 법률의 제 · 개정을 요구할 수 있는 권리, 법원이나 권리구제기관에게 사회보장에 관한 소송이나 진정을 제기할 수 있는 권리를 가진다고 볼 수 있다.

2) 권리의 보호와 제한

첫째, 사회보장수급권은 관계법령이 정하는 바에 따라 타인에게 양도하거나 담보로 제공할 수 없으며, 이를 압류할 수 없다.

둘째, 사회보장수급권은 제한되거나 정지될 수 없다. 다만, 관계법령이 따로 정하고 있는 경우에는 제한 또는 정지될 수 있으나, 그 제한 또는 정지의 목적에 필요한 최소한에 그쳐야 한다.

셋째, 사회보장수급권은 정당한 권한이 있는 기관에 서면으로 통지하여 이를 포기할 수 있다. 포기는 후에 취소할 수 있으나, 포기가 타인에게 피해를 주거나 사회보장에 관한 관계법령에 위반되는 경우에는 포기할 수 없다.

3) 권리의 구제

행정기관으로부터 위법 또는 부당한 처분을 받거나 필요한 처분을 받지 못함으로써 권리 또는 이익의 침해를 받은 국민은 「행정심판법」 또는 「행정소송법」의 규정에 의한 심판청구 또는 행정소송을 제기하여 그 처분의 취소 또는 변경 등을 청구할 수 있다.

2. 사회보장수급권자

1) 대한민국 국민

모든 국민은 사회보장에 관한 관계법령이 정하는 바에 의하여 사회보장의 급여를 받을 권리를 가진다.

2) 국내 거주 외국인

국내에 거주하는 외국인에 대한 사회보장제도의 적용은 "상호주의의 원칙에 의하되, 관계법령이 정하는 바에 따른다."

3) 사회보장 급여의 수준

① 국가와 지방자치단체는 모든 국민이 건강하고 문화적인 생활을 유지할 수 있도록 사회보장급여의 수준 향상을 위하여 노력하여야 한다.
② 국가는 관계 법령에서 정하는 바에 따라 최저보장수준과 최저임금을 매년 공표하여야 한다.
③ 국가와 지방자치단체는 최저보장수준과 최저임금 등을 고려하여 사회보장급여의 수준을 결정하여야 한다.

3. 사회보장의 운영과 추진

1) 사회보장제도의 운영원칙

사회보장기본법은 국가 및 지방자치단체가 사회보장제도를 운영함에 있어 다음과 같은 원칙에 기초하도록 명시하고 있다(제24조).

① 사회보장제도를 필요로 하는 모든 국민에게 적용하여야 한다(보편성).
② 사회보장제도의 급여수준 및 비용부담 등에 있어서 형평성을 유지하여야 한다.
③ 사회보장제도의 정책결정 및 시행과정에 공익의 대표자 및 이해관계인 등을 참여시켜 민주성을 확보하여야 한다.
④ 국민의 다양한 복지욕구를 효율적으로 충족시키기 위하여 연계성 · 전문성을 높여야 한다.

2) 사회보장제도의 운영비용

사회보험에 소요되는 비용은 사용자 · 피용자 및 자영자가 부담하는 것을 원칙으로 하되, 관계법령이 정하는 바에 따라 국가가 그 비용의 일부를 부담할 수 있다.
공공부조 및 관계법령이 정하는 일정소득수준 이하의 국민에 대한 사회복지서비스에 소요되는 비용의 전부 또는 일부는 국가 및 지방자치단체가 이를 부담한다.
부담능력이 있는 국민에 대한 사회복지서비스에 소요되는 비용은 그 수익자가 부담함을 원칙으로 하되, 관계법령이 정하는 바에 따라 국가 및 지방자치단체가 그 비용의 일부를 부담할 수 있다.

제3절 사회보장기본계획과 사회보장위원회

1. 사회보장기본계획의 수립

보건복지부장관은 관계 중앙행정기관의 장과 협의하여 사회보장 증진을 위하여 사회보장에 관한 기본계획을 5년마다 수립하여야 한다.
기본계획에는 다음 사항이 포함되어야 한다.

① 국내외 사회보장환경의 변화와 전망
② 사회보장의 기본목표 및 중장기 추진방향
③ 주요 추진과제 및 추진방법
④ 필요한 재원의 규모와 조달방안
⑤ 사회보장 관련 기금 운용방안
⑥ 사회보장 전달체계
⑦ 그 밖에 사회보장정책의 추진에 필요한 사항

기본계획은 사회보장위원회와 국무회의의 심의를 거쳐 확정한다. 기본계획 중 대통령령으로 정하는 중요한 사항을 변경하려는 경우에도 같다.
기본계획은 다른 법령에 따라 수립되는 사회보장에 관한 계획에 우선하며 그 계획의 기본이 된다.
보건복지부장관은 사회보장에 관한 기본계획의 효율적 수립을 위하여 기본계획 작성지침을 작성하여 이를 관계 중앙행정기관의 장에게 통보하여야 한다.
관계 중앙행정기관의 장은 통보받은 기본계획 작성지침에 따라 소관별 기본계획안을 작성하여 보건복지부장관에게 제출하여야 하고, 보건복지부장관은 이를 종합한 기본계획안을 작성하여 기본계획을 확정하여야 한다.
대통령령으로 정하는 중요사항이란 다음 사항을 말한다.

① 사회보장의 기본목표 및 중장기 추진방향
② 주요 추진과제 및 추진방법
③ 필요한 재원의 규모와 조달방안
④ 그 밖에 사회보장 전달체계 관련 사항 등 위원회에서 심의가 필요하다고 인정하는 사항

1) 연도별 시행계획의 수립 · 시행

① 보건복지부장관 및 관계 중앙행정기관의 장은 기본계획에 따라 사회보장과 관련된 소관 주요 시책의 시행계획(이하 "시행계획"이라 한다)을 매년 수립 · 시행하여야 한다.
② 관계 중앙행정기관의 장은 제1항에 따라 수립한 소관 시행계획 및 전년도의 시행계획에 따른 추진실적을 대통령령으로 정하는 바에 따라 매년 보건복지부장관에게 제출하여야 한다.
③ 보건복지부장관은 제2항에 따라 받은 관계 중앙행정기관 및 보건복지부 소관의 추진실적을 종합하여 성과를 평가하고, 그 결과를 제20조에 따른 사회보장위원회에 보고하여야 한다.
④ 보건복지부장관은 제3항에 따른 평가를 효율적으로 하기 위하여 이에 필요한 조사 · 분석 등을 전문기관에 의뢰할 수 있다.
⑤ 시행계획의 수립 · 시행 및 추진실적의 평가 등에 필요한 사항은 대통령령으로 정한다.

(1) 사회보장에 관한 지역계획의 수립 · 시행

① 특별시장 · 광역시장 · 특별자치시장 · 도지사 또는 특별자치도지사 · 시장(「제주특별자치도 설치 및 국제자유도시 조성을 위한 특별법」 제11조제1항에 따른 행정시장을 포함한다) · 군수 · 구청장(자치구의 구청장을 말한다. 이하 같다)은 관계 법령으로 정하는 바에 따라 사회보장에 관한 지역계획(이하 "지역계획"이라 한다)을 수립 · 시행하여야 한다(개정

2015.7.24).

② 지역계획은 기본계획과 연계되어야 한다.

③ 지역계획의 수립 · 시행 및 추진실적의 평가 등에 필요한 사항은 대통령령으로 정한다.

(2) 연도별 시행계획의 수립 · 제출

① 보건복지부장관은 법 제18조제1항에 따른 사회보장과 관련된 소관 주요 시책의 시행계획의 효율적 수립 · 시행을 위하여 다음 해의 시행계획 수립을 위한 지침을 작성하여 이를 매년 12월 31일까지 관계 중앙행정기관의 장에게 통보하여야 한다.

② 관계 중앙행정기관의 장은 소관별 시행계획을 작성하여 매년 1월 31일까지 보건복지부장관에게 제출하여야 하고, 보건복지부장관은 이를 종합 · 검토하여 위원회에서 심의할 수 있도록 하여야 한다.

③ 보건복지부장관은 시행계획이 위원회 심의를 거쳐 확정된 경우에는 이를 지체 없이 관계 중앙행정기관의 장에게 통보하여야 한다.

(3) 시행계획의 평가

① 보건복지부장관은 시행계획에 따른 추진실적의 평가를 위한 지침을 작성하여 매년 1월 31일까지 관계 중앙행정기관의 장에게 통보하고, 관계 중앙행정기관의 장은 통보받은 평가지침에 따라 전년도 시행계획의 추진실적을 평가한 후 그 결과를 매년 3월 31일까지 보건복지부장관에게 제출하여야 한다.

② 보건복지부장관은 관계 중앙행정기관의 장이 제출한 평가결과를 종합 · 검토하여 위원회의 심의를 거친 후 그 결과를 매년 9월 30일까지 관계 중앙행정기관의 장에게 통보하여야 한다.

③ 관계 중앙행정기관의 장은 통보받은 평가결과를 다음 연도 시행계획에 반영하여야 한다.

2) 사회보장위원회

사회보장에 관한 주요 시책을 심의·조정하기 위하여 국무총리 소속으로 사회보장위원회(이하 “위원회”라 한다)를 둔다.
위원회는 다음 사항을 심의·조정한다.

① 사회보장 증진을 위한 기본계획
② 사회보장 관련 주요 계획
③ 사회보장제도의 평가 및 개선
④ 사회보장제도의 신설 또는 변경에 따른 우선순위
⑤ 둘 이상의 중앙행정기관이 관련된 주요 사회보장정책
⑥ 사회보장급여 및 비용 부담
⑦ 국가와 지방자치단체의 역할 및 비용 분담
⑧ 사회보장의 재정추계 및 재원조달 방안
⑨ 사회보장 전달체계 운영 및 개선
⑩ 제32조제1항에 따른 사회보장통계
⑪ 사회보장정보의 보호 및 관리
⑫ 그 밖에 위원장이 심의에 부치는 사항

위원장은 다음 사항을 관계 중앙행정기관의 장과 지방자치단체의 장에게 통지하여야 한다.
확정된 기본계획이나 심의·조정한 결과 그리고 관계 중앙행정기관의 장과 지방자치단체의 장은 위원회의 심의·조정 사항을 반영하여 사회보장제도를 운영 또는 개선하여야 한다.

3) 위원회의 구성 등

위원회는 위원장 1명, 부위원장 3명과 행정안전부장관, 고용노동부장관, 여성가족부장관, 국토교통부장관을 포함한 30명 이내의 위원으로 구성한다.
위원장은 국무총리가 되고 부위원장은 기획재정부장관, 교육부장관 및 보건복지부장관이 된다.
위원회의 위원은 다음 어느 하나에 해당하는 사람으로 한다.
대통령령으로 정하는 관계 중앙행정기관의 장이나 다음 각 사람 중에서 대통령이 위촉하는 사람이다.

① 근로자를 대표하는 사람
② 사용자를 대표하는 사람
③ 사회보장에 관한 학식과 경험이 풍부한 사람
④ 변호사 자격이 있는 사람

위원의 임기는 2년으로 한다. 다만, 공무원인 위원의 임기는 그 재임 기간으로 하고, 위원이 기관·단체의 대표자 자격으로 위촉된 경우에는 그 임기는 대표의 지위를 유지하는 기간으로 한다.
보궐위원의 임기는 전임자 임기의 남은 기간으로 한다.
위원회를 효율적으로 운영하고 위원회의 심의사항을 전문적으로 검토하기 위하여 위원회에 실무위원회를 두며, 실무위원회에 분야별 전문위원회를 둘 수 있다.
실무위원회에서 의결한 사항은 위원장에게 보고하고 위원회의 심의를 거쳐야 한다. 다만, 대통령령으로 정하는 경미한 사항에 대하여는 실무위원회의 의결로써 위원회의 의결을 갈음할 수 있다.
위원회의 사무를 효율적으로 처리하기 위하여 보건복지부에 사무국을 둔다.
이 법에서 규정한 사항 외에 위원회, 실무위원회, 분야별 전문위원회, 사무국의 구성·조직 및 운영 등에 필요한 사항은 대통령령으로 정한다.

2. 사회보장정책의 기본방향

1) 평생사회안전망의 구축 · 운영

① 국가와 지방자치단체는 모든 국민이 생애 동안 삶의 질을 유지 · 증진할 수 있도록 평생사회안전망을 구축하여야 한다.

② 국가와 지방자치단체는 평생사회안전망을 구축 · 운영함에 있어 사회적 취약계층을 위한 공공부조를 마련하여 최저생활을 보장하여야 한다.

2) 사회서비스와 소득의 보장

① 국가와 지방자치단체는 모든 국민의 인간다운 생활과 자립, 사회참여, 자아실현 등을 지원하여 삶의 질이 향상될 수 있도록 사회서비스에 관한 시책을 마련하여야 한다.

② 국가와 지방자치단체는 사회서비스 보장과 제24조에 따른 소득보장이 효과적이고 균형적으로 연계되도록 하여야 한다.

③ 국가와 지방자치단체는 다양한 사회적 위험 하에서도 모든 국민들이 인간다운 생활을 할 수 있도록 소득을 보장하는 제도를 마련하여야 한다.

④ 국가와 지방자치단체는 공공부문과 민간부문의 소득보장제도가 효과적으로 연계되도록 하여야 한다.

3) 사회보장제도의 운영원칙

① 국가와 지방자치단체가 사회보장제도를 운영할 때에는 이 제도를 필요로 하는 모든 국민에게 적용하여야 한다.

② 국가와 지방자치단체는 사회보장제도의 급여 수준과 비용 부담 등에서 형평성을 유지하여야 한다.

③ 국가와 지방자치단체는 사회보장제도의 정책 결정 및 시행 과정에 공익의 대표자 및 이해관계인 등을 참여시켜 이를 민주적으로 결정하고 시행하여야 한다.

④ 국가와 지방자치단체가 사회보장제도를 운영할 때에는 국민의 다양한 복지 욕구를 효율적으로 충족시키기 위하여 연계성과 전문성을 높여야 한다.

⑤ 사회보험은 국가의 책임으로 시행하고, 공공부조와 사회서비스는 국가와 지방자치단체의 책임으로 시행하는 것을 원칙으로 한다. 다만, 국가와 지방자치단체의 재정 형편 등을 고려하여 이를 협의 · 조정할 수 있다.

4) 협의 및 조정

① 국가와 지방자치단체는 사회보장제도를 신설하거나 변경할 경우 기존 제도와의 관계, 사회보장 전달체계와 재정 등에 미치는 영향 등을 사전에 충분히 검토하고 상호 협력하여 사회보장급여가 중복 또는 누락되지 아니하도록 하여야 한다.

② 중앙행정기관의 장과 지방자치단체의 장은 사회보장제도를 신설하거나 변경할 경우 신설 또는 변경의 타당성, 기존 제도와의 관계, 사회보장 전달체계에 미치는 영향 및 운영방안 등에 대하여 대통령령으로 정하는 바에 따라 보건복지부장관과 협의하여야 한다.

③ 협의가 이루어지지 아니할 경우 위원회가 이를 조정한다.

④ 보건복지부장관은 사회보장급여 관련 업무에 공통적으로 적용되는 기준을 마련할 수 있다.

민간의 참여는 다음과 같다.

국가와 지방자치단체는 사회보장에 대한 민간부문의 참여를 유도할 수 있도록 정책을 개발 · 시행하고 그 여건을 조성하여야 한다.
국가와 지방자치단체는 사회보장에 대한 민간부문의 참여를 유도하기 위하여 다음 사업이 포함된 시책을 수립 · 시행할 수 있다.

① 자원봉사, 기부 등 나눔의 활성화를 위한 각종 지원 사업

② 사회보장정책의 시행에 있어 민간 부문과의 상호협력체계 구축을 위한 지원사업
③ 그 밖에 사회보장에 관련된 민간의 참여를 유도하는 데에 필요한 사업

국가와 지방자치단체는 개인 · 법인 또는 단체가 사회보장에 참여하는 데에 드는 경비의 전부 또는 일부를 지원하거나 그 업무를 수행하기 위하여 필요한 지원을 할 수 있다.
사회보장 비용의 부담은 각각의 사회보장제도의 목적에 따라 국가, 지방자치단체 및 민간부문 간에 합리적으로 조정되어야 한다.
사회보험에 드는 비용은 사용자, 피용자(被傭者) 및 자영업자가 부담하는 것을 원칙으로 하되, 관계 법령에서 정하는 바에 따라 국가가 그 비용의 일부를 부담할 수 있다.
공공부조 및 관계 법령에서 정하는 일정 소득 수준 이하의 국민에 대한 사회서비스에 드는 비용의 전부 또는 일부는 국가와 지방자치단체가 부담한다.
부담 능력이 있는 국민에 대한 사회서비스에 드는 비용은 그 수익자가 부담함을 원칙으로 하되, 관계 법령에서 정하는 바에 따라 국가와 지방자치단체가 그 비용의 일부를 부담할 수 있다.
사회보장 전달체계는 다음과 같다.

① 국가와 지방자치단체는 모든 국민이 쉽게 이용할 수 있고 사회보장급여가 적시에 제공되도록 지역적 · 기능적으로 균형잡힌 사회보장 전달체계를 구축하여야 한다.
② 국가와 지방자치단체는 사회보장 전달체계의 효율적 운영에 필요한 조직, 인력, 예산 등을 갖추어야 한다.
③ 국가와 지방자치단체는 공공부문과 민간부문의 사회보장 전달체계가 효율적으로 연계되도록 노력하여야 한다.

사회보장급여의 관리는 국가와 지방자치단체는 국민의 사회보장수급권의

보장 및 재정의 효율적 운용을 위하여 다음에 관한 사회보장급여의 관리체계를 구축 · 운영하여야 한다.

① 사회보장수급권자 권리구제
② 사회보장급여의 사각지대 발굴
③ 사회보장급여의 부정 · 오류 관리
④ 사회보장급여의 과오지급액의 환수 등 관리

국가와 지방자치단체의 권리와 의무는 다음과 같다.

① 보건복지부장관은 사회서비스의 품질기준 마련, 평가 및 개선 등의 업무를 수행하기 위하여 필요한 전담기구를 설치할 수 있다.
② 국가와 지방자치단체는 사회보장제도의 발전을 위하여 전문 인력의 양성, 학술 조사 및 연구, 국제 교류의 증진 등에 노력하여야 한다.
③ 국가와 지방자치단체는 효과적인 사회보장정책의 수립 · 시행을 위하여 사회보장에 관한 통계를 작성 · 관리하여야 한다.
④ 관계 중앙행정기관의 장과 지방자치단체의 장은 소관 사회보장통계를 대통령령으로 정하는 바에 따라 보건복지부장관에게 제출하여야 한다.
⑤ 국가와 지방자치단체는 사회보장제도에 관하여 국민이 필요한 정보를 관계 법령에서 정하는 바에 따라 공개하고, 이를 홍보하여야 한다.
⑥ 국가와 지방자치단체는 사회보장 관계 법령에서 규정한 권리나 의무를 해당 국민에게 설명하도록 노력하여야 한다.
⑦ 국가와 지방자치단체는 사회보장 관계 법령에서 정하는 바에 따라 사회보장에 관한 상담에 응하여야 한다.
⑧ 국가와 지방자치단체는 사회보장 관계 법령에서 정하는 바에 따라 사회보장에 관한 사항을 해당 국민에게 알려야 한다.

3. 사회보장정보의 관리

1) 사회보장정보시스템의 구축 · 운영

① 국가와 지방자치단체는 국민편익의 증진과 사회보장업무의 효율성 향상을 위하여 사회보장업무를 전자적으로 관리하도록 노력하여야 한다.

② 국가는 관계 중앙행정기관과 지방자치단체에서 시행하는 사회보장수급권자 선정 및 급여 관리 등에 관한 정보를 통합 · 연계하여 처리 · 기록 및 관리하는 시스템(이하 "사회보장정보시스템"이라 한다)을 구축 · 운영할 수 있다.

③ 보건복지부장관은 사회보장정보시스템의 구축 · 운영을 총괄한다.

④ 보건복지부장관은 사회보장정보시스템 구축 · 운영의 전 과정에서 개인정보 보호를 위하여 필요한 시책을 마련하여야 한다.

⑤ 보건복지부장관은 관계 중앙행정기관, 지방자치단체 및 관련 기관 · 단체에 사회보장정보시스템의 운영에 필요한 정보의 제공을 요청하고 제공받은 목적의 범위에서 보유 · 이용할 수 있다. 이 경우 자료의 제공을 요청받은 자는 정당한 사유가 없으면 이에 따라야 한다.

⑥ 관계 중앙행정기관 및 지방자치단체의 장은 제2항의 사회보장정보와 관련하여 사회보장정보시스템의 활용이 필요한 경우 사전에 보건복지부장관과 협의하여야 한다. 이 경우 보건복지부장관은 관련 업무에 필요한 범위에서 정보를 제공할 수 있고 정보를 제공받은 관계 중앙행정기관 및 지방자치단체의 장은 제공받은 목적의 범위에서 보유 · 이용할 수 있다.

⑦ 보건복지부장관은 사회보장정보시스템의 운영 · 지원을 위하여 전담기구를 설치할 수 있다.

⑧ 개인정보 등의 보호에 있어서 사회보장 업무에 종사하거나 종사하였던 자는 사회보장업무 수행과 관련하여 알게 된 개인 · 법인 또는 단체의 정보를 관계 법령에서 정하는 바에 따라 보호하여야 한다.

⑨ 그리고 국가와 지방자치단체, 공공기관, 법인 · 단체, 개인이 조사하거나

제공받은 개인 · 법인 또는 단체의 정보는 이 법과 관련 법률에 근거하지 아니하고 보유, 이용, 제공되어서는 아니 된다.

2) 사회보장정보시스템의 업무수행

보건복지부장관은 사회보장정보시스템을 통해 다음 업무를 수행할 수 있다.

① 사회보장수급자 및 사회보장급여 현황관리
② 사회보장 관련통계의 생성 및 관리
③ 사회보장급여의 신청, 수급자격의 조사업무 및 급여의 적정성 확인, 환수(還收) 등 사후관리 업무의 전자화 및 처리지원
④ 사회보장수급자격의 취득 · 상실 · 정지 · 변경 등 변동관리
⑤ 사회보장급여 및 보조금의 부정 · 중복수급 모니터링
⑥ 다른 법령에 따라 국가 및 지방자치단체로부터 위탁받은 사회보장에 관한 업무

3) 사회보장시스템의 정보의 범위

보건복지부장관이 사회보장정보시스템의 운영을 위하여 수집 · 보유 · 이용 · 제공할 수 있는 정보의 범위는 다음과 같다.

① 사회보장수급자 수, 선정기준, 보장내용, 예산, 전달체계 등 사회보장제도 및 사회보장수급자 현황에 관한 자료
② 사회보장급여의 신청, 수급자격의 조사 및 사후관리에 필요한 자료로서 신청인 및 그 부양의무자에 대한 다음 각 어느 하나에 해당하는 자료. 다만, 부양의무자의 부양을 필요로 하지 않거나 근로능력, 소득 · 재산 상태 등에 관한 조사가 필요하지 않은 경우는 제외한다.
㉠ 주민등록전산정보 등 인적사항 및 기본증명서 · 가족관계증명서 등 가족관계등록사항
㉡ 토지 · 건물 · 선박 · 차량 · 주택분양권, 국민건강보험 · 국민연금 · 고

용보험 · 산업재해보상보험 · 퇴직금 · 보훈급여 · 공무원연금 · 군인연금 · 사립학교교직원연금 · 별정우체국연금, 근로장려금, 농업소득보전직접지불금 등 소득 · 재산에 관한 자료

ⓒ 출입국 · 병무 · 교정 · 사업자등록증 · 고용정보 · 보건의료정보 등 근로능력 및 취업상태에 관한 자료

ⓓ 사회보장급여 수급이력 및 사회보장급여와 관련된 신청, 제공 및 환수 등의 업무처리 내역에 관한 자료

ⓔ 사회복지법인 및 사회복지시설, 관련 기관 및 단체의 보조금 수급이력에 관한 자료

ⓕ 그 밖에 사회보장급여의 제공 및 관리 또는 위탁받은 업무의 처리에 필요한 정보로서 보건복지부장관이 정하는 자료

③ 보건복지부장관은 업무를 수행하기 위하여 해당하는 자료를 보건복지부장관이 정하는 바에 따라 정기적으로 갱신하여야 한다.

④ 보건복지부장관은 규정에 따른 사회보장정보시스템의 구축 및 운영 등에 관한 사무를 수행하기 위하여 불가피한 경우 「개인정보 보호법」에 따른 건강에 관한 정보(건강관리, 건강검진 및 의료비 지원에 관한 정보만 해당한다), 범죄경력자료에 해당하는 정보, 규정에 따른 주민등록번호, 여권번호, 운전면허번호 또는 외국인등록번호가 포함된 자료를 처리할 수 있다.

⑤ 각 업무처리 범위, 방법 및 절차와 그 밖에 필요한 사항은 보건복지부장관이 정한다.

CHAPTER

04

각국 사회 보장제도

사회보장이란 질병 · 장애 · 노령 · 실업 · 사망 등 각종 사회적 위험으로부터 모든 국민을 보호하고 빈곤을 해소하며 국민생활의 질을 향상시키기 위하여 제공되는 사회보험, 공공부조, 사회복지서비스 및 관련 복지제도를 말한다. 사회보장이란 용어는 1940년에 개념이 확립되었으나, 처음으로 사용된 것은 1935년 미국에서 사회보장법(Social Security Act)이 제정된 때부터이며, 그 이후에 보편적으로 사용되어 왔다.

'사회보장의 아버지'로 불리는 베버리지(W. Beveridge)는 1942년 영국 정부에 제출한 보고서에서 사회보장을 실업 · 질병 혹은 재해에 의하여 수입이 중단된 경우의 대처, 노령에 의한 퇴직이나 본인 이외의 사망에 의한 부양상실의 대비 그리고 출생 · 사망 · 결혼 등과 관련된 특별한 지출을 감당하기 위한 소득보장을 의미하는 것으로 정의하였다. 그는 빈곤과 결부시켜 사회보장은 '궁핍의 퇴치'라고 말하며 이는 국민소득의 재분배로 실현할 수 있으며 이를 통한 일정 소득의 보장은 결국 국민생활의 최저보장을 의미하는 것이라 하였다.

우리나라는 1960년 제4차 개정헌법에서 처음으로 '국가의 사회보장에 관한 노력'을 규정하였고, 1963년 11월 법률 제1437호로 전문 7개 조의 '사회보장에 관한 법률(현 사회보장기본법)'을 제정하였다. 그 후 1980년 10월 개정된 헌법에서 '사회보장'이라는 용어를 최초로 사용하였다.

영국은 1942년 베버리지 보고서를 기초로 하여 1945년부터 각종 사회보장법을 제정해 왔으며, 1948년부터 자본주의 사회에서 가장 완비된 사회보장제도를 갖추게 되었다.

독일은 비스마르크에 의해 최초로 사회보험을 실시하였으며, 1883년 질병보호법, 1884년 공업재해보험법, 1889년 폐질 · 노령보험 입법, 1911년 국가보험법이 마련되었다.

미국은 루즈 벨트 대통령의 뉴딜정책의 일환으로, 1935년에 사회보장법을 제정 · 실시하여 사회보장이라는 개념을 최초로 확립하였다.

뉴질랜드는 세계에서 최초로 완비된 사회보장제도를 확립한 국가로 1938년

완전한 사회보장법을 제정하여 영국, 호주 등에도 영향을 주었다.

사회주의 중국에서는 개혁개방 시기에 접어들면서 국가(집체)복지를 제공하던 농촌의 인민공사와 도시의 단위체제가 해체되고, 특히 국유기업에 대한 개혁이 가속화되면서 사회보장제도의 재편이 본격화되었다. 사회보험 중에서 중추적 위치에 있다고 할 수 있는 노령연금보험(양로보험)과 의료보험 그리고 사회구제(공공부조)의 핵심제도인 최저생활보장제도가 있다. 개혁개방 이후 사회화의 방향으로 재편되고 있는 중국의 사회보장체제에 상업화와 상품화라는 속성이 더해지고 있는 가운데, 국가의 도시 중시 성향으로 인해 도시와 농촌에서 차별적인 복지 환경이 조성되었으며, 이로 인해 소득격차를 축소시키는 복지제도의 재분배 기능이 작동하고 있지 못하다.

사회보장은 사회복지정책의 중심 제도로, 또 복지국가를 지탱하는 지주로 존재해 왔으며, 시대상황의 변화에 따라 그 범위가 확대되고 내용의 수정도 계속되어 왔다. 우리나라는 사회보장정책의 지속적인 추진으로 4대 보험제도를 구축하여 전국민개보험시대를 열었고, 공공부조 및 사회복지서비스체계 구축을 병행하여 복지국가의 기초를 다져왔으나, 점차 증대하는 사회복지 수요를 충족시키기 위한 사회 안전망 구축이 국정의 최우선 과제 중 하나로 자리 잡게 되었다.

다양하게 구축된 사회보장제도는 국민의 생존권 내지 생활권을 보장하고 복지수준을 높이는데 기여하였지만, 우리나라는 사회보장제도의 도입에 있어서 종합적이고 통일된 이념에 기초하여 수립된 사회보장은 종합적인 계획 하에 체계적으로 제도화된 것이 아니라 개별·분립제도로 도입되어 자연히 사무관장도 각 부처별로 분장됨으로써 제도간의 정합성이 결여됨은 물론 전 국민을 통일적으로 포괄 관장하는 복지 지향적 제도, 즉 사회보장을 통합 관장하는 독립부처 운영제도를 확립하지 않고 운영되고 있어 결과적으로 인력과 재원의 낭비를 면치 못하고 있을 뿐만 아니라 사회복지의 전문화와 능률화를 기대하기 어렵게 되었다. 따라서 사회보장제도는 적용대상의 한계, 분립적 체계, 제도간의 상호 연계성 미흡, 사회보장 재정의 불안정 등 여러 가지 부작용을 초래하고 있다. 그러나 이러한 문제는 계속적인 발전과 성장으로 보완되어 가고 있다.

제1절 영국의 사회보장제도

1. 개 요

사회보장제도가 가장 잘 실시되고 있는 나라로 알려져 있다. 협의의 개념인 의료보험제도와는 달리 국민보건서비스라는 제도를 통해 포괄적으로 모든 국민을 대상으로 무료로 제공되고 있다. 1946년에 제정되어 1948년부터 실시되었는데, 그 후 약간의 변동은 있었으나 근본적인 목적은 예방, 치료 및 재활까지 포함하는 포괄적인 의료서비스를 전국민에게 급부한다는 데 있으며, 따라서 그 비용의 대부분을 국고에 의존하고 있으며(국고와 지방세 85%), 국민보건서비스의 거출금(10%), 환자(부담 5%)로 되어 있다.

통합되지 않은 여러 급여 제도들을 새로운 원칙하에 통합하여 실업, 질병, 은퇴 등 소득상실에 대비한 포괄적 사회적 보장제도를 도입하는 계기를 만들었다. 이렇게 도입된 사회보장제도는 소득수준이 관계없는 균일 급여와 균일 기여의 제도였으며, 균일 기여로 인하여 연금제정이 초기에는 충만하지 못하였다.

1961년에는 누진연금제도가 도입되어 이에 대한 기여금도 추가로 징수되었다. 1966년에는 실업 및 질병의 급여에 대한 소득비례 부과금을 지급하여 단기급여에도 소득비례 경향이 확대되었다. 1975년에는 국가 소득비례 연금제도(SERP)가 도입되었다. 1970년대 초에 장애인들을 돕기 위한 연금, 간호수당, 운동수당 및 병자보호수당 등도 도입되었다. 1983년에 법정질병수당제도를 도입하여 국가를 대신하여 고용주가 질병급여를 지급하고 이를 추후 정부가 보상하였다. 저소득 가족을 지원하기 위하여 1970년에 가족소득보충제도가 도입되었고 1977년도에 가족수당이 아동급여로 변경되었다. 1986년에 제정된 사회보장법은 많은 변화를 가져왔다. 1991년에는 장애생활수당 및 장애근로수당이 도입되었고 1998년도에 노동당 정부는 최소한 한명의 근로자가 있는 가정의 경우 주당 일정액수를 보장해주는 제도를 도입하여 급여에 보장최고한도 금액과 실제 소득간의 차액을 지급하였는데, 이는 세금과 급여를 통합한다는 차원에서 발전된 것이다.
오늘날 사회보장급여지출을 보면 1949년에 국내 총생산의 4.7%였으나, 1996년에 약 14.3%로 오늘날은 16%로 증가하였다. 유형별로는 기여급여보다 무기여급여의 비중이 점차 높아졌고, 대상별로 보면 노인에 대한 급여의 비중이 가장 높고 장기질환 및 장애로 인한 비중이 그 다음이며 편부모에 대한 급여도 최근에 총 급여의 10%를 상회하고 있다. 실업급여는 경제상황에 따라 변화를 보이고 있다. 실업수당은 실업 뒤 1년간 받을 수 있다.

① 영국의 국민의료서비스

영국은 1948년에 전 국민(6개월 이상 거주한 외국인 포함)에게 무료로 공평한 의료 서비스를 제공한다는 취지 아래 국민의료서비스(NHS, National Health Service)를 도입하였다. 그러나 저투자가 누적되면서 의료서비스의 질이 전반적으로 떨어져서 수술 대기환자 수가 증가하는 등 큰 사회문제가 나타났다.
전임 노동당 정부(1997~2010년)에서 해마다 국민의료서비스 분야의 예산을 증액했음에도 의사와 간호사 부족에 병실과 환자용 침대가 부족한 문제까지 겹쳐서 급기야는 긴급수술을 해야 하는 환자가 병원을 옮겨다니다가 사망하는 사례가 발생하였다.
이에 노동당 정부는 다음과 같이 국민의료서비스 개선 방안을 내놓은 바 있다.

첫째, 예산을 확충하고 민간 부문에서의 의료 서비스 제공을 확대한다.

둘째, 의료 서비스에 대한 선택의 폭을 넓힌다. 그에 따라 2008년 4월 이후로 환자가 거주 지역에 상관없이 자신이 원하는 병원을 선택하여 등록할 수 있게 하였다.

셋째, 예방 보건정책(preventive health initiatives)에 더욱 집중하여 건강 검진의 기회를 확대하고 생활 습관 개선과 비만 방지 교육을 확대하여 실시한다.

넷째, 2000년~2010년에 병원 100여 곳과 환자용 침실 7,000개를 신설한다.

그 밖에, 의사와 간호사의 보수 증액, 사립 의료 기관의 시설 이용, 의료 기관에 대한 정부의 규제 완화, 의료 기관에 대한 감사권을 독립 기관으로 이양함 등이 개선 방안에 포함되었다.

② 영국의 개인사회서비스

영국의 개인사회서비스(Personal Social Service)는 노인, 아동, 정신질환자, 장애인 등을 대상으로 하는 사회보장제도이다. 주거 서비스, 주간 보호, 재택 서비스 및 각종 사회사업 서비스를 포함하며, 지역사회 당국과 보건·복지 부분의 각종 서비스 제공 주체가 긴밀한 연계를 이루면서 제공되고 있다.

노인과 장애인을 위한 서비스는 대부분 지역사회의 자조(自助) 모임(self-help groups)과 자원봉사 기관에서 행하며 공공 기관은 특별한 서비스를 제공해야 할 경우에 요구되는 좀 더 기술적인 지원을 담당한다.

빈곤 아동을 지원하는 사업으로는, 저소득층 자녀가 연령에 맞는 교육을 적시에 받을 수 있도록 지원하는 슈어스타트(Sure Start) 프로그램이 있다. 이 프로그램에서는 특히 저소득층 및 한부모가정 아동의 보호와 교육 지원을 목표로 설정하고 2008년까지 탁아와 교육의 기능을 겸한 슈어스타트 아동 센터를 600여 개 설립하였으며 2010년까지 3,500개로 늘릴 계획을 세운 바 있다.

그 밖에 정신질환자와 장애인의 적응 서비스 등도 제공하고 있다.

효율적인 사회 서비스 제공의 관건은 전문적이고 숙련된 사회복지사의 자질이다. 영국에서는 '사회복지사 교육훈련위원회'를 구성하여 사회복지사업에 종사하는 전문 인력을 양성토록 하고 있다.

2. 영국 사회보장제도의 발전

1) 1948년 이전

(1) 노령연금

이 시기 빈곤은 노인들에게 더욱 심각하게 나타나는 문제였다. 노인세대 90%가 60세 이전에 빈민구제를 받아야 하는데 이것은 개인의 자발적 노력이나 민간단체의 노력만으로 해결될 수 없었다. 이러한 사회적 압박 하에서 당시 자유당 정부는 로이드죠지연금이라 불리는 비기여연금을 도입하였는데, 자산조사를 통해 제공되었지만 이를 통해서 70세 이상의 노인들은 5실링의 국가부조를 받을 수 있었다. 이 법은 1925년 미망인, 고아와 노령자를 위한 기여연금법으로 개정되어 65세 이상의 노인들이 기여연금을 받을 수 있도록 하였으며, 최초로 노령미망인을 연금대상자에 포함시키게 된다.

(2) 국민보험

1911년 National Insurance Act(건강보험과 실업보험)가 제정되었으며 병원 근무의사에게는 계급에 따라 보수액이 결정되며, 가정의사의 경우 등록 환자의 수에 따라 지불된다. "인두지불방식"을 기초로 하는 것이며, 특별 지구나 연공(年功)에 대한 가산제, 시간 외 진료수당, 분만을 위한 의료비 등이 추가되나 이 부분은 범위가 좁다.

1911년에 제정된 국민보험법은 모든 집단의 이해관계를 포괄하는 강제적 의료보험이 도입되었는데 이는 보험원리를 최초로 적용한 질병과 실업보험으로서, 대상은 소규모 기업의 저임금 노동자에게 국한되었다. 기금은 노동자와 고용주의 강제적 정액기여를 통해 조달되었다. 공식적으로 인가된 우애조합들이 최소한의 현금급여를 제공하였으며, 재무성은 우애조합을 통해 일정의 기여를 하였다. 이 계획은 다소 행정상의 복잡성이 있었지만 정부의 비정부단체간의 협력을 통해 사회적 보호를 제공하려는 최초의 본보기였다. 이 제도는 1984년 국가가 비용의 전액을 부담하는 베버리지안이 도입될 때까지 37년동안 지속되었다. 또한 이법을 통해 세계 최초의 기여적 실업급여가 경기변동에 민감한 고위험 산업체에 도입되었다.

(3) 베버리지 보고서

1940년대 초에 접어들어 영국의 사회보장제도는 어느 정도 핵심적인 요소들을 갖추게 되었다. 실업자를 위한 사회안전망은 1940년에 노령인구에게까지 확대되었다. 그러나 행정체계에 있어서 9개의 서로 다른 부서들이 관여하고 있어서 급여나 이의 조건은 각기 달랐다. 평생을 실업문제에 몰두해 온 베버리지 경은 이러한 문제의 개선을 위임받아 재검토 작업에 착수하게 된다. 1942년에 발간된 그의 보고서는 당시에도 막대한 파장을 일으켰으며 오늘날까지 사회정책에 깊은 영향을 미치게 된다.

베버리지 계획의 핵심목표는 소득을 중단시키는 모든 사회적 사건들로부터 기초적인 생계소득을 보장해 주는 것이었다. 무노동자나 장애인같이 특별한 욕구를 가진 사람들을 고려하지는 못했지만 자녀가 있는 가정의 임금을 보충해 주어야 한다는 중요성을 인식하였다. 이러한 그의 생각은 자산이나 임금에 상관없이 모든 가정에게 둘째 자녀부터 보조금을 지급해 주는 가족수당제도를 도입하게 되는 배경을 이룬다. 1946년 8월에 도입된 이 제도는 영국의 사회보장 역사에 있어서 최초의 보편적 급여시스템이 된다.

1948년 국민부조법이 통과되어 기존의 억압적 빈민법을 대체하게 되고 대상자를 단순한 노령과 실업자에서 모든 집단으로 확대시키게 된다. 이렇게 함으로써 동년 7월 5일 국민보험, 국민부조 그리고 NHS(국민보건서비스)가 모두 그 시작을 고하게 되는데 이것이 영국 역사에 있어서 복지국가의 실질적인 출발점이라고 할 수 있다.

2) 1948년 이후

복지국가가 출발한지 채 10년이 되지 않아 노인을 위한 대책을 둘러싸고 심각한 정치적 논란이 일었다. 베버리지 역시 자신이 고안한 제도를 통해서 최소 수준 이상의 소득을 제공할 수 있을 것이라고 생각하지 않았지만 전후의 복지에 대한 논의는 이미 새로운 단계로 진입하고 있었다. 문제는 이제 급여를 통해서 빈곤을 예방할 것인가 차원을 벗어나 노령자들이 퇴직 후 높은 생활수준을 유지할 수 있을 것인가의 문제였다.

1961년 잠정적 조치로서 단계적 연금기여안을 도입하여 부가적인 연금장치를 만들어 냈다. 하지만 이 계획은 급여를 개선시키는 목적보다는 국가보험기금의 부담을 줄이고자 하는데 주안점이 있었다.

이후 17년 동안을 소비하게 되는 복지에 대한 논의의 주된 초점은 퇴직 후 정액급여 수준 이상의 소득을 보장하는데 있어서 민간과 직장연금의 적절한 역할에 관한 것이었다고 볼 수 있다. 부가적인 연금혜택을 받는 노동자와 받지 못한 사람들 간에 지속적인 생활수준의 차이가 나타났으며, 이로 인해 국가연금을 개선시킬 수 있는 여지가 더욱 좁아지게 되었다.

(1) 소득비례연금

1978년 정부는 소득비례연금을 고안하게 되었다. 이 계획은 정액의 기초연금에 소득비례 연금을 추가시킴으로써 노령자의 총연금소득이 퇴직 전의 약 50%에 이르도록 하겠다는 것이다. 이러한 조치들은 베버리지가 구상한 순수한 국가부담의 복지제공 원칙에서 탈피하게 되는 중요한 움직임이었다. 1980년대와 1990년대 초에 이루어진 일련의 변화들은 한편으로는 소득비례연금의 과중한 국가부담을 줄이려는 노력으로서, 다른 한편으로는 개인선택의 폭이 확대되어 국가연금이 아닌 개별적 소득대책을 마련할 수 있었기 때문이었다. 1995년 정부는 연금법을 제정하게 되는데 이를 통해 2010년부터 2020년 사이에 65세가 되는 노인들을 위한 국가연금을 설치하게 되며 직장연금에 대한 규제를 강화하고 소득비례연금에서 탈퇴하는 조건을 개정하게 된다.

(2) 의료와 장애인복지

소득의 일시적인 중단에 초점을 맞추었던 베버리지 계획은 다른 문제인 장기간의 질병과 장애문제를 신중하게 고려하지 못했다. 1970년대 초 장애인들이 자산조사를 통한 국가부조를 받고 있다는 관심이 고조되면서 기존의 사회보험을 전면적으로 재편하는 새로운 급여들이 생겨났다. 심각한 장애나 다른 사람을 돌봐야 하기 때문에 노동시장에 참여할 수 없는 사람은 사회보험 기여에 관계없이 일종의 권리로서 소득유지 급여를 받을 수 있게 되었다. 따라서 정부는 최초로 사회보장 급여를 통해서 보호가 필요하거나 심각한 장애가 있는 사람들에 대한 부가적 생계비용의 일부를 충족시켜줄 수 있게 되었다. 이러한 발전을 통해서 사회보장의 역할이 현저히 확대되었으며 단순한 기초소득보장차원을 넘어 불평등을 해결하기 위한 원조가 주어지게 되었다.

(3) 가족지원

베버리지는 저임금 가족이나 어린 아동이 있는 가정에 유인을 주기 위하여 둘째 아이부터 가족수당을 지급할 수 있도록 권장하였다. 이는 아동이 있는 가정에 대한 세금공제와 함께 시행되었는데 재정적인 이유로 인해 다른 급여만큼 증가되지 못했다. 1988년 정부는 가족소득보충안을 확대시켜서 패밀리 크레딧제도를 도입하였는데 이는 보다 많은 가정을 노동에 참여토록 하고 일을 함으로써 일을 하지 않은 가정보다 잘 살 수 있다는 확신을 주기 위함이었다. 현재 패밀리 크레딧을 통해 약 75만 가정이 부가소득을 받고 있지만 세제와 급여체계간의 중복현상으로 문제를 겪고 있다.

(4) 공적부조

1948년 개혁을 통해 생계유지와 주택비용을 포괄하는 체계적인 국민부조제도가 설립되었으며, 이는 국민보험제도의 체계가 새롭게 변화하는 계기를 마련해 주었다. 그러나 급여는 자산조사를 통해 국가적인 수준에서 제공되었지만 이의 수급은 법적 권리로서 인정받지 못하였다. 1966년 보충급여제도의 도입은 이러한 제도를 보다 포괄적이고 접근성이 용이하며 공정성을 기하려는 하나의 움직임이었다.

1988년에는 개별수당과 가족, 노령, 장애인에 대한 할증제도를 핵심으로 하는 새로운 소득지원책이 도입되어서 현재까지 이용되고 있으며, 1996년 구직자수당제를 입법화함으로써 기존의 기여적 실업급여를 여기에 통합시키게 된다.

복지국가가 시작된 1948년 이후 120개 이상의 법안들이 의회를 통해 입법화되었으며, 그 외에도 다수의 크고 작은 개정이 있었다. 전반적으로 보아 이러한 역사는 복지제공에 있어서 국가영역의 확대로 이해될 수 있지만 모든 것이 물론 성장의 역사는 아니었다. 1990년대 진행되고 있는 전반적인 사회보장 개혁작업은 1911년 자유당 정부나 베버리지의 개혁보다 훨씬 광범위한 범위의 결핍과 압박을 포괄하려는 노력이라고 볼 수 있다. 그리고 이러한 모든 변화는 현재 가장 나이가 많은 노령연금 수급자가 일생을 통해 지켜보았던 변화이기도 하다.

3. 영국의 사회보장급여(Social Security Benefits)

영국의 사회보장제도는 1941년 비버리지를 위원장으로 하는 위원회가 설치되고 1942년 그 위원회의 조사보고서를 기초로 하여 1945년부터 가족수당법과 국민산업재해 보험법 그리고 국민보험법, 국민보건사업법 그리고 국민부조법 아동법 등이 제정되어 1948년부터 자본주의 사회에서 가장 완벽한 사회보장제도를 갖추게 되었다. 그리하여 영국과 국민은 이른바 요람에서 무덤까지 즉 전 생애를 보장받고 있다.

요람에서 무덤까지는 영국에서 사회보장제도를 확립하기 위하여 애쓴 비버리지의 말로서 요람 속에 있는 갓난아이로부터 죽어서 무덤에 들어가기 까지 인간의 일생을 안정된 생활로 보장해 주는 제도가 완비되어야 한다는 것이다. 사회보장제도의 완전한 형태를 뜻하는 말이다.

1) 국민연금보험

영국의 기여급여, 즉 국민연금보험에는 1992년 개정된 '사회보장의 기여와 급여에 관한 법(Social Security Contributions and Benefit Act)'에 따라 보험 적용자에게 지급하는 노령연금, 실업급여(Jobseekers Allowance), 능력상실급여(Incapacity Benefit), 미망인급여, 출산수당 등이 포함된다.

국민연금보험에서 가장 중요한 급여는 기초 노령연금(Basic State Retirement Pension)으로, 애초에는 연금 수급 연령이 남성 65살, 여성 60살이었으나 2010년 4월에 여성의 연금 수령 연령을 상향 조정하기 시작하여 10년 뒤인 2020년부터는 남녀 공히 65살로 동일해지게 된다. 2011년 4월부터는 소득이 연봉 10,000파운드 미만인 75살 이상의 고령자는 어떠한 세금도 내지 않는 정책을 도입할 계획을 세운 바 있다.

기연금제도인 국민연금보험에 더하여 소득비례 연금제도, 기업연금(Occupational Pension), 개인연금(Personal Pension) 등의 제도를 보완적으로 채택하고 있으며 기업연금의 안정성을 확보하기 위해 연금보호펀드(Pension Protection Fund)를 도입하였다.

2) 빈곤급여

빈곤급여란 소득 등 경제 능력을 실제 조사하여 소득이 일정 수준 이하인 사람에게 지급하는 공적부조이다. 대표적인 것으로 소득 보조, 주택 급여, 저소득 가정의 구성원 각각에게 일정액을 지원하는 가족 크레디트(Family Credit) 등이 있으며 대부나 보조금이 필요한 저소득층 가족이 이용할 수 있는 사회기금(Social Fund)도 빈곤급여의 일부이다.

3) 비기여급여

비기여급여 프로그램에는 장애급여, 아동급여, 산재급여, 전쟁유가족 급여 등이 있으며, 일반 조세로부터 재원을 조달하고 있다.

4) 국민보건서비스(NHS)

영국 사회복지제도에 있어서 핵심이라 할 수 있는 NHS는 영국뿐만 아니라 해외에서도 비판과 동시에 격찬을 받는 제도이다. 전반적으로 지난 25년 동안 이 제도의 효과성은 지속적으로 신장되어 왔으며 서비스 전달에 있어서 불평등적인 요소도 발견되지 않았다. 또한 이 제도를 통해서 사망률과 같은 서비스 결과 또한 증진되었다. 하지만 한 가지 문제점은 의료에 있어서 사회적 불평등이 증가했다는 사실을 들 수 있다. 서비스에 대한 국민들의 만족도의 경우 1980년대 전체를 통해서 감소를 보였지만 1990년대 초 개혁 이후에는 즉각적인 증가를 보여주었다. 하지만 현재는 다시 1980년대 수준으로 되돌아가고 있는 추세이다. 이와 같은 추세로 미루어볼 때 지난 25년 동안 이 제도는 이데올로기적인 그리고 조직적인 변화를 경험하여 왔지만 정치적, 경제적 지지는 지속되고 있다고 볼 수 있다. 따라서 앞으로 NHS가 살아남기 위해서는 무엇보다도 필요한 것이 이를 뒷받침해 주는 정치적 의지라고 할 수 있다.

5) 주택

주택정책 중 대표적인 사회정책 분야인 주택수당은 저소득자들의 임대료를 지원하기 위한 것이다. 소득지원이나 소득에 기초한 구직자 수당을 받는 사람은 보편적 급여로서 주택수당을 받게 되며 기타 저소득자들은 자산조사를 통해 급여를 받을 수 있다. 또한 실업자 가정이 소득지원을 받을 경우 주택부금에 대한 이자혜택을 받을 수 있다.

6) 대인서비스(PSS)

행정조직이 일원화되어 있지 않고 요구호자들에게 주어지는 서비스가 단순히 사회서비스국이나 사회사업국을 통해서만 주어지는 것이 아니고 교육서비스와 같이 다른 부서를 통해서 부처간에 협력 하에 주어지기 때문에 대인서비스의 범위를 구체화하기란 어렵다. 그러나 서비스를 받는 대상자를 기준으로 범주화시키자면 아동, 노인, 청소년, 장애인, 학습장애인, 정신장애인 등으로 구분할 수 있다. 비행과 부모학대로부터 아동을 보호하고, 노인들의 장애적 조건을 완화하며, 장애인들의 장애극복을 통해 사회통합을 이룰 수 있도록 돕는 등 어려운 환경 하에서 개인의 복지를 최대화하는 것이 목표가 된다.

현재 보호의 균형은 공적인 제공이나 재원조달로부터 이용자부담이나 가족부담과 같은 사적이고 독립적인 분야로 이동되었으며, 대부분이 보호는 이제 비공식적으로 제공되고 있다.

7) 영국의 노동복지 현황과 재정

자유주의 사상을 기반으로 기회의 평등을 추구하는 영국의 사회보장제도는 경제정책의 측면에서 민간의 협력에 의하여 경제성장을 추구하고, 공공사업을 통하여 완전고용을 추구하는 한편, 개인재산의 상실자에 대해서는 최저생활을 보장하는 경제적 평등을 제공하려고 노력하는 방식을 취해 왔다.

1930년대의 빈곤과 대량실업 사태를 거치며 영국 정부는 국민의 건강 보호, 교육의 기회 보장, 최저 생계수준 보장, 완전고용 추구 등을 기간으로 한 정부 주도의 사회정책들을 실시해 왔고, 1960년대까지는 그 지출에 있어 큰 변화가 없었다. 그러나 1970년대 중반 경기침체가 계속되고 사회보장 지출이 폭발적으로 증가하게 되자, 1970년대 말부터 1990년대 중반까지 영국의 보수당 정부는 근로의욕을 유지하고 개인적인 책임을 강조하는 근로연계복지체제의 구축을 위해 노력하였고, 근로능력이 있는 수급자의 취업 촉진이나 고용 유지 그리고 사회부조 지출의 감소 등의 목적을 추구했다. 그러나 결과적으로 사회부조 수급자의 수는 감소하지 않고 증가했으며, 지출 또한 빠른 속도로 증가하여 이러한 개혁은 성공하지 못했다. 그 원인으로 사회복지제도의 개혁 자체가 잘못되었다기보다는 1980년대의 장기적인 경기침체와 대규모 구조조정에 따른 노동시장의 개편에서 비롯된 영향이 컸지만, 이러한 신보수주의 개혁은 효율성의 증대보다는 선별적인 평가 등으로 인한 스티그마(stigma) 효과 때문에 급여를 수급할 수 있는 잠재수급자가 급여를 신청하지 않고, 소득 재분배에 있어 빈부의 격차가 더 증가하는 등의 불평등 양산이라는 문제를 발생시켰고 1998년 선거에서 블레어 총리의 노동당 정부에게 패하게 된다. 블레어 총리는 새로운 세계정세와 변화된 국내 상황에 대처하기 위한 '제3의 길(the Third Way)'을 추구할 것이라고 천명하며 사회복지의 새로운 패러다임으로 수요중심에서 공급중심의 사회복지, 사후적 복지에서 예방적 복지로의 개혁을 추구하고 있다. 이러한 복지개혁의 원칙으로 제시되고 있는 것이 '일할 수 있는 자에게는 일을 하게 하고, 일할 능력이 없는 사람들에게는 사회보장을 주자'는 것이다. 소위 '일하는 복지(workfare)'를 강조하는 이 원칙은 저임금의 고용을 창출하여 근로경험을 계속 유지하게 하는 것을 중요시하는 한편, 사회적 도움을 가장 필요로 하는 저소득 부양아동 가구, 연금생활자 등에 대한 사회보장은 강화하였다. 영국의 사회보장제도는 근로연계(welfare to work)프로그램을 기반에 두고 있어서 복지급여를 노동정책과 연계하고 있다. 즉 퇴직 후에는 연금을 지급하고, 일을 하고 있지만 보수가 적을 경우 보충분을 지급하며 실업이 될 경우 다시 노동시장에 진입할 수 있도록 도와준다.

영국의 사회보장 프로그램의 수입은 피보험자들의 보험료, 고용주들의 보험료 납부액, 정부의 예산, 다른 공공기관들로부터의 찬조금, 자본수입 등으로 구성되고, 그 비율은 약 3 : 5 : 12 : 1 : 0.5로 정부의 일반회계에서 부담하는 비율이 가장 높으며, 그 뒤를 피보험자들과 고용주의 보험료 납부 총액이 잇고 있는 것을 알 수 있다. 여기에서 우리가 앞서 살펴본 사회복지 프로그램들을 분류해 보면 몇 가지 공통점을 찾을 수 있다. 우선 기여형

(contributory) 프로그램들은 소득과는 무관하게 지급되며, 앞서 살펴본 것과 같이 국민보험 기여금이 주요 재원으로 사용되는데, 모두 소득으로 간주되어 과세의 대상이 되고 있다. 다음으로 비기여형(non-contributory) 프로그램들은 그 주요 재원으로 정부의 예산이 사용되는데, 소득기초형 프로그램들은 각종의 사회적 위험으로 저소득의 위기를 맞을 가능성이 있는 집단을 대상으로 하여 지급되고 있으며, 비소득 기초형 프로그램들은 특정한 위험이나 사건에 대해 보상을 해주는 차원에서 일정액을 지급하는 제도라는 것을 알 수 있다. 사회복지급여의 대상에 따른 지출 구성이 정리되어 있다. 1999~2000년을 기준으로 노령층(Elderly people)을 대상으로 한 지출이 48%로 가장 크고, 다음으로 질병이나 장애로 인한(People with a long-term illness or disability) 지출이 25%를 차지하고, 그 외 저소득 가족에게 지급하는 지출이 10%, 아동에 대한 지출이 8%, 실업자에 대한 지출이 5%, 단기 질환을 앓는 사람들을 대상으로 한 지출이 4%를 차지하는 것으로 구성되어 있다.

4. 뉴딜(New Deal)정책

뉴딜정책은 고용을 유지하고, 실업자가 사회로부터 퇴출(social exclusion)되는 현상을 감소시키기 위해서 의도된 2001년 현재 영국에서 가장 중요시되는 적극적 노동시장정책이다. 이 정책은 청년, 장기실업자, 구직중인 편부모와 장애자가 직장을 가질 수 있도록 돕고, 고용상태가 유지, 향상될 수 있도록 지원하는 한편, 청년과 장기실업자, 구직중인 편부모와 장애자의 장기고용능력을 향상시키는 것을 주요내용으로 한다.

뉴딜정책의 특징은 완전히 새로운 노동정책의 추진이라기보다는 기존의 '복지에서 근로에로의(Workfare)' 개념을 기초로 하여 기존의 사회부조 프로그램들을 연계하는 방식으로 정책목적을 달성하려는 복지와 노동정책의 융합을 실행하고 있다는 것이다. 따라서 광의의 의미로 적극적 노동시장정책인

뉴딜 자체가 사회안전망의 역할을 일부분 담당하고 있다. 개략적으로 뉴딜은 각각의 다른 집단을 대상으로 많은 프로그램들을 수행하고 있다. 청년을 위한 뉴딜(NDYP)은 18~24세의 연령에, 6개월 이상 구직수당(JSA)을 받은 청년을 대상으로 한다. JSA를 2년 이상 받은 25세 이상의 성인은 장기실업으로 인한 뉴딜의 대상(National NDLTU)이 된다. 시범 NDLTU가 운영되는 지역은 12개월이나 18개월 동안 실업상태인 사람을 프로그램의 대상으로 하고 있다.

준고령층을 위한 뉴딜(ND50+)은 50세 이상의 실업자를 대상으로 하고 있다. 편부모뉴딜(NDLP)은 생계비지원(IS)을 받는 편부모를 대상으로 하고, 장애자뉴딜(NDDP)은 노동시장에 재진입하기 위해서 장애자급여(IB)를 받고 있는 사람을 대상으로 하고 있다. 뉴딜은 각각의 다른 집단을 대상으로 서로 다른 프로그램들을 수행하고 있다. 이들 프로그램들은 뉴딜의 일반적인 목적은 공유하면서 그 대상에 따라 세부 목표, 참여기준, 가능한 지급(provision)의 범위와 형태를 차별하여 적용한다. 일부 프로그램들은 주요한 장기실업자집단(청년 장기실업자와 성인 장기실업자)을 대상으로 근로에 장애가 되는 요인을 제거하고, 이러한 불리한 상황의 실업자들이 직업을 가질 수 있도록 지원한다. 다른 뉴딜 프로그램들의 목적은 노동참여의 장벽을 없애고, 복지프로그램에의 의존에서 벗어나 근로를 시작하도록 하는 것이다.

제2절 미국의 사회보장제도

1. 개 요

사회보장이라는 용어는 국가가 국민의 생존권의 보호를 위해 소득이나 의료의 보장을 도모하는 총체적인 국가정책을 의미하는 것으로 쓰이고 있다. 그래서 사회보장이라는 용어의 일반적인 적용범위는 매우 넓고 다양한 제도를 포함하고 있다. 그러나 각 나라의 사회보장제도는 그 나라의 정치, 경제, 사회, 문화적 배경을 반영하고 있기 때문에 도입 시기나 내용이 상이하다.

미국은 비록 1935년에 사회보장법을 제정하면서 세계에서 제일 먼저 사회보장이란 용어를 사용하였지만, 사회보장제도나 전반적인 사회복지의 발전은 유럽의 국가들에 비해 늦은 편이었다. 사회보장제도 중에서 도입년도가 가장 빠른 산업재해보험제도를 독일은 1871년, 영국은 1897년에 도입하였지만, 미국은 1908년이 되어서야 연방 정부 직원을 대상으로 하는 재해보상제도가 도입이 되었고, 또한 독일, 덴마크, 프랑스, 이탈리아 등이 1800년대 말에 영국이 1908년부터 1911년에 도입하였던 노령연금제도, 실업보험제도들을 미국이 연방 정부 차원에서 도입한 것은 사회보장법이 제정된 1935년이었다. 그리고 이 법에는 의료보험제도가 포함되어 있지 않았으며 의료보험제도가 도입이 된 것은 Medicare가 제정된 1965년이었다. 이것은 독일보다는 무려 82년, 영국보다는 54년이 뒤지는 것이며 대상도 전 국민이 아니라 65세 이상의 노인들이다.

사회부조가 전성기를 누렸던 1960~70년대와 신보수주의에 의해 복지국가가 공격을 받고 퇴조하였던 1980년대에도 미국은 유럽국가에 비해 확립된 사회보장제도를 지니고 있지 못하였으며 사회복지를 위한 정부지출은 유럽의 국가들보다 낮았다. 가족수당제도 역시 없다.

미국은 사회복지 역사를 통해 원시적이라고 할 수 있는 공적부조에 의존하는 경향이 높으며 언제나 불완전 복지국가였다.
미국의 사회보장제도는 전국민의 95%를 적용대상으로 하고 있다. 노령, 유족, 장애, 건강보험을 지칭한다. 그러므로 주로 OASDHI(Old, Age, Surviviors, Disability and Health Insurance : 노인, 유족, 장애, 보건보험)프로그램과 실업보험, 근로자 보상제도, 공적부조제도 등을 들 수 있다.
미국 내적인 요인으로 농업부문의 만성적 불황과 공업부문의 생산과잉, 금융 산업의 방만한 운영 등의 지속적인 경제 불안이 지속 정부의 계획성 없는 자유방임적 경제 정책이 엄청난 빈부의 격차를 낳았고, 많은 국민들의 소득 저하는 구매력을 감소시켜 제조업의 기반을 흔들었다. 1920년대를 통하여 농촌, 경제가 가장 심한 타격을 받았으며, 이에 따른 영향으로 실업자, 사회복지 수혜자, 사회적 빈곤층이 증가하게 되었다.
대공황 시대에 이르기까지 미국의 사회보장은 주로 지방 정부와 자선 단체가 담당했으며, 그 외에 여러 기업이 복지 자본주의라고 불리는 다양한 피고용인 복지 증진 방안을 시행하였다. 그러나 대공황 때문에 그와 같이 부분적이고 취약한 사회보장은 와해되었고, 연방 정부가 전국민의 복지에 대해서 책임을 져야 한다는 관념이 대두했는데, 사회보장법은 바로 그 결과로 나타난 것이다. 그것은 미국이 역사상 획기적인 사건으로서, 이 법을 통해서 오늘날 미국의 사회보장제도가 확립되었다.
사회보장(Social Security)이라는 용어는 루즈 벨트 대통령이 1934년 의회에서 뉴딜(New Deal) 정책을 설명하면서 처음 사용하였다. 법률적으로는 1935년 미국의 사회보장법(Social Security Act)에서 사용되기 시작하였으나 일반화된 계기는 1942년 영국의 베버리지(Beveridge) 보고서, 국제노동기구(ILO)의 보고서, 사회보장에의 접근(Approaches to Social Security, 1942) 등이라고 하겠다. 사회보장은 국가마다 다른 역사 · 문화적 배경과 경제 · 사회적 여건변화에 따라 발전되어 왔으므로, 개념을 포괄적으로 정의하거나 국제적으로 통일된 기준을 적용하기는 어렵다. 그러나 사회보장이란 모든 국민이 건강하고 경제적으로 인간다운 생활을 영위할 수 있는 최저생활의 보장을 강구하는 것임에는 이견이 없다. 이를 위하여 소득보장과 의료보장을 주축으로, 각 계층 주민의 삶의 질 향상에 관련되는 구체적 사회복지 서비스를 필요로 한다.

그것이 시작된 역사는 비교적 짧지만 현재 사회보장은 자유주의 국가, 사회주의 국가의 구별 없이 양쪽 모두에서 중요한 국가정책이 하나가 되었다. 미국에 있는 사람들은 거의 대부분이 어떤 형태의 것이든 정부의 혜택을 받을 자격이 있고 또 실제로 받고 있다.

2. 사회보장급여

1) 노령 및 유족보험

(1) 적용대상

1935년의 사회보장법은 농업 외의 산업과 상업부분에 종사하는 고용인들을 대상으로 하였다. 1935년 이후 적용범위가 확대되어 95% 이상이 OASI(노인과 미망인 보험제도)프로그램의 대상이 되었다. 이 프로그램에서 제외되는 대상은 1984년 1월 1일 이전에 고용된 연방정부 민간고용인, 철도 퇴직제도의 적용을 받는 철도산업 종사자, 주나 지방 정부의 고용인들이다. 하지만 소득이 최저 요구 조건을 충족시키지 못하는 가내공업 근로자나 농업종사자, 산업이나 상업부문에 종사하는 근로자는 소득 수준에 관계없이 적용 대상이 된다.

(2) 자격요건

퇴직 및 유족보험의 급여를 받기 위해서 근로자는 정해진 기간 동안 적용대상이 되는 직종에 고용되어 있어야 한다. 이 기간은 제도 실시 초기에는 노인들이 쉽게 자격요건을 충족시킬 수 있도록 나이별로 차이를 두었다. 현재 요구되는 분기수는 연간 소득 수준에 따라 산정된다.

(3) 메디케어 및 메디케이드

미국의 건강보험은 연방정부가 운영하는 메디케어(Medicare), 주정부의 메디케이드(Medicaid), 그리고 사보험(private insurance)으로 나뉜다(메디케어와 메디케이드도 일부는 사보험을 통해 운영되기도 한다). 그런데, 정부가 운영하는 메디케어와 메디케이드는 보험료가 없거나 사보험에 비해 훨씬 싸다. 메디케어는 65세 이상의 노인이나 장애인들, 메디케이드는 저소득층이 대상이며 이에 해당하지 않는 사람들은 사보험을 사야 한다.

메디케어는 병원보험과 의료보험 두 개의 부문으로 구성되어 있다. 일반적으로 65세 이상인 사람이 사회보장 혜택을 받고 있으면 자동적으로 메디케어에 가입할 자격이 있다. 또한 불구자 수당을 2년 동안 받고 있는 사람들도 메디케어에 가입할 자격이 있으며 그 밖의 사람들은 별도로 신청을 해야하는데 병원보험은 현재 일하고 있는 사람들이 내는 사회보장 세금의 일부로 충당되고 있다. 입원비와 전문치료를 요구하는 양로비용 및 그 밖의 의료서비스를 지불하는데 도움을 준다. 의료보험을 가입한 사람이 내는 월 불입금과 일반 세입으로 충당되며 이 부문은 의사 진료비, 외래환자 방문비용 및 그 밖의 의료서비스와 의료용품을 지불하는데 도움을 준다.

복지국가이면서도 전국민을 상대로 한 의료보험을 아직도 시행하지 못하는 나라가 미국이다.

메디케어와 메디케이드는 영주권을 취득하고 미국에서 5년 이상 살면서 일을 한 65세 이상의 은퇴자들에게 해당되며 메디케어는 그동안 낸 세금에 따라 차등 지급되며, 메디케이드는 우리나라에서 말하는 영세민들을 위한 의료복지라고 할 수 있다.

때문에 메디케어에 해당되는 사람들은 개개인이 받는 액수와 병원 진료의 내용이 다를 수 있다.

메디케이드는 기초수급자에 해당되기에 일정금액을 주정부로부터 받는 것이 차이점이다.

미국의 건강보험료는 매우 비싸다. 그래서, 오바마케어를 시작하기 전에는 전체 인구의 약 15%에 달하는, 무려 4천만 명이 건강보험이 없었다. 미국의 의료비는 비싸기 때문에 건강보험이 없는 사람들은 아파도 병원에 가는 것을 미루게 되고 이로 인해 치료적기를 놓쳐 불필요한 합병증이 발생하여 고생하거나 죽는 사람들이 늘게 되었다.

오바마케어(정확하게는 Affordable Care Act)의 목적 중 하나는 정부가 운영하는 보험의 대상자가 아니나 소득이 충분하지 않아 사보험을 살 수 없는 사람들이 건강보험을 갖도록 도와주는 것이다. 두 가지 방법을 통해 이를 달성하려고 하고 있는데, 첫째는 메디케이드의 대상자를 늘리는 것이고, 둘째는 정부보조금으로 건강보험을 살 수 있도록 도와주는 것이다.

오바마케어가 도입되기 전에 메디케이드 대상자는 연방정부가 정한 극빈층(federal poverty line 100%)에 해당하는 것으로, 캘리포니아 주에서 혼자 사는 사람의 경우, 약 월 $1,000(100만 원)의 수입을 갖는 사람이 해당한다. 오바마케어는 이를 138%로 늘려 더 많은 사람이 메디케이드의 혜택을 보도록 했다.

메디케어 및 메디케이드 프로그램은 1965년에 제정된 사회보장법으로 확립했다. 메디케어는 사회보장국(SSA, Social Security Administ ration)의 관할하에, 메디케이드 프로그램은 사회재활서비스국(SRA, Social Rehabilitation Service)에 의해 운영됐으며, 이들 사회보장국과 사회재활서비스국은 보건, 교육 및 복지부(HEW)에 속해 있었다.

1977년 건강관리재정국(HCFA, Health Care Financing Administration)이 복지부(HEW) 산하에 창립되어 메디케어와 메디케이드 프로그램을 효과적으로 관리하기에 이른다.

1980년 복지부(HEW)는 교육부와 보건 및 인적 자원부(HHS)로 분리됐다. 2001년 보건 및 인적 자원부는 메디케어 및 메디케이드 서비스센터(CMS)로 개명했다.

메디케어 및 메디케이드 서비스 센터(CMS)는 연방정부에 속한 관청으로서 메디케어 프로그램을 관장하고 있다.

메디케어는 65세 이상인 노인들을 위한 국가차원의 건강보험 프로그램으로서 다음에 해당하는 사람들을 대상으로 혜택을 제공하고 있다.

① 65세 이상
② 65세 미만인 사람들 중 장애자(장애자는 병이나 상해로 인해 생업을 포기해야 하는 경우를 말한다.)
③ 말기 신장질환 또는 근위축성 측방경화증(루게릭스 질환)을 앓고 있는 사람(말기 신장질환은 신장기능이 완전히 마비되어 투석요법이나 신장이식이 필요한 경우를 말한다.)

메디케어는 의료비용 부담을 덜어주지만 모든 의료비용이나 장기간의 치료비용을 부담하는 것은 아니다.
메디케어는 근로자들과 고용주들이 지불하는 근로세의 일부로 재정이 충당된다. 또한 사회 보장 수표에서 보험료를 매월 공제하여 재정의 일부를 충당한다.
메디케어는 네 부분(파트 A, B, C, D)으로 이루어져 있으며 각 부분별로 각기 다른 종류의 치료비용이 지원된다.
Part A는 병원 또는 병원 입원 후 이어지는 전문 간호시설 입원 치료, 가정간호 및 호스피스 간호 등에 대한 비용을 지원한다.
Part A는 대부분의 경우 프리미엄이라고 불리는 월 보험료가 없다. 그 이유는 본인이나 배우자가 생업에 종사하는 동안 이미 메디케어 세금을 납부했기 때문이다.
시민권자 또는 영주권자로서 65세 이상인 자의 대부분이 무료로 메디케어 Part A에 가입할 수 있는 자격이 된다. 65세 이상이며 다음 중 한 가지에 해당되는 사람들이 가입대상이다.

① 사회보장 수당을 받고 있거나 수혜 자격이 있는 사람
② 철도 은퇴자 협회로부터 수당을 받고 있거나 수혜자격이 있는 사람
③ 본인 또는 본인의 배우자(생존 또는 사망, 이혼한 배우 포함)가 메디케

어 세금을 납부한 정부기관에서 오랫동안 근무한 사람

④ 본인이 누군가의 부양가족의 피부양부모로 그 자녀가 메디케어 세금을 납부한 정부(관련) 기관에서 장기간 근무한 경우

⑤ 위 자격요건에 부합되지 않더라도 매월 보험료를 지불하는 방법으로 메디케어 병원보험에 가입할 수 있다. 일반적으로 이 병원 보험 가입은 오로지 지정된 등록 기간에만 신청할 수 있다.

65세 이하이면서 다음 사항 중 한 가지에 해당되는 사람들도 메디케어 병원보험에 무료로 가입할 수 있다.

① 지난 24개월 동안 계속 사회보장국으로부터 장애자 보조금을 받아온 경우

② 50세 이상이며 장애자인 미망인으로, 2년 이상 사망한 배우자를 통하여 사회보장을 받아온 경우

③ 철도 은퇴자 협회로부터 장애인 연금을 받고 있으며 특정조건에 부합되는 경우

④ 메디케어 세금을 납부한 정부(관련) 기관에서 장기간 근무하고 사회보장 장애자 프로그램 조건에 부합하는 경우

⑤ 말기 신장질환을 앓고 있는 경우

⑥ 루게릭병으로 알려진 근위축성 측색경화증(Amyotrophic Lateral Sclerosis)을 앓고 있는 경우

메디케어는 모든 종류의 건강관리에 대한 서비스에 대해 혜택을 제공하지 않으며 모두 무료가 아님을 명심해야 한다. 메디케어 프로그램으로 혜택을 받는 의료서비스에 대해 본인도 비용부담을 해야 한다.

메디케어는 연방정부의 예산으로 운영이 되며 가입자는 총 의료비용 중 약 절반 정도(48%)를 정부가 부담한다. 이와 달리 메디케이드는 연방정부와 주정부가 공동으로 운영하며 주정부가 총 예산의 절반 정도를 부담한다. 2010년 정부총지출 대비 메디케어와 메디케이드가 차지한 비율은 각각 15%

와 8%로써 두 의료보장제도의 지출규모는 국방비(Defense)나 사회보장연금(Social Security)보다도 많은 비중을 차지하였고, 이는 미국의 의료보장제도가 얼마나 큰 규모인지를 말해주고 있다.

오바마케어(Obama Care)는 의료시스템의 제한점들 때문에 오바마는 보편주의에 기초한 의료보험 정책을 추진해 왔고, 2010년 3월 일명 오바마케어인 의료시스템 개혁안에 서명했다. 2014년 1월 기준으로 시행될 예정인데, 특별히 몇 가지 노인들의 의료서비스 이용 개선에 도움이 될 만한 것들이 있다.

첫째, 메디케어에 가입되어 있는 은퇴자의 경우 더 낮은 금액으로 처방약을 구입할 수 있다. 둘째, 병원력 때문에 의료보험가입에서 거부당하는 것을 법으로 금지한다. 셋째, 메디케어 어드벤티지플랜을 개혁하고 파트 D의 도넛홀 조항을 없앤다.

넷째, 노인들이 예방 차원의 서비스(preventive care)를 무료로 이용할 수 있게 된다. 단, 주 정부가 이 개선사항들을 어떻게 받아들이느냐가 적용여부의 관건이다.

2) 재택건강서비스

의사의 처방에 따라 시간제 또는 비정기적인 전문 간호치료와 물리치료, 언어치료 그리고 작업치료와 함께 재택 건강관리서비스 등 필요한 경우에 한정돼 있다.

또한 휠체어, 병상, 산소공급기 및 보행보조신발 등 의료 내구재 및 기타 서비스 등도 포함된다. 재택건강관리를 받기 위해서는 ① 의사가 처방한 간호계획이 있어야 하고 ② 전문간호서비스가 필요한 경우이고 ③ 집밖으로 움직일 수 없어야 하며 ④ 메디케어에서 승인된 서비스 제공기관이어야 한다.

3) 호스피스 케어

불치병으로 죽음을 앞둔 사람들을 위해 증상조절과 진통제 그리고 메디케어가 승인한 간병인 서비스로서 통상 생존기간이 6개월 이내인 경우에 해당된다. 이 서비스는 보통 집에서 받지만, 호스피스 케어를 받는 환자가 병원에서 입원치료를 받기를 원할 경우 단기적인 경우에만 메디케어 혜택을 받을 수 있다.

메디케어 Part B에 대한 등록은 본인의 선택이다. 만약 사회보장 또는 철도근로자 은퇴연금 혜택을 받고 있다면 65세가 되는 첫날을 기해 자동적으로 등록이 된다. 만약 65세 미만이며 장애자인 경우 사회보장 또는 철도근로자 은퇴연금혜택을 24개월 동안 받은 후 자동으로 등록된다. 단, 근위축성 측색경화증(Amyotrophic Lateral Sclerosis)을 앓고 있는 경우에는 24개월 유예기간이 적용되지 않는다.

메디케어 카드는 65세 생일 3개월 전이나 25번째 장애자 혜택을 받는 날에 맞춰 우송된다. 만약 메디케어 Part B를 원하지 않는 경우, 메디케어 카드 뒷면에 있는 지시사항에 따르면 된다.

메디케어 Part B에 등록한 경우 월 보험료는 월 사회보장 또는 철도은퇴연금, 은퇴연금관리사무국에서 자동으로 원천 징수된다. 사회보장이나 철도은퇴연금혜택을 받고 있지 않은 경우에는 3개월마다 청구서가 우송된다.

미국의 사회보장제도는 5개 부문으로 나뉘어 그 혜택이 지급되는데 은퇴, 불구자 수당, 가족수당, 유가족 수당 및 메디케어이다.

충분한 사회보장 크레딧이 있는 사람이 일을 그만두게 되면 매월 생계비를 지급해서 노후의 생활안정을 약속해 주는 제도로 매월 지급액은 과거 크레딧에 따라 다르다. 1938년 이전에 출생한 사람의 은퇴연령은 65세, 1960년 이후에 출생한 사람의 은퇴 연령은 67세로 은퇴연령은 점진적으로 높아지고, 은퇴를 지연하는 사람은 혜택을 받지 않는 기간 동안 70세가 될 때까지 매월 특별 크레딧을 받게 된다.

4) 가족부양혜택

은퇴나 신체장애 수당을 받을 자격 요건이 되면 가족들도 혜택들 받을 수 있다. 배우자는 62세 이상이거나 62세 미만으로서 16세 미만의 자녀를 양육하는 경우, 18세 이하의 미혼 자녀 또는 19세인 경우 아직 학교에 재학중인 경우 또는 18세 이상으로 신체장애 자녀들이 혜택을 받을 수 있는 가족이 대상이다.

만일 이혼을 하면 그전 배우자가 혜택을 받을 수 있다.

5) 유가족혜택

만일 근로자가 사망 시 충분한 사회보장 크레딧을 벌어놓았을 경우 그 가족이 혜택을 받을 수 있다.

자격대상 가족은 60세 이상의 미망인(신체장애인 경우에는 50세 이상)이며 16세 미만의 자녀를 돌봐야 하는 부모인 경우에는 연령 제한이 없다.

또한 18세 미만의 미혼 자녀들과 19세 미만의 학교에 재학 중인 자녀 또는 18세 이상의 신체장애 자녀, 부모를 부양하고 있었으면 부모들이 혜택을 받을 수 있다. 또한 배우자나 미성년자들에게 특별 사망금으로 1회에 한해서 일정금액이 지급된다. 만일 이혼을 하면 그 전 배우자가 혜택을 받을 자격이 있다.

메디케이드 가입 확대 대상자에 해당하지 않는 저소득층을 위해서는 소득에 따라 정부보조금을 주어 건강보험의 가입을 도왔다. 가입을 촉진하고자 이들만을 대상으로 하는 건강보험시장을 따로 만들고 여기에 참여하는 사보험들에게도 여러 지원을 하였다.

보험가입자를 늘리기 위해 이런 당근과 더불어 오바마케어는 채찍도 함께 두고 있다. 사보험의 보험료가 비싼 이유 중 하나는 건강한 사람들이 보험에 가입하지 않기 때문이다. 즉, 건강하여 의료비 지출이 거의 필요하지 않은 사람들이 지불하는 보험료로 질병을 가진 사람들의 의료비를 돕는 것이 보험이 작동하는 원리인데 질병을 가진 사람들만 보험에 가입하게 되면 보험료는 당연히 비싸질 수밖에 없다. 건강한 사람들의 보험 가입을 강제하기 위해 오바마케어는 건강보험을 갖지 않는 사람에게 해마다 벌금을 물게 하고 있다.

또 하나, 보험에 가입하기 전에 병을 앓고 있던 사람들은 건강한 사람들보다 의료비 지출이 더 많을 가능성이 크기 때문에 사보험은 이들의 가입을 거부하거나 보험료를 더 높게 책정하는 등 차별을 두어 왔다. 오바마케어는 사보험이 보험가입 전의 질병 유무로 가입자를 차별하지 못하도록 했다.

이런 오바마케어 덕분에 2천만 명의 사람들이 추가로 건강보험을 갖게 되었다고 한다. 또, 경제적으로도 오바마케어는 일자리 수를 늘리고 그동안 증가해 오기만 했던 정부의 건강관련 지출을 줄이는 등 긍정적이었다.

그렇다면, 트럼프와 공화당은 왜 오바마케어를 없애려고 하는 걸까? 그 이유는 이들이 작은 정부를 지향하고, 정부가 강제로(예, 벌금) 물건(보험)을 사게 한다는 것이 이들의 이념에 맞지 않기 때문이다. 또, 보험료를 맘대로 올릴 수 없게 한 규정도 보험사 등 부자들을 대변하는 이들에게는 거슬릴 것이다. 그런데, 오바마케어가 시행되기 시작한 2010년 이후 6년 동안 이들은 대안을 내놓은 적이 없다. 대안 없이 지난 6년간 시행했던 정책을 폐지해 버리면 덕분에 보험을 가질 수 있었던 사람들은 어떻게 하라는 것인지, 다시 옛날처럼 무보험자가 되어 아파 죽을 때까지 기다리라는 것인지 정말 무책임한 일이다.

미국의 건강보험 문제에서 우리에게 시사하는 몇 가지가 있다. 직장에서 일할 때 나와 동료들이 가장 아까와 했던 것 중 하나가 건강보험료였다. 병원에 갈 일이 없는 건강한 사람들이 왜 보험료를 다달이 내야 하는지, 또 아플 때만 낼 수는 없는지를 월급명세서 받을 때 몇 번 이야기한 기억이 있다. 하지만, 미국의 예에서 보듯 건강한 사람들이 참여해야 보험료를 낮출 수 있고 그래야만 나중에 내가 병에 걸렸을 때 많은 보험료를 내지 않아도 된다. 그래서, 현재 병에 걸린 다른 사람들을 위해서, 또, 미래의 나를 위해 낸다는 생각으로 내면 좀 덜 아까울 것 같다. 뿐만 아니라, 어떤 전직 대통령처럼 속여서 보험료를 적게 내는 사람들은 다른 사람들에게 피해를 주는 것이므로, 적발되었을 때 단지 밀린 보험료를 내는 데에 그치지 않고 그 보다 훨씬 많은 돈을 내게 함으로써 보험료 사기를 방지해야 하지 않을까? 무엇보다 사보험이 주도하는 건강보험이 되면 미국처럼 보험료가 비싸게 된다. 현재 우리나라는 건강보험이라는 공보험이 전국민의 건강관리를 돕지만, 최근 일자리 등을 이유로 의료민영화를 도입하려는 시도가 있기도 하다. 이는 궁극적으로 보험료를 올리고 국민전체의 의료비 지출을 늘리며 국민건강을 악화시키는 등의 부정적인 결과를 초래할 것이다. 따라서, 의료민영화보다는 건강보험의 부족한 점을 보완하는데 머리를 맞대야 한다고 본다.

6) 베이비부머(Baby Boomer)

2012년 통계 기준 약 3억 천만의 전체 인구 중 베이비부머가 차지하는 비율은 약 4분의 1에 달하는 7천 6백만 명인 것으로 나타났다. 우리나라의 베이비부머 계측은 한국 전 이후를 기준으로 하지만 미국의 베이비부머는 2차 세계 대전 이후 1946년부터 1964년 사이에 태어난 특정 인구 및 문화집단을 일컫는다. 이들은 사회, 정치, 경제 전반에 걸쳐 왕성한 활동을 하였고, 열심히 일한만큼 벌었다. 그리고 이제 여유로운 남은 생애를 꿈꾸며 본격적인 은퇴를 시작하고 있다. 2026년이면 인구의 20% 이상이 노인이 되는 초고령 사회에 진입하는 우리나라처럼 미국도 베이비부머의 노년기 진입과 은퇴로 인해 노인을 위한 사회보장제도의 역할과 책임이 더욱 중요해진 시점이다. 재정설계 참고문헌들을 살펴보면 은퇴 후 필요한 생활비는 은퇴 이전 생활비의 70~80% 정도라고 한다. 그러나 40% 이상의 베이비부머 은퇴자는 이 생활비를 확보할 수 없고, 다른 20%의 수입은 이에 절반에도 미치지 못할 것으로 예상되었다. 결국 나머지 40%에도 미치지 못하는 베이비부머만이 안정된 노후를 준비하고 있는 것이다. 이론상으로 말이다.

3. 사회보험을 통한 사회보장

1) 사회보험

미국 역시 사회보장제도에서 사회보험이 차지하는 역할이 크다. 사회보험이란 우리나라의 5대 사회보험과 같이 경제활동을 하고 있는 가입자가 소득의 일정부분을 세금으로 국가에 내고, 수급 자격조건에 따라 가입 동시 또는 차후에 혜택을 지급받는 사회안전장치이다. 국가는 고용주가 가입자의 세금에 준하는 금액을 매칭해서 납부하도록 하는 것이 일반적이다. 예를 들면 우리나라의 경우 월소득의 9%가 국민연금에 각출된다고 했을 때 4.5%는 본인이, 나머지 4.5%는 고용주가 납부하는 식이다. 미국의 대표적 사회보험은 사회보장연금(Social Security Income)과 의료보험(Medicare)이 있다. 이 사회보험은 은퇴를 설계하고 은퇴 이후의 삶을 살아가야 하는 노인들에게 필수적인 투자이다. 두 보험 모두 노인을 대상으로 하고 있다. 이들이 아프지 않을 리 없고, 저축을 충분히 해 놓았을 가능성도 적지 않은가.

2) 연금과 의료보험

연금 재정은 미국 사회복지 프로그램 재정의 약 50%를 차지하고 있고, 의료보험은 약 14%를 차지하고 있을 만큼 예산 점유율이 크다. 하지만 이 예산의 향후 안정성은 불투명하다. 먼저, 베이비부머의 은퇴로 인한 사회보장연금 지급액이 크게 늘어날 것이기 때문이다. 현재 미국의 경제활동 인구의 소득세 중 연금과 메디케어로 지출되는 본인 부담률은 소득의 각각 6.2%와 1.45%이다. 이제 막 은퇴를 하는 베이비부머의 경우 평생 충실하게 할당된 금액을 부담해 왔을 것이다. 하지만, 예를 들어 5천만 명의 은퇴자에게 약속된 연금 지급을 하려면 매달 6억 8천만 달러가 필요하고, 현재 재정규모로는 약 10년 후면 매달 지급할 수 있는 6억 8천만 달러가 없어진다고 한다. 연금을 존속시키려면 한국처럼 보험료 및 지급률 조정이나 수급자격 연령 조정 등이 불가피할 것으로 보인다.

제3절 독일의 사회보장제도

1. 개 요

저소득층이 국가의 보조로 인해 생활수준이 향상되는 게 핵심인 사회보장 제도를 가장 먼저 실시한 나라는 독일이다. 국민총생산의 1/3 이상이 사회보장 혜택으로 들어가고 있으며 매년 총예산의 40%를 할애하고 있다. 자녀수당, 육아비, 주택보조금 등 사회복지사업도 포함되어 있다.

독일은 분권주의적 역사의 배경으로 높은 수준의 문화예술이 독특한 지방색을 보이며 전국적으로 분포해 있다. 고전주의 문학의 괴테, 낭만주의의 호프만, 실존주의의 보르헤르트 등 유명한 작가들과 바로크음악의 바흐, 헨델, 고전파의 모차르트, 베토벤, 낭만파의 슈베르트 음악가 등 많은 예술인을 배출했다.

또한 독일은 많은 과학자를 배출하였는데 제2차 세계대전 이전까지 노벨화학상 40회 중 16회를, 노벨물리학상 45회 중 10회를 독일인이 수상하였다. 독일은 대학교수들에 의해 과학연구가 주로 이루어지는데 대학에서는 끊임없이 세대를 거쳐서 과학자를 양산하고 있다.

독일 국민의 사회보장제도는 공공기관이나 사설기관들에 의해 광범위한 연계망을 구축하고 있다. 사회보장체제는 보험(Versicherungsprinzip), 부양(Versorgungsprinzip), 보호(Fuersorgeprinzip)라는 세 가지 원리에 따라 조직되어 있다.

보험원리란 예를 들어 질병, 노동불능, 실업 등과 같은, 누구에게나 일어날 수 있는 특정한 위험들에 대처하기 위해 보험공단에 보험료를 냄으로써 개인적으로 부양받는 것을 말한다. 부양원리는 일상의 근무와 관련하여 생겨나는 손실이나 위험을 보상받는 것을 말한다. 여기에는 전쟁 피해자의 부양이나 공무원의 노후부양도 관계된다. 마지막으로 보호원리는 보험제도나 부양책의 혜택을 충분히 받지 못하거나 전혀 받지 못한 경우에 적용된다. 여기에서 가장 중요한 것은 생활보호(Sozialhilfe)이다.

사회보장제도의 이행자는 국가, 주, 지방자치단체, 사설 보험사 그리고 사설 복지사업연맹이다. 국가는 일련의 보호기관 및 법률로 정한 사회보장제도 체제를 통해 국민의 기본적인 생계를 보장한다. 법률로 정한 사회보장제도의 조합원들은 대개 의무적으로 가입되어 있다. 독일 국민들은 여러 가지 보조를 통해 최소한의 생계유지를 위해 재정적으로 지원받도록 되어 있다. 여기에는 법률로 정한 연금보험, 의료보험, 실업보험, 사고보험 및 취업촉진 교육, 가족수당, 생활보호, 주거비 등이 속한다.

만일의 사고에 대비해 추가로 사설 보험에 가입하는 것은 각자의 의사에 달렸다. 여기에는 수백만 마르크에 달하는 책임보험에서부터 단 며칠만 유효한 여행가방보험 등 각양각색의 보험이 있다. 독일 국민의 85%는 사설 가계보험에, 55%는 생명보험에, 53%는 책임보험에, 36%는 기타의 사고보험에 들고 있다. 적지 않은 사람들이 이윤만을 목적으로 하는 이른바 초과보험(Uberversicherung)에 들어 있다.

사설 복지사업은 교회, 종교단체 혹은 사설 단체들이 집행한다는 점에서 국가의 사회복지정책과 다르다. 이러한 단체들은 국가의 복지사업 부담을 덜어주고 있기 때문에, 국가로부터 지원을 받는다. 그러나 이러한 복지사업단체들의 주요 자금원은 기부금이다.

2. 역 사

독일에서 사회보장제도의 시초는 광부들이 사고를 당한 어려운 처지의 동료들을 지원하기 위해 공동의 금고를 설립했던 중세기로 거슬러 올라간다. 그러나 19세기 말경에야 광범위한 사회보장은 이루어졌다. 점점 더 많은 산업근로자들을 낳게 한 급속한 산업의 발달이 그 동인이 되었다. 근로자들은 오래도록 무방비 상태였다. 그들의 적은 급료로는 돈을 적립할 수 없었고,

질병과 사고 앞에서 그들은 의지할 곳이 없었다. 이러한 사회문제가 독일의 국내정치를 자극했다. 당시의 제국총리 비스마르크(Otto von Bismark)는 점진적으로 사회법을 만들어 나갔다. 이는 격화되어 가는 노동자 운동의 바람을 잠재우기 위한 정치적 이유에서 유래한 것이기도 했다. 이 같은 입법으로 다른 산업국가들에게 표본이 되기도 한 현대적인 사회보장의 기틀이 마련되었다.

1883, 1884, 1889년에 제정된 법률들은 오늘날까지 독일 사회보장의 핵심이 되고 있는 의료, 사고, 노후의 세 가지 보험 분야를 설정했다. 1911년에 이 보험들은 오늘날까지 적용되고 있는 제국 보험체제 속에 통합되었는데, 이때 미망인과 고아 연금을 통한 잔류생존자 보호제도도 도입되었다. 폐질 및 노후보험은 모든 고용인에게로 확대되었다. 1923년에는 광부들을 위한 독자적인 보험이 도입되었다. 1927년에는 실업보험이 생겼고, 1938년부터는 개인적으로 보장이 불가능한 경우 수공업자들도 사회보장 보험에 가입할 수 있도록 대상이 확대되었다.

2차 대전 후에 사회보장 체제는 본질적으로 확대되고 개선되었다. 그리하여 1957년에는 농민의 노후보장제도가 도입되었다. 1957년의 대대적인 연금제도 개혁으로 연금액이 수입의 증가에 따라 결정되었는데, 근로자의 평균 수입이 오르면 이에 따라 연금도 인상되었다. 그 후에도 연금제도는 1972년과 1992년에 개정되었다.

1990년부터 사회보장체제는 구 동독지역의 연금생활자, 전쟁피해자, 장애자들에게도 광범위하게 확대되어 적용되고 있다. 1990년 화폐통합, 경제통합, 사회통합과 국가의 통일에 대한 협정은 독일에서의 모든 인간이 똑같은 사회보장 혜택을 누릴 수 있는 토대가 되었다.

이처럼 독일의 사회보장제도는 오랜 역사를 지니고 있으며, 그것의 높은 효율성은 외국에서도 인정되고 있다. 국민총생산의 거의 30%가 사회복지 분야에 투자되어 1992년에는 그 액수가 9천 억 마르크를 넘어섰다. 이 중 3분의 1 가량은 노후보장에, 5분의 1 이상이 의료보험에 쓰였다.

특히 독일은 대체형 민간의료보험을 선택할 수 있는 자격이 전체 국민의 약 20%에 해당하는 고액임금자에 한정돼 있어 민간보험 가입자가 전체 인구의 10%에 미치지 못한다. 독일의 민간의료보험 수가는 공보험보다 3배정도 높지만 보장내용은 1인실 이용, 과장 특진, 의치나 안경에서의 급여 등에 차이가 있을 뿐 그 외에는 별다른 차이가 없다. 때문에 고액소득자 등이 값비싼 보험료의 민간보험을 선택하지 않고 공보험에 그대로 남아 있는 것으로 알려졌다. 하지만 전체의 2~3%에 불과한 비급여부분에 대해서는 대부분이 보장성 100%에 접근하고 있다. 특히 중증질환이거나 의사가 의료적으로 '필요하다'고 인정하면 보장성은 100%이다. 대상 질병은 주 진단 밑에 부수 진단을 두는 식으로 800여개가 해당되며, 나머지 부분도 점차 확대해 나가고 있는 것으로 알려지고 있다.

1) 연금보험

법률상의 연금보험(Rentenversicherung)은 이미 100년 전에 도입되었으며, 독일 사회보장제도의 근간이다. 다시 말해, 연금보험은 지출규모가 가장 큰 보험으로서 전체 사회보장제도 비용 중 약 30%를 차지한다. 이 보험은 직업에 종사했던 사람들이 직장으로부터 퇴직한 후 어려움을 겪지 않고 적절한 생활수준을 유지할 수 있도록 보장한다. 연금보험에는 직업불능연금, 생계불능연금, 유족연금, '일반'연금 등의 네 가지 중요한 연금사업이 있다. 일반연금은 이른바 노후연금을 말한다. 이러한 사업들의 이행자는 법률로 정한 연금보험공단이며, 독일의 거의 모든 직장인들은 여기에 소속되어 있다. 의무적으로 보험을 들지 않아도 되는 자영업자들은 자의적으로 여기에 가입할 수 있다. 연금보험의 목적은 노령자, 노동불능자, 유족들의 최저 생계유지 보장이다.

연금보험의 재정은 직장인의 경우에 대부분 고용주와 근로자가 절반씩 부담하는 보험금을 통해 조달되고, 나머지는 연방보조금(약 17%)에 의해 충당된다. 직장인의 보험료는 실질 근로기간에 급여에서 납입되며, 보험료 상한선은 매년 확정된다. 공무원들은 실질 근로기간이 끝났을 때 국가로부터 퇴직연금을 받기 때문에, 보험료를 내지 않는다. 현재의 보험료율은 총수입의 18.7%에 달하고 있으며, 늘어나는 연금부담액을 감당할 수 있으려면 2010년까지 보험료율을 아마도 약 22%까지 올릴 수밖에 없을 것이다. 노령인구의 비율이 높아짐에 따라(생업종사자 100명 당 연금자 수가 1986년 32명, 1992년 49명), 불가피하게 보험료는 적어지고 연금자는 많아질 수밖에 없기 때문이다.

한 개인이 노후에 얼마의 연금을 받느냐 하는 것은 우선 그 사람의 총수입과 보험료 액수에 달려있다. 따라서 자신의 동료보다 더 많은 월급을 받는 근로자는 연금도 더 많이 받는다. 말하자면, 아무리 사회보장을 위한 제도라 할지라도 연금은 철저히 실적 위주로 지급되는 것이다.

월 연금액은 일반적인 경제성장에 맞추어진다. 그렇기 때문에 연금과 근로소득 사이의 격차가 지난 몇 년 사이에 줄어들었다. 종래에는 연금이 총수익에 맞추어졌으나, 1992년부터는 노동자와 사무직원의 평균 순수익에 맞추어진다. 이로써 연금이 순수익보다 훨씬 많아지는 것을 막게 되었다. 오늘날 연금수혜자는 노동자의 평균 순수익의 거의 65%를 연금으로 받고 있다. 연금을 받기 위해서는 특정한 대기기간을 채워야 하는 것은 물론, 남자는 63세, 여자는 60세에 이르러야 한다. 그러나 이러한 연령제한은 2001년부터 단계적으로 각각 65세로 상향 조정될 것이다. 1992년에 개정된 연금제도에 의한 연령제한의 '탄력성'으로 인해, 더 일찍 혹은 더 나중에 연금을 신청할 수 있다. 연금을 더 일찍 신청하면, 먼저 연금을 타는 동안 매년 3.6%의 연금액이 감소된다. 반대로 더 오래 일을 하면, 6% 정도 높은 연금을 매년 받게 된다. 개정된 연금제도에 따르면, 연금자는 연금의 일부를 받으면서 부분적으로 직업활동을 계속할 수도 있다.

개정된 연금제도는 미래의 인구통계와 경제적인 조건들을 감안하고 있으며, 2000년 이후의 연금을 위한 재정적 기반을 확고히 마련하고 있다. 이 개정에서 토대가 된 것은 소득액 및 보험료 관계, 생활수준의 보장, 연금생활자들의 경제발전에의 참여였다. 대다수의 근로자들에게 있어서는 연금이 노년의 유일한 수입이다. 따라서 연금보험은 그들에게 오랫동안 보험료를 내며 생계활동을 해온 시절에 누리던 생활수준을 보장해 주어야 한다.

1957년의 연금제도 개혁 이후 서독에서는 평균 소득자의 연금액이 45년만에 근로자 평균 총소득의 약 70%에까지 이르게 되었다. 그리하여 1992년에 월 연금액은 평균 약 1,850 마르크였고 여자의 경우에는 약 1,150 마르크였다. 1990년 7월 1일 이후 새로운 연방주들에서도 역시 연금액이 45년만에 동독 근로자들의 평균소득액의 70%에 달하게 되었다. 동독의 연금 수준을 서독 수준에 접근시키려는 것이 서독의 의도였다. 1992년 1월 1일부터 독일에서는 통일된 연금법이 발효되고 있다.

100년의 역사가 흐르는 동안 연금보험이 끊임없이 새로운 사회발전에 부합되어야 했듯이, 미래에도 역시 마찬가지로 연금보험은 사회발전과 발맞추어야 할 것이다. 그리하여 독일에서는 노년에 간병을 필요로 하는 노인들에게 적절한 조력을 보장해 주는 간병보험제도의 도입이 점차 활발하게 논의되고 있다.

연금을 지급하는 것만이 연금보험의 유일한 과제는 아니다. 연금보험은 그것을 뛰어넘어 피보험자의 생계능력의 유지, 개선, 회복에 기여한다. 그리하여 연금보험은 피보험자의 요양체류를 가능케 해주고, 그들이 건강상의 이유로 새로운 직업교육을 받아야 할 때 그들을 뒷받침해 준다.

그밖에 부수적 노후연금인 기업연금이 있는데, 이 연금은 법률상의 연금보험을 보강하는 값진 보험으로서 많은 기업들이 근로자들의 노후생활을 위해 기업연금을 자발적으로 지급하고 있다. 1974년의 기업연금법에 따라 기업에 소속된 사람들은 정년 이전에 퇴직하는 경우에라도 규정된 기업연금에 대한 청구권을 갖는다. 다만 퇴직 시에 최소한 35세가 되어야 하며, 10년 이상 연금에 가입했거나 12년 이상 기업에 재직했을 경우 최소 3년을 가입했어야 한다는 단서가 있다. 고용주가 지불능력이 없을 경우 연금은 무효화되는 것이 아니라, 그럴 경우를 대비해 설립된 기금으로부터 지급된다.

2) 의료보험

사회보장제도에는 건강보호 및 병이 난 경우에 의료비를 보조하는 의료보험(Krankenversicherung)도 포함된다. 의료보험도 독일에 도입된 지 100년이 넘었다. 사회보장상의 의무적 보험이든 임의적 보험이든, 혹은 개인적 보험이든 간에 독일의 거의 모든 사람들은 의료보험의 혜택을 입고 있다. 사회보장상의 의료보험에서는 모든 근로자와 봉급생활자 및 일부 직업군인에 대한 일정한 소득한계까지의 보험의무가 부여되어 있다. 임의적인 보험은 몇 가지 조건을 전제로 한다. 의료보험은 연금생활자, 실업자, 직업훈련자, 대학생에게도 적용된다. 근로자들은 직업에 따라 지역의료기금, 직장이나 조합의료기금, 어업의료기금, 광업의료기금, 농업의료기금, 혹은 배상기금에 보험료를 내고 의료보장을 받는다. 독일인 13명 당 1명은 법률로 정한 의료보험의 조합원이 아니다. 여기에는 주로 공무원, 고소득 근로자, 자영업자 등이 속한다. 그들은 대개 사설 보험에 가입해 있다. 1991년 1월 1일 구 동독에서는 의료보험체제가 서독의 모범에 따라 도입되었다.

사설보험을 제외한 의무보험과 임의보험에서 보험료는 피보험자와 고용주의 보험료에 의해 절반씩 조달된다. 1993년에 소득액에 대한 의료보험 보험료율은 구 서독지역에서 13.4%, 구 동독지역에서 12.5%였다.

모든 피보험자는 등록된 보험의사와 치과의사들 중에서 자유로운 선택을 할 수 있다. 병이 난 경우에 환자는 의사에게 의료보험공단에서 발급받은 의료보험증을 제시하면, 의료비는 의사에 의해 직접 공제된다. 사설보험에 든 사람은 병원에서 의료비를 지불하고 그 영수증을 보험회사에 보내서, 해당 금액을 받는다.

의료보험금은 의사 및 치과의사의 진료, 의약품, 입원치료, 질병의 조기진단, 의료보조기구 등의 비용을 지급한다. 꼭 필요한 요양치료의 경우에 보험금은 비용의 전체 혹은 일부를 부담한다. 출산보조, 가족의 의료비 지급 역시 의료보험금의 기능에 속한다. 병이 난 경우에 근로자는 누구나 6주까지 고용주로부터 급료 전액을 계속 받으며, 경우에 따라 기간이 늘어날 수 있다. 그 이후에는 의료보험공단으로부터 78주까지 본봉의 80%에 달하는 의료보조금이 지급된다.

의료보험에는 요양도 포함된다. 피보험자는 병들지 않기 위해 요양지에서 여러 주 동안 질병을 완치하거나 원기를 회복할 수 있다. 새 법령에 따르면, 한 노동자가 3년마다 이를 활용할 수 있다. 독일에서는 매일 약 150만 명이 질병을 앓는다. 독일의 의사제도는 우수하다. 한 의사가 평균 440명의 환자를 맡는다. 환자 비율은 매우 높은 편이며, 피보험자 천 명 당 환자는 50명 이상에 달한다(미국 : 5명, 일본 : 3명).

의료보험금의 지출액은 매년 높아지고 있으며, 근래에는 보험금 지출이 월 보험료에 의한 수입을 크게 앞지르고 있다. 이러한 의료보험료의 폭증을 막기 위해 1989년 보건제도를 법률적으로 개혁하려는 이른바 '보건개혁법'이 발효되었으며, 1989/90년에 몇 가지 규정이 보완되었다. 그리하여 이를테면 연금수혜자는 다시 의료보험 보험료를 내야 한다. 의료비는 인상되었고 요양은 더 이상 무료로 할 수 없다. 안경, 의치, 병원비도 인상되었다. 입원비도 완전히 면제되지는 않는다. 1991년에는 의료보험이 재정적으로 유지되기 위해서 의료보험금에서 지급되는 몇몇 서비스 항목들이 제한되었으며, 피보험자의 부담이 확대되었다. 이러한 개혁이 현재에도 계속 고려되고 있다.

적어도 450명의 종업원을 거느리는 기업은 노동자와 관계당국이 동의하면 이른바 기업의료보험을 설치할 수 있다. 1991년 기업의료보험은 법률상의 의료보험보다 2, 3% 낮은 보험보험료를 제시했다. 1990년 구 서독에는 약 7백만 명의 가입자를 가진 696개의 기업의료보험이 있었다. 구 동독에는 1991년 1월 1일 37개의 기업의료보험이 설치되었다. 기업과 피보험자의 재정상의 장점 때문에 기업의료보험 설치 신청 수는 증가하고 있다. 1990년 서독에서는 22건, 동독에서는 13건이 베를린의 연방보험청에 신청되었다.

3) 사고보험

법률상의 사고보험(Unfallversicherung)은 사회보장제도의 또 다른 분야이다. 사고보험은 근로사고와 직업재해를 당한 피보험자를 보호하고 도와준다. 독일에서는 모든 직장인들이 법률에 의해 사고보험의 혜택을 받는다. 자영업자들은 임의로 보험에 들 수 있다. 직장인 외에 학생, 대학생들도 각 교육기관, 즉 각종 학교, 대학 등에서 발생하는 사고나 등하굣길의 사고를 대비해 보험에 들고 있다. 사고보험은 유치원과 등하굣길의 어린이들에게 발생할 수 있는 사고에도 확대 적용된다.

사고보험의 주체는 무엇보다도 일정한 권역에 있는 기업체들을 포괄하는 기업조합들인데, 여기에는 독일의 거의 모든 기업들과 경제 부서들이 의무적인 조합원으로 가입되어 있다. 이는 모든 근로자들이 자신들의 작업장에서 자동적으로 사고보험에 들어 있음을 의미한다. 사고보험료는 기업체들의 고용주들에 의해 납입되는 보험료에 의해 조달된다. 보험금의 액수는 대개 당사자의 사고 전 총수입 혹은 직업과 관련된 질환 및 손실의 정도에 따라 결정된다.

사고 후에 보험금을 청구하기 위해서는 근로자가 직업에 종사하는 동안 '신고'되어 있어야 한다. 부상이나 사망의 근로사고 및 직업재해로 인한 질병이나 사망의 경우에 보험을 청구할 수 있다. 작업장으로 오고 가는 도중의 사고 역시 근로사고로 인정된다.

피보험자가 사고 후유증을 겪을 경우 사고보험은 치료의 모든 경비를 떠맡는다. 사고를 당한 피보험자가 작업불능일 경우에는 부상자 보조금을 받는다. 피보험자가 생계불능이거나 사고나 직업병의 결과로 사망할 경우에는 사고보험에서 연금, 사망위로금, 유족연금이 지급된다. 사고로 부상을 입은 경우에는 치료와 건강회복을 위한 비용이 지급된다. 사고에 따라 손실된 노동임금도 지불된다. 사고보험의 영역인 재활보조는 생계능력을 되찾기 위한 직업교육을 시키고 일자리를 얻는 데 도움을 준다. 기업들은 사고에 대한 예방과 직업병 방지 규정들을 고지할 의무를 진다. 기업들은 작업현장에서 그 규정들이 잘 이행되고 있는가를 감독한다.

4) 실업보험

독일의 모든 근로자는 수입에 상관없이 실업보험(Arbeitslosenversicherung)을 위한 보험료를 내야할 의무를 진다. 실업보험의 목적은 예를 들어, 일자리를 잃었을 경우라도 피보험자의 생계유지를 보장하는 것이다. 실업수당이 실업보험금에서 지급되고 실업보조금은 전적으로 연방기금에서 재정 지원을 받는다는 점에서 양자는 서로 구분된다. 모든 보험료는 고용주와 근로자에 의해 각각 절반씩 연방 노동청에 납입된다.

높은 실업률 때문에 노동청은 1988년에 26억 5천만 마르크의 실업수당과 실업보조금을 마련해야 했다. 실업수당은 이른바 대기기간을 채운 사람, 즉 지난 3년에 적어도 12개월 동안 일을 했고 보험료 납입한 사람만 받는다. 이전 직업종사기간에 따라 실업수당은 각각 4~12개월 동안 보장된다. 42세 이상의 비교적 나이든 실업자들을 위해 지급기간이 최고 32개월까지 늘어날 수 있다. 실업수당 액수는 자녀를 가진 실업자의 경우 마지막 순수입의 68%, 자녀 없는 실업자에게는 마지막 순수입의 63%에 달한다.

실업수당을 받지 않는 사람이나 받다가 더 이상 받지 않는 사람은 상황에 따라 무기한으로 약간 더 낮은 실업보조금을 받는다. 자녀를 가진 실업자의 경우에는 실업보조금으로 마지막 순수입의 58%만, 자녀 없는 사람은 56%만 받는다. 실업보조금을 받기 위한 중요한 전제조건은 실업자가 '필요한' 경우이다. 생계유지가 불가능한 사람은 부모, 자녀, 배우자에 대한 모든 부양권이 소멸했을 때만 실업보조금을 신청할 수 있다. 급한 경우에는 소송을 통해 요구할 수 있다. 일반적으로 당사자의 일할 의지가 전제된다. 생계를 유지할 수 없는 사람이 제안된 일자리를 거부하거나 필요한 직업교육을 받지 않거나 일자리를 마음대로 포기하거나 노동청의 정기적인 신고기간을 지키지 않으면, 한시적으로 혹은 영원히 지원이 끊기게 된다.

5) 자녀양육비

모든 가정에서 아이들의 양육과 교육은 커다란 경제적 압박이다. 이 같은 가정의 부담을 덜어주기 위해 독일에서는 연방 자녀보조법이 제정되었다. 이 법률에 따르면, 국가는 부모에게 자녀양육비(Kindergeld)를 지급한다. 부모가 자녀양육비를 받으려면 각 어린이에 대해 서면으로 신청해야 한다. 이 돈은 최고 6개월까지 소급되어 지급된다. 이는 특히 신생아인 경우에 중요하다. 부모가 6개월 이내에 첫 번째 서류, 특히 신생아에 대한 자녀양육비 신청서를 제출하지 않으면, 국가의 지원을 받을 수 없다. 그렇기 때문에 기간 내에 신청해야 한다. 해당 부서는 지역 노동청이다. 거기에서 자녀양육비는 해당자의 자녀뿐만 아니라 의붓자녀, 입양자녀, 손자 혹은 형제자매에 대해서도 신청할 수 있는데, 이들이 주로 신청자의 집에서 생활할 경우에 가능하다.

자녀양육비는 첫째 아이에게 매월 50 마르크, 둘째 아이에게 70에서 100 마르크 사이, 셋째 아이에게 140에서 220 마르크 사이, 그 이후의 아이에게 140에서 240 마르크 사이의 금액이 지급된다. 소득수준이 높은 부모의 경우, 둘째 아이부터는 금액이 다른 부모들보다 더 적다. 자녀보조금과 함께 아이가 있는 납세자에게는 세금 감면 혜택도 주어진다.

보통 자녀양육비 청구권은 자녀가 16세가 되면 끝난다. 물론 예외적으로 더 길게 자녀양육비를 청구할 수도 있다. 예를 들어, 자녀가 노동청에 실업자로 신고되어 있는 경우와 교육장소가 없어서 직업교육을 시작하지 못하거나 계속 하지 못할 경우에는 21세까지 자녀양육비를 청구할 수 있다. 물론 자녀는 한 달에 400 마르크가 넘는 다른 수입이 있어서는 안된다. 자녀가 학교교육이나 직업교육 상태에 있는 경우, 대학 공부를 하고 있는 경우, 자발적인 사회봉사활동을 이행하는 경우에는 27세까지 자녀양육비를 청구할 수 있다. 직업교육을 받을 경우에도 자녀의 임금이 매월 750 마르크보다 많아서는 안된다. 정신적으로, 육체적으로 장애인 자녀들의 경우에는 연령제한 없이 자녀양육비를 청구할 수 있다.

1986년부터는 아이가 태어난 후 6개월 동안 부모에게 매달 600 마르크의 양육보조금이 지급되고 있다. 나아가 아이들을 손수 돌보고자 원하는 부모는 직장에 3년간의 휴직을 요구할 수 있다.

6) 교육진흥비

독일 사회보장제체 중 젊은이들에게 있어서 매우 중요한 부분은 교육진흥정책(Die Ausbildungsfoerderung)이다. 모든 젊은이는 출신이나 수입에 관계없이 그들의 재능에 맞는 교육을 받을 수 있다. 가장 중요한 법적 근원은 근로촉진법(Arbeitsfoerderungsgesetz)과 연방교육촉진법(Bundesausbildungsfoerderungsgesetz; BAfoeG)이다.

직업교육을 위해서나 계속적인 학교교육을 위해서 국가의 촉진정책을 요청할 수 있다. 이 경우에 지방 교육청에 신청할 수 있다. 대학생들을 위해서는 그 대학의 학생후생복지기구가 이를 담당한다. 장학금은 교육 초기에 바로 신청하는 것이 바람직하다. 그 까닭은 처리기간이 비교적 길고 장학금이 원칙적으로 소급되어 수여되지 않기 때문이다. 장학금은 학비를 스스로 조달하지 못하거나 배우자 혹은 부모에 의해 조달하지 못하고, 신청자가 교육을 시작할 때 30세 이하일 때만 신청할 수 있다.

장학금 액수는 확인된 필요액에 준한다. 이는 나이, 교육의 종류, 가족상황, 숙식종류, 부모의 수입에 따라 달라진다. 1990년 여름학기부터는 새로운 규정이 적용되고 있다. 장학금은 한편으로는 보조금으로, 한편으로는 융자로 수여된다. 집에 사는 대학생의 필요액은 590 마르크에서 605 마르크로 인상된다. 부모님과 함께 살지 않는 대학생의 필요액은 725 마르크에서 750 마르크로 인상된다. 집세가 높은 경우에는 추가로 75 마르크가 더 지급될 수 있다. 면세액의 상승으로 인하여 중상류층의 가족들은 장차 상황이 호전될 것이다. 그래서 집에 살지 않고 부모의 월 총수입이 4,600 마르크인 독자는 종래에 겨우 81 마르크를 받았는데 앞으로는 369 마르크를 받게 된다.

7) 생활보호제도

독일의 사회보장체제는 자신의 힘으로나 다른 사람의 도움으로 해결할 수 없는 곤경에 처한 사람들을 도와준다. 이것이 생활보호(Sozialhilfe)이다. 이때 어떤 이유로 곤경에 처하게 되었는지는 중요하지 않다. 독자적으로 자신의 인생을 돌볼 수 없는 사람이나 특별한 처지에서 스스로를 헤쳐 나갈 능력이 없는 사람은 누구나 생활보호비를 청구할 권리를 갖는다. 물론, 가족이나 다른 사회보장제도로부터 충분한 도움을 받을 수 없는 경우를 전제로 한다. 이 생활보호비는 대부분 주정부들과 지방자치단체들에 의해 제공된다. 1991년 이후 연방생활보호법은 구 동독의 지역에서도 적용되고 있다.

특히 무의탁 미혼모, 실업자, 장애자, 적은 연금을 타는 늙은 사람들은 생활보호비에 의지하는 경우가 흔하다. 독일의 각종 사회복지단체는 매년 전체적으로 3백만 명 이상의 사람들을 도와준다. 그러나 이민과 이주 물결 때문에 머지않아 요청자의 수가 현저히 늘어날 수도 있다. 생활보호는 예를 들어 개별 면담과 같은 개인적 원조의 형태로 이루어질 수도 있고, 절박하게 필요로 하는 냉장고를 마련해 주는 것과 같은 물질적 원조의 형태로 이루어질 수도 있다. 그러나 생활보호는 주로 금전의 형태로 청구된다. 생활보호는 대개 장기간에 걸쳐서 이루어지는 '생계유지를 위한 보조'와 사고와 같이 갑작스럽게 일어나는 예기치 않은 불행이 닥쳤을 때 필요로 하는 '특별한 생계상황에서의 보조'로 구분된다. 두 가지 생활보호는 곤경에 처한 국민들이 나락으로 떨어지는 것으로부터 보호할 정도로 범위가 매우 넓다.

생활보호비는 빈곤자의 수요에 맞추어 지급되며, 이때 수혜자의 소득이 고려된다. 그러나 어떤 경우에도 개인적인 요구를 수요로 여기지는 않는다. 오히려 연방주들은 이를 위해 특정한 조례문을 확정해 놓고 있다. 현재 생활보호비는 독신자를 위해 416 마르크, 세대주를 위해 445 마르크로 규정되어 있다. 다른 세대원을 위해서는 추가의 보조금이 계산되는데, 나이에 따라 달라진다. 예를 들어 배우자에게는 340 마르크, 열네 살짜리 아들에게는 319 마르크, 열 살짜리 딸에게는 276 마르크가 지급될 수 있다. 추가로 생활보호비는 적당한 임대료와 난방비를 떠맡는다. 이 금액의 총액에서 자녀보조금이나 주거비와 같은 소득을 빼면 지불될 생활보호비의 전체 액수가 나온다. 그러나 많은 경우에, 대개 조례에서 규정된 금액의 20%에 달하는 이른바 추가수요 가산금이 있다. 그러한 가산금은 예를 들어 임신 6개월부터의 예비산모, 6세 이하의 아이를 가진 독거인, 혹은 이미 60세가 넘은 생활보호 대상자에게 해당된다.

특별한 생계상황에서의 보조는 매우 다양한 형태로 이루어진다. 이를테면 장애자가 의수족이나 보조수단을 구입할 때, 장애자용 주거지를 구할 때, 혹은 직업교육을 받을 때 생활보호비가 지원된다. 보호를 필요로 하는 사람들을 위해 보호소 비용을 대주거나 간병인에게 드는 비용을 지급해 주기도 한다. 환자가 간호비를 스스로 감당할 수 없으면 '의료보호'를 실시하기도 한다. 아무도 가계를 계속 꾸려가지 못할 경우에는 가계보조금을 지급한다. 이러한 여러 가지 보호활동은, 아직 의료보험이나 연금보험이 비용을 지급하지 않은 경우에만 청구될 수 있다.

신청은 생활보호를 원하는 당사자가 살고 있는 도시나 지방공동체의 생활보호 담당부서에서 해야 한다. 반드시 신고한 곳에서 신청할 필요는 없다. 신청하기 전에 개인의 재정상태를 증명하는 모든 서류를 구비하는 것이 필요하다. 그래야만 개인의 어려운 처지가 가능한 한 빠짐없이 설명될 수 있다.

CHAPTER

05

공공부조와 사회보장의 의의

제1절 공공부조의 개관

공공부조는 사회보험과 함께 '사회보장제도'의 한 유형이다. 공공부조는 자본주의 사회의 모순이 심화됨에 따라 그 구조적 산물로서 빈곤이 발생됐다는 역사적 인과관계를 인정하여, 국가의 책임 하에 일정한 법령에 따라 공공비용으로 경제적 보호를 요구하는 자들에게 개인별 보호 필요에 따라 주게 되는 최저한도의 사회보장을 일컫는다. 공공부조는 1891년에는 최초로 덴마크에서 탄생하였다. 공공부조는 나라마다 상이하게 표현되고 있다. 우리나라와 일본, 미국에서는 법률상 공공부조 또는 공적부조(Public Assistance)로, 영국에서는 국가부조(National Assistance)로, 프랑스에서는 사회부조(Social Assistance)로 표현한다.

우리나라에서는 종래에는 공적부조라는 용어를 사용하였으나, 1995년 12월 30일 제정된 사회보장기본법에서 공공부조라는 용어로 변경하였다. 우리나라의 사회보장기본법 제3조 제3호에 의하면, 공공부조라 함은 국가 및 지방자치단체의 책임 하에 생활유지 능력이 없거나 생활이 어려운 국민의 최저생활을 보장하고 자립을 지원하는 제도를 의미한다고 정의하고 있으며, 현재 공공부조와 관련해서는 '국민기초생활보장제도'가 실시되고 있다.

우리나라의 공공부조법인 국민기초생활보장법상에는 공공부조의 목적에 대해 헌법상 국민의 생존권 보장이념에 그 근거를 두며, 생활유지의 능력이 없거나 생활이 어려운 자에게 필요한 급여를 행하여 이들의 최저생활을 보장하고 자활을 조성하는 것을 목적으로 한다(국민기초생활보장법 제1조).

공공부조제도는 생활이 곤란한 자의 최후의 안정만으로서 '최저생활'을 보장하는 데 일차적인 목적이 있다. 여기서 '최저생활'이란 헌법 34조의 '인간다운 생활', 국민기초생활보장법 제 4조의 '건강하고 문화적인' 최저생활을 의미한다.

공공부조제도는 최저생활을 보장하는 것만이 아니라 궁극적으로 생활이 어려운 자의 자립을 조장하는 것을 목적으로 한다. 자활조성이란 경제적 의미에서의 자활뿐만 아니라 인격적 의미에서의 자활을 동시에 의미한다.

1. 공공부조의 개요

공공부조의 대상은 부양의무자가 없거나 혹은 있어도 부양능력이 없거나 부양을 받을 수 없는 자로서 소득인정액이 최저생계비 이하인 자이며, 급여의 종류는 총 7가지로 그 중 해당되는 사항에 대해서만 지급한다. 생계급여, 주거급여, 의료급여, 교육급여, 해산급여, 장제급여, 자활급여가 있으며 자활제도는 기초법 대상자 중 노동능력 있는 대상자는 근로능력자로 산정해 자활에 의무 참여하도록 하고 있다.
공공부조의 목적은 최저생활보장의 목적, 자활조성(자립조장)에 있다.
공공부조는 국가와 지방자치단체 및 관련 공공기관이 국가의 일반조세수입을 재원으로 하여 생활유지능력이 없는 곤궁자와 무능력자의 최저생활을 보장하고, 자립을 지원하는 제도로서

1) 공공부조의 기본원리

(1) 생존권보장의 원리

국민기초생활보장법 제1조 규정은 전체가 생존보장의 원리를 나타낸다. 기초생활보장제도는 국민의 생존권을 보장하기 위한 제도로서의 의의 내지 역할을 지니고 있다는 취지의 원리를 나타낸다.

(2) 평등보장의 원리

우리나라 헌법에서는 "모든 국민은 행복을 추구할 권리를 가진다."(제10조). 그리고 "모든 국민은 법앞에서 평등하다."(제11조)라고 규정하고 있다. 또한 국민기초생활보장법에서는 본법의 수급권자의 범위를 규정하고 있다(제5조). 모든 국민에 대해여 생활의 어려움에 대하여 포괄적 보장을 해야

할 생존권보장의 이념에 입각하여 모든 국민은 공공부조의 법률적 요건을 충족하는 한 원인, 인종, 신조, 성별 및 사회적 신분의 여하를 불문하고 평등하게 보장을 받을 권리가 있다. 각각의 최저한의 생활보장상 의미 있는 생활조건의 차이를 인식하며, 이를 고려한 급여의 결과로서 보장되는 최저생활수준이 실질적으로 동일하게 급여가 이루어지는 것을 의미한다.

(3) 최저생활보장의 원리

생존권보장을 그 제도가 보장하고 있는 생활내용 면에서 본 원리인데, 이 제도에 의하여 급여를 받는 자는 최저한도의 수요가 충족될 수 있는 정도의 생활을 모든 국민에게 한결같이 보상하는 것이다. 모든 국민이 최저한도의 생활이 객관적으로 보장될 수 있도록, 그리고 이러한 보장을 위협하는 원인을 배제하는 조치를 취하는 원리이다.

(4) 보충성의 원리

본 법의 급여를 받으려고 하는 사람은 그 전제조건으로서 개인적으로 가능한 모든 자원을 동원하여 생활유지에 최대한 노력해야 하고 그렇게 노력한 하더라도 부족할 경우에, 그 부족한 부분을 본 법의 제도를 통해 급여하자는 원리인 것이다(국민기초생활보장법 제3조1, 2항).

(5) 국가책임의 원리

공공부조의 재원은 국민의 세금에 의해 충당됨으로써 당연히 궁극적인 책임을 국가가 진다. 우리나라 헌법에 생활능력이 없는 국민은 법률이 정하는 바에 의해 국가의 보호를 받는다고 되어 있다.

2) OECD 주요 국가들은 기초보장

1970년대 후반 이후 현재까지 OECD 주요 국가들은 기초보장에 대한 사회적 · 국가적 지지가 후퇴되는 현상이 뚜렷하였다.

실업자에 대한 실업급여기간을 단축하는 것이 가장 전형적인 방법이며, 독일, 이태리, 덴마크에서 그 예를 찾아볼 수 있으며, 극단의 경우로서 미국 AFDC program은 연방정부 재원에 의한 수급기간을 평생에 걸쳐 5년 이내로 제한한다.

다양한 형태의 노동을 요구하는 Workfare, 일정 수준의 학교교육 이수를 요구하는 Learnfare, 적극적 구직활동을 요구하는 Active Labor Market Policy 등 명칭과 프로그램의 내용은 상이하지만 이들의 공통적인 목적은 공공부조를 수급하는데 번잡한 과정과 조건이행을 요구함으로써 가능한 수급을 기피하도록 유도하는데 있다.

미국의 공공부조 특징은 분립형 공공부조체계이며 대상 및 욕구에 따라 다양한 개별제도로 분리·운영된다는 점이다. 제도별로 선정기준, 급여방식 및 수준, 전달체계, 운영주체 등이 다르나 일부 제도간에는 급여의 중복 등을 방지하기 위한 상호연계장치가 마련되어 있다.

영국의 공공부조는 비기여형 급여 혹은 보편적 급여(국민보험기여금의 납부기록이나 자산조사 없이 욕구에 기초하여 지급되는 급여), 자산조사급여[자산조사(means-test)를 거쳐 수혜대상자를 선별하는 급여]라는 점이다. 비기여형 급여의 종류로는 질병 및 장애로 인한 신변처리의 어려움을 돕기 위한 장애생활수당(Disability Living Allowance), 아동수당(Child Benefit), 보호자수당(Guardian's Allowance), 고용주가 지급하는 법정상병급여(Statutory Sick Pay) 및 법정해산수당(Statutory Maternity Pay), 산재보상급여(Industrial Injuries Scheme benefit), 장애인 보호수당(Invalid Care Allowance), 중증장애인수당(Serve Disablement Allowance), 요보호 노인의 보호수당인 개호수당(Attendance Allowance) 등이 있다. 자산조사급여의 종류로는 소득보조(Income Support), 가족공제(Family Credit), 주택급여(Housing Benefit), 지방세금공제(Council Tax Benefit), 사회기금(The Social Fund) 등이 포함된다. 자산조사를 통한 공공부조급여 중 가장 대표적인 것은 소득지원(Income Support)로서 이 제도는 1988년 4월에 도입되었으며, 기존의 보충급여(Supplement Benefits)가 변경된 것이다.

독일의 공공부조는 1962년 연방사회부조법(Bundessozialhilfegesetz : BSHG)에 법적 근거를 두고 있으며, "문화적이면서도 인간다운 생활을 할 가능성이 없는 자의 생계지원"을 사회부조의 목적으로 한다. 독일의 공공부조급여에 있어서 기본 전제는 위기로부터 일정기간동안 개인을 보호한다는 것이고 그 중심적인 원칙은 자조(Hilfe zur Selbsthilfe)를 위한 원조(Vorges and Rohwer, 1992)이다. 독일 공공부조에 있어서 중요한 특징은 다른 사회복지제도와는 달리 개별화(Individualisierung)와 보충성(Nachrang)의 두 가지 원칙이 근간을 이룬다. 개별화는 부조의 방식 및 형식 그리고 정도가 각 개인의 특수성에 따르는 것을 의미하며 각 개인은 자기가 처한 특수 상황에 맞게 도움을 받는다. 공공부조의 기본형태는 수급자가 희망하는 특정 부조가 적절할 경우 최대한의 부조를 급여 받을 수 있도록 규정 또한, 사회복지관, 수용시설 혹은 관련시설에서 지원을 받고자 하는 경우에는 지원 내용과 지원금 지급은 해당기관과 협의에 의하여 이루어지도록 한다. 보충성의 원리는 자립할 수 없거나 필요한 도움을 다른 이로부터 받을 수 없는 사람만이 지원 받는 것을 의미한다. 독일의 공공부조의 기능은 생계유지를 위한 부조(Hlife zum Lebensunterhalt), 특별한 생활환경을 위한 부조(Hilfe in besondern Lebenslagen)로 구분된다.

생계유지를 위한 부조(Hlife zum Lebensunterhalt)는 법적인 수급자격을 갖춘 사람에게 제한되지 않은 기간동안 일정한 급여를 제공하는 것으로 기본급여, 부가급여, 주택급여, 광열비 등이 포함되며 의복이나 가구 등과 같은 현물을 위한 일괄지급(Lump-sum payment)도 이에 포함된다. 특별한 생활환경을 위한 부조(Hilfe in besondern Lebenslagen)는 장애인, 노인, 의료보험이 없는 사람이나 기타 다양한 형태의 특별한 욕구가 있는 사람들을 위한 지원으로 그것들 중 일부는 법으로 정해져 있으며 일부는 임의규정이다.

제2절 국민기초생활보장제도

경제 위기로 인하여 생계유지가 어려운 저소득층의 생활안정을 위하여, 생활보호, 실업급여, 공공근로, 노숙자보호, 한시생활보호, 생업자금융자 등 사회안전망사업을 실시하고 있다. 단순생계지원이 아닌 수급자의 자립생활을 촉진하는 생산적 복지 지향의 종합적 빈곤대책이 필요하다.

1. 기초생활보장제도

기초생활보장제도는 생활이 어려운 사람에게 필요한 급여를 국가 또는 지방자치단체가 지급해 이들의 최저생활을 보장하고 자활을 돕고자 실시하는 제도이다.

수급권자에게 생계급여, 주거급여, 의료급여, 교육급여, 해산급여, 장제급여 및 자활급여 등이 지급된다.

기초생활보장제도는 수급권자가 그 대상인데 수급권자란 기초생활보장을 위한 급여를 받을 수 있는 자격을 가진 사람을 말한다. 기초생활의 기본단위는 "개별가구"이며 기초생활보장을 위한 급여는 개별가구를 단위로 지급하는 것이 원칙이다.

1) 가구원

기초생활보장제도의 기본단위인 "개별가구"에 포함되어 기초생활보장을 받을 수 있는 가구원은 다음과 같다.

① 세대별 주민등록표에 등재(登載)된 사람(동거인 제외)

② 세대별 주민등록표에는 등재되지 않았으나, 등재된 사람의 배우자(사실

상 혼인관계에 있는 사람 포함)

③ 세대별 주민등록표에는 등재되지 않았으나, 등재된 사람의 미혼 자녀 중 30세 미만인 사람

④ 세대별 주민등록표에는 등재되지 않았으나, 등재된 사람과 생계 및 주거를 같이 하는 사람(등재된 사람 중 생계를 책임지는 사람이 부양의무자인 경우로 한정함)

⑤ 세대가 분리되어 있는 경우의 기초생활보장 대상자
기초생활보장은 개인이 아닌 가구 단위인데 세대가 분리되어 있다 하더라도 부모와 자녀가 동일한 곳에서 생계와 주거를 같이 하고 있다면 동일한 가구로써 기초생활보장제도의 대상이 된다.

2) 각종 감면제도

수급자는 주민세, TV 수신료, 자동차검사수수료, 주민등록증 발급 수수료 등을 면제받고, 상·하수도 요금, 전화요금, 전기요금, 자동차보험료 등을 감면받을 수 있다.

2. 각종 급여지원

1) 생계급여

수급자에게 수급자의 생계를 유지하기 위해 일상생활에 기본적으로 필요한 의복비, 음식물비 및 연료비 등이 포함된 금액이 생계급여로 지급된다.
생계급여 수급권자는 부양의무자가 없거나, 부양의무자가 있어도 부양능력이 없거나 부양을 받을 수 없는 사람으로서 그 소득인정액이 생계급여 선정기준(「국민기초생활 보장법」에 따른 중앙생활보장위원회의 심의·의결을 거쳐 결정하는 금액) 이하인 사람으로 하는데, 생계급여 선정기준은 기준 중위소득의 100분의 30 이상으로 한다.

부양의무자란 수급권자를 부양할 책임이 있는 사람으로서 수급권자의 1촌 직계혈족 및 그 배우자(사망한 1촌의 직계혈족의 배우자는 제외함)를 말한다.

소득인정액이란 개별가구의 소득평가액과 재산의 소득환산액을 합산한 금액을 말하며 소득인정액은 "개별가구"를 단위로 산정된다.

소득인정액=소득평가액+재산의 소득환산액

여기서, 소득평가액=[실제소득-가구특성별 지출비용-(근로소득공제+그 밖에 추가적인 지출)]이며, 재산의 소득환산액=(재산-기본재산액-부채)×소득환산율을 말한다.

"기준 중위소득"이란 보건복지부장관이 급여의 기준 등에 활용하기 위하여 「국민기초생활 보장법」에 따른 중앙생활보장위원회의 심의·의결을 거쳐 고시하는 국민 가구소득의 중위값을 말한다.

2) 주거급여

수급자에게 수급자의 주거 안정에 필요한 임차료, 수선유지비 등이 주거급여로 지급된다.

주거급여 수급권자는 부양의무자가 없거나 부양의무자가 있어도 부양능력이 없거나 부양을 받을 수 없는 사람으로서 소득인정액이 주거급여 선정기준(중앙생활보장위원회의 심의·의결을 거쳐 결정하는 금액) 이하인 사람으로 하는데, 주거급여 선정기준은 기준 중위소득의 100분의 43 이상으로 한다.

3) 교육급여

수급자에게 입학금, 수업료, 학용품비, 그 밖의 수급품 등이 교육급여로 지급된다.

교육급여 수급권자는 부양의무자가 없거나, 부양의무자가 있어도 부양능력이 없거나 부양을 받을 수 없는 사람으로서 그 소득인정액이 교육급여 선정

기준(「국민기초생활 보장법」 제20조제2항에 따른 중앙생활보장위원회의 심의 · 의결을 거쳐 결정하는 금액) 이하인 사람으로 하는데, 교육급여 선정기준은 기준 중위소득의 100분의 50 이상으로 한다.
또한 소득인정액이 교육급여 선정기준 이하인 사람을 교육급여 수급권자로 본다.

4) 의료급여

수급자에게 건강한 생활을 유지하는 데 필요한 각종 검사 및 치료 등을 하는 비용이 의료급여로 지급된다(「국민기초생활 보장법」 제12조의3제1항).
의료급여 수급권자는 부양의무자가 없거나, 부양의무자가 있어도 부양능력이 없거나 부양을 받을 수 없는 사람으로서 그 소득인정액이 교육급여 선정기준(중앙생활보장위원회의 심의 · 의결을 거쳐 결정하는 금액) 이하인 사람으로 하는데, 의료급여 선정기준은 기준 중위소득의 100분의 40 이상으로 한다.

5) 해산급여

조산을 했거나 분만하기 전후로 조치와 보호가 필요한 수급자에게 해산급여가 지급된다.
해산급여 수급권자는 생계급여, 주거급여 및 의료급여 중 하나 이상의 급여를 받는 사람이다.

6) 장제급여

수급자가 사망한 경우 사체의 검안(檢案) · 운반 · 화장 또는 매장, 그 밖의 장제조치 등을 하는 비용이 장제급여로 지급된다.
장제급여 수급권자는 생계급여, 주거급여 및 의료급여 중 하나 이상의 급여를 받는 사람이다.

7) 자활급여

수급자의 자활을 돕기 위해 필요한 각종 비용이 자활급여로 지급된다.

3. 취약계층

취약계층이란 비닐하우스, 판자촌, 쪽방 등에 거주하는 사람, 노숙인과 같이 주민등록상의 문제로 신원확인이나 소득·재산조사가 곤란하고 잦은 이동 등의 이유로 최소한의 관리수단이 미흡해 기초생활보장에서 제외되는 계층을 말한다.

취약계층이 거주지에서 1개월 이상 지속적으로 거주하고 있음이 확인되면 기초생활보장수급자로서 급여를 지급받게 되지만, 지속적으로 거주하지 않으면 급여의 일부 또는 전부가 중지된다.

"취약계층"란 거소 또는 주소가 불명 등록되었거나, 확인이 불가능한 사람 또는 주민등록지와 실제거주지가 다른 사람 등과 같이 주민등록상의 문제로 신원확인이나 소득·재산조사가 곤란하고 잦은 이동 등의 이유로 최소한의 관리수단이 미흡해 기초생활보장에서 제외되는 계층을 말한다.

취약계층의 보장기관은 주거가 일정하지 않은 사람이 실제 거주하는 지역을 관할하는 특별자치시장·특별자치도지사·시장·군수·구청장(자치구의 구청장을 말함)이다.

보호요건은 실제 거주 여부 확인이 필요하고 주거가 일정하지 않은 사람이 실제 거주하는 지역에서 최소거주기간(1개월) 이상 지속적으로 거주하고 있는 것이 확인되면 수급자로서의 자격을 부여하고 급여를 지급하게 된다.

수급자로서 급여를 받게 되면 실제 거주지에서 지속적으로 거주를 해야 하고, 만약 지속적으로 거주하는 것으로 인정이 되지 않으면 급여의 일부 또는 전부가 중지된다.

취약계층의 관리는 주민등록번호로 관리하며, 비닐하우스, 판자촌, 쪽방, 노숙인 자활시설에서 거주하는 사람이나 교정시설 출소자 중 주거가 없는 사람은 주민등록번호를 확인할 수 있으므로, 이를 통해 신원을 확인하고 소득·재산 등을 조사해 급여를 계속 지급할 것인지에 대한 여부를 결정한다. 주민등록번호가 확인되지 않는 사람은 사회복지 전산관리번호를 부여해 이를 통해 관리하게 된다.

4. 자활사업프로그램

근로능력자는 현재취업자, 조건부수급자, 조건부부과제외자, 자활특례자로 구분하고 조건부수급자는 다시 자활능력정도에 따라 비취업대상자와 취업대상자로 구분한다.

비취업대상자는 복지부 소관의 자활사업에 참여하고 취업대상자는 노동부 소관의 자활사업에 참여하게 된다. 다만 자활특례자와 근로 무능력자 중 희망자에 한해 복지부 소관 자활사업에 참여할 수 있다. 현재 취업자의 경우에도 자신이 희망하면 노동부 소관 자활사업에 참여할 수 있다. 문제점은 전체수급자의 2.8%에 불과한 대상자 규모에 집중되어 있고, 강제참여는 불가능하며 자발적 희망자에게 국한될 수밖에 없는 데 참여자가 미미하다. 또한 현 제도의 보충급여방식이 자신의 소득을 낮춰 신고할 수 있는 가능성이 있거나 노동참여로부터 단순한 소득획득 이상의 의미를 구현하고 있다. 따라서 국민기초생활보장법은 수급권의 권리성 강화, 국가의 책임성 규정 등 법정신의 현대성으로 인해 한국의 공공부조제도를 격상시켰다.

자활급여를 위한 종합자활 지원계획은 국민기초생활보장법 시행(2000.10월)에 따라 근로능력이 있는 수급자 등 근로빈곤층의 자활을 체계적으로 지원하기 위해 자활지원 수요, 자활사업 실시 및 재원조달, 자활사업 실시기관 육성, 지원 등에 관한 계획을 수립한다. 법적근거는 국민기초생활보장법 제28조, 동법시행령 제13조 및 제37조에 의하여 자활사업 대상자의 근로능력·욕구에 따라 자활프로그램을 제공한다. 이 경우 복지부는 사회적응, 지역봉사, 자활근로, 자활공동체, 창업지원 등을 지원하고, 노동부는 직업적응

훈련, 직업알선, 취업촉진사업 등을 실시한다.

[표 5-1] 자활사업단계별 추진전략

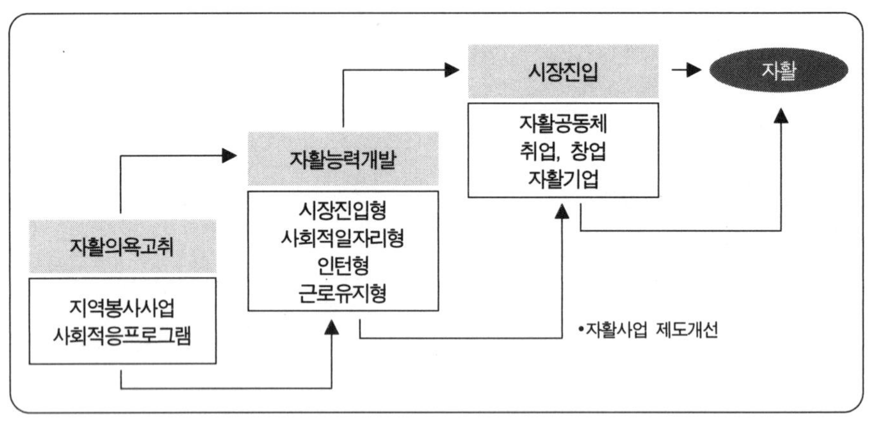

1) 사회적응프로그램

사업대상자는 근로의욕 미약자 또는 사회적응에 필요한 자활의욕 회복이 필요한 자(수급자)

프로그램 내용은 근로의욕 고취 및 사회적응교육, 사례관리 및 집단프로그램, 지역연계활동 등이다.

2) 지역봉사사업(2005년 지방이양)

사업대상자는 근로능력이 낮아 지역사회 자원봉사활동 등을 통해 근로의욕 유지가 필요한 자로 사업실시기관은 지자체 또는 자원봉사센터, 복지관 등 민간위탁기관으로 사업내용은 교통지도, 지역환경정비, 공원관리 등 지역실정에 맞는 사업추진을 말한다.

3) 자활근로사업

기본방향 및 사업규모는 저소득층에게 자활을 위한 근로의 기회를 제공하는 사업으로 간병, 집수리, 청소, 자원재활용, 음식물재활용의 5대 전국표준화사업과 지역실정에 맞는 특화된 사업 개발을 추진하고 있다(86개 업종).
자활급여는 수급자 및 차상위계층으로 시장진입형(기술자격자), 인턴형, 사회적 일자리형, 근로유지형 복지도우미와 자활공동체 참여자는 시장진입형(일반참여자 기준)이다.
자활급여는 사업종료 후 지체없이 계좌입금(신용불량 등의 경우 현금지급 가능)한다.
자활근로사업 유형은 다음과 같다.

(1) 시장진입형 프로그램

대상사업은 투입예산의 20% 이상 수익금이 발생하고 일정기간 내에 자활공동체 창업을 통한 시장진입을 지향하는 사업이다.
시장진입형사업의 해당여부 판단기준은 기존사업인 경우 전년도 수익금이 발생액이 있는 경우이고, 신규사업은 사업실시 6개월 후의 수익금 발생액이 있는 경우이다. 사업 추진은 사업단 구성 후 2년(1년 연장가능) 이내에 자활공동체 창업이 가능한 경우이다.
자활후견기관은 자활근로사업의 25% 이상을 반드시 시장진입형으로 실시한다.

(2) 사회적 일자리형 프로그램

사회적 일자리형 프로그램 대상사업은 수익성은 떨어지나 사회적으로 유용한 일자리 제공으로 자활능력 배양 후 시장진입을 지향하는 사업으로 사업단 및 도우미 형태이다.
사업종류는 자활근로사업단형태로 기존 공익형 자활근로사업단 방식(무료간병, 집수리 등)이다.
자활사업도우미는 자활사업실시기관(참여자 40명 이상)에 근무하고, 복지도우미는 시, 군, 구 또는 읍, 면, 동 사회복지담당 보조로 참여한다. 이에는 보육지원도우미, 급식도우미, 복지시설도우미 등으로 사회적 일자리형도 참여자 10인 이상시 전담관리인력으로 참여자의 활용이 가능하다.

복권기금 가사, 간병 방문도우미사업은 '복지서비스 제공'에다가 '사회적 일자리 창출' 동시달성이 가능하다.
참여자는 근로능력이 있는 저소득층(실제소득이 최저생계비의 150% 이하인 자)이고, 수혜자는 가사, 간병서비스가 필요한 저소득층으로 근무조건은 주 5일, 1일 7시간 근무이다.

(3) 인턴형 프로그램

인턴형 프로그램의 대상사업은 노동시장에서 자활인턴사원으로 근로를 하면서 기술, 경력을 쌓아 취업을 통한 자활을 도모하는 취업유도형 사업이다. 사업추진은 참여자의 기술, 경력 습득가능 업종의 업체(회사, 개인)를 선정하여 민간에 위탁하는 것으로 이 · 미용, 요리, 전기, 용접, 정비, 운전, 제과 · 제빵 등이 있다.
6개월 단위 계약, 사회보험료(사업주분)는 업체부담, 업체에서 추가급여 지급이 가능하다.
시, 군, 구의 업체 및 신청자의 수요를 조사 후 시, 도에서 조정 후 광역단위로 사업을 실시한다.

(4) 근로유지형 프로그램

근로유지형 프로그램 대상사업은 현재의 근로능력 및 자활의지를 유지하면서 향후 상위 자활사업 참여를 준비하는 사업으로 지자체가 직접시행한다.
사업추진은 차상위계층의 참여가 가능하며, 노동강도가 낮은 지역사회복지서비스 분야를 중심으로 추진하되, 별도의 사업예산으로 추진하는 분야에 자활사업예산의 집행이 불가하며 근로유지형사업은 전체 자활근로사업의 45% 미만(인원, 예산)으로 추진한다.

4) 자활소득공제(자활장려금)사업

자활근로소득의 일정비율을 '자활장려금'으로 지원하여 수급자의 근로의욕을 고취함으로써 일을 통한 복지(Work fare)의 실현에 있다. 자활소득공제 대상 및 공제율은 30%이며 직업재활사업 참여 장애인 수급자이다.
자활소득공제 대상은 자활근로 및 자활공동체 참여 수급자, 학생(휴학생은 1년간 공제)으로 평생교육법의 규정에 의한 원격대학에 등록된 학생(사이버대학생)도 1906.7.1.부터 소득공제 적용을 받는다.

개인별 자활장려금=자활참여소득×30%−생계급여 기준초과 소득

5. 의료급여

의료급여법이 정하는 바에 따라 의료급여 선정기준은 다음과 같다.

1) 의료급여 수급권자의 유형

(1) 의료급여 수급권자(1종)

국민기초생활보장수급권자(근로무능력세대), 이재민, 의사상자, 국가유공자, 무형문화재보유자, 북한이탈주민, 광주민주화보상자, 입양아동(18세미만), 행려환자

(2) 의료급여 수급권자(2종)

국민기초생활보장수급권자(근로능력세대)

2) 수급권자 유형별 선정기준

① 1종−국민기초생활보장법에 의한 수급자
② 2종−국민기초생활보장수급권자 중 의료급여 1종수급권자 기준에 해당되지 않는 자

보건복지가족부는 의료급여 2종 수급권자의 본인부담 완화를 내용으로 하

는 의료급여법 시행령 개정안을 2009.2.12.일부터 입법예고하였다. 의료급여란 저소득층에게 국가가 조세로 의료서비스를 제공하는 공공부조제도, 2009.2월 현재 약 185만 명이 대상자이다.

개정안의 주요 내용은, 의료급여 2종 수급권자의 본인부담 상한선을 매 6개월간 120만 원에서 60만 원 수준으로 하향 조정하고(2009.1월 소급적용), 본인부담 상한제란 일정 기간동안 법정본인부담금이 기준금액을 초과할 경우, 초과금액은 전액 의료급여기금에서 부담하며 의료급여 2종 수급권자가 의료급여기관에 입원할 경우 본인부담률을 현행 15%에서 10%로 인하(2009.6월 시행)하는 것이다.

의료비 중 본인부담 비율은 1종 8.3%(비급여 7.8%), 2종 20%(비급여 12.4%), 2종 수급자의 입원 본인부담 비율(비급여 포함)은 건강보험 가입자와 유사한 수준(2종 29%, 건강보험 32%)이다.

3) 수급권자의 선정절차

(1) 국민기초생활보장수급권자 또는 차상위 의료급여 수급권자

신청주의 원칙 : 신청(수급권자) → 조사(읍, 면, 동) → 결정(시, 군, 구) → 자격상실 사유 발생시 자격상실 조치(시, 군, 구)에 의한다.

(2) 행려환자

행려환자 발생 → 시, 군, 구에서 응급진료 조치 → 경찰관서의 무연고자 확인 → 행려환자 관리번호 부여(시, 군, 구) → 건강이 회복되거나 퇴원시 의료자격 상실 조치(시, 군, 구)를 취한다.

(3) 타법 의료급여 대상자

타법 관할 행정기관으로부터 "법정요건충족자"로 확인(해당 행정기관) → 의료급여 지원 명단을 관할 시, 군, 구에 통보(해당 행정기관) → 의료급여 기준 충족 확인 및 결정(시, 군, 구) → 법정요건 상실시 의료급여 자격 상

실 조치(시, 군, 구)

4) 급여개시 및 종료

(1) 의료급여 개시일

의료급여 수급권자는 원칙적으로 수급권자로 결정된 날 급여를 실시한다. 다만, 행려환자, 의사상자는 진료를 시작한 날부터 급여를 실시한다.

(2) 의료급여 종료일

의료급여 수급권자는 의료급여 수급권자 요건에 해당되지 아니하게 된 때부터 종료한다.

5) 의료급여증

의료급여증 발급은 수급권자를 선정한 때 의료급여증을 발급하며, 의료급여 종료일은 1종에서 2종으로 또는 2종에서 1종으로 수급권자 자격이 변경된 경우, 기존 의료급여증 회수 및 새로운 의료급여증 발급에 의하여 종료된다.

6) 의료급여 지원범위

지원내용, 진찰, 검사, 약제, 치료재료의 지급, 처치, 수술과 그 밖의 치료 예방, 재활, 입원, 간호, 이송과 그 밖의 의료목적의 달성을 위한 조치

7) 의료급여 수급권자 본인부담

① 1종 기금부담 급여비용범위 내 본인부담은 없다. 단, 입원식대비용 1식 680원을 부담(단, 정신과 정액수가 적용 환자 및 행려환자 제외)한다.

② 2종 외래 본인부담금이 없는 진료이다.

보건소, 보건지소 및 보건진료소에서 진료하는 경우, 보건소, 보건지소 및 보건진료소의 처방전으로 약국에서 의약품을 조제하는 경우에는 본

인부담금이 없다.

③ 2종 외래 1,000원 부담하는 본인부담금 내용이다.

1차 의료급여기관에서의 외래 진료(의료법에 시, 군, 구청장에게 개설신고된 의료기관, 보건의료원), 2차 의료급여기관에서 보건복지부 고시 만성질환자에 대해 그 질환에 대한 외래진료

※ 복지부 고시 만성질환자(의료급여수가의기준및일반기준제17조)

- 만성신부전증 환자가 인공신장투석 또는 계속적 복막관류술 실시 당일 외래진료, 복막관류액 수령 당일 외래진료
- 혈우병 환자가 항응고인자, 동결침전제제 등의 약제 및 기타 혈우병 치료를 받은 당일 외래진료
- 대사장애 환자가 해당 상병으로 의료급여를 받은 당일 외래진료
- 암 환자가 해당 상병으로 치료를 받은 당일의 외래진료
- 근육병환자가 그 상병으로 자율신경제 또는 면역억제제 투여를 받은 당일의 외래진료
- 장기(신장, 간장, 심장, 췌장)이식환자가 조직이식거부반응 억제제(간이식 환자의 경우에는 간염예방 치료제 포함)를 투여 받은 당일의 외래진료

8) 보장시설

(1) 보장시설의 의미

기초생활보장의 급여는 수급자의 주거에서 행하는 것이 원칙이나, 수급자가 주거가 없거나 숙식을 제공하는 시설에서 생활하기를 원하는 경우에는 보장기관이 해당 수급자에 대한 급여지급 업무를 사회복지사업법에 의한 사회복지시설에 위탁할 수 있으며, 이와 같이 급여지급 업무를 위탁받은 시설을 보장시설이라고 한다.

(2) 보장시설의 범위

생계급여 등 국민기초생활보장법에 의한 급여를 행하는 사회복지사업법에 의한 사회복지시설이다.

(3) 보장시설 수급자 선정기준

일반수급자 선정기준에 해당하는 자로서 주거가 없거나, 주거가 있어도 그곳에서는 급여의 목적을 달성할 수 없거나, 본인이 희망한 경우에 선정한다. 단, 보장시설의 자체기준에 의하여 입소한 자로서 수급권자 본인의 소득인정액 기준은 충족하나 부양의무자 기준으로 수급자로 선정될 수 없는 자에 대하여는 부양의무자 기준특례 또는 부양의무자 조사특례 적용 여부를 검토(세부내용은 본문 참조)한다.

(4) 보장시설 수급자에 대한 급여

생계급여는 기초생활보장수급자 선정기준에 의한 선정절차를 거쳐 수급자로 책정된 입소자에 한하여, 「보장시설 수급자 1인당 급여기준」의 지급기준에 의거 주식비, 부식비, 연료비, 피복비 등을 현금 지급한다.

보장시설에서 주거를 제공받고 있으므로 주거급여는 지급하지 않으며, 기타 급여 일반수급자와 동일, 2003년부터 보장시설에 대하여도 정부양곡 할인공급(정부수매 일반미 판매가격의 50% 할인) 한다.

(5) 보장시설 수급자 자립촉진 지원방안

근로소득이 월 136천 원을 초과하는 보장시설수급자에 대하여 근로소득평가액의 70% 이상을 저축하는 경우 이를 "자립적립금"으로 인정하여 근로소득에서 공제함으로써, 보장시설수급자의 근로의욕을 제고하고 향후 경제적 자립 기반 마련을 지원한다.

(6) 주거가 일정하지 않은 취약계층에 대한 특별보호

비닐하우스, 판자촌, 쪽방 등에 거주하는 자, 노숙자 등으로서 주민등록상의 문제로 인하여 기초생활보장 수급자가 될 수 없었던 자에 대한 보호대책이다.

수급권자가 실제거주지 내에서 최소거주기간(1개월) 이상 지속적으로 거주하고 있음이 확인되는 경우, 주민등록 확인 또는 '기초생활보장번호 부여'를 통하여 실제 거주하는 지역의 시장 · 군수 · 구청장이 보호한다.

(7) 교정시설 출소예정자에 대한 특별연계보호방안

교정시설 출소자 중 생활이 어려워 국가의 보호가 필요한 자가 기초생활보장제도에 대한 이해부족 등의 사유로 보호가 필요한 시기에 적절히 보호받지 못하여 사회적응 곤란, 재범유혹, 노숙자로 전락 또는 사망에 이르는 문제 해소를 위하여 「급여신청의 특례」를 부여한다.

교정시설 출소예정자 중 생활이 어려운 자에 대하여 출소 전에 소득 및 재산조사를 통해 수급자격을 확인한 후, 출소 즉시 수급자로 결정하여 생계급여 등을 지원함으로서 보호가 필요한 시기에 기초생활을 보장한다.

(8) 지역사회 자원활용을 통한 민간 연계보호체계 운영방안

지역사회의 민간 사회복지사, 유관 공공기관 등의 협조를 받아 기초생활보장제도에 대한 이해부족 등으로 국가의 보호를 받지 못하고 있는 저소득 주민을 적극 발굴하는 '찾아가는 복지' 실천을 위한 대책이다. 민간 사회복지사 등에게 국가의 보호가 필요한 저소득 주민에 대하여 관할 보장기관에 보호 의뢰할 수 있도록 권한을 부여하였으며, 보호 의뢰를 받은 보장기관을 수급권자 여부를 즉시 확인하여 조치한다. 보장기관이 전기, 수도, 가스 등 공급기관으로부터 요금체납 등으로 서비스 공급이 중단되는 저소득 가구에 대한 명단을 통보받아 생활실태 등에 대한 조사를 통해 수급자 선정 여부 검토한다.

6. 빈곤을 결정하는 요인들

일반적 이론을 배경으로 빈곤을 결정하는 구체적인 요인들은 가족배경, 능력, 교육, 노동시장 분절 요인 등을 들 수 있으며 내용은 다음과 같다.

1) 가족배경

좋은 가족배경에서 태어나고 자라난 사람이 나쁜 가족배경의 사람보다 성인이 되어 빈곤하게 될 가능성이 적다는 사실이다. 논점은 가족배경이 빈곤을 결정하는 정도가 과연 얼마이며, 가족배경이 빈곤 여부를 결정하는 구체적인 메커니즘은 무엇인가?

(1) 부모의 교육수준(특히, 아버지), 부모의 직업, 소득수준

가족배경이 빈곤 여부를 결정하는 구체적인 메커니즘은 첫째, 직접적인 재산과 소득의 이전 혹은 부모의 영향력 행사, 부모로부터의 상속이나, 증여받은 재산 혹은 소득의 영향이다. 상위 5%의 사람이 전 민간보유토지의 62.5% 소유, 토지무소유자가 전국민의 70% 정도, 사회이동성이 약하거나 혈연관계를 중시하는 사회에서 효과가 크다.

빌 게이츠는 580억 달러에 달하는 재산 중 1,000만 달러 정도만 세 자녀에게 물려주고 나머지는 '창조적 자본주의'를 실현할 재단에 출연하기로 공약했다. "부에는 항상 책임이 따른다."는 신념을 실현하기 위해서다. 삼성애버랜드 불법 전환사채 발행이나, e-삼성의 부실을 계열사가 떠안게 된 것도 승계를 염두에 둔 것이었다는 것이 세간의 평가이다. 이는 현대그룹도 비슷하다. 현대가 역시 비자금 조성 혐의로 곤욕을 치르고 있다. 하지만 워렌 버핏은 부를 다음 세대에 넘기는 것에 대해 명백한 반대 입장을 표명한 바 있다. 그는 부의 상속에 대해 자녀들이 뭔가를 할 수 있다는 것을 느낄 정도의 돈만 물려줄 것이라고 천명해 왔다. 그는 상원 금융위원회에서 "나 같은 부자의 유산을 조금 더 빼앗아가는 것이 사회적으로 필요하다."며 상속세 옹호론을 펼치기도 했다.

부의 상속과 이전은 동서양에서 가장 큰 차이가 난다. 부의 세습은 세금을 제대로 낸다면 아무 문제가 되지 않는다. 문제는 세금을 제대로 내고 나면 재산 상당 부분이 날아가 버릴 수 있다는 점이다. 부자로서는 배가 아프지 않을 수 없다.

삼성특검을 받은 삼성그룹의 이건희 회장은 2008.6월 경영 일선에서 퇴진했다. 이병철 전 회장이 1938년에 삼성상회를 설립한 지 꼭 70년 만이다. 최근 불거졌던 삼성의 차명계좌 문제도 이재용에게 부와 경영권을 동시에 승계하려는 과욕이 원인이었다.

우리 사회에서 태어난 아이의 미래를 결정하는 가장 강력한 요인은 '어떤 부모로부터 태어났느냐'이다. 돈 있고, 교육수준이 높은 부모에게서 태어난 아이와 돈 없고, 교육수준이 낮은 부모에게서 태어난 아이의 미래는 극명하게 갈린다. 뿐만 아니라, 태어난 아이의 건강도 부모의 사회경제적 수준에 따라 큰 차이를 보인다. 태아기와 영유아기를 어떻게 보냈느냐에 따라 청소년기, 성인기, 노년기의 삶이 결정적인 영향을 받게 된다. 그렇기 때문에 산모와 영유아에 대한 강력한 사회적 개입은 논리적으로 매우 중요할 수밖에 없다.

우리 사회의 빈곤아동 문제는 현재 심각한 상태에 이르고 있다. 2008년 아동청소년 실태조사에 따르면, 우리 사회의 아동 · 청소년 중 최저생계비 이하의 절대빈곤층은 7.8%, 상대빈곤층은 11.5%였다. 이는 2006년 통계청 가계조사로 측정한 아동가구 중 절대빈곤층 5.0%, 상대빈곤층 8.4%에 비해 크게 높아진 수치이다. 더군다나, 경제위기의 영향 하에 놓여있는 2009년에는 아동빈곤의 문제가 더욱 커질 것으로 예상되고 있다.

이러한 상황에서 교육을 통한 신분 상승은 설득력을 더욱 잃어 가고 있으며, 그 정도는 점점 더 심화되고 있다. 부모의 소득과 재산 등 경제적 부에 따라 자녀의 교육 기회와 능력이 좌지우지 되고 있다. 따라서 교육을 통한 가난의 대물림 차단은 이미 그 효력을 거의 상실해 가고 있는 것이다. 게다가, 최근 연세대학교 사회발전연구소의 발표에 따르면, 한국의 어린이와 청소년이 느끼는 행복감은 경제협력개발기구(OECD) 국가들 중에서 가장 낮았다.

(2) 유전적인 능력(지능지수, 인지능력)은 논란의 여지가 있다

어떤 학자들은 유전적인 능력이 소득결정에 80%, 어떤 학자는 50% 영향이 있다고 본다.

그렇다면, 개인들의 유전적인 능력을 동일하게 만들지 않는 한 빈곤대책의 효과는 매우 제한적이 된다. 개인의 능력이 과연 유전적으로 얼마나 결정되는가? 해결이 안된 상황이므로, 유전적 능력이 과연 빈곤 여부를 얼마나 결정하느냐를 따지는 것은 무의미할 수 있다.

(3) 환경적 능력

아동양육환경(양육 혹은 사회화 방법 등)의 차이에서 나타나는 아동들의 비인지적 능력 즉, 동기, 성격 등의 차이에서 결정된다고 본다.

이러한 아동양육환경의 차이에서 자본주의 사회에서의 '성공' 혹은 '실패'할 능력이 있다.

(4) 교육성취 기회의 차이

가족배경의 차이는 교육성취 기회의 차이를 가져 오며 이는 결국 경제적 지위의 차이를 가져 온다. 즉, 유전적 능력과 환경적 능력은 그 자체보다는 '교육'이라는 매개 변수를 통해 효과가 나타난다. 가족배경의 효과는 교육을 통한 간접효과가 2/3이고, 나머지 1/3이 가족배경의 직접효과이다. 여성세대주 가족은 불리한 가족배경의 대표적인 형태로서 빈곤가능성이 높다. 실제로 빈곤계층에서 차지하는 숫자가 급속히 증가하고 있다

즉, 여성세대주 아이들이 교육수준, 인지능력이 떨어지고 결국 성인이 되어 사회경제적 지위가 낮은 것으로 조사된다.

2) 능력(ability)

능력이란 흔히, 인지능력(cognitive ability) 즉, 측정된 지능지수(I.Q)에만 초점을 맞추는 경향이 있다. Lydall은 능력의 4D 즉, 추진력(drive), 역동성(dynamics), 끈기(doggedness), 결심력(determination)을 말한다. 이러한 4D가 인지능력(I.Q)보다 더 중요하다고 주장한다.

능력이 어떠한 과정을 통하여 소득(빈곤)을 결정하는가?

즉, 아무리 능력이 우수한 사람도 교육수준이 높지 않으면 그 사람은 낮은 소득을 가질 수밖에 없다고 본다.

일반적으로, 능력이 높은 사람일수록 높은 학력을 가질 가능성이 높고, 학력이 높을수록 소득이 높아진다. 즉, 능력과 학력과 소득(빈곤)은 높은 상관관계가 있다.

3) 교육

가장 중요한 빈곤의 원인으로 지적되는 변수로 교육수준이 낮을수록 빈곤할 가능성이 높다는 것은 상식이다. 그러나 왜 낮은 교육수준이 빈곤을 유발하는가에 대해서는 논의가 많다

(1) 인적자본이론(human capital theory)에 의한 설명으로 교육수준이 낮을수록 빈곤할 가능성이 높은 이유

낮은 교육수준을 가진 사람은 낮은 생산성을 보인다. 따라서, 빈곤에의 파급효과 크다. 그러나 순수한 교육효과는 아니며(순수히 학교에서 얻은 기술이 생산성에 미치는 효과),가족배경과 능력의 효과를 고려해야 한다. 즉, 학교교육에서의 성공이 중요하며, 그러한 정책이 중시된다. 가족배경과 개인적 능력이 교육에 미치는 영향을 배제해도 교육의 직접효과는 크다.

가족배경이 가장 중요하며 다음은 능력이고 그 다음은 교육 순이다. 가족배경이 개인적 능력의 일부를 결정하고 이 능력이 학교에서의 성공을 결정한다. 만약, 교육이 가장 중요하다면, 학교를 보낼 수 있는 정책이 필요하다.

가족배경이나 능력이 중요하다면, 학교교육 이전 단계에서의 정책적 개입이 필요하다.
노동에서의 인적자본이론은 다음과 같다.

① 노동의 질의 차이를 강조한다.
② 왜 서로 다른 노동자가 서로 다른 생산성을 가지느냐는 문제에 초점을 맞춘다.
③ 그 이유는 미래의 더 많은 소득을 기대하여 현재의 이익을 어느 정도 희생하여 자기 자신의 개발에 투자하면 기계설비에 대한 투자와 같이 생산성의 향상을 가져오기 때문이다.
④ 즉, 이러한 인적자본에의 투자는 생산성의 향상을 가져오고,
⑤ 결국, 빈곤은 낮은 생산성의 결과이고 이것은 인적자본에 대한 낮은 투자 때문이다.

(2) 선발이론(screening theory) 혹은 학력주의(credentialism)

인적자본 이론의 가정을 반대하면서 논리를 전개한다.

① 이 이론은 사용자가 노동자를 채용할 때 또는 임금을 결정할 때 교육수준을 기준으로 생산성의 높고 낮음을 판단하기 때문에, 높은 교육수준은 고임금, 낮은 교육수준은 저임금으로 빈곤에 빠질 가능성이 높아진다는 것이다.
② 만약, 생산성과 교육수준이 지속적으로 유지되면, 학력주의가 정착된다.
③ 특히, 한국에서는 대졸 학력수준에서는 학력주의의 효과가 크다. 대졸자와 고졸자의 임금 격차가 아직도 크다. 학력이 높을수록 임금이 높다는 것은 학력과 임금의 정의 관계는 널리 수용되는 사실이다. 문제는 선발효과는 사용자가 근로자의 생산성에 관한 정보를 더 많이 알수록 사라지며 선발효과는 영원히 지속되고 임금과 교육수준의 관계는 선발효과에 기인하고 학력이라는 것은 일생에 걸쳐 따라 다니는 사회적 지위를

대표한다(학력주의).

(3) Marxist 계급이론에 의한 설명

① 학교교육은 자본주의 생산관계를 고착화시키는 도구이다.
② 학교에서는 자본주의 질서에의 복종과 규율을 훈련시킨다.
③ 자본가가 선호하는 행동양식을 강화하는 형태로 교육이 진행되며, 이것이 결국 시장에서의 소득활동을 하게 만들고 소득을 높이게 된다.

Marxist 계급이론은 자본주의 경제의 생산방법 그 자체에서 빈곤을 설명하며 생산수단의 소유유무에 따른 생산의 사회적 관계가 소득을 결정하는데 근본적 역할을 한다.

① 자본주의경제의 생산방법 자체로 인하여 빈곤발생하며 생산의 사회적 관계가 각 계급들의 소득을 결정한다.
② 자본가들은 생산수단을 소유하여 노동자들의 노동력을 사용하여 잉여생산을 착취할 수 있는 위치에 서며, 높은 소득을 누린다.
③ 관리자는 생산수단은 없지만 노동을 통제할 수 있는 권위가 있다. 자본가와의 협상력을 높일 수 있는 위치(경영능력)에 서서 자본가 다음의 높은 소득을 가진다.
④ 노동자는 노동을 팔아서 소득이 나오므로 소득은 낮을 수밖에 없다.
⑤ 계급의 차이가 소득결정하며 교육과 같은 개인적 특성에 따른 소득차이는 동일 계급 내에서만 영향을 미친다.

(4) 노동시장 분절 요인(segmented labor market theory)

노동시장 분절이라는 개념의 정확성에 대해 유념해야 한다. 과연 측정가능한가? 아직도 뚜렷한 결론이 없는 상태이다. 그렇다면, 노동시장분절의 단위는 무엇인가? 산업, 기업, 직업인데, 산업, 기업, 직업에 따른 임금차이가 빈곤의 원인이다.

① 산업의 경우 시장집중산업, 자본집약도가 높고, 경제규모가 큰 사업에 종사하는 노동자들은 그렇지 않은 노동자보다 빈곤에 빠질 가능성이 적다.
② 기업의 경우 기업규모와 기업의 자본집약도에 따라 종사하는 노동자들의 빈부의 격차가 생긴다.
③ 직업의 경우 산업 또는 기업의 임금의 차이는 직업에 따라 달라진다.

전문직 혹은 기술직 노동자들에게는 높은 임금을 주는 산업이나 기업이 단순 근로자들에게는 높은 임금을 주지 않는다는 것이다.
인적자본이론의 노동시장에 대한 가정은 한 지역(나라)에서의 노동시장은 본질적으로 하나의 동질적인 시장으로 이루어져 있으며, 자유경쟁의 힘에 의하여 노동시장 분리현상은 곧 사라져 한계생산성의 논리는 보편적으로 적용된다. 이에 대한 반론은 노동시장은 분절이 되어 있고, 분절된 노동시장에서의 임금결정과정은 서로 다르다. 분절된 노동시장들에 속한 근로자들 사이에는 매우 제한된 이동이 있을 뿐이다.

① 내부노동시장이론(internal labor market theory)
㉠ 내부노동시장과 외부노동시장으로 분리되며 내부노동시장은 경제변수(수요, 공급, 한계생산)에 의해 지배되는 경쟁시장과 분리된다. 임금결정방식은 특정한 행정적 규칙과 절차에 의해 결정된다. 즉, 외부시장에서의 경쟁적 요소들에 의해 직무가 영향받지 않는다는 것이다.
㉡ 내부시장의 형성
첫째, 특정기업의 독자적인 직무관련 기술이 존재한다. 다른 기업에서 기술이 사용되기 어려워 근로자들은 기술훈련을 위해 투자 어렵다. 따라서 사용자가 훈련비를 부담하고 근로자 이직은 사용자에게 부담이 된다. 결국, 사용자는 고용안정을 추구한다.
둘째, 기술은 현장훈련에 의해 전수. 동료 근로자들에 의해 비공식적으로 전수. 이러한 형태는 고용안정을 더욱 중요하게 만든다. 근로자를 보호하게 된다. 외부노동시장의 영향을 받지 않는다.

셋째, 고용안정이 장기간 이루어지면, 근로자 사이의 장기간의 비공식적 작업규칙이 생기고 사용자는 외부의 경제적 변화에 더욱 대응하기 어렵게 된다. 즉 외부노동시장과 차별화 되고 내부노동시장은 더욱 유지된다.

② 이중경제이론(dual economy theory)

자본주의의 속성(자본 축적)에 초점을 맞추어 노동시장 분절을 설명한다.

첫째, 자본가들은 노동으로부터의 잉여가치를 착취한다.

둘째, 다른 자본가들과의 경쟁을 통하여 끊임없이 자본을 축적한다. 자본은 점차 소수의 자본가에게 집중되어 두 가지의 서로 다른 경제부문이 형성하게 된다.

(5) 직무경쟁이론(job competition theory)

노동자들이 일자리를 찾을 때 이미 상당히 개발된 기술들을 가지고 서로들간의 임금 경쟁을 통하여 특정의 직무가 결정된다(인적자본이론)는 것을 비판하는 이론이다. 즉, 근로자들은 취업기회를 두고 경쟁한다. 직무경쟁의 기본적 요소는 다음과 같다.

① 특정 사회의 일자리 숫자는 사회의 기술발전 정도로 결정된다.

② 근로자들의 기술과 그들의 임금 제시는 실제로 충원되는 일자리에 영향주지 않는다. 대신, 사회적 관습이나 제도에 의해 결정된다.

③ 이러한 임금은 직무별로 엄격히 고정되어 있다. 따라서, 상대적 임금의 개념이 중요하다.

④ 누가 어떤 직무를 차지하느냐는 근로자들의 훈련성과 적응성에 의해 결정된다.

임금을 높이기 위하여 가난한 사람들에 대한 투자를 높이는 것만으로는 빈곤을 해결할 수 없다. 그들의 근로자 서열상의 위치를 높여주어야 하지만,

주어진 기술발전 상태 하에서 '좋은 일자리의 숫자는 고정되어 있다.' 또한, 가난하지 않은 사람이 상대적 위치(기득권)를 유지하려고 노력한다.

(6) 빈곤문화론(culture of poverty)

① 오스카 루이스(Oscar Lewis, 1959)가 만들어내고 마이클 해링턴(Michael Harrington)이 발전시켰다.

② 가난한 사람들은 사회의 지배문화와 질적으로 다른 하위문화에서 산다는 것이다.

③ 태도, 가치, 행동 등이 다르며 이러한 형태는 사회화 과정을 거쳐 세대를 통해 세습하여 문화로 된다.

④ 빈곤문화의 특징은 다음과 같다.

첫째, 학교, 교회, 정당, 노동조합 등 사회의 주된 제도에 참여하는 것을 막아 사회의 지배적인 가치의 수용을 거부한다.

둘째, 특이한 가족관계를 갖는다. 모 중심적인 가족의 선호, 어린 나이의 성 관계 경험, 동거형태의 가족, 쉽게 만나고 쉽게 헤어진다.

셋째, 절망감, 의존심, 열등감 등을 배양하여 쉽게 체념하고 운명주의자가 된다.

넷째, 출세에 대한 동기가 매우 약하고 충동을 억제하지 못하며, 현재 중심적인 생활을 한다.

다섯째, 직업이동이 빈번하고, 약물남용자가 많다. 찰나적인 삶을 살아간다.

한국에서의 빈곤화 요인은 빈곤자 개인의 자기 평가, 자신의 개인적 원인뿐만 아니라 경제, 사회의 구조적 문제로 보고 비판하는 사람도 증가하고 있다. 따라서 개인적 요인과 사회구조적 요인이 모두 영향을 미치고 있다.
신자유주의와 함께 전세계의 복지기조로 자리 잡은 노동연계복지는 복지의 존성 문제를 통한 재정지출 축소, 광범위한 산업예비군 형성을 통한 노동신축화를 가져올 수 있기 때문에 신자유주의 하 복지 확대 요구는 단순한 재정 확충과 적절한 분배 문제에 그칠 수 없다. 사회보장정책은 자본주의 생산관계와 사회유지를 위한 노사 합의에 의하여 이루어져야 하며 근로자의 통제전략이자 피지배계급의 저항으로 달성되는 기본적 생활보장이라는 양면성을 지녀서는 안 된다. 따라서 미국발 서브프라임제도로 인한 금융위기로 촉발된 경제위기 하에 급증하는 빈곤층의 생존권적 요구는 단순히 재정 측면에서의 가능성을 넘어서 사회복지의 방향성을 바꿔내기 위한 장기적 전망, 현실의 심각한 빈곤문제의 해결을 위한 성장과 분배의 공존, 공동체적 상호 연대감 의식과 참여 구조적인 소득재분배가 핵심이다.

제3절 국민기초생활보장제도의 문제점

IMF 이후 대량 해고와 금융위기 이후 비정규직화는 절대적 빈곤인구의 증가와 더불어 '일해도 가난한' 노동빈곤층의 증가로 이어졌다. 이에 가난의 문제가 특정한 소수의 문제로 머물 수 없게 되면서 빈곤 문제가 전사회적 과제로 떠올랐다. 초유의 경제위기를 맞는 지금, 실업 증가와 임금 하락 추세와 함께 빈곤율도 증가하고 있다. 2007년에 보건사회연구원과 노동연구원 보고서에 따르면 절대빈곤율, 즉 한 달 소득이 최저생계비에 미치지 못하는 절대빈곤가구의 비율은 2003년 10.2%에서 2006년 11.36%로 증가했다. 또한 도시지역 상대빈곤율, 즉 OECD 기준에 따라 중위소득 50%에 미치지 못하는 가구의 비율은 2000년 13.51%에서 2006년 16.42% 기록했다. 도시 이외의 가구들까지 포함하는 2006년 전국가계조사 결과에 따르면 전국 상대빈곤율은 18.45%에 달했다. 2007년 도시가구 기준 상대빈곤율이 17.5%로 또 증가했으니 현재 전국적으로는 5명 중에 1명꼴로 상대적 빈곤 상태에 처해 있다고 추정할 수 있다. 최근 상황을 보여주는 몇 가지 통계를 살펴보자면, 올해 5월 소득분배 불균형수치인 지니계수가 0.325로 증가했다. 이는 수치 발표 이래 최고 수준이다. 또 2009년 1분기 소득 5분위 배율(최상위층과 최하위층의 소득 격차)이 8.68배로 2000년 이후 최대치를 기록했다.

2008년 기획재정부는 고용불안과 자산 감소로 인해 앞으로 빈부격차는 더 심해질 것으로 예상했다. 일차적으로는 임시 일용직 등 비정규직의 대량 해고, 영세 자영업자의 도산으로 서민층의 근로소득이 급감하는 것이 원인이다. 그런데 격차를 더욱 확대하는 것은 근로소득보다는 금융소득이다. 대출금이 많은 서민층이 어려울수록 주식, 부동산 등 자산시장이 급락하는 과정에서 어쩔 수 없이 자산을 내다 팔아 손실을 확정한 반면 상위층은 연초 저점에서 주식과 부동산을 매입해 자산증식 효과를 보게 될 것으로 예상되기 때문이다.

비정규직, 실업, 영세자영업자의 실질소득 감소와 일자리 상실은 갑자기 빈곤의 상태로 내몰리는 인구의 증가로 이어진다. 주로 어린이, 한부모가정, 노인, 장애인 등 소득수준이 낮거나 노동 능력이 없는 취약 계층은 가장 큰 어려움에 처한다. 경제위기로 인한 신빈곤층 증가에 대한 대책이 시급하다. 빈곤대책으로 제기되고 있는 복지재정 확대와 기본소득보장 등이 지속적으로 검토되어야 할 것이다.

1. 한국에서 빈곤과 소득보장정책

한국에서 빈곤층 소득보장정책의 필요성이 제기된 것은 외환위기 이후다. 대량 실업, 노숙 급증, 신용카드 남발로 인한 금융채무불이행자(신용불량자) 500만 명 양산 등 빈곤 문제의 사회적 충격이 정부의 책임 있는 정책을 강제한 것이다. 빈곤 문제가 강력한 사회 문제로 떠오르고 한국의 사회안전망 부실이 심각하다는 OECD의 문제제기가 맞물려 김대중 정권 시절인 2000년 국민기초생활보장제도가 시행되었다. 국민기초생활보장제도는 빈곤선 아래에 있는 사람들을 대상으로 소득을 보장해 주는 제도로 소득보장정책의 주요 틀이 되었다.

기존의 생활보호법(1961년 12월 제정, 2000년 폐지)이 빈곤을 개인의 문제로 치부하고 시혜적 태도를 취했던 데 비해 기초생활보장제도는 '국민이 빈곤에 대한 권리로서 최저 생활을 보장받아야 한다.'는 수급자의 법적 권리를 보장하는 제도이자 한국에서 '빈곤선'을 공식적으로 표명했다는 점에서 어느 정도 의의가 있다. 하지만 비현실적인 최저생계비 수준과 엄격한 선정기준, 소득발생유무와 관계없는 추정소득부과 등으로 소득보장효과가 미미하고 광범위한 사각지대가 존재하는 등 문제가 많다. 특히 조건부 수급 조항을 두어 최소한의 생활도 불가능한 일자리를 조건으로 수급권 여부를 결정한다. 이는 단순히 이 제도만의 문제가 아니다. 질 낮은 일자리 창출과 각종 노동유인정책을 통해 노동의 질을 저하시키고 사회정책의 위상을 낮추려는 노동연계복지가 신자유주의 사회정책의 핵심방향이기 때문이다. 먼저 빈곤층 소득보장정책의 가장 기본적 틀인 국민기초생활보장제도의 문제점 개선과 발전방안이 제시되고 실천되어야 한다.

1) 빈곤층 소득보장정책으로서 국민기초생활보장제도

국민기초생활보장제도는 연령, 근로능력과 관계없이 가구소득 및 재산 환산액이 최저생계비 이하인 가구에 대하여 소득을 보전해주는 정책으로 노동시장정책이 혼합되어 있다. 급여 내용은 생계급여, 주거급여, 의료급여, 교육급여, 해산급여, 장제급여, 자활급여 7종이 있고, 급여액과 수급자의 소득인정액 총합이 최저생계비 이상이 되도록 하는 것이 급여의 원칙이다. 또 근로능력이 있는 수급자에게는 자활사업 참여를 조건으로 생계급여를 지급하며 부양의무자가 있는 경우에는 부양의무자에 의한 보호가 선행되어야 한다. 다른 법령에 의해 보호받을 수 있는 경우 타 법령에 의한 보호가 선행되어야 한다. 현재 이 제도가 포괄하고 있는 인구 범위는 국민의 2~3%를 상회하는 인 153만 명 수준이다.

2. 최저생계비의 생활보장

1) 비현실적인 최저생계비 수준

최저생계비는 국민기초생활보장제도의 수급자 선정과 지원수준이자 의료급여, 모부자가정 선정기준, 노인장기요양보험의 무료대상자 기준 등 여타 사회복지서비스에서도 기준이 되는 '한국의 공식적인 빈곤기준선'이다. 현재 최저생계비는 절대빈곤개념의 계측방식인 전물량 방식으로 3년 주기로 계측한다. 비계측년에는 기존 최저생계비에 물가상승률을 반영해 갱신한다. 1988년부터 계측되고 1999년부터 실제 공적부조에 적용된 최저생계비의 상대적 수준은 점차 낮아지고 있다. 1999년 근로자가구 소득(4인 가구)의 38.2%였다가 2008년 30.2%로 하락했다. 최저생계비는 대부분의 사회복지 서비스 선정기준으로서 작용하기 때문에 최저생계비가 낮은 수준으로 계측되는 것은 사회복지 대상의 축소와 폭넓은 사각지대의 존재를 의미한다. 책정 방식에 있어서도 전물량 방식의 문제점, 연구자의 자의적 판단 문제, 계측을 하고 나서도 예산에 맞춰 재조정할 수 있는 문제 등 최저생계비 수준을 하락시키는 요인들이 많다. 최저생계비 수준이 낮아지면서 절대적 빈곤율은 상대적으로 낮게 측정되고 있다. 이로 인해 국민기초생활보장제도의 보장수준은 2000년 시행 이후 2007년까지 2.8~3.2% 수준에 머물러, 절대빈곤층조차 보장하지 못하고 있는 수준이다. 상대적 빈곤율과 소득격차가 점점 커지고 있고 경제위기 하에서 늘어날 빈곤층의 문제를 고려한다면 국민기초생활보장제도의 보장 수준과 대상 확대가 중요한 시점이다.

2) 부양의무자 부양능력 판별기준 문제

기초생활보장제도의 사각지대를 만드는 주요 문제 중의 하나는 부양의무자 기준과 재산기준이다. 현재 최저생계비 미만의 조건에 있지만 재산기준 및 부양의무자 기준으로 수급을 받지 못하는 비수급 빈곤층이 3.7%로 수급자 2.8~3.2%보다 많다. 부양의무자 기준은 수급자의 1촌 직계혈족(부모, 자녀)과 직계혈족의 배우자(며느리, 사위)로 규정되어 있다. 수급신청 탈락자 가구 중 25.7%가 부양의무자 기준에 의해 탈락되었지만 이들 중 56.2%는 부양의무자로부터 사적이전소득을 전혀 받지 못하고 있으며 이들 대부분이 장애인, 노인, 한부모가정, 소년소녀가정 등 취약계층인 것으로 나타났다. 독신자나 독거노인 등 1인 가구는 꾸준히 늘고 있지만 이들 소득은 급감한 것으로 나타났다. 글로벌 금융위기에 따른 타격을 1인 가구가 가장 심하게 받은 셈이다.

2009년 기획재정부와 통계청에 따르면 3분기 1인 가구 월평균 명목소득은 126만 1,762원으로 2008년 같은 기간의 명목소득 140만 2,011원에 비해

10.0% 감소했다. 1인 가구 월평균 명목소득이 2007년과 2008년 3분기에 각각 전년 동기 대비 14.8%, 3.9% 늘어난 것에 비해 급감한 것이다. 1인 가구 소득 통계를 작성하기 시작한 2003년 이래 최대 감소율이다.

이에 비해 같은 기간 2인 가구 명목소득 감소율은 1.2%, 3인 가구는 3.4%, 4인 가구는 1.1%로 그 폭이 작았으며 5인 이상 가구는 오히려 1.6% 증가했다.

이런 가운데 2009년 1인 가구가 전체 가구 수에서 차지하는 비중은 20.2%로 2000년 15.6%나 2005년 20.0%에 비해 증가하는 추세다. 전수조사를 실시한 2005년을 기준으로 할 때 1인 가구를 구성하는 가장 큰 요인은 미혼(142만 7,000가구)이었으며 이어 사별(100만 2,000가구), 이혼(37만 2,000가구), 별거(36만 8,000가구) 등의 순이었다. 1인 가구 소득이 이처럼 급감한 것은 주로 가족이나 친지들 간에 주는 용돈을 의미하는 사적이전소득이나 상속, 상여금 등 임시로 이루어지는 비경상소득이 대폭 줄어든 데 따른 것으로 분석된다. 1인 가구 사적이전소득은 전년 동기 대비 34.2%, 비경상소득은 40.2% 줄었다.

3) 재산기준 등 문제

재산기준 및 자동차기준도 수급권 박탈의 주요 사유다. 현행 제도에서 기본재산액 기준이 2004년 수준대로 동결되어 있기 때문에 생활수준 및 물가상승률을 반영하지 못하고 있다. 또 수급자의 생활수준 파악을 위해 도입한 소득인정제도인 소득과 그리고 재산의 소득환산액은 전세금, 통장, 자동차 등이 모두 포함되어 수급권이 박탈되는 문제가 있다. 특히 다른 기준에 부합하더라도 자동차가 있으면 수급권을 박탈당하는 상황이 허다하다. 그 사례로 화제가 되었던 '봉고차 모녀'가 바로 그 사례다. 보육료 지원, 장애수당, 의료보장, 사회서비스 지원, 시설지원 서비스 등에도 자동차기준은 똑같이 적용되고 있다. 한국 전체 가구의 59.4%가 자동차를 보유하고 있는 점에서 자동차를 일반재산이 아니라 보고 과도한 소득환산율을 적용하는 것은 현실에 맞지 않다.

4) 추정소득의 문제

추정소득은 수급자들의 실제소득 발생여부와 상관없이 소득파악이 용이하지 않은 가구원(일용직, 파트타임, 노점 등)에게 부과하는 것이다. 실업상태에 있는 수급자는 물론 근로조건유예자(근로경험 있는 중증장애인, 3세 미만의 유아를 탁아소에 맡긴 경험이 있는 한부모가정의 부모) 등에게도 자활을 강요하거나 추정소득을 부과하며, 경제 불황으로 인해 실업상태인 수급자들에게 추정소득을 부과해 이를 생계급여에서 제외하고 지급한다. 실제 수급당사자가 임금활동을 하고 있는지, 소득수준이 얼마인지 고려하지 않고 임의로 추정소득을 부과해 수급권을 박탈하거나 생계급여를 낮추는 것이다.

5) 노동을 강제하는 조건부과 등

조건부과 기준은 사회복지사가 연령, 외형상의 건강상태, 전직 및 자격 등을 기준으로 책정하는 것으로, 자의적인 근로능력판단으로 노동할 수 없는 수급자에게 노동을 강제하거나 추정소득을 책정해 생계급여를 낮추는 문제가 심각하다. 만성질환이 있어도 진단서를 제출할 수 없거나, 정신장애와 같이 장애진단을 받을 수 없는 경우, 3세 이상 미취학 아동의 부모 등에게도 노동을 강제하는 것이다. 또 사회적 일자리나 공공서비스 일자리와 같은 수준의 노동을 하지만 노동자로서의 권리를 행사하지 못하도록 법적으로 규정하고 있다.

3. 국민기초생활보장제도 개선

국민기초생활보장제도의 대상선정과 지급기준이 되는 최저생계비는 그 비현실성으로 인해 '국민이 건강하고 문화적인 생활을 유지'라는 말이 무색하게 광범위한 사각지대를 형성하고 있다. 핵심은 법의 취지대로 보장성 확대가 절대적으로 필요하다.

장기적으로는 상대적 빈곤선을 도입하고 그에 동반하여 최저생계비 인상해야 하며(중위소득 50%, 평균소득 50% 등 여러 기준이 제기다), 그와 연동해 기초법 대상자를 확대하고 수급액을 인상해 절대 빈곤층조차 포괄하지 못하고 있는 제도의 보장성을 확대해야 한다. 단기적으로는 절대 빈곤 상태에 놓여있지만 부양의무자 기준, 재산기준, 추정소득 조항으로 인해 발생한 사각지대를 해소하기 위해 독소조항을 폐지, 완화해 가야 한다.

'근로연계복지'라는 방향 하에서 생계급여 수급 조건으로 자활사업 참여가 강제되는 문제, 즉 조건부 수급 조항은 폐지되어야 한다. 자립지원의 원칙에 근거한 조건부 수급 제도는 생계급여를 줄이려는 시도에 그칠 뿐 실제 자활을 통해 적정한 소득을 얻기 어렵고 자활 참여 이후 수급자의 자립을 위한 기반이 없는 현실에서 그저 강제에 그칠 뿐이다. 나아가 복지와 노동을 연계해 노동시장 신축화에 부응하고 수급 대상을 줄여 재정을 절약하고자 하는 시도도 필요하지만 우선 제대로 된 일자리와 사회정책의 확대를 요구해야 한다.

또 하나 기초법은 수급대상이 되면 7가지 급여를 모두 받을 수 있고, 탈락되면 아무 것도 보장받을 수 없는 구조다. 그간 급여 분리, 선별적 확대를 요구해 왔는데, 노무현 정부 시절부터 정부 차원에서 급여분리를 시도하고, 자활급여는 별도의 법이 제정되기도 했다. 사각지대 해소와 보장성 확대를 위한 주창자의 취지와는 달리 정부의 급여분리는 생계급여를 긴축적으로 운영하려는 의도가 다분하기에 그간의 요구를 재정비하기 위한 논의가 필요하다.

CHAPTER

06

빈곤과 공공부조

제1절 빈곤의 개념과 측정

제2절 공공부조와 사회보장

제3절 국민기초생활보장제도의 문제점

제1절 빈곤의 개념과 측정

빈곤의 정의는 기본적 욕구가 충족되지 않은 상태로 빈곤이란 단어를 탄생시킨 사람은 영국 사회학자 조제프 라운트리이다. 그는 최소 생활비로서의 '빈곤선'이란 용어를 처음 사용했다. 그로인해 이 개념은 이후 각국의 사회복지대상을 규정하는 데 큰 역할을 하게 되었다.

사실 빈곤이란 것이 기준은 통일되어 있지 않다. 세계은행(WB)은 빈곤의 한계를 하루 1달러 또는 2달러도 정의하고 있다. 하지만 미국에서는 65세 미만 성인의 빈곤한계가 29.58달러라고 한다. 이 수치는 당시 제대로 된 정보가 없어 공식 영양섭취권장량을 기반으로 산정됐다. 또한 EU(유럽연합) 통계청인 '유로스타트'는 각국 중간 소득 평균의 60%에 못 미치는 금액을 빈곤한계로 정하고 있다. 빈곤이란 생활하는 데 있어야 할 자원이 없거나 부족한 상태를 말한다. 그리고 그런 상태에 있는 사람을 빈민이라 한다.

일반적인 빈곤의 원인은 지정학적 원인, 사회학적 원인, 국민성의 원인, 개인의 심적 원인 등에 있고 심리주의적 관점에서는 개인의 동기 부족, 낮은 열망 수준, 무절제, 게으름, 의타심, 과다한 출산, 부적응 등에 있다.

빈곤선(poverty line)이란 육체적 능률을 유지하는 데 필요한 최소한도의 생활수준이다.

빈곤선이란 빈민과 비빈민을 나누는 기준으로 빈곤상태를 지표화한 것이다. 각 국가에서는 빈곤정책을 실시할 때 객관적인 기준을 설정하여 보통 소득의 측면에서 정의한다.

영국의 사회학자 벤저민 S. 라운트리(Benjamin S. Rowntree)가 "빈곤, 도시생활의 한 연구 : Poverty, A Study of Town Life, 1901"에서 제기하였다.

빈곤선 이하를 제1차 빈곤, 빈곤선을 약간 상회하는 빈곤을 제2차 빈곤이라 하여 구별하였다. 그는 실제로 빈곤선을 끌어내기 위해 비용의 명목을 음식물 · 집세 · 가계잡비로 구분하고, 음식물에서는 연령 · 성별 · 노동의 종류 등에 따라 가족의 각 구성원이 필요한 양을 결정하여 전체의 경비를 구하였다.
빈곤은 인간사회에서 가장 오래된 사회문제이고, 사회복지학에서 가장 전통적인 소재이다. 그런데, 빈곤의 실태, 원인, 그리고 빈곤을 해결하는 방안에 대해서는 이론적 관점에 따라서 다르다. 즉, 대표적인 사회이론인 기능주의, 갈등주의, 상호작용주의에 따라서 빈곤을 보는 관점이 다르다.
기능주의는 빈곤을 개인의 게으름이나 노동력의 상실로 인한 당연한 결과로 인식하였다. 어려서 노동력이 약하거나 늙어서 노동력을 상실하는 사람은 보호자가 없을 경우 가난하게 살 수밖에 없다. 비록 노동력이 있더라도 게으른 사람은 자신에게 필요한 소득과 재산을 얻지 못하기 때문에 가난하게 된다. 따라서, 빈곤은 나태와 영양결핍과 같은 문제를 일으킬 뿐만 아니라, 빈곤으로 인한 도둑질, 청소년의 탈선, 낮은 교육, 불량한 주거, 질병 등 다른 사회문제의 원인이 되기도 한다. 빈곤의 원인을 주로 개인적 요인에서 찾고 그 해결책도 도덕적 훈계, 노동의욕의 고취, 기술교육, 취업알선 등에서 찾는다.
갈등주의적 관점은 빈곤을 사회의 경제제도와 복잡하게 관련되어 생긴다고 본다. 빈곤은 사회의 어떤 계층과 집단들이 빈곤으로부터 이익을 얻기 때문에 발생한다는 것이다. 즉, 어떤 사람이 가난한 것은 정당한 노동력의 대가를 받지 못한 저임금 때문이거나, 계절적 실업과 같이 노동시장의 요인에서 비롯된다는 것이다. 빈민이 가난한 원인을 개인적인 요인에서 찾기보다는 저임금과 장시간 노동으로 인한 노동력의 피폐, 노동자의 잉여노동력을 착취하는 자본주의 등에서 찾는다. 한 사회가 가지고 있는 자원을 공평하게 분배하지 않으면 빈곤문제를 해결할 수 없다고 보기 때문에, 계급간 · 계층간 소득의 분배와 재분배를 통한 빈곤의 해결을 강조한다.
한편, 상호작용주의는 빈곤이 사회문제가 되는 것은 한 사회의 영향력 있는 집단이 문제라고 규정하기 때문이라고 본다. 현재 한국에서 '가난한 사람들'이라고 불리는 사람의 생활수준은 30여년 전 일반 국민의 수준보다 낮지 않고, 저개발국가의 평균적인 수준에 비교하면 '풍요로운 수준'일 수 있다. 그

럼에도 불구하고 빈민으로 규정되는 것은 현재 우리 사회 내에서 풍요롭게 사는 사람들과 비교를 통해서 빈곤을 규정하기 때문이다. 따라서, 상호작용주의 이론가들은 경제적 빈곤선과 같은 절대적인 기준에는 별 관심이 없고, 한 사회에서 어떤 사람들을 빈민으로 규정하는지, 그리고 이들에 대한 사회적 낙인감에 관심을 갖는다.

빈곤에 대한 객관적인 정의는 '절대적 빈곤'과 '상대적 빈곤'으로 나누어진다. 절대적 빈곤은 좀 더 낮은 생활수준을 나타내고 상대적 빈곤은 절대적 빈곤보다는 높은 생활수준을 나타낸다. 구체적으로 절대적 빈곤(Absolute poverty)이란 '전체 소득이 신체적 효율성을 유지하는데 필요한 최저수준을 획득하지 못한 가정'을 의미한다[영국, 라운트리(Rowntree) 여기서 최저 수준은 생계비 또는 영양에 의해 측정되며, 빈곤선(poverty line), 즉 최저생활의 기본수요를 추정함으로써 정의할 수 있다].

최저생활의 기본수요의 3가지 단계(Streeten & Burki, 1978) 첫째, 최저생활수준은 '최저생존(bare survival)'을 위한 수준이다. 둘째, 최저생활수준은 '지속된 생존(continued survival)'을 위한 수준이다. 셋째, 최저생활수준은 '생산적 생존(productive survival)'에 필요한 수준이다.

상대적 빈곤(Relative poverty)이란 '지역사회의 소득수준으로 볼 때, 소득이 상대적으로 낮은 계층'을 의미한다. 즉 지역사회 내의 자원이나 생활양식에 의한 상대적 관점으로서 불평등과 불균등한 배분의 결과인 상대적 박탈로 규정한다. 상대적 빈곤의 빈곤선 구분도 순수상대빈곤은 전체 사회의 계층별 소득 순서에서 하위층에 해당하는 일정한 비율을 빈곤층으로 보는 방식과 유사상대빈곤은 전체 사회에서 평균소득에 해당되는 일정한 비율을 빈곤층으로 보는 방식이다.

1. 빈곤 유형

절대빈곤이란, 빈곤의 기반 하에 아무리 노력을 해도 그 빈곤을 극복하지 못한데서 지속적으로 대물림하는 것을 말하고, 상대빈곤이란 사회의 발전속도에 따라 개인의 생활수준 또한 더불어 성장하나 상대적으로 다른 계층의 부의 한계를 뛰어넘지 못한데서 자신이 가난하다고 느끼는 것을 말한다.

1) 절대적 빈곤

사회·경제학상 빈곤은 절대빈곤과 상대빈곤으로 분류를 한다. 우리가 흔히 가난은 가난을 부르고, 부는 곧 부를 부르는 게 자본주의 생리라는 통념상에는 변함이 없을 것이다. 절대적 빈곤으로서 객관적으로 결정한 절대적 최저한도보다 미달되는 상태를 말하는데, 흔히 의식주 등 기본적 욕구를 해결하지 못하는 상태로 보고, 절대빈곤선 개념을 토대로 생존의 의미를 강조한다. 따라서 절대적 빈곤은 실질경제성장이 계속되어 그 사회의 전반적인 생활수준이 향상되면 빈곤선 이하의 생활을 하는 사람의 숫자도 감소하게 된다. 기본적 욕구인 주거, 음식, 의복을 해결하지 못하는 상태를 말한다. 건강하고 문화적 혹은 표준적 생활을 유지할 수 있는 생활물질의 구입비용을 화폐 척도로 바꾸어 "최저생활비"를 산정한다. 많은 국가에서 공적 빈곤의 기준으로 이용된다.

2) 상대적 빈곤

상대적 빈곤으로서 동일 사회 내의 다른 사람과 비교하여 적게 가지는 것을 말하는데, 이는 특정사회의 전반적인 생활수준과 밀접히 관련된 개념이어서 경제·사회발전에 따라 정책적으로 중시되며 상대적 박탈과 불평등의 개념을 중시한다. 따라서 상대빈곤선은 특정사회의 구성원 대다수가 누리는 생활수준에 못 미치는 수준을 말하는데, 이것은 특정사회의 사회적 관습과 생활수준에 따라 크게 달라진다. 타운젠트의 상대적 박탈개념으로 물량적 소비수준과 독자적인 개인의 생활양식에 관련시켜 빈곤수준을 측정하는 방법으로 그 의미는 사회의 다른 사람들보다 적게 가지는 것이다.

상대적 빈곤은 전반적인 생활수준과 밀접한 관련 속에서 상대적 박탈과 불평등의 개념을 중시한다. 주로 특정 사회의 평균 혹은 중간수준의 생활을 영위할 수 없는 상태이다.

3) 주관적 빈곤

주관적 빈곤은 사회적으로 사용하기 어려운 지표여서 주로 절대적 빈곤과 상대적 빈곤개념을 사용한다. 한국은 절대적 빈곤개념을 사용하고 있는 반면, 유럽 등은 상대적 빈곤개념을 사용하고 있다. 주관적 빈곤으로서 자신이 충분히 갖고 있지 않다고 느끼는 것을 말하는데, 이는 제3자의 판단에 의해 어떤 객관적인 수준이 정해지는 것이 아니라 개인의 주관적인 판단 수준에서 결정된다. 빈곤에 대한 대책으로는 사회보장정책 · 기회평등대책 · 노동시장정책 · 조세정책 등이 있다.
빈곤인구의 개념은 다양한 용어의 해석된다.

첫째, 저소득층은 소득계층구조에서 하위를 차지하는 계층집단을 지칭하며 저소득층은 그 자체로서 긍정적이고 부정적인 함의를 지니는 것이 아니며, 단지 통계학적인 구분에 의한 규정이다.
둘째, 영세민은 빈곤정책과 흔히 관련되어 사용되어지는데 영세민이란 빈곤의 문제를 개인의 책임으로 귀결시키려는 이론적인 전제가 깔려있다.
셋째, 도시빈민은 영세민에 대한 비판으로서 영세민이라는 용어 대신에 자본주의 사회가 갖는 사회구조적 결함 때문에 생활난을 겪고 있는 자이다.

2. 빈곤 측정방식

빈곤층을 구분하는 개념이 명확하지 않으므로, 주로 어떻게 빈곤인구를 정하느냐하는 기준을 통하여 빈곤을 설명하는 것이 전통적 빈곤의 개념규정 방식이다.
이러한 방법에는 학자에 따라, 산정방식에 따라 몇 가지로 구분할 수 있다.

절대적 빈곤의 측정방법은 전물량 방식, 반물량 방식이 있으며 전물량 방식은 최저의 품위수준을 유지하는데 필요하다고 합의된 품목을 작성하고 이에 대한 최저지출비를 모두 합하여 빈곤선을 결정한다. 반물량 방식은 최저품위수준을 유지하는데 필요하다고 합의된 품목 중 하나를 선택한다. 이에 대한 최저 지불비를 중심으로 빈곤선을 결정하는 방법이다.

빈곤수준의 책정방법은 크게 두 가지로 분류된다. 기본적인 욕구방식과 음식비 비율방식이 그것이다.

전자에 의하면 빈곤이란 의 · 식 · 주에 해당하는 기본적인 욕구를 해결하지 못하는 것으로 이해하며 따라서 이 욕구를 해결하는 데 드는 비용을 산정한 것으로 빈곤층을 가려낼 수 있다고 본다. 이는 역사적으로 오랜 전통을 지닌 빈곤수준추정방식으로서 영국의 부스(C. Booth)가 1899년에 런던의 빈민들을 대상으로, 라운트리(S. Rowntree)가 1901년에 요크시를 대상으로, 그리고 비교적 최근에는 오샨스키(M. Oshansky)가 미국사회를 대상으로 각기 사용함으로써 발전되기도 하였다. 이 방식은 기본욕구가 무엇이냐가 핵심인데 어떤 특정시기, 특정사회에서의 생존에 필요한 의 · 식 · 주에 대한 욕구를 중시하나 일반적으로 음식에의 욕구를 가장 기본으로 삼는 경향이 있다. 이에는 라운트리방식이 해당된다. 반면, 후자의 방식에 의하면 음식비가 소득에서 차지하는 일정한 비율을 그대로 빈곤의 기준으로 삼는다. 이 방식은 전자방식이 전문가의 인위적인 기준에서 범하는 오류가 있음에 비하여 실제 사람들의 소비관행을 토대로 접근한다는 장점이 있다. 그러나 엥겔방식 또는 오샨스키방식이라고 불리는 이 방법도 어떤 비율이 빈곤의 기준이 되는 음식비율인가라는 점에 대하여 객관적이고 과학적인 근거를 제공하지는 못하고 있다. 둘째로 상대적 빈곤이란 한 사회의 생활수준이 향상됨에도 불구하고 사회구성원들이 갖는 상대적인 불평등의식과 박탈감이 엄연히 존재한다는 것에서 빈곤의 개념에 접근하고 있다. 이 개념은 특정한 사회에서 구성원 대다수가 누리는 생활형태에 접근하지 못한 자가 있다면 이들 자신은 자신의 생활수준에 대하여 상대적인 열등감을 느낄 수밖에 없다는 점에서 타당성을 지니고 있다.

그러나 이러한 접근은 사회구성원 대다수가 누리는 생활형태가 무엇인가에 대하여 객관적인 정의나 측정이 거의 불가능하여, 매우 인위적인 성격을 지닌다는 한계가 있다.

전형적인 측정방식을 개발한 사람은 타운젠드(P. Townsend)인데 그는 박탈감을 유발하는 60개의 지표를 통하여 소위 박탈점수를 계측하는 방식을 취하였다. 그러나 대개는 중위소득자나 평균소득의 일정 비율 아래에 있는 자들을 빈곤 이하의 인구로 보는 방식이 택해지기도 한다. 셋째로 절대적 빈곤이나 상대적 빈곤이 빈곤의 기준이 과학적이든 정치적이든 제3자의 판단에 의하여 어떤 객관적인 수준이 결정된다는 점에서 객관적 빈곤개념인데 비하여, 빈곤을 사람들이 직접 느끼고 체감하는 수준에서 결정되어야 한다는 생각을 기초로 접근하려 하는 주관적 빈곤의 개념이 있다. 결국 빈곤은 개인의 행복과 안녕, 만족도와 직결된다는 점에서 개인의 주관적 판단을 무시할 수 없고 따라서 직접 당사자들의 생각을 토대로 빈곤의 수준을 결정하는 것이 가장 합리적이라는 주장이다. 이에는 여론조사방식과 라이덴방식이 가장 대표적인 방식이다.

1) 절대적 빈곤선

빈곤을 과학적으로 측정하려는 부쓰(Booth, 1886년 영국 런던)와 라운트리(Rowntree, 1901년 영국 요크시)의 연구로부터 처음 사용된 빈곤 개념으로 사람이 생활하는데 필요한 최소한의 의식주라는 기본적인 관점에서 최저생계비인 빈곤선을 정하는 것을 의미하며 Market basket 방식이라고 한다.

기본적 욕구측정 방법은 첫째, 빈곤은 음식, 주거, 의복 등 기본적 욕구의 미해결이다.

둘째, 기본적 욕구를 해결하는데 드는 비용을 밝히는데 주력은 빈곤선이다.

대표적인 학자는 부스(1899), 라운트리(1901), 오샨스키(1965) 등이다.

(1) 라운트리(Rowntree)의 방법

라운트리 방식은 전물량 방식 또는 마켓 바스킷 방식으로 총수입이 육체적 효율성의 유지에만 필요한 최저수준을 획득하기엔, 불충분한 가구를 제1차적인 빈곤으로 정의하고 이를 음식물, 옷, 연료비 기타 잡다한 지출과 주택 임대료로 계산한다. 라운트리 방식은 최저한의 생계에 필요한 물품의 목록과 양인 마켓 바스킷을 결정하고, 그것을 구매하는데 필요한 시장가격을 곱해서 최저생계비를 계측하는 방식이다.

현재 우리나라에서 최저생계비를 계측하는 방식으로 최저생계비 계측조사에는 11개 품목을 조사하는데 이에는 식료품비, 주거비, 광열수도비, 가구집기, 가사용품비, 피복신발비, 보건의료비, 교육비, 교양오락비, 교통통신비, 기타 소비 그리고 조세 및 사회보험료 등 비소비지출 등이 있다.

1899년 당시 젊은 부유한 상인독지가로서 인구 7만 5,812명의 York시 인구를 2년 간 철저히 조사하여 Rowntree가 밝힌 빈곤 발생 원인에서 일차적 빈곤은 ① 주소득원의 사망(15.63%) ② 주소득원의 사고 · 질병 · 노령으로 인한 무능력 ③ 주요 소득원의 실직 ④ 오랜 동안의 불규칙한 일거리 ⑤ 가족의 수가 많음(22.16%) ⑥ 저임금(51.96%)으로 나타났고, 이차적 빈곤은 음주, 도박, 소홀한 가정관리, 낭비적인 지출 등이 상호 영향을 미쳐 발생하며 가장 주된 원인은 음주이다. 한계점은 음식비 산출은 칼로리라는 과학적 근거가 있으나 다른 기본욕구비들은 산출하는 근거가 불명확하다.

오늘날에는 한계 극복을 위해 국민기초생활조사 등을 통해 평균적 생활수준 측정하며 일본은 국민기초생활조사, 미국은 소비자 가계조사, 한국은 한국인의 영양 권장량, 도시가계연보, 기본통계조사 등이다.

(2) 오샨스키(M. Orshansky)의 방법(미국의 빈곤선 설정)

오샨스키 방식은 반물량 방식으로 생필품의 목록을 모두 구하기가 어렵기 때문에 가장 합의가 쉬운 기본적인 적정 표준 영양량을 구하여 이것을 섭취할 수 있는 식품량과 이것의 최소구입 가격에 의하여 최저식품비를 구하고 여기에 엥겔지수의 역을 곱하여 전체 최저생계비를 추정하는 방식으로 미국의 사회보장청에서 사용하고 있다.

라운트리의 방법을 수정한 것으로 음식물비에 평균 엥겔계수의 역을 곱하는 방법으로 산정하며, 엥겔계수는 음식비가 전체소득에서 차지하는 비율로서, 이 계수가 빈곤선 책정에 사용되는 이유는 음식비와 소득이 뚜렷한 상관관계를 가지기 때문이다. 즉, 소득이 증가할 때 음식비 지출은 상대적으로 감소한다는 가정(역의 상관관계)에 근거를 두고 있다.

(3) 음식비 비율 방법

프리드만의 방법으로 음식비가 소득에서 차지하는 비율로(미국의 경우 1/3)이 빈곤선이 된다. 따라서 음식비가 소득의 1/3을 초과하는 가구의 경우 빈곤가구가 되며, 음식비가 소득의 1/3을 초과하는 경우 빈곤이라 정의 내린다. 그러나, 음식비에 대한 과학적 근거가 없다. 즉, 외식비의 포함여부는 사람들마다 음식에 대한 취향이 다르므로 한계가 있다. 절대적 빈곤의 개념은 생존수준의 문제이지 불평등을 고려하지 않는다. 따라서 경제성장 등으로 소득이 증가하면 소멸되는 빈곤이다.

2) 상대적 빈곤

특정 사회의 전반적인 생활수준과 밀접한 관련 하에 상대적 박탈과 불평등의 개념을 반영한 빈곤의 개념이다. 타운젠트는 빈곤은 절대적인 것이 아니라 다른 사람들과의 비교를 통해 심리적으로 박탈감과 빈곤감을 느끼게 되는 것이 중요하다. 유럽국가의 대부분은 상대적 빈곤개념을 주로 채택하다. OECD는 중위 가구소득의 40, 50, 60%, EU는 평균 가구소득의 40, 50, 60% 등에 해당한다.

우리의 경우 전체 가구 중에서 소득이 중간을 차지하는 가구의 절반 이하의 소득을 의미하는 상대적 빈곤율이 2000년 이후 최근까지 점차 증가하고 있다. 특히 이 비율은 소득불평등 정도를 나타내는 지니계수 증가세보다 더 빠르게 악화되고 있다.

우리나라의 상대적 빈곤율은 1982년에서 1992년까지 감소했지만 1993년부터 1999년까지 다시 증가하다가 2000년 소폭 하락한 뒤 최근까지 증가추세를 보였다.

특히 2000년 이후 최근까지 상대적 빈곤율의 증가폭은 지니계수 증가보다 더 빠른 것으로 나타났다.

2008년 경제협력개발기구(OECD) 보고서에 따르면 우리나라의 소득불평등도는 회원국 평균 정도였지만 상대적 빈곤율은 평균보다 높은 나라로 분류되고 있으며 "최근으로 올수록 분배보다도 빈곤 문제가 심각해지고 있다.

한편 일정한 기준의 빈곤선 이하 가구비율을 의미하는 절대적 빈곤율은 외환위기 당시 16%까지 상승했지만 2002년 8.5%로 하락하는 등 최근까지 9%대에서 정체되고 있다.

사회적 전반적인 생활수준에 미치지 못하는 경우 불평등을 느끼는 수준은 물질적 빈곤뿐만 아니라 비물질적 빈곤까지 포함될 수 있다.

(1) 평균 혹은 중위 소득의 비율

여기에는 두 가지 방식이 있다. 국민평균소득 또는 중위소득의 일정비율(예 50%, 66%, 80%)을 빈곤선으로 설정하여, 그 이하를 빈곤계층으로 보는 방법이다. 여기에는 평균소득으로 할 것이냐, 중위소득으로 기준을 잡을 것이냐 논란이 있을 수 있다.

최하위 소득의 일정비율(예 10%)을 빈곤선으로 설정하여 그 이하를 빈곤계층으로 보는 방법이다. 이는 공식적인 빈곤선으로 사용하기 어렵다. 그러나 이러한 상대적인 빈곤선이 국제사회에서는 중요성을 갖는다. 세계은행은 선진국의 경우 평균소득의 50%을 설정한다. 개발도상국의 경우는 33% 이하를 빈곤으로 잡고 있고, OECD는 40%를 정하고 있다.

(2) 타운젠트(Townsend)의 상대적 발탈이론

현대 빈곤을 이해하는 데 큰 시사를 준다. 원래 박탈(deprivation)이란 박탈당하고 있다는 “감정”을 의미하는 것이지 상대적으로 박탈되어 있는 “상태”를 의미하지 않는다. 그런데, 타운젠트는 박탈을 “상태”의 개념으로 발전시켰다. 타운젠트의 빈곤이란 상대적 박탈이라는 개념의 관점에서만 객관적으로 정의되고 모순없이 일관되게 사용될 수 있다. 개인이나 가족, 집단은 소속되어 있는 사회에서는 관습으로 되어 있는, 혹은 적어도 널리 장려되거나 인정되는 수준의 식사를 하고, 사회적 활동에 참가하며, 생활의 여러 필요조건이나 쾌적성을 확보하는데 필요한 생활자원이 결핍되었을 때, 빈곤상태에 있는 것으로 이해된다. 그는 빈곤을 측정하기 위해 “생활자원”과 “생활양식”이라는 개념을 도입하였다. 소득은 빈곤의 유일한 기준이 될 수 없다. 즉, 모든 “생활자원”을 고려하고, 사람들이 당연히 여기는 관습이나 활동 등도 고려한다. 즉, “생활양식”을 고려한다. 생활양식을 측정하기 위한 지표를 작성(이것이 유명한 타운젠트의 박탈지표 : 60개)하고 그 지표들 가운데 어느 하나를 결핍하고 있으면 박탈점수를 부여하며 박탈 점수가 많으면 많을수록 생활수준이 떨어진다.

비판점은 어떤 사회에서의 일반적인 생활양식을 측정하는 지표를 만들어내기가 어렵고 소득과의 연계가 이루어지지 않을 수 있다. 즉, 개인의 취향문제, 서로 다른 가족간에는 서로 다른 지표적용의 문제도 있다. 따라서, 현실적으로 적용하기 어렵다. 또한 정책을 만들어내기도 쉽지 않다. 불평등을 측정하는 지니계수에 비해 상대적으로 덜 알려져 있지만, 중요한 사회지표인 상대적 빈곤율이 있다. 상대적 빈곤율은 전체가구 중 중위소득 50% 이하의 소득을 가진 인구의 비율을 가리킨다.

한국에서는 최근에 와서야 전체 가구의 상대적 빈곤율을 발표하기 시작했다. 한국의 상대적 빈곤율은 사상최고를 기록해 2007년 기준으로 17.5%에 달했다. 경제협력개발기구(OECD) 평균 비율은 약 11%이다. 멕시코와 미국은 17%가 넘는 반면 덴마크와 스웨덴은 6% 수준에 불과하다.

이렇듯 소득재분배의 효과가 낮은 상황에서 경제불황이 닥치면 엎친 데 덮친 격으로 계층격차는 더 심해진다. 실업자 이외에도 비정규직, 영세자영업자의 고통이 커진다. 특히 상대적 빈곤선 이하 소득으로 생활하는 사람들의 어려움은 더욱 심각하다. 이들은 주로 어린이, 한부모가정, 노인, 장애인 등 소득수준이 낮거나 노동 능력이 없는 취약 계층이다. 2007년 전체 가구 가처분소득 기준 아동빈곤율은 11.8%인데, 이 가운데 여성 가구주의 아동빈곤율은 더 높아 17.6%에 달한다.

2009년 정부는 감세로 인한 세수의 감소에도 불구하고 29조 원에 달하는 추경예산을 편성했다. 하지만 추경예산의 사용처로 건설과 토목 분야 예산이 대폭 커졌다. 4대강 살리기 예산만 14조 원이 넘는다. 이에 비해 교육, 보육, 의료 등 복지예산의 확대는 기대에 크게 미치지 못했다. 게다가 정부는 추경에도 불구하고 2009년 경제성장률이 마이너스 1.9%로 하락할 것이라고 전망했다. 이처럼 경제침체가 계속된다면 빈곤율도 더욱 증가할 것이다.

정부는 경제가 성장하면 고용이 증가하고 빈곤도 줄어든다고 주장한다. 그래서 경제를 살려 일자리 몇 개를 늘리겠다는 수치는 내세우지만, 정작 빈곤율을 얼마나 낮추겠다는 정책목표는 제시하지 않는다. 한나라당, 민주당, 민주노동당, 진보신당의 정책도 빈곤율을 낮추기 위한 구체적인 공약을 제시한 적이 없다. 하지만 이미 유럽의 정당들은 빈곤율을 낮추는 정책을 중요한 정치적 목표로 간주한다.

1999년 영국의 노동당 정부는 유럽에서 가장 높은 영국의 아동빈곤율을 평균 수준으로 낮추겠다고 발표한 후 야심적인 아동복지정책을 추진했다. 정치적으로 큰 성공을 거둔 것은 두 말할 나위가 없다. 이제 한국 정부와 정당도 빈곤율 저하를 위한 구체적인 정책목표를 제시하고 노력해야 한다.

3) 주관적 빈곤선

사람들의 주관적인 평가를 토대로 빈곤을 정의한다. 욕구조사의 결과를 토대로 빈곤선을 계산하며 주로 빈곤연구에서 사용할 뿐, 실제 정책에서는 사용하기 어려운 한계 있다.

네덜란드 라이덴대학의 학자들에 의해 개발된 라이덴 방식을 이용하며 사람들에게 자신의 상황을 고려할 때 그럭저럭 살아가는데 필요한 최소소득을 묻고, 이를 바탕으로 그들이 판단한 최소소득과 그들의 실제소득과의 관계를 분석하여 결정한다. 첫째, 여론조사에 의한 방법은 조사대상자 개인의 상황에 따라 좌우된다. 둘째, 라이덴 방법은 개인이 살아가는데 그런 대로 필요한 최소소득 조사(여론조사)로서 이를 바탕으로 그들의 최소소득과 실제소득과의 관계를 분석한다. 그래서 실제소득이 높아지면 주관적 판단소득도 높아진다는 사실에 바탕을 두고 실제소득보다 주관적 판단소득이 높은 경우, 실제소득보다 주관적 판단소득이 낮은 경우가 있다. 교차점이 생기고 주관적 최소소득이 실제소득보다 낮아지기 시작하는 점 발생한다. 주관적 판단에 따라 실제소득이 주관적 소득보다 낮은 사람은 빈곤자로 간주한다.

4) 사회적 배제

유럽을 중심으로 많이 사용되고 있으며, 추상적이고 이론적인 개념을 넘어서 정책과 프로그램의 실질적 원리가 되고 있다. 사회적 배제는 기존의 빈곤개념과 비교했을 때, 빈곤의 역동성과 동태적인 과정에 초점을 맞추며, 소득의 문제에 국한되지 않는 다차원적인 불리함을 의미하며, 사회적 관계에서의 배제도 관심을 기울이고 있다.

5) 권리박탈이론

아마르티아 센(Amartya Sen)의 주장이며 1933년 인도태생으로 경제학자, 윤리학자, 정치철학자, 하버드대 경제학, 철학 교수이다. “빈곤과 기아”라는 저서에서 주장하였으며 소유권 구조의 불평등, 권리의 박탈상태, 기아가 일어나면 한 쪽에서는 그 만큼 식량을 많이 손에 넣는 계층이 있다는 것이다. 그 예로서 식량생산이 많아도 기아가 발생한다는 점을 들고 있다. 재화나 소유의 지배권은 하나의 수단이다. 따라서 궁극적으로는 인간의 기본적 잠재능력을 개발하는데 집중되어야 하며, 사회체제도 그렇게 나아가야 한다.

즉, 복지서비스도 개인의 잠재능력을 개발하는 방향으로 전환되어야 한다는 것이며, 빈곤해소를 위한 방향으로서 민주적 정치구조, 정부의 공공적 개입을 강조한다.

6) 조지길더의 빈곤의 본질

신보수주의적 빈곤관이며 빈곤은 나태의 산물이고 빈곤자는 창의력 부족, 노력부족, 복지혜택에 빠져있다. 빈곤정책은 부자에 대한 감세와 빈곤자가 자신들도 열심히 일하여 부자들처럼 되고 싶다는 유인을 가지게 해야 한다는 것이다. 한계점은 빈곤자의 대다수를 이루는 여성, 아동, 장애인 등을 설명하지 못하고 일하는 빈곤자에 대한 설명도 하지 못한다.
빈곤에 대한 이론적 관점에서 사람들은 왜 가난해지는 것일까? 사람들의 가치판단이나 정치적 이념에 따라 답이 달라진다. 빈곤의 원인을 설명하는 이론은 다양하다. 이론별 차이는 살펴볼 수 있으나 빈곤대책에 대한 세부적인 내용을 구분하는 것은 쉽지 않다.
빅죠지와 폴 윌딩의 사회복지 이데올로기 구분법에 따라 비교해보면 먼저 극우파인 반집합주의자의 주장이다. 학자는 프리드리히 하이예크와 밀턴 프리드만이다. 이들은 복지에 대해 부정적인 태도를 갖고 있으며 자산조사에 근거한 최소한의 급여를 선호한다.
둘째 중도우파인 소극적 집합주의자의 주장이다. 학자는 비버리지와 갈브레이드이다. 국가복지를 인정하고 지지한다. 비버리지는 가난해진 이유와 상관없이 최저생활을 보장받아야 한다고 생각했다. 그리고 최소한의 투자가 우선적으로 이루어져야 한다고 보았다. 단 정부가 최저수준 이상을 제공하는 것은 개인의 자유를 침해하는 것으로 보고 반대하였다.
끝으로 극좌파인 맑스주의자의 주장이다. 킨케이드는 사회주의적 사회보장체계는 보편적인 것이어야 하며, 일반조세로부터 재정을 충당해야 한다고 주장했다. 그리고 보험 방식과 자산조사 방식 모두 폐지되어야 한다고 주장했다.

3. 현대 빈곤

이상의 빈곤에 대한 정의와 논의들을 토대로 오늘날의 빈곤은 고전적 빈곤에서 새로운 빈곤으로 변화되고 있다고 본다.

1) 고전적 빈곤

노동현장에서의 지위 확보가 빈곤을 막는 조건으로서 저소득, 저임금, 실업 등의 생활 환경악화, 질병, 다자녀 등에 의한 빈곤, 그리고 교육부재 등으로 인한 차세대 빈곤을 낳은 순환구조였다.

2) 오늘날의 빈곤

생산과 소비의 사회적 확대로 인한 개인생활의 자율성 상실과 생활의 사회화의 진행의 결과 생활의 외적 수요를 위한 재화, 서비스 비용의 확대되고 대량 선전에 의한 소비의욕의 자극에 소비자 금융과 신용이 편승하여 수입은 올라가도 생활상태는 그다지 나아지지 않는 결과를 빚는다. 장시간 과밀노동으로 원거리통근이나 부부노동(맞벌이)으로 인한 가족관계, 가사, 양육의 곤란, 부담, 이로 인한 과로사나 가정붕괴도 가져온다.

빈곤이 노동(퇴직금 문제, 정리해고 등 변형근로제, 비정규직) 뿐만 아니라 소비, 가족생활 면까지 확대하여 주택, 교육 등 생활기반 문제로까지 확대된다.

오늘날의 빈곤은 다양화되고, 확대됨과 동시에 상시적 성격을 내포하고 있다. 특히, 개발도상국의 기아, 궁핍문제로 아시아에서만 10억 명이 절대빈곤에 허덕이고 있으며 세계빈곤계층의 2/3가 아시아에 밀집하여 하루 1달러 미만(세계은행에서 지정한 빈곤선)으로 생활하고 있고 또한 선진국의 실업, 무주택자(홈리스)가 대량 발생하고 있다.

일반적으로 빈곤의 개념은 '절대적 빈곤'과 '상대적 빈곤'으로 구분하여 이야기할 수 있다. 절대적 빈곤은 객관적으로 결정한 절대적 최저한도보다 미달되는 상태를 말하는데, 흔히 의식주 등 기본적 욕구를 해결하지 못하는 상태로 보고, 절대빈곤선 개념을 토대로 생존의 의미를 강조한다. 따라서 절대적 빈곤은 실질경제성장이 계속되어 그 사회의 전반적인 생활수준이 향상되면 빈곤선 이하의 생활을 하는 사람의 숫자도 감소하게 된다. 상대적 빈곤은 동일 사회 내의 다른 사람과 비교하여 적게 가지는 것을 말하는데, 이는 특정사회의 전반적인 생활수준과 밀접히 관련된 개념이어서 경제 · 사회발전에 따라 정책적으로 중시되며 상대적 박탈과 불평등의 개념을 중시한다. 따라서 상대빈곤선은 특정사회의 구성원 대다수가 누리는 생활수준에 못 미치는 수준을 말하는데, 이것은 특정사회의 사회적 관습과 생활수준에 따라 크게 달라진다. 우리나라의 빈곤계층은 크게 도시빈곤층과 농촌빈곤층으로 나누어 볼 수 있다. 우리나라의 농촌 빈곤가구는 생활능력이 없는 거택보호대상자와 경작농지를 가지고 있지 못하거나 경작규모가 영세한 농민 또는 농업노동자 가구들로 구성되어 있다. 도시빈곤층은 농촌의 경우와 같이 생활능력이 없거나 생계에 미치지 못하는 저소득을 갖는 국민기초생활수급자 가구들, 1960~1970년대에 도시로 이입해 온 영세농민층 이입민들, 낮은 중산층에 속해 있던 가구와 가구주의 사망, 가구원의 질병, 살고 있던 집을 팔거나 전세금을 빼 영세민으로 전락한 가구들, 그리고 차상위 계층이 있다. 차상위 계층이란 특정의 기준시점에서 소득이 최저생계비 이상인 계층이며 따라서 공공부조에서 배제되는 집단이다.

(정보) 차상위 계층에 해당한다고 모두 의료급여를 받는 것은 아니지만 차상위 의료보호 대상자가 되려면 소득과 재산이 기준 이내의 차상위 계층에 해당하면서 고정적인 의료비지출이 발생해서 이 고정적 지출요인을 차감하면 생계가 최저생계 이하로 내려가는 경우 의료보호를 받게 되는 것이다. 차상위 계층이라는 것을 알아보기 위해서는 소득인정액이라는 것을 산출한다. 선정 대상의 여부를 알아보기 위해서는 가족의 근로능력의 유무, 소득수준, 재산, 부채, 기타 부양의무자의 존재여부 및 해당인의 소득 및 재산, 건강상태나 장애여부 등등 여러 가지 알아야 할 것들이 많다. 이러한 내용

들을 종합하여 차상위계층을 신청하고자 하는 가족 수에 따른 최저생계비가 있다. 매년 보건복지가족부장관이 공포하는 것으로 1인 가족의 경우 490,845원, 2인 가족의 경우 835,763원, 3인 가족의 경우 1,081,186원, 4인 가족의 경우 1,326,609원, 이런 식으로 가족 수에 따라 최저생계비가 있는데 차상위 계층의 선정기준이 바로 이러한 최저생계비의 120% 소득 이내여야 한다는 것이다.

최저생계비에 못 미치면 기초생활수급권자가 되는 것이니 위 금액의 100% 이하가 되며 그리고 100～120%까지를 차상위 계층이라 보는 것이다. 여기서 차상위 계층에 해당하는 사람이 의료비지출을 빼면 바로 최저생계비에 소득인정액이 못 미치게 될 때에 차상위 의료보호를 받을 수 있는 것이다. 문제는 재산과 소득을 소득인정액으로 산출하는 방법이다. 이를테면 4인 가족의 경우 4인 가족 기준 최저생계비가 1,326,609원인데, 120%하면 1,591,930원이 되는 데 소득인정액이 이 이내에 들어야 한다는 것이다.

4. 빈곤발생 원인

빈곤은 개인의 책임인가, 사회의 책임인가, 그것은 사람들의 가치판단, 정치적 이념에 따라 크게 달라질 수 있다. 보수적 입장에서는 빈곤은 무능력, 나태의 산물이다. 빈곤발생 원인을 설명하는 몇 가지 이론들 중에서 빈곤발생의 개인적 원인들은 빈곤발생 원인을 개인적 원인에서 찾는 이론이 존재하는 데 이에는 인적자본이론, 개인선택이론, 상속이론 등이 있다. 인적자본이론은 자신의 인적자본이 낮기 때문에 저임금에 종사하게 되고, 이에 따라 빈곤하게 된다. 개인선택이론은 노동과 여가 중 여가를 선택한 개인들이 빈곤하게 되고 상속이론은 유전적 요인, 부모의 양육, 사회적 교류 등의 상속이 부재하여 빈곤이 발생하게 된다.

빈곤발생의 사회적 원인들은 노동시장분절론, 사회적 배제론 등이 있다. 노동시장분절론은 분절된 노동시장 속에서 낮은 임금과 열악한 노동조건에 종사하게 되는 집단들의 빈곤이 발생(여성, 장애, 학력 등)한다. 사회적 배제론은 경제적 소득뿐만 아니라 정치적 요인, 사회적 관계에서 특정 집단의 사람들이 배제되어 빈곤이 심화되고 해결되기 어려움이 있다.

빈곤은 왜 발생하는 지에 대하여 개인의 나태함으로 빈곤의 원인을 설명하는 이론은 현실설명력이 떨어진다. 오히려 노동시장분절과 사회적 배제를 중심으로 빈곤발생 원인과 현황을 검토하는 연구가 주도적이며 특히, 사회적 배제이론은 빈곤층의 생애사적인 변화를 추적한다. 즉 청소년기의 교육기회 배제가 이후 노동시장에서의 배제로 연결되며, 이것이 이후 절대빈곤과 노숙의 길로 연결될 수 있다.

빈곤의 발생경로는 소득의 감소뿐만 아니라 지출의 증가, 사회보장체계를 동시에 고려해야 하며 특히, 빈곤의 악순환에 있어서 사회보장체계, 소비의 지출이 중요한 영향을 미친다.

김영삼 후보가 대통령에 당선되던 1992년. 그 당시 우리나라는 전체 가구의 75%가 중산층이었다. 중위소득의 50~150%(월 200만 원이 국민 전체 소득의 중간치일 경우 100만~300만 원)를 버는 가구를 중산층으로 분류하는 일반 기준을 적용한 결과다. 100명 중 75명은 남들과 비교했을 때 아주 잘 살지는 못해도 그렇게 못 살지도 않았던 셈이다. 하지만 이때를 정점으로 국내 중산층 비중은 꾸준히 하향 곡선을 그렸다. 김 전 대통령 집권 말기에 벌써 68.5%(1996년)로 떨어졌고 외환위기 때인 1998년에는 65%, 2006년에는 58.5%로 내려앉았다. 1996년 이후 감소한 중산층의 3분의 1은 상류층으로 이동했지만 나머지는 고스란히 빈곤층으로 추락했다. 특히 자영업자는 줄고 비정규직의 증가가 주요인이 되고 있다.

소득 기준이 아닌 주관적 귀속 의식 측면에서도 중산층의 감소세는 가파르다. 서울대 사회발전연구소 조사에 따르면 자신을 중산층이라고 생각하는 사람의 비율은 외환위기 직전인 1997년에는 41%였으나 2007년에는 28%로 줄었다.

이렇게 빠른 중산층 감소와 빈곤층의 증가는 비단 우리나라만의 문제는 아니다. 세계화와 기술 진보 등이 맞물리면서 전세계에 공통적으로 나타나고 있는 현상이다. 하지만 우리나라는 그 속도가 다른 어느 나라보다 빠르다. 외국에서도 중산층 비중이 감소하고 있지만 한국처럼 급격히 진행된 나라는 찾기 힘들다. 그 주된 원인 중 하나로 높은 자영업 비중을 들었다. 2005년 33.6%에 이르던 자영업자 비율이 최근 25%로 급감했고 퇴출 자영업자의 상당수가 실업자나 저임금 근로자로 전환돼 빈곤층으로 떨어졌다는 것이다.

일용직 등 중하층이 복지 사각지대에 내몰리고 있는 것도 그 중 하나이다. 외환위기 이후 비정규직이 늘어 저임금(정규직 대비 85%) 근로자가 급증한 것도 중산층 감소를 부채질했다. 2009년 우리나라의 비정규직 비율은 경제협력개발기구(OECD) 30개국 중 스페인에 이어 두 번째로 높았다. 과도한 사교육비 부담도 우리나라만의 독특한 위험 요소다. 교육비 가운데 사교육비 비중이 1982년 13.5%에서 지난해 63.6%로 4.7배가 됐다. 단기적으로는 중산층의 경제력에 타격을 주고 장기적으로는 학력의 양극화를 낳는 이유가 되고 있다. 이런 가운데 2008.9월 발생한 글로벌 경제위기는 중산층을 더욱 배겨내기 힘든 상황으로 몰아가고 있다. 임시 · 일용직과 영세 자영업자 등 취약 계층을 중심으로 일자리와 소득이 줄면서 중산층에서 빈곤층으로 빠른 속도로 전락하고 있다. 소득불평등도를 나타내는 지니계수는 지난해 도시가구 기준 0.325로 통계청이 관련 자료를 보유한 1990년 이후 최고치를 기록했다. 중산층이 엷어지면서 개인들의 삶이 불행해지는 것은 물론이고 사회 전체적으로도 발전동력이 약화되는 문제가 나타나고 있다. 중산층은 사회 안정과 균형 발전의 기반으로 개혁, 개방, 자유화를 이끄는 근간으로 중산층의 위기는 변화의 통로를 막아 사회의 활력을 떨어뜨리는 요인이 된다.

중산층, 그 중에서도 임시 · 일용직과 영세 자영업자 중심의 중하층(중위소득의 50~70%)은 사회로부터의 보호 수준도 다른 어떤 계층보다 취약하다. 현재의 사회안전망이 공공부조(빈곤층)와 사회보험(중간층 이상) 중심이어서 중하층은 복지의 사각지대에 놓여 있기 때문이다.

한국의 빈곤이 상상을 넘는다. '98년 외환위기 이후 적나라한 모습을 드러낸 계급불평등은 우려의 수위를 넘어선지 오래다. 21세기에 들어 800만 명이 생계도탄에 빠져있다. 상위 10% 사람들은 소득이 높아지는 반면, 하위 40%는 소득이 점점 줄어들고 있다. 5년 전보다 향후 10년간의 절대빈곤층이 더 많을 걸로 전망하는 아프리카처럼 경제구조가 거꾸로 후진하고 있다. 한편, 전세계의 가장 부유한 사람들 1% 소득이 가장 가난한 사람들 60% 소득과 같다는 통계이다. 사람의 능력이 어떻게 60배나 차이가 날 수 있는지, 착취경제가 아니면 이해할 수 없는 일인지 의문이다.

낮은 사회계층일수록 사망률이 증가한다. 육체노동자의 사망률이 비육체노동자에 비해 높다. 남자보다는 여자가, 대졸자보다는 무학력자의 사망률이 훨씬 더 높다. 또 물질적 결핍수준이 높은 지역일수록 사망률이 증가한다. 물론 건강불평등은 당대에만 그치지 않는다. 낮은 사회계층에서 영아사망률이 높다. 부모의 사회계층 차이에 따라 출생체중의 사회 계급적 차이가 갈수록 증가하고 있다. 특히 1998년 이후, 아버지의 교육수준과 직업수준의 차이에 따른 출생아 체중의 간극은 더욱 벌어지고 있다.

자살은 불안정노동의 증가, 실업의 증대 및 저임금의 확산과 밀접하게 연관돼 있다. '가난은 나라님도 구제 못 한다.'는 봉건적 사고에 젖어 시혜정책의 한계를 지적하는 것은 사회적 책임을 회피하자는 것과 같다. 은근히 선진국형임을 자랑하는 하루 8명의 자살자 가운데는 생계자살이 3명이나 된다. 기실 8명 모두가 사회적 타살이겠으나, 생계형은 보통 사회폭동 직전에 발생하는 현상이기에 문제가 더욱 심각한 것이다. 지난해 대한민국 인구 10만 명당 25.2명이 스스로 목숨을 끊었다. 경제협력개발기구(OECD) 국가 중 최고다. 전체 사망자의 4.7%가 자살이다. 사고로 숨진 사람보다 많다. 목숨을 건지기는 했으나 자살을 시도했던 사람은 이보다 훨씬 많을 것이다. 당사자는 안타깝고 지배체제는 부끄럽다. 매일 1.3명이 한강에 투신하고 있다. 10년 전에 비해 2.4배나 늘었다. 자살자 가운데 한창 일할 나이인 30~

50대가 전체의 62.7%에 이른다. 특히 가장의 짐을 지고 있는 남성의 자살 사망률이 여성의 2~3배에 달한다.

제2절 공공부조와 사회보장

공공부조는 사회보험과 함께 '사회보장제도'의 한 유형이다. 공공부조는 자본주의 사회의 모순이 심화됨에 따라 그 구조적 산물로서 빈곤이 발생됐다는 역사적 인과관계를 인정하여, 국가의 책임 하에 일정한 법령에 따라 공공비용으로 경제적 보호를 요구하는 자들에게 개인별 보호 필요에 따라 주게 되는 최저한도의 사회보장을 일컫는다. 공공부조는 1891년에는 최초로 덴마크에서 탄생하였다. 공공부조는 나라마다 상이하게 표현되고 있다. 우리나라와 일본, 미국에서는 법률상 공공부조 또는 공적부조(Public Assistance)로, 영국에서는 국가부조(National Assistance)로, 프랑스에서는 사회부조(Social Assistance)로 표현한다.

우리나라에서는 종래에는 공적부조라는 용어를 사용하였으나, 1995년 12월 30일 제정된 사회보장기본법에서 공공부조라는 용어로 변경하였다. 우리나라의 사회보장기본법 제3조 제3호에 의하면, 공공부조라 함은 국가 및 지방자치단체의 책임 하에 생활유지 능력이 없거나 생활이 어려운 국민의 최저생활을 보장하고 자립을 지원하는 제도를 의미한다고 정의하고 있으며, 현재 공공부조와 관련해서는 '국민기초생활보장제도'가 실시되고 있다.

우리나라의 공공부조법인 국민기초생활보장법상에는 공공부조의 목적에 대해 헌법상 국민의 생존권 보장이념에 그 근거를 두며, 생활유지의 능력이 없거나 생활이 어려운 자에게 필요한 급여를 행하여 이들의 최저 생활을 보장하고 자활을 조성하는 것을 목적으로 한다(국민기초생활보장법 제1조).

공공부조제도는 생활이 곤란한 자의 최후의 안정만으로서 '최저생활'을 보장하는 데 일차적인 목적이 있다. 여기서 '최저생활'이란 헌법 34조의 '인간다운 생활', 국민기초생활보장법 제4조의 '건강하고 문화적인' 최저생활을 의미한다.

공공부조제도는 최저생활을 보장하는 것만이 아니라 궁극적으로 생활이 어려운 자의 자립을 조장하는 것을 목적으로 한다. 자활조성이란 경제적 의미에서의 자활뿐만 아니라 인격적 의미에서의 자활을 동시에 의미한다.

1. 공공부조의 의의

공공부조의 대상은 부양의무자가 없거나 혹은 있어도 부양능력이 없거나 부양을 받을 수 없는 자로서 소득인정액이 최저생계비 이하인 자이며 급여의 종류는 총 7가지 급여로 그 중 해당되는 사항에 대해서만 지급한다. 생계급여, 주거급여, 의료급여, 교육급여, 해산급여, 장제급여, 자활급여가 있으며 자활제도는 기초법 대상자 중 노동능력있는 대상자는 근로능력자로 산정해 자활에 의무적으로 참여하도록 하고 있다.

공공부조의 목적은 최저생활보장의 목적, 자활조성(자립조장)에 있다.

공공부조는 국가와 지방자치단체 및 관련 공공기관이 국가의 일반조세수입을 재원으로 하여 생활유지능력이 없는 곤궁자와 무능력자의 최저생활을 보장하고, 자립을 지원하는 제도로서 공공부조의 기본원리는 다음과 같다.

(1) 생존권보장의 원리

국민기초생활보장법 제1조 규정은 전체가 생존보장의 원리는 나타낸다. 기초생활보장제도는 국민의 생존권을 보장하기 위한 제도로서의 의의 내지 역할을 지니고 있다는 취지의 원리를 나타낸다.

(2) 평등보장의 원리

우리나라 헌법에서는 "모든 국민은 행복을 추구할 권리를 가진다."(제10조). 그리고 "모든 국민은 법앞에서 평등하다."(제11조)라고 규정하고 있다. 또한 국민기초생활보장법에서는 본 법의 수급권자의 범위를 규정하고 있다(제5조). 모든 국민에 대해여 생활의 어려움에 대하여 포괄적 보장을 해야 할 생존권보장의 이념에 입각하여 모든 국민은 공공부조의 법률적 요건을 충족하는 한 원인, 인종, 신조, 성별 및 사회적 신분의 여하를 불문하고 평등하게 보장을 받을 권리가 있다. 각각의 최저한의 생활보장상 의미 있는 생활조건의 차이를 인식하며, 이를 고려한 급여의 결과로서 보장되는 최저생활수준이 실질적으로 동일하게 급여가 이루어지는 것을 의미한다.

(3) 최저생활보장의 원리

생존권 보장을 그 제도가 보장하고 있는 생활내용 면에서 본 원리인데, 이 제도에 의하여 급여를 받는 자는 최저한도의 수요가 충족될 수 있는 정도의 생활을 모든 국민에게 한결같이 보상하는 것이다. 모든 국민이 최저한도의 생활이 객관적으로 보장될 수 있도록, 그리고 이러한 보장을 위협하는 원인을 배제하는 조치를 취하는 원리이다.

(4) 보충성의 원리

본 법의 급여를 받으려고 하는 사람은 그 전제조건으로서 개인적으로 가능한 모든 자원을 동원하여 생활유지에 최대한 노력해야 하고 그렇게 노력한 하더라도 부족할 경우에, 그 부족한 부분을 본 법의 제도를 통해 급여하자는 원리인 것이다(국민기초생활보장법 제3조1, 2항).

(5) 국가책임의 원리

공공부조의 재원은 국민의 세금에 의해 충당됨으로써 당연히 궁극적인 책임을 국가가 진다. 우리나라 헌법에 생활능력이 없는 국민은 법률이 정하는 바에 의해 국가의 보호를 받는다고 되어 있다.

1970년대 후반 이후 현재까지 OECD 주요 국가들은 기초보장에 대한 사회적·국가적 지지가 후퇴되는 현상이 뚜렷하였다.

실업자에 대한 실업급여기간을 단축하는 것이 가장 전형적인 방법이며, 독일, 이태리, 덴마크에서 그 예를 찾아볼 수 있으며, 극단의 경우로서 미국 AFDC program은 연방정부 재원에 의한 수급기간을 평생에 걸쳐 5년 이내로 제한한다.

다양한 형태의 노동을 요구하는 Workfare, 일정 수준의 학교교육 이수를 요구하는 Learnfare, 적극적 구직활동을 요구하는 Active Labor Market Policy 등 명칭과 프로그램의 내용은 상이하지만 이들의 공통적인 목적은 공공부조를 수급하는데 번잡한 과정과 조건이행을 요구함으로써 가능한 수급을 기피하도록 유도하는데 있다.

미국의 공공부조의 특징은 분립형 공공부조체계이며 대상 및 욕구에 따라 다양한 개별제도로 분리 · 운영된다는 점이다. 제도별로 선정기준, 급여방식 및 수준, 전달체계, 운영주체 등이 다르나 일부 제도간에는 급여의 중복 등을 방지하기 위한 상호연계장치가 마련되어 있다.

영국의 공공부조는 비기여형 급여 혹은 보편적 급여(국민보험 기여금의 납부 기록이나 자산조사 없이 욕구에 기초하여 지급되는 급여), 자산조사급여[자산조사(means-test)를 거쳐 수혜대상자를 선별하는 급여]라는 점이다. 비기여형 급여의 종류로는 질병 및 장애로 인한 신변처리의 어려움을 돕기 위한 장애생활수당(Disability Living Allowance), 아동수당(Child benefit), 보호자수당(Guardian's Allowance), 고용주가 지급하는 법정상병급여(Statutory Sick Pay) 및 법정해산수당(Statutory Maternity Pay), 산재보상급여(Industrial Injuries Scheme benefit), 장애인 보호수당(Invalid Care Allowance), 중증장애인수당(Serve Disablement Allowance), 요보호 노인의 보호수당인 개호수당(Attendance Allowance) 등이 있다. 자산조사급여의 종류로는 소득보조(Income Support), 가족공제(Family Credit), 주택급여(Housing Benefit), 지방세금공제(Council Tax Benefit), 사회기금(The Social Fund) 등이 포함된다. 자산조사를 통한 공공부조급여 중 가장 대표적인 것은 소득지원(Income Support)으로서 이 제도는 1988년 4월에 도입되었으며, 기존의 보충급여(Supplement Benefits)가 변경된 것이다.

독일의 공공부조는 1962년 연방사회부조법(Bundessozialhilfegesetz : BSHG)에 법적 근거를 두고 있으며, "문화적이면서도 인간다운 생활을 할 가능성이 없는 자의 생계지원"을 사회부조의 목적으로 한다. 독일의 공공부조급여에 있어서 기본 전제는 위기로부터 일정기간동안 개인을 보호한다는 것이고 그 중심적인 원칙은 자조(Hilfe zur Selbsthilfe)를 위한 원조(Vorges and Rohwer, 1992)이다. 독일 공공부조에 있어서 중요한 특징은 다른 사회복지제도와는 달리 개별화(Individualisierung)와 보충성(Nachrang)의 두 가지 원칙이 근간을 이룬다. 개별화는 부조의 방식 및 형식 그리고 정도가 각 개인의 특수성에 따르는 것을 의미하며 각 개인은 자기가 처한 특수 상황에 맞게 도움을 받는다. 공공부조의 기본형태는 수급자가 희망하는 특정 부조가 적절할 경우 최대한의 부조를 급여 받을 수 있도록 규정 또한, 사회복지관, 수용시설 혹은 관련시설에서 지원을 받고자 하는 경우에는 지원 내용과 지원금 지급은 해당기관과 협의에 의하여 이루어지도록 한다. 보충성의 원리는 자립할 수 없거나 필요한 도움을 다른 이로부터 받을 수 없는 사람만이 지원 받는 것을 의미한다. 독일의 공공부조의 기능은 생계유지를 위한 부조(Hlife zum Lebensunterhalt), 특별한 생활환경을 위한 부조(Hilfe in besondern Lebenslagen)로 구분된다.

생계유지를 위한 부조(Hlife zum Lebensunterhalt)는 법적인 수급자격을 갖춘 사람에게 제한되지 않은 기간동안 일정한 급여를 제공하는 것으로 기본급여, 부가급여, 주택급여, 광열비 등이 포함되며 의복이나 가구 등과 같은 현물을 위한 일괄지급(Lump-sum payment)도 이에 포함된다. 특별한 생활환경을 위한 부조(Hilfe in besondern Lebenslagen)는 장애인, 노인, 의료보험이 없는 사람이나 기타 다양한 형태의 특별한 욕구가 있는 사람들을 위한 지원으로 그것들 중 일부는 법으로 정해져 있으며 일부는 임의규정이다.

2. 국민기초생활보장제도

경제 위기로 인하여 생계유지가 어려운 저소득층의 생활안정을 위하여, 생활보호, 실업급여, 공공근로, 노숙자보호, 한시생활보호, 생업자금융자 등 사회안전망사업을 실시하고 있다. 단순생계지원이 아닌 수급자의 자립생활을 촉진하는 생산적 복지 지향의 종합적 빈곤대책이 필요하다.

급여의 기본원칙은 첫째, 최저생활보장의 원칙으로 생활이 어려운 자에게 생계, 주거, 의료, 교육, 자활 등 필요한 급여를 행하여 이들의 최저생활을 보장한다.

둘째, 보충급여의 원칙이다. 급여수준을 생계, 주거, 의료, 교육 급여액과 수급자의 소득인정액을 포함한 총금액이 최저생계비 이상이 되도록 지원한다. 즉 가구별 최저생계비와 소득인정액의 차액을 급여로 지급한다.

셋째, 자립지원의 원칙이다. 보장기관은 근로능력이 있는 수급자에게 자활사업에 참여할 것을 조건으로 생계 급여를 지급한다.

넷째, 개별성의 원칙이다. 급여수준을 정함에 있어서 수급권자의 개별적 특수상황을 최대한 반영한다.

다섯째, 가족부양 우선의 원칙이다. 급여신청자가 부양의무자에 의하여 부양될 수 있는 경우에는 기초생활보장급여에 우선하여 부양의무자에 의한 보호가 먼저 행해져야 한다.

수급자 선정기준의 변화로서 소득인정액 도입에 따라 수급자 선정기준이 소득평가액 기준, 재산기준, 부양의무자기준에서 소득인정액 기준, 부양 의무자 기준의 2개 기준으로 통합한다.

소득인정액기준이 변경 전('02년까지)에는 소득평가액기준인 재산기준, 금액기준, 실물기준(주택, 농지, 승용차)에서 '03년부터 소득평가액으로 재산의 소득환산액(실물기준 폐지)으로 변경되었다. 소득인정액 기준은 수급권자 가구의 소득인정액이 가구별 최저생계비 이하인 경우이다.

부양 의무자 기준으로 소득인정액은 다음과 같다.

소득인정액=소득평가액+재산의 소득환산액

여기서 소득평가액=(실제소득-가구특성별 지출비용-근로소득공제)이다.

재산의 소득환산액은 [(재산-기본재산액-부채) * 소득환산율]이다.

부양의무자 기준은 부양의무자가 없거나 부양의무자가 있어도 부양능력이 없거나 또는 부양을 받을 수 없는 경우이다. 부양의무자의 범위는 수급권자의 1촌의 직계혈족(부모, 아들·딸 등) 및 그 배우자(며느리, 사위 등)이다. 단, 재산특례는 부양의무자 가구에 근로능력이 있는 가구원이 없거나 또는 재산이 주택에 한정되어 있는 경우에만 적용한다.
예외적인 사항은 다음과 같다.

부양의무자가 출가한 딸, 배우자와 이혼·사별한 딸인 경우는 부양의무자 가구의 재산은 고려하지 않고, 실제소득이 'B의 130%'를 넘는 경우에도 부양능력 미약에 해당
부양의무자가 출가한 딸에 대한 친정부모: 부양의무자 가구의 실제소득이 'B의 130%'를 넘는 경우에도 부양능력 미약에 해당한다.

부양능력 미약자에 대한 부양비 산정은 다음과 같다.
부양능력이 미약한 경우 수급권자에 대한 부양비 지원을 전제로 부양능력이 없는 것으로 인정한다.

부양비 = (부양의무자 실제소득 − 부양의무자가구 최저생계비의 130%) × 부양비 부과율

여기서 부양비 부과율은 수급권자와 부양의무자의 관계에 따라 15%, 30% 차등 적용한다.
부양능력 있는 부양의무자가 있어도 부양을 받을 수 없는 경우
부양의무자가 병역법에 의해 징집·소집되거나 해외이주, 교도소·구치소·보호감호시설 등에 수용, 또는 행방불명에 해당되는 경우 인정 가능하다.
가족관계 단절 등을 이유로 부양을 거부하거나 기피하는 경우에도 인정 가능하다.
각종특례는 다음과 같다.
개인단위 보장에 따른 수급권자 범위의 특례는 다음과 같다.

의료급여 특례는 다음 요건 충족시 지속적인 의료비 지출을 요하는 가구원 개인에 한하여 의료급여를 실시한다.
소득인정액에서 6개월 이상 지속적으로 지출되는 의료비를 공제하면 수급자 선정요건에 해당하나, 수급자 선정 이후에는 공제 대상 지출이 발생하지 않아 소득인정액기준을 초과하는 가구
교육급여 특례는 소득인정액에서 중고등학생 학비(입학금, 수업료)로 지출되는 비용을 공제하면 수급자 선정요건에 해당하나, 수급자 선정 이후에는 공제대상 지출이 발생하지 않아 소득인정액기준을 초과하는 가구에 대하여 해당 학생 개인에게 교육급여 지급
자활급여 특례는 수급자가 자활근로, 자활공동체, 자활인턴 등 자활사업에 참가하여 발생한 소득으로 인하여 소득인정액이 선정기준을 초과한 경우 해당자 개인에 대하여 자활근로, 자활공동체, 자활인턴 등에 참가할 수 있도록 자활급여를 계속 지급한다.
외국인에 대한 특례는 출입국관리법 제31조에 따라 외국인 등록을 한 자로서 다음에 해당하는 경우이다.
대한민국 국민과 혼인 중인 자로 대한민국 국적의 미성년자녀인 계부(모)자관계 및 양친자관계를 포함하여 양육하고 있는 자로 대한민국 국민인 배우자와 이혼하거나 그 배우자가 사망한 자로서 대한민국 국적의 미성년 자녀를 양육하고 있는 자(미성년 자녀는 만20세 미만인 자를 의미)이다.
급여의 기본원칙은 다음과 같다.

첫째, 최저생활보장의 원칙이다.
생활이 어려운 자에게 생계 · 주거 · 의료 · 교육 · 자활 등 필요한 급여를 행하여 이들의 최저생활을 보장한다.
둘째, 보충급여의 원칙이다.
급여수준을 생계 · 주거 · 의료 · 교육 급여액과 수급자의 소득인정액을 포함한 총금액이 최저생계비 이상이 되도록 지원한다. 즉, 가구별 최저생계비와 소득인정액의 차액을 급여한다.

셋째, 자립지원의 원칙이다.

보장기관은 근로능력이 있는 수급자에게 자활사업에 참여할 것을 조건으로 생계급여를 지급한다.

넷째, 개별성의 원칙이다. 급여수준을 정함에 있어서 수급권자의 개별적 특수 상황을 최대한 반영한다.

다섯째, 가족부양 우선의 원칙이다.

급여신청자가 부양의무자에 의하여 부양될 수 있는 경우에는 기초생활보장급여에 우선하여 부양의무자에 의한 보호가 먼저 행해져야 한다.

여섯째, 타 급여 우선의 원칙이다.

급여신청자가 다른 법령에 의하여 보호를 받을 수 있는 경우에는 기초생활보장급여에 우선하여 다른 법령에 의한 보호가 먼저 행해져야 한다(TV시청료, 주민세, 건강보험료 등).

급여 개요에 있어서 급여의 종류는 생계급여, 주거급여, 자활급여, 교육급여, 해산급여, 장제급여, 의료급여이다.

생계급여는 일반생계급여로 대상자는 의료 · 교육 · 자활급여의 특례자, 에이즈쉼터거주자, 노숙자 쉼터 또는 한국갱생보호공단시설 거주자 등 정부로부터 생계를 제공받는 자를 제외한 모든 수급자이다. 보장시설수급자는 별도의 급여기준에 의해 지급된다.

급여액은 주거급여 제외 대상자를 제외한 모든 수급자에 대하여 최저생계비 중 최저주거비를 분리하여 주거급여로 지급, 주거급여는 가구별 0원~최저주거비까지 정률급여로 지급하며, "자가가구 등"에 해당하는 수급자에게 가구별 현금급여액에 해당하는 금액을 차감한 나머지를 주거 현금급여로 지급된다.

가구별 생계급여액 = 현금급여기준액 – 가구의 소득인정액 – 주거급여액

현금급여기준은 최저생계비에서 현물로 지급되는 의료비 · 교육비 및 타법지원액(주민세, TV수신료 등)을 차감한 금액으로, 소득이 없는 수급자가 받

을 수 있는 최고액의 현금급여수준이다. 주거급여는 대상자가 주거급여 제외 대상자를 제외한 모든 수급자이다. 주거급여 제외 대상자는 주거급여가 불필요하거나, 타 법령 등에 의하여 주거를 제공받고 있는 수급자로서, 의료 · 교육 · 자활급여 특례 수급자 및 보장시설에 거주하는 수급자 등이 포함된다.

급여액은 주거급여 제외 대상자를 제외한 모든 수급자에 대하여 다음의 기준에 의한 현금급여를 제공한다.

자가가구 등(수급자 본인 소유주택에 거주하는 자 등)에 해당하는 수급자에게 가구별 현물급여액에 해당하는 금액을 차감한 나머지를 주거 현금급여로 지급하며, 교육급여는 고등학생에게 입학금 · 수업료 · 교과서대(112.3천 원/인), 학용품비(46.6천 원/인) 를 중학생에게 부교재비(34천 원/인), 학용품비(46.6천 원/1인)를 지급한다.

해산급여는 출산시 500천 원, 장제급여는 사망자 1구당 500천 원를 지급한다.

3. 자활사업프로그램

근로능력자는 현재취업자, 조건부수급자, 조건부부과제외자, 자활특례자로 구분하고 조건부수급자는 다시 자활능력정도에 따라 비취업대상자와 취업대상자로 구분한다.

비취업대상자는 복지부 소관의 자활사업에 참여하고 취업대상자는 노동부 소관의 자활사업에 참여하게 된다. 다만 자활특례자와 근로 무능력자 중 희망자에 한해 복지부 소관자활사업에 참여할 수 있다. 현재 취업자의 경우에도 자신이 희망하면 노동부소관 자활사업에 참여할 수 있다. 문제점은 전체 수급자의 2.8%에 불과한 대상자 규모에 집중되어 있고, 강제참여는 불가능하며 자발적 희망자에게 국한될 수밖에 없는데 참여자가 미미하다. 또한 현 제도의 보충급여방식이 자신의 소득을 낮춰 신고할 수 있는 가능성이 있거나 노동참여로부터 단순한 소득획득 이상의 의미를 구현하고 있다. 따라서 국민기초생활보장법은 수급권의 권리성 강화, 국가의 책임성 규정 등 법정신의 현대성으로 인해 한국의 공공부조제도를 격상시켰다.

자활급여를 위한 종합자활 지원계획은 국민기초생활보장법 시행(2000.10월)에 따라 근로능력이 있는 수급자 등 근로빈곤층의 자활을 체계적으로 지원하기 위해 자활지원 수요, 자활사업 실시 및 재원조달, 자활사업 실시기관 육성, 지원 등에 관한 계획을 수립한다. 법적 근거는 국민기초생활보장법 제28조, 동법시행령 제13조 및 제37조에 의하여 자활사업 대상자의 근로능력·욕구에 따라 자활프로그램을 제공한다. 이 경우 복지부는 사회적응, 지역봉사, 자활근로, 자활공동체, 창업지원 등을 지원하고, 노동부는 직업적응훈련, 직업알선, 취업촉진사업 등을 실시한다.

[표 6-1] 자활사업단계별 추진전략

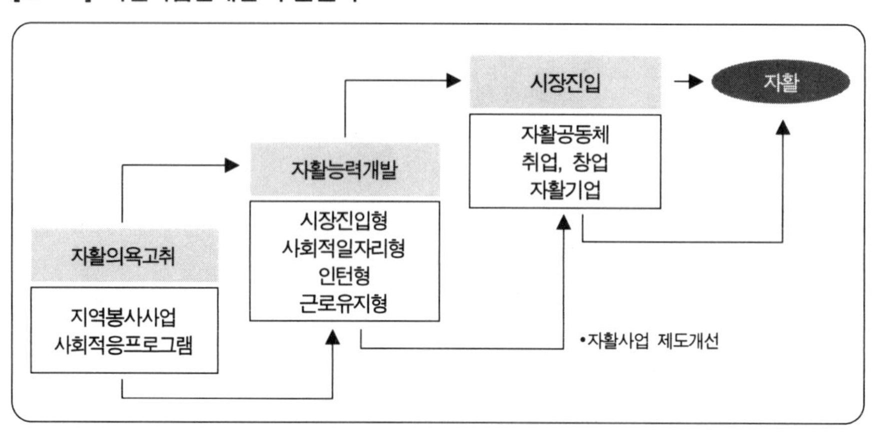

1) 사회적응프로그램

사업대상자는 근로의욕 미약자 또는 사회적응에 필요한 자활의욕 회복이 필요한 자(수급자)로, 프로그램의 내용은 근로의욕 고취 및 사회적응교육, 사례관리 및 집단프로그램, 지역연계활동 등이다.

2) 지역봉사사업(2005년 지방이양)

사업대상자는 근로능력이 낮아 지역사회 자원봉사활동 등을 통해 근로의욕 유지가 필요한 자로 사업실시기관은 지자체 또는 자원봉사센터, 복지관 등 민간위탁기관으로 사업내용은 교통지도, 지역환경정비, 공원관리 등 지역실정에 맞는 사업추진을 말한다.

3) 자활근로사업

기본방향 및 사업규모는 저소득층에게 자활을 위한 근로의 기회를 제공하는 사업으로 간병, 집수리, 청소, 자원재활용, 음식물재활용의 5대 전국표준화사업과 지역실정에 맞는 특화된 사업 개발을 추진하고 있다(86개 업종).

자활급여는 수급자 및 차상위 계층으로 시장진입형(기술자격자), 인턴형, 사회적 일자리형, 근로유지형 복지도우미와 자활공동체 참여자는 시장진입형(일반참여자 기준)이다.

자활급여는 사업종료 후 지체없이 계좌입금(신용불량 등의 경우 현금지급 가능)한다.

자활근로사업 유형은 다음과 같다.

(1) 시장진입형 프로그램

시장진입형 프로그램으로 대상사업은 투입예산의 20% 이상 수익금이 발생하고 일정기간 내에 자활공동체 창업을 통한 시장진입을 지향하는 사업이다. 시장진입형사업의 해당여부 판단기준은 기존사업인 경우 전년도 수익금이 발생액이 있는 경우이고, 신규사업은 사업실시 6개월 후의 수익금 발생액이 있는 경우이다. 사업 추진은 사업단 구성 후 2년(1년 연장가능)이내에 자활공동체 창업이 가능한 경우이다.

자활후견기관은 자활근로사업의 25% 이상을 반드시 시장진입형으로 실시한다.

(2) 사회적 일자리형 프로그램

사회적 일자리형 프로그램 대상사업은 수익성은 떨어지나 사회적으로 유용한 일자리 제공으로 자활능력 배양 후 시장진입을 지향하는 사업으로 사업단 및 도우미 형태이다.

사업종류는 자활근로사업단형태로 기존 공익형 자활근로사업단 방식(무료간병, 집수리 등)이다.

자활사업도우미는 자활사업실시기관(참여자 40명 이상)에 근무하고, 복지도우미는 시, 군, 구 또는 읍, 면, 동 사회복지담당 보조로 참여한다. 이에는 보육지원도우미, 급식도우미, 복지시설도우미 등으로 사회적 일자리형도 참여자 10인 이상시 전담관리인력으로 참여자의 활용이 가능하다.

복권기금 가사, 간병 방문도우미사업은 '복지서비스 제공'에다가 '사회적 일자리 창출' 동시달성이 가능하다.

참여자는 근로능력이 있는 저소득층(실제소득이 최저생계비의 150% 이하인 자)이고 수혜자는 가사, 간병서비스가 필요한 저소득층으로 근무조건은 주 5일, 1일 7시간 근무이다.

(3) 인턴형 프로그램

인턴형 프로그램의 대상사업은 노동시장에서 자활인턴사원으로 근로를 하면서 기술, 경력을 쌓아 취업을 통한 자활을 도모하는 취업유도형 사업이다. 사업추진은 참여자의 기술, 경력 습득가능 업종의 업체(회사, 개인)를 선정하여 민간에 위탁하는 것으로 이·미용, 요리, 전기, 용접, 정비, 운전, 제과·제빵 등이 있다.

6개월 단위 계약, 사회보험료(사업주분)는 업체부담, 업체에서 추가급여 지급이 가능하다.

시, 군, 구의 업체 및 신청자의 수요를 조사 후 시, 도에서 조정 후 광역단위로 사업을 실시한다.

(4) 근로유지형 프로그램

근로유지형 프로그램 대상사업은 현재의 근로능력 및 자활의지를 유지하면서 향후 상위 자활사업 참여를 준비하는 사업으로 지자체가 직접 시행한다. 사업추진은 차상위 계층의 참여가 가능하며, 노동강도가 낮은 지역사회복지서비스 분야를 중심으로 추진하되, 별도의 사업예산으로 추진하는 분야에 자활사업예산의 집행이 불가하며 근로유지형사업은 전체 자활근로사업의 45% 미만(인원, 예산)으로 추진한다.

4) 자활소득공제(자활장려금)사업

자활근로소득의 일정비율을 '자활장려금'으로 지원하여 수급자의 근로의욕을 고취함으로써 일을 통한 복지(Work fare)의 실현에 있다. 자활소득공제 대상 및 공제율은 30%이며 직업재활사업 참여 장애인 수급자이다.
자활소득공제 대상은 자활근로 및 자활공동체 참여 수급자, 학생(휴학생은 1년간 공제)으로 평생교육법의 규정에 의한 원격대학에 등록된 학생(사이버대학생)도 '06.7.1.부터 소득공제 적용을 받는다.

개인별 자활장려금 = 자활참여소득 × 30% − 생계급여 기준초과 소득

제3절 국민기초생활보장제도의 문제점

IMF 이후 대량 해고와 금융위기 이후 비정규직화는 절대적 빈곤인구의 증가와 더불어 '일해도 가난한' 노동빈곤층의 증가로 이어졌다. 이에 가난의 문제가 특정한 소수의 문제로 머물 수 없게 되면서 빈곤 문제가 전 사회적 과제로 떠올랐다. 초유의 경제위기를 맞는 지금, 실업 증가와 임금 하락 추세와 함께 빈곤율도 증가하고 있다. 2007년에 보건사회연구원과 노동연구원 보고서에 따르면 절대빈곤율, 즉 한 달 소득이 최저생계비에 미치지 못하는 절대빈곤가구의 비율은 2003년 10.2%에서 2006년 11.36%로 증가했다. 또한 도시지역 상대빈곤율, 즉 OECD 기준에 따라 중위소득 50%에 미치지 못하는 가구의 비율은 2000년 13.51%에서 2006년 16.42% 기록했다. 도시 이외의 가구들까지 포함하는 2006년 전국가계조사 결과에 따르면 전국 상대빈곤율은 18.45%에 달했다. 2007년 도시가구 기준 상대빈곤율이 17.5%로 또 증가했으니 현재 전국적으로는 5명 중에 1명꼴로 상대적 빈곤 상태에 처해 있다고 추정할 수 있다. 최근 상황을 보여주는 몇 가지 통계를 살펴보자면, 올해 5월 소득분배 불균형수치인 지니계수가 0.325로 증가했다. 이는 수치 발표 이래 최고 수준이다. 또 2009년 1분기 소득 5분위 배율(최상위층과 최하위층의 소득 격차)이 8.68배로 2000년 이후 최대치를 기록했다.

2008년 기획재정부는 고용불안과 자산 감소로 인해 앞으로 빈부격차는 더 심해질 것으로 예상했다. 일차적으로는 임시 일용직 등 비정규직의 대량 해고, 영세 자영업자의 도산으로 서민층의 근로소득이 급감하는 것이 원인이다. 그런데 격차를 더욱 확대하는 것은 근로소득보다는 금융소득이다. 대출금이 많은 서민층이 어려울수록 주식, 부동산 등 자산시장이 급락하는 과정에서 어쩔 수 없이 자산을 내다 팔아 손실을 확정한 반면 상위층은 연초 저점에서 주식과 부동산을 매입해 자산증식 효과를 보게 될 것으로 예상되기 때문이다.

비정규직, 실업, 영세자영업자의 실질소득 감소와 일자리 상실은 갑자기 빈곤의 상태로 내몰리는 인구의 증가로 이어진다. 주로 어린이, 한부모가정, 노인, 장애인 등 소득수준이 낮거나 노동 능력이 없는 취약 계층은 가장 큰 어려움에 처한다. 경제위기로 인한 신빈곤층 증가에 대한 대책이 시급하다. 빈곤대책으로 제기되고 있는 복지재정 확대와 기본소득보장 등이 지속적으로 검토되어야 할 것이다.

1. 한국에서 빈곤과 소득보장정책

한국에서 빈곤층 소득보장정책의 필요성이 제기된 것은 외환위기 이후다. 대량 실업, 노숙 급증, 신용카드 남발로 인한 금융채무불이행자(신용불량자) 500만 명 양산 등 빈곤 문제의 사회적 충격이 정부의 책임 있는 정책을 강제한 것이다. 빈곤 문제가 강력한 사회 문제로 떠오르고 한국의 사회안전망 부실이 심각하다는 OECD의 문제제기가 맞물려 김대중 정권 시절인 2000년 국민기초생활보장제도가 시행되었다. 국민기초생활보장제도는 빈곤선 아래에 있는 사람들을 대상으로 소득을 보장해 주는 제도로 소득보장정책의 주요 틀이 되었다.

기존의 생활보호법(1961년 12월 제정, 2000년 폐지)이 빈곤을 개인의 문제로 치부하고 시혜적 태도를 취했던 데 비해 기초생활보장제도는 '국민이 빈곤에 대한 권리로서 최저생활을 보장받아야 한다.'는 수급자의 법적 권리를 보장하는 제도이자 한국에서 '빈곤선'을 공식적으로 표명했다는 점에서 어느 정도 의의가 있다. 하지만 비현실적인 최저생계비 수준과 엄격한 선정기준, 소득발생유무와 관계없는 추정소득부과 등으로 소득보장효과가 미미하고 광범위한 사각지대가 존재하는 등 문제가 많다. 특히 조건부 수급 조항을 두어 최소한의 생활도 불가능한 일자리를 조건으로 수급권 여부를 결정한다. 이는 단순히 이 제도만의 문제가 아니다. 질 낮은 일자리 창출과 각종 노동유인정책을 통해 노동의 질을 저하시키고 사회정책의 위상을 낮추려는 노동연계복지가 신자유주의 사회정책의 핵심방향이기 때문이다. 먼저 빈곤층 소득보장정책의 가장 기본적 틀인 국민기초생활보장제도의 문제점 개선과 발전방안이 제시되고 실천되어야 한다.

1) 빈곤층 소득보장정책으로서 국민기초생활보장제도

국민기초생활보장제도는 연령, 근로능력과 관계없이 가구소득 및 재산 환산액이 최저생계비 이하인 가구에 대하여 소득을 보전해주는 정책으로 노동시장정책이 혼합되어 있다. 급여 내용은 생계급여, 주거급여, 의료급여, 교육급여, 해산급여, 장제급여, 자활급여 7종이 있고, 급여액과 수급자의 소득인정액 총합이 최저생계비 이상이 되도록 하는 것이 급여의 원칙이다. 또 근로능력이 있는 수급자에게는 자활사업 참여를 조건으로 생계급여를 지급하며 부양의무자가 있는 경우에는 부양의무자에 의한 보호가 선행되어야 한다. 다른 법령에 의해 보호받을 수 있는 경우 타 법령에 의한 보호가 선행되어야 한다. 현재 이 제도가 포괄하고 있는 인구 범위는 국민의 2~3%를 상회하는 인 153만 명 수준이다.

2. 국민기초생활보장제도의 보장

1) 비현실적인 최저생계비 수준

최저생계비는 국민기초생활보장제도의 수급자 선정과 지원수준이자 의료급여, 모부자가정 선정기준, 노인장기요양보험의 무료대상자 기준 등 여타 사회복지서비스에서도 기준이 되는 '한국의 공식적인 빈곤기준선'이다. 현재 최저생계비는 절대빈곤개념의 계측방식인 전물량 방식으로 3년 주기로 계측한다. 비계측년에는 기존 최저생계비에 물가상승률을 반영해 갱신한다. 1988년부터 계측되고 1999년부터 실제 공적부조에 적용된 최저생계비의 상대적 수준은 점차 낮아지고 있다. 1999년 근로자가구 소득(4인 가구)의 38.2%였다가 2008년 30.2%로 하락했다. 최저생계비는 대부분의 사회복지 서비스 선정기준으로서 작용하기 때문에 최저생계비가 낮은 수준으로 계측되는 것은 사회복지 대상의 축소와 폭넓은 사각지대의 존재를 의미한다. 책정 방식에 있어서도 전물량 방식의 문제점, 연구자의 자의적 판단 문제, 계측을 하고 나서도 예산에 맞춰 재조정할 수 있는 문제 등 최저생계비 수준을 하락시키는 요인들이 많다. 최저생계비 수준이 낮아지면서 절대적 빈곤율은 상대적으로 낮게 측정되고 있다. 이로 인해 국민기초생활보장제도의 보장수준은 2000년 시행 이후 2007년까지 2.8~3.2% 수준에 머물러, 절대 빈곤층조차 보장하지 못하고 있는 수준이다. 상대적 빈곤율과 소득격차가 점점 커지고 있고 경제위기 하에서 늘어날 빈곤층의 문제를 고려한다면 국민기초생활보장제도의 보장 수준과 대상 확대가 중요한 시점이다.

2) 부양의무자 부양능력 판별기준 문제

기초생활보장제도의 사각지대를 만드는 주요 문제 중의 하나는 부양의무자 기준과 재산기준이다. 현재 최저생계비 미만의 조건에 있지만 재산기준 및 부양의무자 기준으로 수급을 받지 못하는 비수급 빈곤층이 3.7%로 수급자 2.8~3.2%보다 많다. 부양의무자 기준은 수급자의 1촌 직계혈족(부모, 자녀)과 직계혈족의 배우자(며느리, 사위)로 규정되어 있다. 수급신청 탈락자 가구 중 25.7%가 부양의무자 기준에 의해 탈락되지만 이들 중 56.2%는 부양의무자로부터 사적이전소득을 전혀 받지 못하고 있으며 이들 대부분이 장애인, 노인, 한부모가정, 소년소녀가정 등 취약계층인 것으로 나타났다.

독신자나 독거노인 등 1인 가구는 꾸준히 늘고 있지만 이들 소득은 급감한 것으로 나타났다. 글로벌 금융위기에 따른 타격을 1인 가구가 가장 심하게 받은 셈이다.

2009년 기획재정부와 통계청에 따르면 3분기 1인 가구 월평균 명목소득은 126만 1,762원으로 2008년 같은 기간의 명목소득 140만 2,011원에 비해

10.0% 감소했다. 1인 가구 월평균 명목소득이 2007년과 2008년 3분기에 각각 전년 동기 대비 14.8%, 3.9% 늘어난 것에 비해 급감한 것이다. 1인 가구 소득 통계를 작성하기 시작한 2003년 이래 최대 감소율이다.

이에 비해 같은 기간 2인 가구 명목소득 감소율은 1.2%, 3인 가구는 3.4%, 4인 가구는 1.1%로 그 폭이 작았으며 5인 이상 가구는 오히려 1.6% 증가했다.

이런 가운데 2009년 1인 가구가 전체 가구 수에서 차지하는 비중은 20.2%로 2000년 15.6%나 2005년 20.0%에 비해 증가하는 추세다. 전수조사를 실시한 2005년을 기준으로 할 때 1인 가구를 구성하는 가장 큰 요인은 미혼(142만 7,000가구)이었으며 이어 사별(100만 2,000가구), 이혼(37만 2,000가구), 별거(36만 8,000가구) 등 순이었다. 1인 가구 소득이 이처럼 급감한 것은 주로 가족이나 친지들 간에 주는 용돈을 의미하는 사적이전소득이나 상속, 상여금 등 임시로 이루어지는 비경상소득이 대폭 줄어든 데 따른 것으로 분석된다. 1인 가구 사적이전소득은 전년 동기 대비 34.2%, 비경상소득은 40.2% 줄었다.

3) 재산기준 등 문제

재산기준 및 자동차기준도 수급권 박탈의 주요 사유다. 현행 제도에서 기본재산액 기준이 2004년 수준대로 동결되어 있기 때문에 생활수준 및 물가상승률을 반영하지 못하고 있다. 또 수급자의 생활수준 파악을 위해 도입한 소득 인정제도인 소득과 그리고 재산의 소득환산액은 전세금, 통장, 자동차 등이 모두 포함되어 수급권이 박탈되는 문제가 있다. 특히 다른 기준에 부합하더라도 자동차가 있으면 수급권을 박탈당하는 상황이 허다하다. 그 사례로 화제가 되었던 '봉고차 모녀'가 바로 그 사례다. 보육료 지원, 장애수당, 의료보장, 사회서비스 지원, 시설지원 서비스 등에도 자동차기준은 똑같이 적용되고 있다. 한국 전체 가구의 59.4%가 자동차를 보유하고 있는 점에서 자동차를 일반재산이 아니라 보고 과도한 소득환산율을 적용하는 것은 현실에 맞지 않다.

4) 추정소득의 문제

추정소득은 수급자들의 실제소득 발생여부와 상관없이 소득파악이 용이하지 않은 가구원(일용직, 파트타임, 노점 등)에게 부과하는 것이다. 실업상태에 있는 수급자는 물론 근로조건유예자(근로경험 있는 중증장애인, 3세 미만의 유아를 탁아소에 맡긴 경험이 있는 한부모가정의 부모) 등에게도 자활을 강요하거나 추정소득을 부과하며, 경제 불황으로 인해 실업상태인 수급자들에게 추정소득을 부과해 이를 생계급여에서 제외하고 지급한다. 실제 수급당사자가 임금활동을 하고 있는지, 소득수준이 얼마인지 고려하지 않고 임의로 추정소득을 부과해 수급권을 박탈하거나 생계급여를 낮추는 것이다.

5) 노동을 강제하는 조건부과 등

조건부과 기준은 사회복지사가 연령, 외형상의 건강상태, 전직 및 자격 등을 기준으로 책정하는 것으로, 자의적인 근로능력판단으로 노동할 수 없는 수급자에게 노동을 강제하거나 추정소득을 책정해 생계급여를 낮추는 문제가 심각하다. 만성질환이 있어도 진단서를 제출할 수 없거나, 정신장애와 같이 장애진단을 받을 수 없는 경우, 3세 이상 미취학 아동의 부모 등에게도 노동을 강제하는 것이다. 또 사회적 일자리나 공공서비스 일자리와 같은 수준의 노동을 하지만 노동자로서의 권리를 행사하지 못하도록 법적으로 규정하고 있다.

3. 국민기초생활보장제도의 보장성 개선

국민기초생활보장제도의 대상선정과 지급기준이 되는 최저생계비는 그 비현실성으로 인해 '국민이 건강하고 문화적인 생활을 유지'라는 말이 무색하게 광범위한 사각지대를 형성하고 있다. 핵심은 법의 취지대로 보장성 확대가 절대적으로 필요하다.

장기적으로는 상대적 빈곤선을 도입하고 그에 동반하여 최저생계비 인상해야 하며(중위소득 50%, 평균소득 50% 등 여러 기준이 제기다), 그와 연동해 기초법 대상자를 확대하고 수급액을 인상해 절대 빈곤층조차 포괄하지 못하고 있는 제도의 보장성을 확대해야 한다. 단기적으로는 절대 빈곤 상태에 놓여있지만 부양의무자 기준, 재산기준, 추정소득 조항으로 인해 발생한 사각지대를 해소하기 위해 독소조항을 폐지, 완화해 가야 한다.

'근로연계복지'라는 방향 하에서 생계급여 수급 조건으로 자활사업 참여가 강제되는 문제, 즉 조건부 수급 조항은 폐지되어야 한다. 자립지원의 원칙에 근거한 조건부 수급제도는 생계급여를 줄이려는 시도에 그칠 뿐 실제 자활을 통해 적정한 소득을 얻기 어렵고 자활 참여 이후 수급자의 자립을 위한 기반이 없는 현실에서 그저 강제에 그칠 뿐이다. 나아가 복지와 노동을 연계해 노동시장 신축화에 부응하고 수급 대상을 줄여 재정을 절약하고자 하는 시도도 필요하지만 우선 제대로 된 일자리와 사회정책의 확대를 요구해야 한다.

또 하나 기초법은 수급대상이 되면 7가지 급여를 모두 받을 수 있고, 탈락되면 아무 것도 보장받을 수 없는 구조다. 그간 급여 분리, 선별적 확대를 요구해 왔는데, 노무현 정부 시절부터 정부 차원에서 급여분리를 시도하고, 자활급여는 별도의 법이 제정되기도 했다. 사각지대 해소와 보장성 확대를 위한 주창자의 취지와는 달리 정부의 급여분리는 생계급여를 긴축적으로 운영하려는 의도가 다분하기에 그간의 요구를 재정비하기 위한 논의가 필요하다.

CHAPTER

07

노인장기요양 보험의 이해

제1절 노인장기요양보험제도의 개관

1. 노인장기요양보험제도의 개요

고령이나 노인성질병 등으로 인하여 6개월 이상 동안 혼자서 일상생활을 수행하기 어려운 노인 등에게 신체활동 또는 가사지원 등의 장기요양급여를 사회적 연대원리에 의해 제공하는 사회보험제도이다. 대상자의 심신 상태와 부양여건에 따라 시설 또는 가정 등 다양한 형태의 서비스 공급자를 포괄하며, 대상노인에 대한 현물서비스 제공과 함께 예외적으로 가족요양비, 휴식서비스(Respite Care)와 같은 부양가족 지원서비스도 포함하는 개념이다. 노인장기요양보험제도는 수급자에게 배설, 목욕, 식사, 취사, 조리, 세탁, 청소, 간호, 진료의 보조 또는 요양상의 상담 등을 다양한 방식으로 장기요양급여를 제공하며, 이미 오래전부터 고령화 현상을 겪고 있는 선진국들은 우리나라보다 앞서 다양한 방식으로 장기요양서비스를 제공 중에 있다. 선진국의 제공 방식은 국가 재정방식이 국가와 지방자치단체의 지원에 운영되는 영국, 호주, 스웨덴, 노르웨이, 사회보험 방식인 독일, 일본, 네덜란드, 룩셈부르크, 건강보험의 급여 일종으로 제공하는 방식으로는 미국, 캐나다 등이 있다.

노인장기요양보험제도는 2008년 7월 1일부터 시행되었다. 그동안 장기간에 걸쳐 외국의 법과 제도를 연구하고 국내에서도 2차 시범사업을 거쳐 시행하는 만큼 국민들의 기대가 크다. 그러나 이 제도는 향후 시행과정에서 요양서비스 수요가 지속적으로 증가할 것으로 보이고, 공급측면에서 충분한 인적 자원이 부족할 것이며, 다른 보험제도와 비교하여 세대 내, 세대 간 형평성 문제를 제기할 소지가 많다. 노인장기요양보험제도는 국가에서 정책적으로 법과 제도를 만들어 시행하는 것이므로, 국가적 차원에서 검토되어야 할 과제들이 많이 있는 반면, 한편으로는 이 제도의 혜택을 받는 수혜자인 보험가입자 개인적인 문제도 많이 있게 된다.

노인장기요양보험이라 함은 건강하지 못한 허약한 노인 및 그 보호자를 대상으로 질병 또는 장애, 재해로 인하여 발생된 제한적인 일상생활능력을 장기적으로 향상, 유지시키는데 필요한 각종 보건의료 및 사회복지서비스체계를 의미한다. 이와 같은 노인장기요양보험은 주로 만성적인 기능 제약에 대해 다양한 방법으로 제공되는 광범위한 서비스를 포함한다. 이러한 서비스에는 보건, 의료적 서비스와 사회적 서비스가 있다. 보건, 의료적 보호는 의료인에 의한 건강상태의 검진, 진료, 치료 및 간호를 의미한다. 사회적 보호는 건강보호 이외의 심리, 사회적 상담, 부축행위, 신체적 움직임에 대한 도움 등을 포함하는 비보건, 의료적 도움을 의미한다.

국민건강보험은 치매 중풍 등 질환의 진단, 입원 및 외래 치료, 재활치료 등을 목적으로 주로 병의원 및 약국에서 제공하는 서비스를 급여대상으로 한다. 이에 대해 노인장기요양보험은 치매, 중풍의 노화 및 노인성 질환 등으로 인하여 혼자 힘으로 일상생활을 영위하기 어려운 대상자에게 요양시설이나 재가 장기요양기관을 통해 신체활동 또는 가사지원 등의 서비스를 제공하는 제도를 말한다.

노인장기요양보험제도는 개인이 청장년 근로기간 동안 보험료를 납부하고 노후에 독자적인 생활이 곤란해질 경우 신체활동이나 가사활동을 지원받는 사회보험제도를 의미한다. 노인장기요양보험제도의 시행은 국가 사회적으로 커다란 의미를 가지고 있다. 드디어 우리 사회가 복지국가의 내실있는 실천을 할 수 있는 단계에 이르렀다는 사실을 보여주고 있다. 노인들과 그 가족의 고통을 덜어주고, 노인의 삶의 질을 획기적으로 향상시킬 수 있는 제도로 정착되도록 정부와 국민 모두가 노력하여야 할 것이다.

1) 노인장기요양보험제도의 도입배경

노인장기요양보험제도의 도입배경으로 우리나라 노인인구는 2006년도 노인인구비율은 9.5%로 추계되어, 이미 고령화 사회에 인입하는 등 세계에서

유례가 없을 정도로 빠르게 인구고령화가 진행되고 있으며, 이러한 급격한 고령화에 따라 치매, 중풍 등 일상생활이 어려운 노인들의 수도 날로 증가하고 있다. 반면, 핵가족화, 여성의 사회활동 증가, 간병기간의 장기화 등으로 가족에 의한 노인수발은 이미 한계에 봉착해 있는 상태이다. 이러한 상황에서 정부에서는 그동안의 노인복지서비스가 저소득층 위주로 되어 있어서 중산층을 포함한 일반노인에 대한 서비스는 크게 부족했다는 인식 아래 일반 노인가정의 부양부담을 경감하기 위해 노인장기요양보험제도의 도입이 이루어져 왔다. 이와 같은 급속한 고령화가 진전됨에 따라 치매, 중풍 등 요양보호가 필요한 노인이 급속히 증가하고 있으며 이에 따라 정부에서는 노인요양보장에 관한 대책을 위하여 여러 가지 방법을 모색하여 독일이나 일본처럼 장기요양 문제를 제도화하여 대응하려고 하고 있다.

핵가족화, 여성의 사회활동 확대, 보호기간의 장기화(평균 2년) 등으로 개인 또는 가정에 의한 요양보호가 한계에 도달하여 노인장기요양보험제도를 사회보험으로 도입하려는 것이다.

[표 7-1] 인구의 고령화

인구구조 부양비별	2008	2010	2012	2014	2016	2018	2020
총인구(명)	48,606,787	48,874,539	49,083,184	49,227,451	49,311,793	49,340,350	49,325,689
65세 이상(명)	5,016,026	5,356,853	5,741,744	6,178,467	6,585,365	7,074,763	7,701,125
인구구성비: 0~14세(%)	17.4	16.2	15.1	14.1	13.3	12.7	12.4
인구구성비: 15~64세(%)	72.3	72.9	73.2	73.3	73.4	72.9	72
인구구성비: 65세 이상(%)	10.3	11	11.7	12.6	13.4	14.3	15.6
총부양비 (백명당)	38.4	37.2	36.5	36.4	36.3	37.1	38.9
노년부양비 (백명당)	14.3	15	16	17.1	18.2	19.7	21.7
노령화지수 (백명당)	59.3	67.7	77.6	88.9	100.7	112.5	125.9

급속한 고령화로 인해 치매, 중풍 등의 노인의 급격한 증가로 장기요양서비스의 필요가 증대되었다.
만성질환노인의 증가로 전체 의료비 중 65세 이상 노인의료비 구성비가 1993년에 10.3%, 1995년에 12.2%, 2000년에 17.4%, 2005년 24.4%, 2017년에 28.2%로 노인의료비가 큰 폭으로 증가하고 있다. 급속하게 진행되는 고령화에 대비, 공적노인요양보장체계 확립으로 국민의 노후불안 해소 및 노인가정 부담의 경감을 도모하는 데 있다.
우리나라도 고령화사회로 진입하면서 65세 고령자의 평균 의료비 지출액이 급증하는 것으로 나타났다. 자녀들이 느끼는 부모 의료비 부담도 커지고 있다. 정부도 이에 맞춰 건강보험의 보장 범위를 넓히려는 정책을 지속적으로 추진하고 있으나 노후 의료비를 감당하기에는 부족하다는 게 전문가들의 진단이다. 미리부터 민영보험을 적극적으로 활용해야 한다는 지적이다.
통계청에 따르면 한국은 2025년 65세 이상 노인인구가 1,000만 명을 넘어서면서 전체 인구의 20%를 차지하는 초고령사회에 진입할 것으로 예상된다. 국민건강보험공단도 지난 5월 펴낸 '고령사회를 대비한 노인 의료비 효율적 관리방안 연구' 보고서에서 65세 이상 노인 한 명의 의료비 지출이 2020년 459만 원, 2030년 760만 원으로 증가할 것으로 전망했다. 노인 인구가 증가함에 따라 노인 1인당 부담해야 할 의료비 규모도 늘어난다는 의미이다.
문재인정부는 노부모를 집에서 모시는 경우 간병비에 대한 세액공제를 더 해준다는 방침이다.
암이나 희귀 난치병으로 거액의 진료비를 떠안게 되면 건강보험은 본인 부담률을 0~10%로 낮게 책정해 목돈을 내는 환자의 어려움을 덜어준다.
하지만 이러면 의료비 세액공제를 받을 수 있는 한도가 연간 700만 원까지로 제한돼 중증 환자의 의료비 부담이 덜어지지 않는다는 지적이 있다.
정부는 '2017년 세법개정안'에서 이러한 중증 환자의 의료비 부담을 줄여주기 위해 일부 세액공제의 한도를 폐지하기로 했다. 대상은 건강보험 산정특례자를 위해 지급한 의료비다.

암, 심장·뇌혈관 질환, 희귀 난치성 질환, 결핵, 중증 화상 등에는 적지 않은 의료비가 들어간다. 이러한 질병 탓에 산정특례자로 등록하면 길게는 5년까지 의료비 본인 부담률을 0~10%까지 낮춰준다. 하지만 의료비 자체가 워낙 높다보니 그런데도 중증 환자에게 가는 부담이 적지 않다.

정부는 이런 부담을 추가로 낮춰주기 위해 의료비 세액공제 제도를 보완한다. 의료비 세액공제는 본인이나 기본공제대상자를 위해 총급여액의 3%를 초과해 사용한 의료비의 15%를 세액에서 빼는 제도다.

일반적으로 공제 한도는 700만 원인데, 본인, 기본공제대상자 중 65세 이상, 장애인을 위해 지출한 의료비, 난임시술비는 공제 한도가 무한대다.

정부는 이번 개정으로 이 공제 한도가 없는 대상에 건강보험산정특례자를 추가해 중증 환자의 부담을 더욱 낮추겠다는 계획이다.

정부는 노부모를 시설이 아닌 집에 모시고 사는 경우 의료비 세액공제를 더 해주기로 했다.

현재는 노인장기요양보험법에서 규정한 월 한도를 넘어서지 않는 수준에서 본인부담금(재가급여 15%, 시설급여 20%)만 세액공제하고 있다. 그러나 효도를 장려한다는 취지로 월 한도액을 초과해 부담하는 재가간병비도 공제대상 의료비에 추가했다.

재가간병비란 고령자를 시설이 아닌 집에서 돌볼 때 발생하는 방문요양·목욕·간호 등에 들어가는 비용을 말한다. 다시 말해 고령자를 시설에 맡기지 않고 집에서 돌보면 세액공제 폭이 더 확대된다는 뜻이다. 이러한 개정은 국회를 통과하면 2018년 1월 1일 이후 지출하는 의료비부터 적용된다.

2) 장기요양보험의 필요성

(1) 고령화의 급진전과 노인부양 기능의 저하

우리나라의 고령화 속도는 세계에서 가장 빠르다. 즉 고령화사회(노인인구 7%)에서 고령사회(노인인구 14%)로 이행하는 데에 불과 19년이 소요될 것으로 전망된다. 특히 고령사회로 이행하면서 후기고령인구의 비중이 증가한다는 데에 심각성이 있다. 고령화로 부양노인은 증가하는데, 자녀수 감소와 여성의 경제활동 참여 증가로 전통적으로 부양을 떠맡았던 가족의 노인부양기능이 지속적으로 약화되고 있다. 가족의 수발에 의존하거나 본인이나 가족의 비용에 의한 만성질환 노인이나 장애노인에 대한 요양부담은 현재에도 심각한 사회적 위험으로 잠복하고 있으며, 향후 이러한 위험이 현실화되면서 사회적 위기를 초래할 가능성이 있다. 노인들의 증가 추세를 따라잡지 못하고 그에 따른 적절한 대응책이 준비되어 있지 않다면 앞서 말한 것과 같인 사회의 질서가 무너지고, 사회의 여러 가지 기능이 제 역할을 하지 못하게 될 것이다.

(2) 장기요양 필요노인의 증가

장기요양 서비스가 필요한 노인의 규모는 2003년 시설보호 필요노인이 7만 8천 명, 재가보호 필요노인이 51만 9천 명으로 추산되었다. 2020년경에는 시설보호가 필요한 노인은 14만 명, 재가보호 필요노인은 100만 명으로 증가할 것으로 전망된다. 이렇게 시설보호 필요노인과 재가보호 필요노인이 늘어나게 되면 될수록 준비된 제도들이 있어야 한다. 더욱이 재가노인의 경우 가정에 개인적으로 노인을 돌보는 것에 대한 불이익이 없어야 하고, 동일한 서비스가 제공되어야 한다.

(3) 장기요양의 잠재적 비용의 증대

장기요양 필요노인에 대한 서비스의 잠재적 비용은 2003년 약 4조 원 정도였다. 이 중 시설보호에 필요한 비용은 1조 원, 재가보호에 필요한 비용은 3조 원 정도이다. 2020년경에는 2002년 가격 기준으로 8조 원을 상회할 것으로 전망된다. 이렇게 많은 금액을 시설과 개인이 부담하기에는 어렵다. 결국 이러한 부담을 노인들에게 다시 지워지는 것이다. 그렇다면 병약하고 무능력한 노인들의 경우 요양을 받기란 여간 어려운 문제가 아닐 수 없다.

(4) 고령화에 따른 노인의료비 부담의 증가

고령화에 따른 노인의료비 부담은 장기적으로 상당한 부담으로 작용할 것이며, 노인의료비의 상당 부분이 가정 내에 잠재화되어 있고, 잠재화된 비용들이 의료이용으로 표출되면서 건강보험 · 의료급여 등의 재정을 압박하는 경향은 갈수록 심화될 것이다.

장기요양보험의 기대효과는 요양보호가족의 부담 경감과 국민들의 노후 불안 해소, 요양보호가족의 긍정적 변화 유도, 현 요양시스템의 사각지대 감소와 서비스 내용과 질의 개선이 기대되나 비판점으로는 장기요양보험 수립과정에서 국민의 관심을 이끌어내지 못했고 요양보호시설 부족과 지역간 시설 불균형 문제, 요양 전문인력 문제, 재원조달의 문제, 적용대상자 선정 문제 등을 들 수 있다.

2. 노인장기요양보험제도의 기대효과

구체적으로 노인장기요양보험제도의 도입으로 인한 기대 효과는 다음과 같다.

노인장기요양보험은 노령화에 따른 사회 · 경제적 부담을 해소하기 위한 사회보장을 제도화한다는 의미에서 전반적인 국가의 틀을 진일보시킴으로써 국가 위상과 경쟁력을 제고시키는 원동력이 되고 국민 삶의 질 제고 측면에서는 요양필요의 사회적 보장에 따른 노후 삶의 질 향상에 의한 노인의 삶의 질 향상은 물론 노인을 부양하는 가족의 심리적, 사회적, 경제적 부담을 경감시킴으로써 가족의 삶의 질을 향상시키며, 궁극적으로 국민 전체의 삶의 질을 향상시키는 효과를 기대할 수 있다. 경제적 파급효과와 산업활성화라는 편익으로서 장기요양시설 투자에 따른 경제적 파급효과를 비롯하여, 사회보험서비스에 의한 자적비용 부담의 경감, 사회서비스 분야 일자리 확대와 지역경제 활성화, 여성 등 비공식 요양노동의 사회 · 경제활동 활성화,

복지용구 등 고령친화산업이 활성화될 것이다.

[표 7-2] 장기요양의 구분과 대상자

구 분	대상자 범위
적용 대상자	전 국민 장기요양보험가입자(건강보험과 동일) 와 의료급여수급권자
보험료 납부 대상자	장기요양보험 가입자 건강보험료 납부대상자와 동일
장기요양인정 신청인 (장기요양인정을 신청할 수 있는 자)	65세 이상 노인 또는 65세 미만의 자로서 치매 · 뇌혈관성질환 등 노인성 질병을 가진 자
수급자 (장기요양급여를 받을 자)	신청인의 심신의 기능상태 및 장기요양이 필요한 정도에 따라 등급판정위원회에서 장기요양인정을 받은 자

[표 7-3] 기존노인복지서비스와의 차이

구 분	노인장기요양보험제도	기존 노인복지서비스
대상	• 65세 이상 노인, 치매 노인 등 노인성질환을 가진 64세 이하의 국민 • 보편적 제도	• 국민기초생활보장수급자를 포함한 저소득층 위주 • 특정대상(선택적)
재원	구성 : 장기요양보험료, 국가 및 지방자치단체 부담, 이용자 본인부담	정부 및 지방자치단체의 부담
서비스	• 시설급여 • 재가급여(방문요양, 방문목욕, 단기보호, 주야간 보호 등) • 특별현금급여(가족요양비, 특례요양비 등)	시설, 재가서비스를 제공하나 서비스 질에 대한 관리는 미흡
지원 방식	• 시설급여 및 재가급여 제공자는 비용을 수가산정방식을 적용하여 국민건강보험공단에 청구 • 건보공단은 청구된 장기요양급여 및 비용 등의 적정여부 심사 후 지급	지방자치단체를 통하여 시설 입소인원 또는 연간운영비용을 기준으로 정액 지급(사후정산)

건강보험제도와의 차이점은 다음과 같다.

국민건강보험은 치매, 중풍등 질환의 진단, 입원 및 외래치료, 재활치료 등을 목적으로 주로 병원, 의원 및 약국에서 제공하는 서비스를 급여 대상으로 한다. 반면 노인장기요양보험은 치매, 중풍의 노화 및 노인성 질환 등으로 인하여 혼자 힘으로 일상생활을 영위하기 어려운 대상자에게 요양시설이나 재가 장기요양기관을 통해 신체활동 또는 가사지원 등의 서비스를 제공하는 제도이다.

제2절 노인장기요양 보험내용

1. 일반적 개요

노인장기요양 보험내용에서 사용하는 용어의 정의는 다음과 같다.

① 노인 등이란 65세 이상의 노인 또는 65세 미만의 자로서 치매·뇌혈관성질환 등 대통령령으로 정하는 노인성 질병을 가진 자를 말한다.
② 장기요양급여란 6개월 이상 동안 혼자서 일상생활을 수행하기 어렵다고 인정되는 자에게 신체활동·가사활동의 지원 또는 간병 등의 서비스나 이에 갈음하여 지급하는 현금 등을 말한다.
③ 장기요양사업이란 장기요양보험료, 국가 및 지방자치단체의 부담금 등을 재원으로 하여 노인 등에게 장기요양급여를 제공하는 사업을 말한다.
④ 장기요양기관이란 제31조에 따라 지정을 받은 기관 또는 제32조에 따라 지정의제된 재가장기요양기관으로서 장기요양급여를 제공하는 기관을 말한다.
⑤ 장기요양요원이란 장기요양기관에 소속되어 노인 등의 신체활동 또는 가사활동 지원 등의 업무를 수행하는 자를 말한다.

장기요양급여 제공의 기본원칙은 다음과 같다.

① 장기요양급여는 노인 등의 심신상태·생활환경과 노인 등 및 그 가족의 욕구·선택을 종합적으로 고려하여 필요한 범위 안에서 이를 적정하게 제공하여야 한다.
② 장기요양급여는 노인 등이 가족과 함께 생활하면서 가정에서 장기요양을 받는 재가급여를 우선적으로 제공하여야 한다.
③ 장기요양급여는 노인 등의 심신상태나 건강 등이 악화되지 아니하도록

의료서비스와 연계하여 이를 제공하여야 한다.

국가 및 지방자치단체의 책무 등은 다음과 같다.

① 국가 및 지방자치단체는 노인이 일상생활을 혼자서 수행할 수 있는 온전한 심신상태를 유지하는데 필요한 사업(이하 "노인성질환예방사업"이라 한다)을 실시하여야 한다.
② 국가는 노인성질환예방사업을 수행하는 지방자치단체 또는 「국민건강보험법」에 따른 국민건강보험공단(이하 "공단"이라 한다)에 대하여 이에 소요되는 비용을 지원할 수 있다.
③ 국가 및 지방자치단체는 노인인구 및 지역특성 등을 고려하여 장기요양급여가 원활하게 제공될 수 있도록 충분한 수의 장기요양기관을 확충하고 장기요양기관의 설립을 지원하여야 한다.
④ 국가 및 지방자치단체는 장기요양급여가 원활히 제공될 수 있도록 공단에 필요한 행정적 또는 재정적 지원을 할 수 있다.

1) 적용대상

보편주의 원칙에 따라 전국민을 대상으로 하며, 사회보험 방식에 따라 보험가입자는 국민건강보험의 가입자와 같다. 장기요양급여를 받는 대상자는 "65세 이상의 노인 또는 65세 미만의 국민 중에서 치매, 뇌혈관성 질환, 파킨슨병 등 노인성질환병을 가진 자로 6개월 이상 혼자 일상생활을 수행하기 어렵다고 인정하는 경우 심신상태 및 장기요양이 필요한 정도 등 대통령령이 정하는 등급판정기준에 따라 판정받은 자"로 정의하고 있다.

2) 장기요양보험의 이용절차와 등급

장기요양보험의 신청 절차는 크게 5가지로 구분될 수 있다.
'신청-방문조사-등급판정-결과통지-서비스이용'의 순서로 이루어진다.
신청대상은 56세 이상의 노인과 65세 미만으로서 노인성 질병을 가진 사람으로 신청장소는 국민건강보험공단의 노인장기요양보험 운영센터에서만 신청가능하며 시, 군, 구 및 주민 자치센터에서의 신청 서비스는 2008년 9월 1일부터 중단되었다. 신청방법은 방문, 우편, 팩스, 인터넷 등으로 신청할 수 있다. 단, 인터넷으로 신청하는 경우에는 주민등록상 가족으로 등재한 경우에만 가능하다.

장기요양인정을 신청할 수 있는 자는 노인 등으로서 다음 어느 하나에 해당하는 자격을 갖추어야 한다.

① 장기요양보험가입자 또는 그 피부양자

② 「의료급여법」에 따른 수급권자

장기요양인정의 신청은 장기요양인정을 신청하는 자는 공단에 보건복지부령으로 정하는 바에 따라 장기요양인정신청서에 의사 또는 한의사가 발급하는 소견서를 첨부하여 제출하여야 한다. 다만, 의사소견서는 공단이 제15조제1항에 따라 등급판정위원회에 자료를 제출하기 전까지 제출할 수 있다. 그러나 거동이 현저하게 불편하거나 도서 · 벽지 지역에 거주하여 의료기관을 방문하기 어려운 자 등 대통령령으로 정하는 자는 의사소견서를 제출하지 아니할 수 있다.

등급판정기준은 다음과 같다.

① 장기요양 1등급 : 심신의 기능상태 장애로 일상생활에서 전적으로 다른 사람의 도움이 필요한 자로서 장기요양인정 점수가 95점 이상인 자

② 장기요양 2등급 : 심신의 기능상태 장애로 일상생활에서 상당 부분 다른 사람의 도움이 필요한 자로서 장기요양인정 점수가 75점 이상 95점 미만인 자

③ 장기요양 3등급 : 심신의 기능상태 장애로 일상생활에서 부분적으로 다른 사람의 도움이 필요한 자로서 장기요양인정 점수가 60점 이상 75점 미만인 자

④ 장기요양 4등급 : 심신의 기능상태 장애로 일상생활에서 일정부분 다른

사람의 도움이 필요한 자로서 장기요양인정 점수가 51점 이상 60점 미만인 자

⑤ 장기요양 5등급 : 치매(제2조에 따른 노인성 질병에 해당하는 치매로 한정한다)환자로서 장기요양인정 점수가 45점 이상 51점 미만인 자

장기요양인정 점수는 장기요양이 필요한 정도를 나타내는 점수로서 보건복지부장관이 정하여 고시하는 심신의 기능저하상태를 측정하는 방법에 따라 산정한다.
방문조사의 경우 방문조사 절차는 공단직원이 신청인을 직접 방문하여 거동 불편 등 심신의 불편한 수준과 서비스가 필요한 정도를 조사한다. 조사내용은 '장기요양인정조사표'에 따라 신청인의 심신의 기능상태, 서비스욕구, 수발상황 등을 조사한다.
등급판정은 다음과 같다.

등급은 시, 군, 구 단위로 설치된 등급판정위원회에서 인정조사 결과와 신청인이 제출한 의사소견서 등을 고려하여 등급판정기준에 따라 등급을 판정하게 된다. 등급판정위원회는 신청일로부터 30일 내에 판정이 가능하도록 월 1회 이상 개최된다.

판정방법은 위원회에서 신청인에 대한 방문조사결과와 특기사항, 의사소견서, 기타 심의자료 등을 종합적으로 검토, 심의, 심의기준에 따라 신청인의 심신상태 및 장기요양이 필요한 정도를 최종결정한다.
의사소견서에 있어서 의사소견서 제출 대상자는 인정(재)신청, 갱신신청, 변경신청(단, 장기요양급여의 종류 또는 내용을 변경하여 장기요양급여를 받고자하는 경우는 제외)자의 경이다. 제출시기는 등급판정위원회에 자료를 제출하기 전까지 제출하고 의사소견서는 통보일로 부터 10일 이후에 개최예정된 등급판정위원회를 기준으로 제출 기한을 두고 있으며, 신청시 의견소견서를 제출한 경우에는 다시 제출하지 않아도 된다.
발급비용은 의사소견서 발급의뢰서를 통보받은 자로 본인의 자격(일반 · 의

료급여 · 기초수급권자)에 따라 본인 부담비용만 부담하며 발급의뢰서 없이 소견서를 발급받는 대상자 우선 의사소견서 총비용을 전액 부담한다. 최초 신청, 갱신신청, 등급변경 신청에서 등급이 변경되는 경우 공단부담 비용은 공단에 청구한다.
등급판정 기준은 다음과 같다.

등급판정위원회는 방문조사 결과, 의사소견서, 특기사항을 기초로 신청인의 기능상태 및 장기요양이 필요한 정도 등을 등급판정 기준에 따라 다음과 같이 심의 및 판정한다.
요양 필요 상태에 해당하는지 여부를 심의하고, 요양 필요 상태인 경우 등급판정 기준에 따라 등급을 판정하며, 필요에 따라서는 등급판정위원회의 의견을 첨부할 수 있다.
아니다.
결과통지는 등급판정 결과에 따라 장기요양인정을 받은 사람(수급자)은 장기요양인정서와 표준이용계획서를 보낸다. 수급자로 인정받지 못한 사람에게도 별도로 통지한다.
통보방법은 방문 또는 우편전달 방법을 이용하며 통보기간은 등급판정의 심의를 완료 후 즉시 통보한다. 통보내용은 장기요양 인정서, 장기요양급여 이용 안내 등을 내용으로 한다.

2. 장기요양급여의 종류 및 범위

장기요양급여의 종류는 ① 재가급여, ② 시설급여, ③ 특별현금급여 등이 있다. 재가급여의 내용으로는, ① 방문요양, ② 방문목욕, ③ 방문간호, ④ 주 · 야간보호, ⑤ 단기보호, ⑥ 기타 재가급여 등이 있다. 특별현금급여로는 ⑦ 가족요양비, ⑧ 특례요양비, ⑨ 요양병원간병비 등이 있다.

1) 노인 장기요양급여

(1) 재가급여

① 방문요양

장기요양요원(요양보호사)이 수급자의 가정 등을 방문하여 신체활동 및 가사활동 등을 지원한다.

② 방문목욕

장기요양요원(1급 요양보호사)이 목욕설비를 갖춘 장비를 이용하여 수급자의 가정 등을 방문하여 목욕을 제공한다.

③ 방문간호

장기요양요원인 간호사 등이 의사 · 한의사 또는 치과의사의 방문간호 지시서에 따라 수급자의 가정 등을 방문하여 간호, 진료의 보조, 요양에 관한 상담 또는 구강위생 등을 제공한다.

④ 주 · 야간보호

수급자를 하루 중 일정한 시간 동안 장기요양기관에 보호하여 신체활동 지원 및 심신기능의 유지 · 향상을 위한 교육 · 훈련 등을 제공한다.

⑤ 단기보호

수급자를 일정기간 동안 장기요양기관에 보호하여 신체활동 지원 및 심신기능의 유지 · 향상을 위한 교육 · 훈련 등을 제공한다.

⑥ 기타 재가급여

일상생활 · 신체활동 지원에 필요한 복지용구(휠체어, 침대, 지팡이, 보행보조차 등)를 제공한다.

(2) 시설급여

장기요양기관이 운영하는 「노인복지법」 제34조에 따른 노인의료복지시설 등에 장기간 동안 입소하여 신체활동 지원 및 심신기능의 유지 · 향상을 위한 교육 · 훈련 등을 제공하는 장기요양급여이다.

여기서 노인의료복지시설은 다음의 시설로 한다.

① 노인요양시설 : 치매 · 중풍 등 노인성질환 등으로 심신에 상당한 장애가 발생하여 도움을 필요로 하는 노인을 입소시켜 급식 · 요양과 그 밖에 일상생활에 필요한 편의를 제공함을 목적으로 하는 시설

② 노인요양공동생활가정 : 치매 · 중풍 등 노인성질환 등으로 심신에 상당한 장애가 발생하여 도움을 필요로 하는 노인에게 가정과 같은 주거여건과 급식 · 요양, 그 밖에 일상생활에 필요한 편의를 제공함을 목적으로 하는 시설

(3) 특별현금급여

도서 · 벽지 지역 등 요양시설이 현저히 부족한 지역에 거주하는 자 등 불가피하게 가족 등으로부터 장기요양을 받은 경우에 지원되는 현금급여 등이다. 가족장기요양급여, 특례장기요양급여, 요양병원장기요양급여 등이 있다.

2) 장기요양급여 범위

장기요양급여의 종류에 따른 장기요양급여의 범위에서 제외되는 사항(비급여 대상)은 다음과 같으며, 이에 소요되는 비용은 본인이 전부 부담한다.

① 식사 재료비
② 상급침실 이용에 따른 추가비용
③ 이 · 미용비
④ 일상생활에 통상 필요한 것과 관련된 비용으로 수급자에게 부담시키는 것이 적당하다고 보건복지가족부장관이 정하여 고시한 비용이다.

수급자와 장기요양기관은 장기요양급여를 제공받거나 제공할 경우에는 다음 행위를 요구하거나 제공하여서는 아니 된다.

① 수급자의 가족을 위한 행위
② 수급자 또는 그 가족의 생업을 지원하는 행위

③ 그 밖에 수급자의 일상생활에 지장이 없는 행위

3) 비용의 부담

① 수급자가 장기요양급여 이용 시 시설급여 비용은 당해 장기요양급여비용의 20%, 재가급여비용은 당해 장기요양급여비용의 15%를 본인이 부담한다.
기초생활수급권자는 그 비용을 본인이 부담하지 아니하며, 의료급여수급권자 및 경감대상자의 시설급여 비용은 당해 장기요양급여비용의 10%, 재가급여비용은 당해 장기요양급여비용의 7.5%를 본인이 부담한다.
② 노인장기요양보험법의 규정에 따른 급여의 범위 및 대상에 포함되지 아니하는 장기요양급여, 수급자가 장기요양인정서에 기재된 장기요양급여의 종류 및 내용과 다르게 선택하여 장기요양급여를 받은 경우 그 차액, 장기요양급여의 월 한도액을 초과하는 비용은 수급자 본인이 전부 부담한다.

시설급여 수가는 다음과 같다.
노인요양시설 · 노인전문 요양시설 · 노인요양 공동생활가정이다.

① 노인(전문)요양시설 · 노인요양공동생활가정(이하 '입소시설'이라 한다) 수가는 장기요양 등급 및 급여제공 일수를 기준으로 산정한다.
② 입소시설 1일당 수가는 간병 · 수발 등의 일상생활지원, 요양관리, 간호, 기능훈련, 기타 복지서비스 등 장기요양시설에서 생활하는데 필요한 제반 서비스 비용을 포함한다.
③ 1일이라 함은 0시부터 24시까지를 의미한다.
④ 입 · 퇴소 당일 급여제공 시간이 12시간 이상인 경우에는 1일당 수가를 산정하며, 당일 12시간 미만 급여를 제공한 경우에는 등급별 1일당 수가의 50%를 산정한다.
⑤ 수급자가 의료기관에 입원하거나 시설장의 허가를 받아 외박을 한 경우

에는 수가의 50%를 산정(이하 '외박수가'라 한다)하되 1회당 최대 10일, 1개월에 최대 15일까지 산정한다.

⑥ 외박수가는 1일을 기준으로 하여 수급자가 의료기관이나 가정 등에서 지낸 경우(기준시간은 밤 12시)에 산정하며, 이 경우 수급자의 외박 시작과 종료 일시, 외박 사유 등을 장기요양급여제공기록지에 반드시 기재하여야 한다.

⑦ 입소시설이 노인장기요양보험법시행규칙 제23조에 의한 장기요양기관 지정 당시의 정원을 초과하여 운영한 경우, 동 기간에는 이용자 전원에 대하여 1일당 수가의 70%를 산정한다.

⑧ 입소시설이 노인장기요양보험법시행규칙 제23조에 의한 종사자 인력배치기준('필요수'로 규정된 인력은 제외한다)에 비하여 종사자의 결원 비율이 10%를 초과하거나 결원 인원이 5명 이상인 경우 이용자 전원에 대하여 1일당 수가의 70%를, 결원 비율이 10% 이하이거나 결원 인원이 4명 이하인 경우 이용자 전원에 대하여 1일당 수가의 90%를 산정한다. 이 때 결원비율 기준과 결원인원 기준에 의한 수가 산정률이 서로 다른 경우에는 1일당 수가의 70%를 산정한다.

3. 장기요양보험의 재원조달

장기요양급여에 소요되는 비용은 국민이 납부하는 장기요양보험료와 국가부담(정부지원) 그리고 장기요양급여 이용자가 부담하는 본인일부부담금으로 충당한다.

장기요양보험료 = 건강보험료액 × 장기요양보험료율

장기요양보험료율은 보건복지부장관에 소속한 장기요양위원회의 심의를 거쳐 대통령령으로 정한다.

4. 장기요양위원회 및 관리운영

1) 장기요양위원회

다음 사항을 심의하기 위하여 보건복지부장관 소속으로 장기요양위원회를 둔다.

① 장기요양보험료율
② 규정에 따른 가족요양비, 특례요양비 및 요양병원간병비의 지급기준
③ 재가 및 시설 급여비용
④ 그 밖에 대통령령으로 정하는 주요 사항

장기요양위원회의 구성으로 장기요양위원회는 위원장 1인, 부위원장 1인을 포함한 16인 이상 22인 이하의 위원으로 구성한다.
위원장이 아닌 위원은 다음의 자 중에서 보건복지부장관이 임명 또는 위촉한 자로 하고, 각 호에 해당하는 자를 각각 동수로 구성하여야 한다.

① 근로자단체, 사용자단체, 시민단체(「비영리민간단체 지원법」 제2조에 따른 비영리민간단체를 말한다), 노인단체, 농어업인단체 또는 자영자단체를 대표하는 자
② 장기요양기관 또는 의료계를 대표하는 자
③ 대통령령으로 정하는 관계 중앙행정기관의

2) 관리운영기관

(1) 국민건강보험공단의 기존업무 활용

장기요양보험가입자 및 그 피부양자와 의료급여수급권자의 자격관리
장기요양보험료의 부과 · 징수

(2) 장기요양사업 수행 시 새롭게 추가되는 업무

① 신청인에 대한 조사

② 등급판정위원회의 운영 및 장기요양등급 판정

③ 장기요양인정서의 작성 및 표준장기요양이용계획서의 제공

④ 장기요양급여의 관리 및 평가

⑤ 수급자에 대한 정보제공 · 안내 · 상담 등 장기요양급여 관련 이용지원에 관한 사항

⑥ 재가 및 시설 급여비용의 심사 및 지급과 특별현금급여의 지급

⑦ 장기요양급여 제공내용 확인

⑧ 장기요양사업에 관한 조사 · 연구 및 홍보

⑨ 노인성질환예방사업

⑩ 이 법에 따른 부당이득금의 부과 · 징수 등

⑪ 그 밖에 장기요양사업과 관련하여 보건복지부장관이 위탁한 업무

장기요양사업의 관리운영기관은 공단으로 한다.

3) 관리운영체계

(1) 관리운영의 주체 : 국민건강보험공단

건강보험 시스템을 활용한 관리운영의 효율성을 도모하고, 건강보험급여와 장기요양급여 연계실시가 용이하여 의요서비스와 장기요양서비스를 종합적으로 실시한다.

(2) 전문가들의 의견

지자체 중심이 되어야 하고, 국민건강보험공단은 관리운영의 책임을 지고 상급기관인 보건복지부의 지도 감독을 강화해야 한다. 지자체 나름의 특성에 맞는 서비스제공을 위해 각 지자체와 국민건강보험공단과의 역할분담에 많은 노력이 필요하다. 그리고 장기요양대상자가 장기요양기관이나 필요한 장기요양서비스의 선정과 판단이 어려움이 있으므로 케어 매니지먼트와 같

은 중간관리시설을 두어 장기요양대상자에게 케어플랜 작성이나 장기요양 기관의 계약 등에 도움을 주어야 한다.

제3절 외국제도 비교

1. 일본의 개호보험

일본역시 부양에 대한 문제가 사회문제화 되면서 국민적 과제로 등장하게 되었고, 1983년 노인보건법이 제정되어 장기요양보호가 실시되었으며, 고령자의 만성질환에 대한 의료와 케어를 제공하기 위해서 특별허가 노인병원 제도가 설립되었다. 1992년 장기요양에 대한 것으로 요양환경과 인원을 정비한 요양형 비상군이 제도화 되어 간호, 케어를 필요로 하는 고령자 등에 대응하기 위한 제도를 마련하였다. 1989년 고령자 케어의 기반조성을 위한 획기적인 조치로 '고령자 보건복지추진 10년 전략'인 골드플랜이 제정되었다. 1994년 신골드플랜이 책정되어 고령자보건복지 제2차 계획안을 발표하고 기본적인 주요시책을 제시하였다. 일본에서는 장기요양보호에 구체적이고 활발한 계기를 가져온 것이 1997년 도입되어 2000년 4월부터 실시한 '개호보험법'이다. 개호보험은 개호를 필요로 하는 상태가 되어도 자립된 생활을 할 수 있도록, 고령자의 개호를 사회전체에서 지원하는 구조이다.

일본에서는 2000년 4월 1일부터 개호보험제도를 실시하였다. 개호보험제도는 노인들에 대한 개호문제를 사회보험방식을 기반으로 한 개호시스템을 구축하여 해결하려고 하는 시도에서 이루어졌다. 일본의 개호보험은 의료보험과 분리하여 그 재원을 급부와 부담관계를 명확히 하기 위해 사회보험방식을 취하고 있다. 보험자를 주민에 가장 가까운 시정촌 수준의 자치단체로 하여, 40세 이상을 피보험자로 할 뿐만 아니라 65세 이상의 노인들에게도 피보험자로 부담을 지게 하고 있다. 일본은 개호보험제도를 도입함에 따라 가족개호로부터 사회적인 개호로, 그리고 획일적인 개호로부터 자유경쟁논리에 입각한 다양한 개호로 이행해 가고 있다고 할 수 있다. 개호보험제도는 ① 케어(care)의 사회화, ② 서비스의 종합화, ③ 사회보험방식의 도입,

④ 사회보장구조 개혁의 첫걸음이라는 의미를 가지고 있다. 개호보험제도의 구조를 보면, 보험자는 시정촌이 된다. 이는 지방분권의 흐름을 고려하여 주민에게 가장 가까운 행정단위인 시정촌을 개호보험제도의 중심적인 운영주체로 정한 것이라고 할 수 있다. 시정촌은 65세 이상의 피보험자의 관리 및 피보험자증의 발행, 주민의 요개호인정 및 요지원인정, 보험급부를 위한 비용의 지불 등을 행한다. 또 국가는 시정촌의 안정적인 재정운영을 위한 각종 지원 등의 조치를 강구하고 도도부현은 서비스 사업자의 지정, 감독 및 재정안정화기금의 운영을 행한다. 피보험자는 40세 이상인 사람 전원이다. 수급권의 범위나 보험료 설정, 징수 방법의 차이에서 65세 이상의 사람(제1호 피보험자)과 40세 이상 65세 미만의 사람(제2호 피보험자)으로 구별된다. 피보험자는 보험료의 부담이 필요하지만, 제2호 피보험자 가운데 건강보험법 등의 규정에 의한 피부양자는 보험료에 대한 부담이 필요 없다. 기본적으로 40세 이상인 사람은 개호보험제도의 피보험자로서 강제가입하게 되고, 보험료를 부담하게 된다. 요개호상태의 사람을 '요개호자', 요개호상태가 될 염려가 있는 사람을 '요지원자'로 분류하고, 보험자에 따라 그 인정을 받는다. 보험급부의 내용은 방문개호 등의 재가서비스 및 특별양호노

[표 7-4] 한·일 주요 노인 복지정책 비교

구 분	한 국	일 본
소득보장	소득비례적 성격의 국민연금과 각종 직역연금	국민연금(기초연금제도)
	노인 70% 대상의 기초노령연금제도	후생연금공제연금(소득비례)
고용보장	60세 정년 노력 의무화(기업 제재 조항 없음)	65세 정년 의무화 및 계속고용제도 운영(일부 벌칙 조항 있음)
	기준 고용 유지에 집중	고령자 재취업 촉진에 집중
노인보호		
주보험	노인장기요양보험(2008년 7월 시행)	개호보험제도(2000년 4월 시행)
적용대상자	약 28만 명(고령자의 5.3%)	약 450만명(고령자의 약 16%)
이용자부담액	총비용의 15%(재가) 및 20%(시설) 차등	총비용의 10%로 동일
특징	중증노인을 대상 사후적 보호 집중	예방적 보호에 집중

자료 : 보건복지가족부, 일본후생노동성

인홈이나 의료분야에 있어서의 개호서비스가 중심이 되고 있다.

일본은 고령화사회에 진입하기 10년 전부터 각종 고령화 대책을 마련하기 시작했지만 우리나라는 고령화사회에 진입한 지 5~6년이 지나서야 대책 마련에 착수했다는 점은 시사점이 크다. 한국은 현재 세계에서 가장 빠른 고령화 속도를 기록하고 있다. 지난 1970년 '고령화사회'(전체 인구 대비 65세 이상 노인인구 비율이 7% 이상)에 진입한 일본이 '초고령사회'(전체 인구 대비 65세 이상 노인인구 비율이 20% 이상)에 들어서는 데 36년이 걸렸지만 2000년 고령화사회에 접어든 우리나라는 오는 2026년이면 초고령사회에 진입하기 때문에 일본보다 10년 단축될 전망이다.

일본은 개호보험제도의 전신격인 국민개보험을 지난 1961년 시행했다. 이후 노인복지법(1963년)을 제정하고 노인의료비 무료화(1973년) 추진, 노인보건법 제정(1982년), 개호보험법 제정(1997년) 등 지속적인 노인 복지정책의 발전을 추진해 왔다.

우리나라는 2008년에야 노인장기요양보험이 도입됐다. 그러나 노인장기요양보험은 일본의 개호보험에 비해 대상자가 한정돼 있고 수준도 매우 제한돼 있다.

지난 2000년 본격 시작된 개호보험의 경우 40세 이상 국민은 의무적으로 가입해야 한다. 65세가 넘으면 가벼운 질환의 경증환자에게도 혜택을 준다. 65세 미만이라도 치료가 필요한 치매 · 뇌혈관 장애 등 15개 중증질병 진단을 받으면 보험 혜택을 받을 수 있다.

등급도 도입 당시 6단계였던 것을 2005년부터 '요지원(예방이 필요한 사람)' 2단계, '요개호(개호가 필요한 사람)' 5단계 등 총 7단계로 세분화해 체계적으로 운영하고 있다. 현재 개호보험의 혜택을 받고 있는 일본 인구는 약 450만 명으로 65세 이상 고령인구의 약 16%에 육박한다.

이에 비해 우리나라의 노인장기요양보험은 홀로 거동이 어려운 중증질환자에게만 보험 혜택이 돌아가도록 돼 있어 가족의 부양이 불가능한 치매환자라도 거동이 가능하다는 이유 때문에 심사에서 제외되는 경우가 많다. 등급 역시 단순히 3등급으로 이뤄져 있으며 예방적 조치보다는 사후적 조치에 집중하고 있다. 지난해 현재 약 28만 명의 고령자가 노인장기요양보험 혜택을 받고 있으며 이는 전체 노인인구의 5.3%에 불과하다.
우리 정부는 최근 고령화 대책의 일환으로 고령자에 대한 고용보장에 각별한 노력을 기울이고 있지만 그 수준은 아직 걸음마 수준에 불과하다.
일본은 정년을 65세로 의무화하는 한편 고령자를 고용하는 기업에 대해 1인당 월 5만~7만 엔(약 65만~90만 원)의 지원금과 다양한 세제 혜택도 주고 있다. 특히 계속고용제도를 도입해 계속고용정착촉진조성금을 지원하는 등 실질적인 정년을 70세로 늘리는 방안도 함께 추진하고 있다.
반면 우리나라는 현재 정년 60세를 의무화하기 위해 노력하고 있지만 이를 지키지 않은 기업에 대한 제재 조항이 없어 실질적인 정년은 55세 수준에 머물고 있다. 고용연장에 대해 본격적인 논의를 시작하겠다는 방침이지만 고령자 고용 인센티브도 55세 이상 신규 고용 시 1인당 6개월은 월 36만 원, 다음 6개월은 월 18만 원을 지원하는 정도에 그칠 것으로 알려졌다. 특히 한국과 일본 정부의 고령자 고용보장 정책은 지향점에서도 미묘한 차이를 보이고 있다. 우리나라는 지난해 65세 이상 노인을 대상으로 공익, 교육, 복지 등 공공 분야에서 16만 개의 일자리를 창출하는 등 고령자를 대상으로 한 고용 창출과 기준 고용률 제도를 통한 일자리 유지에 집중하고 있다. 그러나 일본은 은퇴자 재고용제도 운영 및 중고령자(55~64세)에 대한 재취직 지원 등 고령자 취업시장 활성화에 따른 전반적인 고용촉진에 초점을 두고 있다.
노후보장제도도 큰 차이가 있다. 일본의 기초노령연금은 1961년 국민연금제 하나로 실시돼 올해로 49년째를 맞고 있다.
20세 이상이면 누구나 가입해야 하며 연금을 받기 위해선 20~60세 사이에 25년 이상 보험료를 내야 한다. 65세가 되면 납부한 보험료와 기간에 따라 연금이 지급된다. 일본 노동후생성에 따르면 일본 고령자들 전체 수입의 70%가 기초노령연금 및 기존 소득에 비례해 직장에서 제공하는 공제연금이다. 전체 고령자의 61% 정도가 국민연금과 공제연금만으로 생활하고 있다.
반면 한국은 일반 국민의 노후 소득보장 차원에서 1988년 국민연금제도가 처음 도입돼 1999년 전국민으로 대상이 확대됐다. 그러나 자영자들의 낮은 제도 참여율과 두 차례에 걸친 연금 재정 안정화 조치로 인한 연금액 삭감 등으로 국민연금만으로는 안정적인 노후 생활이 어렵다는 문제가 있다.
실제로 현재 전체 노인인구의 25%에도 못 미치는 한정된 인원만이 국민연금 혜택을 받고 있다.
비록 정부가 지난해부터 국민연금 혜택을 받지 못하는 65세 이상 고령자 70%에게 소득과 재산 등 기준에 따라 '기초노령연금'(2만~8만 4,000원 · 1인가구 기준)을 지급하고 있지만 이마저도 안정적인 노후 생활을 하기에는 연금액이 너무 적어 어려움이 지속되고 있는 상황이다.

2. 독일의 노인수발보험

독일은 세계 최초로 사회보험제도를 통해 노령화와 그로 인한 장애에 의한 사회적인 위험에 대처하기 시작한 나라이다. 독일은 1995년부터 수발보험제도(Pflegeversicherung)를 시행하기 시작하였다. 수발보험은 건강보험, 재해보험, 연금보험, 실업보험에 이은 5번째 사회보험에 해당한다. 수발보험제도의 취지는 노인들에게 수발서비스를 안정적으로 공급하기 위한 데 있다. 수발보험은 의료보험에 가입된 사람이면 누구나 수발보험에 들어야 한다. 수발보험은 보험료에 의해 운영되며, 가입자 및 사용주가 각각 50%씩 보험료를 납부한다. 수발보험을 운영하는데 소요되는 비용의 부담은 시설비용과 운영비용을 구분하는 이원적 재원조달방식으로 조달된다. 수발보험의 급여는 재가수발서비스와 시설수발서비스로 구분되며, 현물급여와 현금급여가 제공된다. 수발의 대상자는 질병이나 장애 또는 노화로 인해 정신적 · 육체적인 기능이 약화되어 일상생활을 영위하는 데 다른 사람들의 도움을 필요로 하는 사람을 말한다. 독일의 경우 수발보험제도를 시행하면서 수발보다는 재활을 강조하고 재가시설에서 가족 등의 참여를 유도하고 있는데 초점을 두고 있다. 이를 위해 각종 인센티브 제도를 도입하였고, 현금과 현물 등 선택권을 보장하고 있다.
독일도 다른 선진국과 마찬가지로 높은 고령화율을 갖고 있으며 핵가족화, 평균수명의 증가, 고령인구의 급증 그리고 만성퇴행성 질환자의 증가로 이를 가족의 책임으로 돌리기에는 너무나 많은 위험이 따르기에 사회적 위험이라고 인식하여 사회연대 차원에서 해결방안의 필요성을 찾게 되었다. 노인인구의 증가로 인한 노인장기요양보호에 대한 욕구증가와 개인 및 기초자치단체의 늘어나는 재정적 부담은 기존의 체제로 노인의 장기요양보호를 해결하는데 한계를 느끼며 사회가 연대하여 장기요양 대상자와 그의 가족에게 사회보험의 형태로 요양서비스를 제공할 수 있는 법적 근거를 마련하였으며 보편주의에 입각하여 전국민을 대상으로 하고 의무 가입하도록 규정하고 있으며 재원은 대부분 사회보험료에 의하여 조성된다.

독일장기요양제도의 성공요인은 다음과 같다.

이와 같이 독일의 장기요양제도가 성공적인 평가를 받을 수 있었던 것은 앞서 살펴본 여러 가지 요인에 기인한다. 이제 막 시범사업에 착수한 우리에게 독일의 장기요양보험제도가 많은 정책적 시사점을 줄 수 있다고 생각한다.
정확한 재정추계가 가능한 상태에서 출발하였기 때문에 초기의 불안을 막을 수 있었다는 점이다. 즉, 추계되는 수입에 근거해 요양수급자를 조절할 수 있었기 때문이다. 즉 양입제출 전략을 채택함으로써 재정안정을 확고히 할 수 있었다.
이것은 재정수입에 맞춰 수급자를 선정할 수 있었다는 의미다. 또한, 이 프로그램이 정치적으로 성공할 수 있었던 점을 간과할 수 없다. 무엇보다 이 제도 시행으로, 많은 주들이 재원을 부담하는 데서 오는 재정압박과, 자산조사를 통해 수급자를 선정하고 시설을 유지하는 데 소요되는 부담을 연방정부가 사회보험의 방식으로 그 재원을 전국민에게 부담시키고, 그 운영을 질병금고의 인력과 조직으로 이전시킨 것은 환영할 만한 조치였다. 이러한 상황에서 모든 주 정부는 적극적으로 연방정부의 사업추진에 적극적으로 동참하면서 지지를 보내지 않을 수 없게 되었다. 또한, 사업시행 초기 모든 국민이 납득할 수 있는 구체적인 급여기준을 제시함으로써 국민은 자신이 어떠한 급여기준에 해당되며 어느 수준의 급여를 받을 수 있는지 명확한 인식을 공유할 수 있었다는 점을 들 수 있다.

3. 장기요양보호제도 비교(일본, 독일, 한국)

[표 7-5] 장기요양보호제도 비교

구 분	한 국	독 일	일 본
명칭	장기요양보호 (노인수발보장제)	수발보험제도	개호보험제도
시행시기	2008.07	1995.04(재가) 1996.07(시설)	2000.04
관리운영주체 (보험자)	건강보험공단 (지자체 일부 참여)	수발금고 (질병금고에 설치)	시·정·촌 (우리의 시·군·구)
보험료부담자	전국민	전국민	40세 이상
피보험자	고령자와 노인성 질병을 앓고 있는 자	전국민	전국민
급여절차	신청–방문조사–컴퓨터1차판정–판정위원회2차판정–등급통보 - 판정항목 : 51항목 - 요양등급 : 1-3등급	신청–자격심사–판정의뢰–방문조사–조사내용보고–등급통보 - 판정항목 : 36항목 - 요양등급 : 1-3등급 - 소요기간 : 2-3개월(법정)	신청–방문조사–컴퓨터1차판정–개호인정심사회의2차판정–등급통보 - 판정항목 : 85항목 - 요양등급 : 요지원, 요개호 1-5등급(5등급)
급여종류	요양서비스 종류 - 시설급여 2종 - 재가급여 5종	재가, 시설서비스 - 재가서비스 - 주간, 야간수발서비스 - 단기수발, 시설보호 * 의료서비스는 제외	재가, 시설서비스 - 재가서비스 12종 - 시설서비스 3종 * 요양병원 및 방문간호 등 의료서비스 포함
급여지급	등급별 월한도액 범위 내	서비스별 등급별 정액	재가 : 한도액기준 실사용액 시설 : 일당정액제
수급자격	65세 이상	최소 5년 이상 가입자	65세 이상

[표 7-6] 일본과 독일의 등급판정 기준

독 일	일 본
- 별도의 위원회 운영 없이 장기요양금고의 의뢰에 따라 MDK(질병보험의료업무단)에서 직접 요양 등급 판정에 대한 자문역할을 수행한다. - 요양등급에 대한 최종판정권한은 장기요양금고에 있다.	- 개호인정심사회를 시정촌에 설치, 위원수는 조례로 정한다(법 제14조, 제15조). - 공동설치의 지원 : 도도부현에 공동설치 가능(제16조) - 업무의 효율적 수행을 위해 위원회 산하에 합의체(일종의 소위원회)를 수개씩 두어 운영하고 위원회가 별도 의결한 경우에는 그 합의체에 의결을 위원회의 의결로 간주한다(령 제19조).

[표 7-7] 일본과 독일의 서비스 질 확보방안

독 일	일 본
장기요양기관 인・허가 - 장기요양기관 인・허가를 담당하는 시・군・구는 보험자와 장기요양급여 공급계약을 체결한 장기요양기관에서만 재가급여와 입소시설 급여를 제공하게 되므로 인허가시 교육받은 간호사(간호관리자=케어매니저)의 인력기준을 심사한다. - 간호관리자는 기능성 있고 경제적인 요양급여를 보장하며 시설 자체적인 질 관리체계를 수립, 발전시킬 의무를 부담한다(법 제72조). 보험자와 시설사업자간의 협약체결 - 장기요양기관은 시설의 미비한 환경과 미흡한 급여상태의 효과적인 예방과 개선을 목적으로 기관이 제공하는 급여내용과 급여의 질에 대한 공급계약을 보험자와 체결한다(법 80a조). - MDK(질병보험의료업무단)는 합의에 있어 자문역할을 수행한다. 평가 1. 내부평가 시설운영자의 자기점검을 통하여 서비스 질을 스스로 강화함을 목적으로 기관자체의 질 관리 의무를 부과한다. 2. 외부평가 장기요양급여의 질을 평가하고 급	개호서비스 정보의 공표 개호보험의 서비스가 이용자에게 적절하면서 원활하게 선택되어 이용되도록, 사업자 및 시설에 대해서 필요한 정보의 공표를 의무화한 제도를 도입한다(개호보험법 115조의 29). 서비스의 전문성과 생활환경의 향상 서비스의 질의 확보 및 향상을 위해, 서비스 담당자의 전문성의 향상을 도모함과 동시에 시설 등에 있어서 생활 및 요양환경의 개선을 요구한다. 사업자 규제의 강화 부정 사업자 등에 대하여 사후 규제 법칙을 강화하는 관점에서 지정의 결격사유, 지정의 취소 요건의 추가나 지정의 갱신제의 도입 등 사업자 규제를 강화한다. 케어매니저의 검토 포괄적 및 계속적 케어매니지먼트의 추진, 케어매니저의 자격 및 전문성의 향상, 공정 및 중립의 확보 등의 관점에서 제도 및 개호보수의 검토를 실시한다.

출처 : 국민보험공단 노인장기요양보험(www.longtermcare.or.kr)

4. 각국의 노인장기요양서비스 관리제도

[표 7-8] 각국의 노인장기요양서비스 관리제도

구 분	일본	호주	독일	영국	한국(안)
형태	평가제(제3자)	인증제	평가제	감독	평가제
실시 주체	도도부현	인증기관 (ACSAA)	질병보험 의료업무단 (MDK)	사회적 케어 감독위원회 (CSCI)	국민건강 보험공단
대상	시설, 재가	시설	시설, 재가	시설, 재가	시설, 재가
평가 주기	1년 (신청)	최소1회/3년 (의무)	최소1회/3년 (의무)	최소1회/3년 (의무)	2년 (신청)
평가 지표	구조, 과정	구조, 과정	구조, 과정, 결과	구조, 과정	구조, 과정, 결과
비용 부담	○	○	×	○	×
수시 평가	×	○	○	○	○
결과 활용	공개	공개	공개	공개	공개, 가감지급

출처 : 국민보험공단 노인장기요양보험(www.longtermcare.or.kr)

노인장기요양보험은 외국에서 이미 오래 전부터 실시해 온 제도이다. 이 제도의 성패는 결국 국가의 재정적 지원이 충분한지 여부에 달려 있고, 시행과정에서 제도를 운영하는 사람들의 의식이 중요한 관건이 된다고 할 것이다. 법과 제도에 따른 형식적인 운영이 아니라, 노인들의 구체적인 상황을 정확하게 파악하고 그에 필요하고도 적절한 보험급여가 제공될 수 있도록 하여야 한다. 독일이나 일본에서 노인수발보험제도를 실시해 온 성과를 비교분석하여 우리나라의 제도운영에 있어서도 참고를 해야 할 것이다.

제4절 노인장기요양보험제도의 문제점

(1) 중증노인에 한정한 급여대상자 선정방식

본 제도가 시행되기 이전부터 정부는 급여대상자를 전체 노인의 3% 수준으로 정해, 중증의 수발욕구가 있는 노인에게만 한정할 계획이었다. 이는 경증의 수발욕구가 있는 노인과 수발욕구가 있는 65세 미만의 장애인 등을 배제하는 것으로 적용대상자의 포괄성 측면에서 문제가 있는 것으로 지적되어 왔다. 장기요양보호를 어떻게 정의하고 어떤 도구로 측정하느냐에 따라 차이는 있지만, 한국보건사회연구원의 연구결과에 의하면 우리나라의 장기요양보호대상자 비율은 노인의 7.9~12.2% 정도인 것으로 추정되고 있다(선우덕 외, 2007). 예를 들어 2004년 전국재가노인 자료를 분석한 결과, 전국 노인 중 1~5등급 노인은 8.2%라고 추정되며(선우덕 외, 2007), 이를 장기요양보호대상자 노인이라고 본다면, 2008년 노인인구 5,016천 명 중 401천 명이 장기요양보호대상자이고 1~3등급 노인은 155천 명(전체노인의 3.1%)이므로 255천 명이 적용대상자에서 제외된다. 즉, 장기요양보호제도의 적용대상자에서 제외된 노인은 255천 명으로 추정된다. 4인 가구를 기준으로 하면, 약 102만 명의 노인과 가족이 장기요양보호제도의 혜택을 받지 못함을 의미한다.

급여대상자 선정의 또 다른 문제점으로는, 급여대상자를 신체수발욕구 중심으로 선정함으로써 경증 치매노인은 급여대상자에서 제외된다는 점이다. 등급판정 결과, 스스로 치매환자라고 밝힌 경우 9%가 등급외 판정을 받은 것으로 나타났는데(장재혁, 2008), 경증 치매노인은 비록 신체적 기능상태가 양호할지라도 가족수발자는 24시간 동안 지속적으로 보호를 제공해야 하기 때문에 가족의 부양부담이 매우 높은 수준이다. 실제 경험적 연구들은 치매노인의 가족수발자가 다른 질병을 앓고 있는 노인의 가족수발자에 비해 부양부담수준이 상대적으로 높은 것으로 나타나, 경증 치매노인을 포함한 정신장애 노인 등을 급여대상자로 확대할 필요가 있다.

(2) 과도한 본인부담

장기요양보험제도가 공적 사회보장제도로서 제대로 기능하기 위해서는, 기본적인 서비스가 급여로 제공되어야 하지만, 식사 등이 비급여항목에 포함됨으로써 저소득층은 과도한 본인부담으로 인해 서비스이용에 어려움을 느끼고 있다. 기초생활수급자를 제외하고는, 급여항목의 본인부담비율은 15~20%이고 식사·이미용서비스 및 상급침실 이용 추가비용 등 비급여항목으로 인해 실제 본인부담금액은 70~80만 원 수준으로 나타난다.

노인장기요양보험법에 의하면 소득·재산이 일정금액 이하인 차상위 계층은 본인부담비율의 50%를 감면받게 되어 있으나 차상위 계층을 어떻게 측정할 것인지에 대한 정책적 결정이 내려지지 않아서 실제로 차상위 계층 노인은 일반노인과 같은 수준의 본인부담을 하고 있다. 비급여항목 중 식사만 포함한 본인부담액과 시설급여의 본인부담액을 합한 금액이 얼마나 저소득층에게 과도한 본인부담인지를 살펴보자. 1식을 2,500원이라고 가정하면 한 달 기준으로 225,000원이 되며, 시설급여의 본인부담금액을 더할 경우 1등급노인의 경우 총 513,720원을 본인이 부담해야 한다. 최저생계비 대비 120% 수준의 4인 가구를 기준으로 하였을 때 가구소득에서 본인부담금액을 제외하면 1,005,298원인데 이는 3인 가구 최저생계비의 97.9%수준에 달하게 됨으로써 1등급 노인 1인이 요양시설에 입소하게 되면 나머지 가구원들은 절대빈곤층으로 전락하게 된다. 물론 노인장기요양보험법에서 정한 대로 본인부담비율을 10%만 부담하게 되면 차상위 계층이 절대빈곤층으로 하락하는 문제는 나타나지 않게 된다. 4인 가구가 아닌, 2인의 노인부부가구의 경우에도 유사한 패턴이 드러난다.

한편, 비급여항목을 시장자율에 맡김으로써 요양시설에 따라 비급여부담액에 차이가 커서, 식비의 경우 2배 정도 차이가 나기도 한다(공공노조, 2008). 건강보험에서는 식비를 급여항목으로 선정한데 반해, 장기요양보험에서는 이를 비급여로 처리한 것 역시 문제점이라 할 수 있다. 물론 장기요양보호를 사회보험방식으로 운영하는 독일, 일본에서도 주거비와 식비는 비급여항목이다. 그러나 이들 국가의 경우, 우리나라에 비해 소득보장제도가 훨씬 잘 갖추어져 있기 때문에 노인빈곤 문제가 상대적으로 덜 심각하며, 일본의 경우 본인부담율은 10%로 우리에 비해 훨씬 낮은 수준이라는 점을 고려해야 한다.

저소득층의 경우, 시설보호는 과도한 본인부담금액이 문제라면, 재가보호에 있어서는 이전에 비해 본인부담금액이 늘어났다는 문제점을 가지고 있다. 예를 들어, 재가서비스를 이용하면 1등급의 경우 월한도액 1,097,000원의 15%를 부담함으로써 본인부담금은 164,500원 수준에 달하게 된다(공공노조, 2008). 그런데 보건복지가족부 민원을 살펴보면 과거 무료 또는 저렴한 비용으로 재가복지서비스를 받던 노인 중 일부는 본인부담금 때문에 수급권을 포기한다는 민원이 상당수 있는 것으로 알려졌다(보건복지가족부, 2008년 9월).

과도한 본인부담은 장기요양보험의 적용대상자이지만 급여혜택을 받지 못하는 사각지대를 발생시킬 것이다. 장기요양보험욕구를 가지고 있지만 장기요양보험제도의 적용대상자에서 제외된 집단을 첫 번째 유형의 사각지대라고 정의한다면, 장기요양보험의 적용대상자이지만 실제 과도한 본인부담으로 장기요양보험 급여를 받지 못하는 두 번째 유형의 장기요양보호제도의 사각지대에 있는 노인을 추정해 볼 수 있다. 현재 노인 중 국민기초생활보장제도 수급자 비율은 8%이고, 수급자를 제외한 최저생계비 160% 미만 노인은 33.5%에 달하는 것으로 추정된다(김성숙외, 2007). 노인의 소득은 저소득층에 보다 집중되어 있지만 최저생계비 160% 미만의 소득수준을 가진 노인이 균일하게 분포되어 있다고 가정하면, 문제가 되는 최저생계비 120% 미만은 약 25% 수준에 달할 것으로 추정된다. 이 중 특히 문제가 되는 1등급 노인에 한정하면 차상위 계층의 1등급 비율이 전체 노인과 동일하다고 가정하면(0.5%), 전체 노인 중 차상위 계층의 1등급 노인은 6.2천 명(5,016천 명×0.25×0.005)이고, 4인 가구를 기준으로 하면 약 2.5만 명의 노인과 가족이 장기요양보호제도의 사각지대에 놓여있음을 알 수 있다.

사각지대 규모에 대한 추정은 상당히 엄격한 수준의 가정 하에서 이루어진 것임을 감안하면(저소득층의 소득분포가 균일할 것이라는 가정, 소득수준이 낮을수록 일반적으로 노인의 건강상태가 더 좋지 않기 때문에 차상위 계층의 1등급 비율은 전국 평균보다 더 높을 것이라는 점은 감안하지 않았지 않은가 유추해 볼 수 있다. 노인부부가구의 경우 2등급 인정자가 시설을 이용할 경우에도 다른 가구원은 절대빈곤선 이하의 수준을 살게 된다는 점을 감안하지 않았음) 차상위 계층의 장기요양보험 사각지대 규모는 더 클 것으로 예상된다. 보건복지가족부의 발표에 의하면 1~3등급 인정노인 20만 명 중 급여 미 · 이용비율은 38.8%이며 본인부담금 과도로 서비스를 이용하지 않는 비율은 10%이므로 사각지대 규모는 7,700여명 수준에 달한다. 그러나 차상위 계층은 정보부족 등으로 인해 등급신청을 하지 않을 것임을 감안한다면 실제 사각지대 규모는 정부 발표보다 훨씬 클 것으로 예상된다.

(3) 서비스 종류, 양 및 질의 문제

시설보호의 서비스 양과 질에도 문제점이 많지만, 재가보호의 서비스 양 및 질의 문제가 더 심각하다. 먼저 재가보호의 경우 시설보호에 비해 인력기준이 훨씬 낮게 설정되어 있다. 요양시설은 요양보호사 1명이 2.5명을 담당하는데 반해, 주야간보호서비스는 요양보호사 1명이 이용자 7명을, 단기보호서비스는 요양보호사 1명이 이용자 4명을 수발해야 한다. 실제로 단기보호서비스의 경우에도 일정기간 시설에서 24시간 보호를 받는다는 점을 고려하면, 단기보호의 인력기준이 요양시설에 비해 현저하게 낮음을 알 수 있다. 재가보호의 낮은 인력기준은 서비스의 양과 질의 저하로 이어질 우려가 있으며, 장기요양보호욕구가 높은 1~2등급 노인이 지역사회에 살면서 재가복지서비스를 이용할 수 없는 장애요인이 되고 있다.

또한 가족의 부양부담을 경감시키기에는 재가보호의 서비스의 양 및 종류가 부족하고, 기본적인 서비스가 부재하여 시설보호를 선택할 수밖에 없게 될 수 있다. 먼저, 방문요양의 경우 1일 2회 총 4시간을 이용하는 경우 월

한도액 범위 내에서 쓸 수 있는 최대일수는 1등급은 27일, 2등급은 22일, 3등급은 19일이다. 예를 들면 2등급 노인의 경우, 식사하기, 옷 갈아입기, 몸 씻기 등의 기본적인 일상생활을 수행하는 데 타인의 도움을 완전히 필요로 하기 때문에, 한 달에 22일 밖에 서비스를 이용하지 못한다는 것은 2등급 노인이 방문요양서비스를 이용하여 지역에서 자립적으로 생활하기에는 서비스의 양이 매우 부족하며, 가족이 없는 경우에는 시설에 입소할 수밖에 없음을 의미한다.

주야간보호서비스의 경우 서비스를 12시간 이상 이용할 경우에는 전액 본인이 부담해야 하기 때문에, 서비스 공급기관에서도 서비스를 늦은 저녁시간(보건복지가족부의 표준시간은 오전 8시부터 오후 10시까지)까지만 제공하고 실제로 night care의 개념인 야간보호는 제공하지 못하고 있는 실정이다. 또한 1일 10～12시간 이용을 기준으로 하였을 때(1일 8시간을 근무한다고 했을 때 출퇴근시간까지 포함하면 최소 10시간은 서비스를 이용해야 한다), 월한도액 범위 내에서 사용할 수 있는 최대일수는 22～24일 정도이기 때문에 휴일이나 주말에는 서비스를 이용할 수 없는 문제점을 갖고 있다.

방문간호의 경우, 다른 재가보호와 달리 상해보험료가 보험수가에 포함되지 않음에 따라 장기요양기관의 책임에 따른 문제발생을 회피하기 위해서 적극적인 간호서비스의 제공이 어려운 실정이다. 단기보호의 경우, 휴가나 출장 등으로 인해 가정에서 노인을 보호할 수 없는 경우에 단기간동안 이용하는 서비스이나 실제로는 입소시설의 부족 등으로 인해 요양시설에 입소해야 할 노인들이 장기간 이용(최대 180일까지 이용가능하도록 되어 있다)하고 있는 실정이다. 이로 인해 단기간 노인을 맡기고자 하는 가족이 이용할 수 있는 재가보호서비스는 부재한 실정이다.

재가보호의 낮은 서비스 양과 질의 문제로 인해, 2008년 9월 서비스이용자 중 1등급은 66.8%가, 2등급은 61.7%가 시설보호를 이용함에 따라 장기요양보험법 제 3조에서 명시한 것처럼 노인 등이 가족과 함께 생활하면서 가정에서 장기요양을 받는 재가급여를 우선적으로 제공한다는 법조항은 실제로 구현되지 못하고 있음을 보여주고 있다. 한편, 정부는 3등급 노인의 경우 시설이용을 하지 못하도록 하였는데, 원천적으로 급여제공을 금지하여 이용자의 선택의 폭을 제한할 것이 아니라, 재가서비스의 양과 질을 개선함으로써 이용자가 시설보다는 재가서비스를 이용하도록 유인하여야 할 필요가 있다.

(4) 민간부문에 시설 공급을 의존하는 문제

장기요양보호제도의 성공은 인프라구축에 달려있다고 해도 과언이 아니다. 정부는 요양시설 및 재가시설의 부족을 해결하기 위해 서비스 공급기관을 민간부문에 과도하게 의존하고 기관의 수를 전혀 통제하지 않고 있는데, 이로 인해 여러 가지 문제가 노정되고 있다.

먼저, 지역별 불균형의 문제이다. 시설공급을 민간부문에만 의존함에 따라 수도권지역과 일부 대도시 등에서는 요양시설이 부족하고, 특히 일부 지역에서는 재가시설이 과도하게 설립된 것으로 알려졌다(박종연, 2008). 시설의 지역별 불균형문제는 이용자의 접근성의 불평등 문제와 기관간 과다경쟁으로 인한 인건비 절감이 결국 서비스의 질 저하로 연결된다는 문제를 갖고 있다.

두 번째 문제점은, 장기요양보험제도가 도입됨에 따라 비영리부문의 민간부문조차 국고보조금 방식의 운영에서 구체적인 서비스 실적에 따라 서비스 비용을 보상받는 제도로 변화됨에 따라 장기요양기관들이 비영리 · 영리의 구분없이 전반적으로 영리추구적인 성격으로 변질될 수 있다는 점이다(김귀자, 2008; 석재은, 2008). 극심한 예로 국가와 지자체의 지원으로 건립된 시설이 수익성이 낮다는 이유로 시설을 폐쇄하는 사례가 나타나기도 하였으며(윤종범, 2008), 보건복지가족부에 접수된 민원 사례에서 보듯이 일부 시설에서는 상대적으로 노동집약적인 서비스를 더 많이 제공해야 하는 치매환자를 입소 거부하기도 한다.

세 번째, 민간부문에 시설공급을 과도하게 의존함으로써, 비영리부문보다는 영리부문의 공급이 더 가속화될 수 있다. 우리나라에서도 기업이 운영하는 체인점, 프렌차이즈 형태의 재가기관이 점차 늘어서고 있으며, 영국의 사례에서 보듯이 기업형 재가기관은 지역에 기반한, 소규모의 비영리기관과 경쟁할 경우 규모의 경제가 갖는 이점으로 인해서 소규모 기관을 합병해 나가게 된다. 이는 결국 민간부문의 다양성, 지역사회 근접성 등의 이유로 민간부문의 서비스공급을 활성화시키고 소비자의 선택의 폭을 넓힌다는 혼합경제의 이념과는 대치되는 결과를 낳게 될 수 있다(우국희, 2006; 홍성대 · 홍필기 · 김철주, 2007).

네 번째, 민간영리조직은 수익성 추구를 위해 서비스를 가능한 축소하여 제공할 수 있고, 이용자는 서비스공급기관에 대한 충분한 정보를 획득할 수 없기 때문에 정부는 서비스의 질에 대한 모니터링 등을 포함한 규제와 감독의 역할을 수행해야 한다. 민간부문에 대한 통제가 가능하기 위해서는 영국의 사례에서 보듯이 공적 부문의 전문적 우월성이 어느 정도 담보될 경우에만 가능하다(우국희, 2006). 따라서 시설부족의 문제를 단기간에 해소하기 위해서는 민간부문의 공급에 크게 의존할 수밖에 없다는 점을 인정한다고 하더라도 공공부문이 서비스인프라에서 차지하는 비율을 높이기 위해서 노력하여야 하며, 정부의 규제와 감독을 통해 이용자의 권리보장 및 서비스의 질 관리를 할 필요가 있다.

(5) 요양보호사의 무차별적인 양상과 열악한 근로조건

정부는 요양보호인력의 양적인 충원에만 힘쓴 나머지 요양보호사 교육과정을 효과적으로 수행할 수 있는 전문성을 가진 기관이나 단체에 한정해 요양보호사 양성기관으로 지정하지 않고, 일정 정도의 최소 시설 및 교육조건을 갖춘 기관을 요양보호사 교육기관으로 지정하였고 교육기관에 대한 지도감독 역시 단순경고를 주는 데에 그치고 있다(허준수, 2008). 이에 따라 요양보호사 교육기관이 과다하게 설립되고, 요양보호인력 또한 필요인력에 비해 세 배 이상 많은 약 18만 명이 배출되었다. 요양보호사 자격요건을 다른 국가처럼 고등학교 졸업 이상으로 한정하지 않음에 따라 기본적인 문서작성을 하지 못하는 요양보호사가 배출되는 등 요양보호사의 질 관리가 되지 않는 문제점을 갖고 있다.

요양보호사의 열악한 근로조건 역시 문제가 되고 있다. 보험수가에 의하면 방문요양의 경우 30분 이상~60분 미만은 10,680원의 보험수가가 산정되어 있지만, 실제로 요양보호사가 받는 시급은 5,000~7,000원 수준인 것으로 알려져 있다. 그러나 실제 서비스 제공시간만 인정을 받기 때문에 이동시간 및 보고서 작성시간 등은 제외되며, 방문간호와는 달리 교통비가 보험수가에 포함되지 않는다. 실제 한 달 임금은 100만 원의 저임금을 받고 있으며, 이러한 저임금의 근로조건은 다른 선진국 사례에서 보듯이 요양보호사의 이직 및 타 업종으로의 취업으로 인해 수발인력의 공급불안정의 요인이 되고 있다(유호선, 2007). 수발인력의 부족은 서비스의 질 저하로 연결된다는 점에서 더욱 심각한 문제라고 할 수 있다.

(6) 급여대상자의 포괄성 확대

장기요양보험제도는 욕구의 보편성에 기초하여 운영하여야 하는 사회보험 제도이다. 따라서 서비스 대상자를 장기요양보호의 욕구를 가진 경중증 노인과 장애인으로 확대해야 한다. 한국보건사회연구원의 연구결과에 의하면 우리나라의 장기요양보호대상자 비율은 노인의 7.9~12.2% 정도인 것으로 추정되고 있다. 혹자는 급여대상자의 확대는 보편주의의 실현이라는 측면에서는 장점을 가지지만, 사회적 비용부담을 고려하여 반대할 수도 있다. 그러나 경증노인에 대한 적극적인 개입이 이루어지지 않는 경우에는 이들이 중증화됨으로써 노인의 입장에서는 삶의 질이 저하되고, 가족의 입장에서는 수발에 대한 부담이 증가하고, 장기적으로는 중증의 장기요양보호 수급대상자가 증가함에 따라 사회적인 부담도 증가하게 된다(우국희, 2006). 일본은 2006년 개호보험제도를 개정하면서 경증 노인 뿐만 아니라 일반 노인까지 포함하여 장기요양예방시스템을 구축하였으며, 이를 통해 장기요양보호의 비용절감 효과가 나타난 것으로 평가된다.

(7) 비급여항목의 축소 및 본인부담비율의 축소

비급여항목 중 식사는 건강보험과 마찬가지로 급여항목으로 바뀌어야 하며, 차상위 계층의 과도한 본인부담비율을 낮추기 위해서는 이에 대한 시행규칙이 있어야 한다. 우선적으로 건강보험으로 전환된 차상위 계층 의료급여 수급권자에게는 본인부담비율 50% 경감이 이루어져야 하며, 차상위 계층을 어떻게 정의할 것인지에 대해서는 보다 면밀한 검토가 요구된다. 차상위 계층에 대한 조사의 행정적 어려움을 감안한다면, 우리나라에서도 일본과 같이 수급자를 제외한 모든 노인에게 동일한 본인부담비율을 적용하던지 (예 시설 10%, 재가 7.5%) 아니면 독일처럼 급여한도액 이상은 본인부담을 하는 방식으로 바꾸는 것을 검토할 필요가 있다.

(8) 서비스의 양 및 질의 개선

현재 우리나라 장기요양보험제도에서 제공되는 급여는 시설급여와 재가급여가 있으며, 재가급여에는 방문요양, 방문목욕, 주야간보호, 단기보호, 방문간호가 포함된다. 그러나 재가에서 노인이 지속적으로 살아가면서 보호를 받을 수 있도록 실질적인 night care의 개념인 야간보호서비스 등을 포함한 24시간 대응체제의 재가보호서비스 구축이 선행되어야 할 것이다. 또한 일본 소규모 다기능형 재가개호서비스처럼 이용자의 필요에 따라 왕래를 중심으로 한 수시방문이나 숙박을 조합하여 서비스를 제공하는 기관을 우선적으로 공급할 필요가 있다(임혜경, 2008). 또한 노인의 건강상태가 중증화되는 것을 방지하기 위하여, 일본처럼 개호예방 및 건강증진서비스를 급여에 포함시킬 필요가 있다.

서비스의 양 및 질의 개선을 위해서는, 시설 · 재가보호의 인력기준을 상향 조정할 필요가 있다. 특히, 근로기준법에 근거한 8시간 근무를 기준으로 하여, 오전 · 오후 · 저녁 · 야간대별 필요인력기준을 달리 산출하여야 하며, 단기보호의 인력기준은 요양시설의 인력기준과 동일한 수준으로 상향 조정되어야 한다. 재가보호의 서비스가 야간이나 주말 · 휴일에 이용가능하도록 하기 위해선 월한도액이 상향 조정되어야 한다. 또한 주야간보호서비스의 경우에는 방문요양과 같이 저녁 6시 이후는 20%, 휴일에는 30%의 보험수가를 가산하도록 제도를 바꿔어 야간보호서비스가 제공될 수 있도록 정책적으로 유인할 필요가 있다. 방문간호의 경우에도 상해보험료가 보험수가에 반영됨으로써 방문간호서비스제공기관이 안정적으로 사업을 수행하도록 도울 필요가 있으며, 단기보호의 경우에도 기능재정립을 통해 실질적인 단기보호 · 휴식보호(short-stay or break)서비스가 제공될 수 있도록 하여야 한다. 재가급여에서 제공되는 서비스의 종류 및 양이 늘어나게 되면, 일본처럼 포괄적이고 지속적인 보호 제공을 하는 케어매니저의 도입을 적극 고려할 필요가 있다.

(9) 공공시설의 확충 및 민간부문에 대한 규제 · 감독의 강화

서비스공급기관을 민간에 과도하게 의존함으로써 나타나는 문제점을 해소하기 위해서는 공공시설을 확충할 필요가 있다. 정부는 서울시나 대도시처럼 재정자립도가 높은 지역부터 우선적으로 구립 · 시립 요양시설을 건축하도록 적극적으로 지원할 필요가 있으며, 일본의 경우처럼 제공자의 주체(공공 · 영리 · 비영리)와 시설의 수량통제를 할 필요성이 있다. 농어촌지역과 같이 민간에서 시설을 공급하기 어려운 지역에는, 공공부문에서 적극적으로 시설설립을 지원하여야 하는데 예를 들면 재가시설은 보건소 · 보건지소의 활용을, 요양시설은 국립 · 시립병원에 병설된 형태의 시설설립 등을 고려해 볼 수 있다.

민간부문의 서비스 질 저하문제를 방지하기 위해서는, 서비스의 질에 대한 모니터링 체계 구축, 부정사업자에 대한 지정취소, 지정사업자 갱신제 도입 등의 법적인 규제 및 감독의 강화(임혜경, 2008)와 더불어 보험수가의 가산(예 치매환자비율이 높은 시설, 농어촌지역 시설) 등의 재정적인 지원, 등급인정자에 대한 사후관리(예 입소거부, 부실한 서비스 제공 등 사후 확인 등)를 같이 병행할 필요가 있다.

(10) 요양보호사 교육기관에 대한 규제 · 감독 및 요양보호사 근로조건 개선

요양보호사 교육기관에 대한 평가체계 구축 등을 통해서 양질의 교육기관만을 지정하도록 하여야 하며, 요양보호사 자격요건을 고졸 이상으로 상향조정하는 등 양질의 요양보호사가 배출될 수 있도록 자격요건을 보다 엄격하게 만들 필요가 있다. 양질의 요양보호사가 배출되기 위해서는 기본적인 근로조건의 개선과 교육훈련 및 승진이 가능한 인력양성체계를 구축하여야 한다. 이를 위해서는 요양보호사의 시급 최저기준 마련 및 방문간호와의 형평성을 고려하여 보험수가에 교통비포함 등의 개선이 시급하다고 여겨진다. 또한 서비스의 질에 대한 평가에 있어서도 서비스 전달인력에 대한 부문을 포함시킴으로써 기관에서 자율적으로 인력관리 및 근로조건을 개선하도록 유인할 필요가 있다. 예를 들면, 서비스 이용자의 가장 큰 불만 중의 하나인 수발인력의 교체이므로(OECD, 2005) 안정적인 서비스 제공의 지표로서 직원이직율을 서비스의 질 평가 항목에 포함시키게 되면, 기관에서도 직원이직을 방지하기 위한 대책을 자율적으로 수립하게 될 것으로 기대된다.

(11) 시설중심에 재가중심으로 전환

네덜란드에서 1960년 이래로 활발하게 설립 · 확장됐던 요양시설은 1980년 이후 요양시설(또는 양로시설)간 통합으로 요양시설, 치매전문 요양시설, 양로시설간 구분이 모호해졌고 이로 인해 중증인 신체장애자들도 양로시설입소가 가능해졌다.

하지만 차츰 대규모 시설에 대한 반감이 불거지고 입소자의 선택권과 독립성을 보장받지 못한다는 의견이 제기됐다. 시설이용자의 감소(1990년~2000년 양로시설 18% 감소)와 시설의 기능재편을 요구하는 결과를 나았다는 것으로 시설입소에 대한 거부감으로 네덜란드 정부는 노인들이 가능한 그들의 집에서 서비스를 받을 수 있도록 재가서비스를 확대하고 비공식적 케어부분을 육성하고 있으며 특히 재가서비스에 대한 수요증가 · 재가서비스의 다양화로 서비스 공급기관들 간의 경쟁을 유도하고 있다고 소개했다.

즉 네덜란드 장기요양보험제도는 장기요양보험의 본연의 목적인 중증의 장기요양서비스를 제공한다는 목적 하에 소비자의 선택권과 자율권이 보장되며 지역복지서비스와의 연계 하에 재가서비스가 활성화됐고 소비자 중심의 서비스가 제공되고 있다는 것이다.

우리나라의 경우 현행 장기요양보험제도가 시설·운영자 중심으로 운영되고 있다며 네덜란드 장기요양보험제도가 시사하는 바와 같이 정책방향을 재가중심 및 이용자 중심으로 전환해야 하며 지역복지서비스와의 연계를 통해 노인들이 지역사회 내에서 건강한 삶을 영위할 수 있도록 여건을 마련한다.

CHAPTER

08

국민건강보험의 이해

제1절 국민건강보험의 개관

1. 국민건강보험 개요

국민건강보험은 질병, 부상, 분만, 사망 등의 사고에 대한 의료의 제공을 조직하고 질병의 비용과 건강보호를 집단적으로 부담하는 일을 사회에 위탁함으로써 모든 사람에게 의료혜택을 주어 건강하고 문화적인 생활을 영위하도록 하는 것으로 특징은 보편적, 강제적, 통합적, 포괄적인 정책이다. 목적은 국민의 질병, 부상에 대한 예방, 진단, 치료, 재활과 출산, 사망 및 건강증진에 대하여 보험급여를 실시함으로써 국민보건을 향상시키고 사회보장을 증진함을 목적으로 한다.

국민건강보험은 개인의 건강은 사회적 책임이라는 원칙에 따라 보험의 가입은 법적으로 의무화되어 있고, 질병의 발생가능성에 관계없이 개인의 경제적 능력에 따른 보험료부담과 보험가입자 누구에게나 질병완치시까지 급여를 보장한다. 국민건강보험의 기본 운영원리는 계층간 또는 질병 고위험군과 저위험군간의 위험 분산이라는 사회적 상호부조의 성격을 지니고 있다. 젊은 사람이 노약자를 부양하고, 건강한 사람이 환자를 부양하며 국민건강보험은 국가가 법률에 따라 운영하는 사회제도이므로 국민 누구나 건강보험에 가입하여야 하는 의무가입이고, 당연가입이다.

건강보험제도란 일상생활에서 발생하는 우연한 질병이나 부상으로 인하여 일시에 고액의 진료비가 소요되어 가계가 파탄되는 것을 방지하기 위하여, 보험원리에 따라 국민들이 평소에 보험료를 낸 것을 보험자인 국민건강보험공단이 관리·운영하다가 국민들이 의료를 이용할 경우 보험급여를 제공함으로써 국민 상호간에 위험을 분담하고 의료서비스를 제공하는 사회보장제도이다.

개인의료보험은 개인의 질병은 개인 스스로가 책임을 진다는 원칙에 따라,

개인의 선택에 따른 임의가입과 개인의 보험사고 발생가능성(위험율)에 따른 개인별 차등부담과 보험가입금액 한도 내에서만 보장한다.

개인의료보험의 기본 운영원리는 각 개인의 생애주기별 질병위험의 분산적인 성격을 지니고 있다. 개인의료보험은 주로 15~60세 이내의 연령층이 가입하고, 노약층이 되면서부터 급여혜택을 집중적으로 받게 되며, 개인의료보험의 가입은 사법상의 법률관계이고, 보험가입은 본인의 선택에 의한

[표 8-1] 국민건강보험과 개인의료보험 비교

구분	국민건강보험	개인의료보험
보험 가입	당연가입	임의가입
국가부양성	있음	없음
소득재분배 효과	있음	없음
급여결정	법률로 규정	계약에 의해 결정
운영주체	국가/공공기관	민간보험회사
운영방식	단일보험자	자유경쟁
운영취지	사회적 형평성	개인별 적정성
급여종류	균등급여	차등급여
보험료 산정	능력비례 - 소득과 재산을 기준	위험률 비례 - 질병과 의료이용 가능성을 기준
보험료 부담	공동부담의 원칙	본인부담 위주

[그림 8-1] 건강보험운영체계

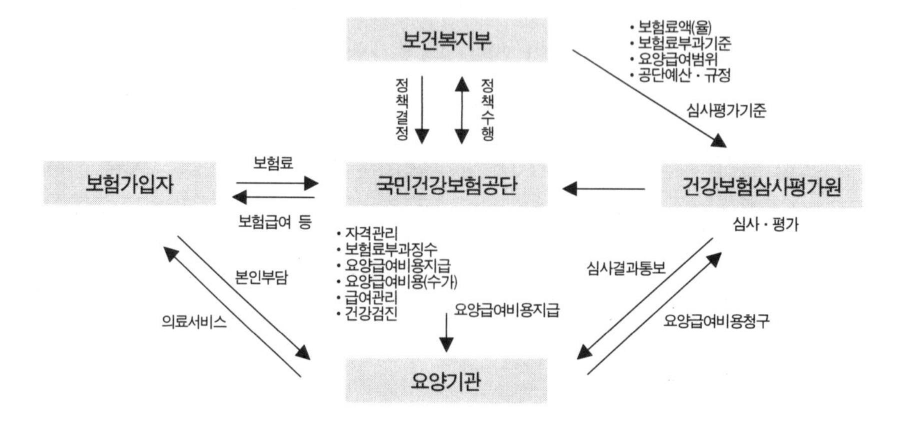

임의가입이다. 개인의료보험은 보험료 결정기준은 경험률을 사용하며 가입자 개개인의 질병위험률을 성, 연령, 직업, 개인의 건강상태, 가족의 건강, 과거 병력, 생활습관, 취미 등에 따라 평가하고, 개인별 사고발생 확률(경험률)에 따른 지급보험금을 고려한 다음, 이윤과 관리비를 감안하여 보험료를 결정한다. 질병 저위험군에게는 낮은 보험료를 부과하고 고위험군에는 높은 보험료를 부과한다.

건강보험의 운영체계로서 국민건강보험은 보건복지부, 국민건강보험공단, 건강보험심사평가원에 의하여 관리 · 운영되고 있다. 각 관리 주체의 역할은 다음과 같다.

(1) 건강보험제도의 유형

① 많은 국가에서는 의료보험제도를 채용하고 있지만 영국의 무갹출 국민보건사업제도와 같이 의료서비스방식을 중심으로 한 국가도 있다.

② 건강보험제도 중에서도 피보험자가 의료를 보험급부로서 갖는 현물급부의 방식과 피보험자는 일단 의료비를 지급하고 나중에 그 일부를 보험급부로 보전하는 상환방식이 있다. 일본의 노동자보험은 전자의 방식을 선택하고 있고, 국민건강보험도 사실상 이에 가깝다. 후자의 예로서는 프랑스의 제도가 있다.

(2) 국민건강보험의 원칙

① 사회적 연대성의 원칙에 따라 기여의 형평성과 급여의 적절성이 보장되어야 한다.

② 모든 국민에게 보편적 의료서비스가 이루어져야 하며 적용범위는 전국민을 포함하는 포괄성을 띠어야 한다.

③ 충분한 재정을 확보하여 재정의 안정성을 도모해야 한다.

④ 의료의 특성상 의료가 지나친 이윤추구로 상품화 되는 것을 방지해야 한다.

⑤ 관리기구를 통합하고 민주화하여 관리운영의 효율화를 극대화하여야 한다.
⑥ 국민건강보험의 실시는 국민연대성의 원칙과 국민적 통합을 이루어야 한다.

(3) 국민건강보험의 특징

① 의료보장의 성격은 국민에게 최저한의 보장이 아니라 최적의료보장을 원칙으로 한다.
② 국민건강보험은 강제적 사회보험의 형태이며, 다보험자 관리방식으로 관리 및 재정의 운영이 독립채산제 방식에 의해 자율적으로 이루어지는 단기성 보험이다.
③ 사회보험방식의 의료보험제도와 일종의 공공부조로서 저소득층에 대하여 국가가 부담하는 의료보호제도를 병행한 형태를 취하고 있다.
④ 국민건강보험의 기능은 경제적 기능, 정치적 기능, 사회적 기능, 교육적 기능이다.

2. 국민건강보장제도 방식

(1) 사회보험 방식(NHI : National Health Insurance)

대부분의 국가들이 채택하고 있는 국민건강보험방식이다. 사회보험방식의 의료보장 정책대안으로 사회적으로 동질성을 갖는 국민이 보험집단을 형성하여 보험료를 갹출하여 재원을 마련하고 피보험자에게 직접 또는 계약을 체결한 의료기관은 보험급여를 실시함으로써 질병으로부터 국민건강을 보장하기 위한 것이다.

의료비에 대한 국민의 자기책임의식을 견지하고 사회화의 형성에 기여하는 것으로 정부기관이 아닌 보험자가 보험료로서 재원을 마련하여 의료를 보장하는 방식으로 보험료 방식 혹은 비스마르크 방식이다. 1차적으로는 국민의 보험료에 의해 재원을 조달하고 2차적으로 국가의 지원과 후견적 지도의 기능을 수행한다.

국민의 1차적 부담의무가 전제된 비용 의식적 제도이며, 국민의 정부 의존심을 최소화한다. 관리체계는 민간자율기구(조합 혹은 금고) 중심의 자치적 운영 근간과 의료의 사유화를 전제로 의료공급자가 국민과 보험자 간에서 보험급여를 대행하는 방식이다. 독일, 일본, 프랑스, 한국 등을 들 수 있다.

(2) 국가보건서비스(NHS : National Health Service)

NHS 방식은 영국으로 대표되는 국민보건서비스방식은 국세나 지방세를 통하여 재원을 마련하고 국유화된 의료기관을 통하여 국가 책임 하에 전국민에게 동등한 의료혜택을 제공함으로써 의료의 사회화를 이룩하려는 것이다. 국민의 의료문제는 국가가 책임을 부담하는 것으로 정부가 일반조세로 재원을 마련하여 모든 국민에게 무상으로 의료를 제공하는 국가의 직접적인 의료관장 방식으로 조세방식 혹은 베버리지 방식이다. 의료기관의 상당부분이 사회화 내지 국유화를 의미하며 영국, 스웨덴, 이탈리아 등이 그 사례이다. 국민건강보험제도의 관리운영방식은 다음과 같다. 첫째, 국영방식으로 정부가 직접 관리하는 방식이며, 둘째, 민영방식은 민간보험기관이 건강보험업무를 관리 · 운영하는 방식이다. 셋째, 특수공법인 운영방식은 특수공법인을 설립하고, 이 공법인이 국민건강보험제도를 관리 · 운영하는 방식이다. 넷째, 혼합방식은 일부는 정부가 관리하고 일부는 공법인이나 민간보험기관이 관리 · 운영하는 방식이다. 우리나라 방식은 원칙적으로 국영방식이지만 실제로는 국민건강보험관리공단이라는 특수공법인을 설립, 위탁하여 관리 · 운영하고 있으므로 혼합방식에 속한다.

3. 우리나라 국민건강보험

의료급여는 일정한 소득 이하의 국민을 대상으로 의료보장을 위해 국가의 일반재원으로 운영하는 사회보장제도이다.

(1) 보험자

보험자는 국민건강보험공단(관장 혹은 운영자 : 보건복지부장관)이다.

(2) 보험대상자

피보험자로서 의료급여법에 따라 의료급여 받는 자, 독립유공자 예우에 관한 법률 및 국가유공자 등 예우 및 지원에 관한 법률에 의하여 의료보호를 받는 자 그리고 위 사항을 제외한 국내에 거주하는 국민이다. 직장가입자는 모든 사업장의 근로자, 사용자(공무원, 교직원 포함)이며, 피부양자는 직장가입자에 의하여 주로 생계를 유지하는 피부양자로서 보수 또는 소득이 없는 자이고, 직장가입자의 '배우자, 형제, 자매, 직계존속 · 직계비속'(배우자의 직계존속 · 직계비속 포함)을 말한다. 지역가입자는 가입자 중 직장가입자와 그 피부양자를 제외한 자이다.

(3) 재원

보험료의 재원으로 근로자는 사용자 50%, 가입자 50%이고 공무원의 경우, 국가 50%, 가입자 50%이며, 사립학교 교직원의 경우, 국가 20%, 사립학교 30%, 가입자 50%이다. 지역가입자는 가입자 자체 부담이다.
직장가입자는 기본 월소득액을 기준으로 보험료를 산출하고, 지역가입자는 등급별 표준보수월액을 기준으로 보험료 산출한다.

[표 8-2] 등급별 표준보수월액

소득	평가소득 보험료	개별주민의 소득을 자체적으로 평가한 소득(30등급)
	과세소득 보험료	국세청에 신고한 소득(50등급)
재산	재산보험료	(50등급)
자동차	배기량	(7등급)

(4) 급여

요양급여는 진찰 · 검사비용, 약제 · 치료재료의 지급, 처치 · 수술 기타의 치료, 예방 · 재활, 입원, 간호, 이송이 해당되고, 요양비는 가입자 및 피부양자가 긴급 또는 부득이한 사유로 인하여 업무정지처분 기간 중인 요양기관 등 요양기관 이외의 장소에서 요양 · 출산을 받을 때 요양급여에 상당하는 금액을 지급한다.

건강진단비는 가입자 및 피부양자가 질병의 조기발견과 그에 따른 요양급여를 위해 2년에 1회 이상 건강진단 실시하고, 장제비는 가입자 또는 피부양자가 사망한 때 장제를 담당하는 자에게 장제비를 지급한다. 본인부담액 보상금은 가입자 또는 피부양자가 부담한 본인부담액이 매 30일간 120만원을 초과하는 경우 초과한 금액의 50%를 보상금으로 지급한다. 기타 장애인보장구 급여비 등이 있다. 우리나라는 질병수당이 없다.

관리 운용 체계는 통합주의 방식으로 행정비용의 절감, 재정 효율성의 증가, 지역 간 불평등 제거, 위험분산과 분배적 기능의 확대에 있다. 1977년 조합방식에서 1999년 통합방식으로 변경되었고 2003년 7월부터 재정도 통합)되었다.

4. 행위별 수가제와 질병군별 포괄수가제

행위별 수가제는 의료공급자의 서비스 행위 및 제공된 상품 하나하나를 가격으로 환산하여 지급하는 방식으로 가장 시장지향적이고 진료비 지불방식 중 진료비용 절감 효과가 가장 낮으며, (의료공급자의 과잉 진료), 청구된 진료비를 일일이 심사해야하기 때문에 관리가 어렵고 관리비용도 많이 들어간다.

질병군별 포괄수가제는 DRG 지불제(diagnosis related groups : 포괄수과제)로 수술행위별로 진료비를 정액화한다.

질병군별 중증도에 따라 이미 정해진 정액진료비를 의료행위 항목별로 따지지 않고 포괄하여 계산하는 새로운 진료비 결정방식으로 장점으로는 과잉진료 감소, 환자 재원 일수 감소, 검사 및 항생제 사용량 감소, 환자본인 부담금 감소, 의료기관의 실질수익 증가, 보험자의 재정 지출 증가, 행정업무 간소화에 있으며 단점으로는 진료의 질 저하, 최소한의 진료서비스로 진료효과를 거두고자 함에 있다. 보완의 예로서 미국의 경우, 타의료기관과 경쟁 활성화, 동료심사기구(peer review organization)를 운영한다. 우리나라는 2002년 1월부터 4개 진료과 8개 질병군에 부분적으로 실시하고 있다.

5. 관리운영비

관리운영비 즉 사업비는 보험회사는 계약자들로부터 보험료를 받아 기금을 조성하여 사고(질병, 상해, 사망 등)를 당한 사람에게 보험계약시 약정한 보험금을 지급한다. 보험회사가 이러한 보험사업(고유목적사업)을 운영하는 데는 여러 가지 비용이 발생하게 되는데 이를 관리운영비(사업비)라 하며 국민건강보험공단은 관리운영비, 민간보험사는 사업비라고 한다. 관리운영비(사업비)란 보험운영을 위해 사용한 비용을 보험료수입액으로 나누어 백분율로 표시한 것으로 비율이 낮을수록 관리운영비를 적게 사용하였으므로 보험가입자에게 돌아가는 혜택이 많다는 것을 의미한다. 관리운영비(사업비)율은 (관리운영비(사업비)/보험료수입액)×100이다. 국민건강보험공단의 관리운영비는 인건비와 경비로 구성되며 인건비는 기본급여, 제수당, 상여금, 퇴직급여비 등이고 경비는 복리후생비, 연구개발비, 회의비, 여비, 업무추진비 등이다. 민간보험사는 사업비를 미리 예상하여 보험료(부가보험료)에 미리 반영시키고 있으며, 사업비는 신계약비, 유지비, 수금비 등으로 구성된다. 신계약비는 신계약 모집 비용(설계사 수당, 판매촉진비 등)이고 유지비는 보험계약 유지 및 관리운용 등에 필요한 각종 경비(인건비, 관리비, 촉진비)이며, 수금비는 보험료의 수금 및 관리 경비(유지수당, 운영비, 간접비 등)이다.

제2절 보험가입자와 급여

1. 보험가입자

국내에 거주하는 국민은 건강보험의 가입자 또는 피부양자가 된다. 다만, 다음 어느 하나에 해당하는 사람은 제외한다.

① 「의료급여법」에 따라 의료급여를 받는 사람
② 「독립유공자예우에 관한 법률」 및 「국가유공자 등 예우 및 지원에 관한 법률」에 따라 의료보호를 받는 사람. 다만, 다음 어느 하나에 해당하는 사람은 가입자 또는 피부양자가 된다.
㉠ 유공자 등 의료보호대상자 중 건강보험의 적용을 보험자에게 신청한 사람
㉡ 건강보험을 적용받고 있던 사람이 유공자 등 의료보호대상자로 되었으나 건강보험의 적용배제신청을 보험자에게 하지 아니한 사람

「의료급여법」에 따라 의료급여를 받는 수급권자는 다음 어느 하나에 해당하는 사람 중 직장가입자에게 주로 생계를 의존하는 사람으로서 소득 및 재산이 보건복지부령으로 정하는 기준 이하에 해당하는 사람을 말한다.

① 직장가입자의 배우자
② 직장가입자의 직계존속(배우자의 직계존속을 포함한다)
③ 직장가입자의 직계비속(배우자의 직계비속을 포함한다)과 그 배우자
④ 직장가입자의 형제 · 자매

피부양자 자격의 인정 기준, 취득 · 상실시기 및 그 밖에 필요한 사항은 보건복지부령으로 정한다.

2. 가입자의 종류 및 자격

1) 가입자의 종류

가입자는 직장가입자와 지역가입자로 구분한다.
모든 사업장의 근로자 및 사용자와 공무원 및 교직원은 직장가입자가 된다.
다만, 다음 어느 하나에 해당하는 사람은 제외한다.

① 고용 기간이 1개월 미만인 일용근로자
② 「병역법」에 따른 현역병(지원에 의하지 아니하고 임용된 하사를 포함), 전환복무된 사람 및 군간부후보생
③ 선거에 당선되어 취임하는 공무원으로서 매월 보수 또는 보수에 준하는 급료를 받지 아니하는 사람
④ 그 밖에 사업장의 특성, 고용 형태 및 사업의 종류 등을 고려하여 대통령령으로 정하는 사업장의 근로자 및 사용자와 공무원 및 교직원

지역가입자는 직장가입자와 그 피부양자를 제외한 가입자를 말한다.
사업장의 사용자는 다음 어느 하나에 해당하게 되면 그 때부터 14일 이내에 보건복지부령으로 정하는 바에 따라 보험자에게 신고하여야 한다.

① 직장가입자가 되는 근로자 · 공무원 및 교직원을 사용하는 사업장이 된 경우
② 휴업 · 폐업 등 보건복지부령으로 정하는 사유가 발생한 경우

2) 가입자의 자격

(1) 자격취득

가입자는 국내에 거주하게 된 날에 직장가입자 또는 지역가입자의 자격을 얻는다. 다만, 다음 어느 하나에 해당하는 사람은 그 해당되는 날에 각각 자격을 얻는다.

① 수급권자이었던 사람은 그 대상자에서 제외된 날
② 직장가입자의 피부양자이었던 사람은 그 자격을 잃은 날
③ 유공자 등 의료보호대상자이었던 사람은 그 대상자에서 제외된 날
④ 제5조제1항제2호가목에 따라 보험자에게 건강보험의 적용을 신청한 유공자 등 의료보호대상자는 그 신청한 날

자격을 얻은 경우 그 직장가입자의 사용자 및 지역가입자의 세대주는 그 명세를 보건복지부령으로 정하는 바에 따라 자격을 취득한 날부터 14일 이내에 보험자에게 신고하여야 한다.

(2) 자격의 변동 시기

가입자는 다음 어느 하나에 해당하게 된 날에 그 자격이 변동된다.

① 지역가입자가 적용대상사업장의 사용자로 되거나, 근로자 · 공무원 또는 교직원으로 사용된 날
② 직장가입자가 다른 적용대상사업장의 사용자로 되거나 근로자 등으로 사용된 날
③ 직장가입자인 근로자 등이 그 사용관계가 끝난 날의 다음 날
④ 적용대상사업장에 휴업 · 폐업 등 보건복지부령으로 정하는 사유가 발생한 경우 사유가 발생한 날의 다음 날
⑤ 지역가입자가 다른 세대로 전입한 날

자격이 변동된 경우 직장가입자의 사용자와 지역가입자의 세대주는 다음 각 호의 구분에 따라 그 명세를 보건복지부령으로 정하는 바에 따라 자격이 변동된 날부터 14일 이내에 보험자에게 신고하여야 한다.

법무부장관 및 국방부장관은 직장가입자나 지역가입자가 「병역법」에 따른 현역병(지원에 의하지 아니하고 임용된 하사를 포함한다), 전환복무된 사람 및 군간부후보생이거나 교도소, 그 밖에 이에 준하는 시설에 수용되어 있는

경우에 해당하면 보건복지부령으로 정하는 바에 따라 그 사유에 해당된 날부터 1개월 이내에 보험자에게 알려야 한다.

(3) 자격의 상실 시기

가입자는 다음 어느 하나에 해당하게 된 날에 그 자격을 잃는다.

① 사망한 날의 다음 날
② 국적을 잃은 날의 다음 날
③ 국내에 거주하지 아니하게 된 날의 다음 날
④ 직장가입자의 피부양자가 된 날
⑤ 수급권자가 된 날
⑥ 건강보험을 적용받고 있던 사람이 유공자등 의료보호대상자가 되어 건강보험의 적용배제신청을 한 날

자격을 잃은 경우 직장가입자의 사용자와 지역가입자의 세대주는 그 명세를 보건복지부령으로 정하는 바에 따라 자격을 잃은 날부터 14일 이내에 보험자에게 신고하여야 한다.
가입자 자격의 취득 · 변동 및 상실은 규정에 따른 자격의 취득 · 변동 및 상실의 시기로 소급하여 효력을 발생한다. 이 경우 보험자는 그 사실을 확인할 수 있다.
가입자나 가입자이었던 사람 또는 피부양자나 피부양자이었던 사람은 확인을 청구할 수 있다.

3. 보험급여

가입자와 피부양자의 질병, 부상, 출산 등에 대하여 다음의 요양급여를 실시한다.

① 진찰 · 검사
② 약제(藥劑) · 치료재료의 지급
③ 처치 · 수술 및 그 밖의 치료
④ 예방 · 재활
⑤ 입원
⑥ 간호
⑦ 이송(移送)

요양급여의 범위는 다음과 같다.

① 보건복지부장관이 비급여대상으로 정한 것을 제외한 일체의 것
② 요양급여대상으로 보건복지부장관이 결정하여 고시한 것
③ 요양급여의 방법 · 절차 · 범위 · 상한 등의 기준은 보건복지부령으로 정한다.
④ 보건복지부장관은 요양급여의 기준을 정할 때 업무나 일상생활에 지장이 없는 질환에 대한 치료 등 보건복지부령으로 정하는 사항은 요양급여대상에서 제외되는 사항으로 정할 수 있다.

보건복지부장관은 제1항에 따른 감독상 필요한 경우에는 정관이나 규정의 변경 또는 그 밖에 필요한 처분을 명할 수 있다.
공단은 속임수나 그 밖의 부당한 방법으로 보험급여 비용을 지급받은 요양기관을 신고한 사람에 대하여 포상금을 지급할 수 있다.
공단은 건강보험 재정을 효율적으로 운영하는 데에 이바지한 요양기관에 대하여 장려금을 지급할 수 있다.
공단이나 심사평가원이 아닌 자는 국민건강보험공단, 건강보험심사평가원 또는 이와 유사한 명칭을 사용하지 못한다.
이 법으로 정하는 건강보험사업을 수행하는 자가 아닌 자는 보험계약 또는 보험계약의 명칭에 국민건강보험이라는 용어를 사용하지 못한다.
공단은 징수하여야 할 금액이나 반환하여야 할 금액이 1건당 2천 원 미만인

경우에는 징수 또는 반환하지 아니한다.

국가는 매년 예산의 범위에서 해당 연도 보험료 예상 수입액의 100분의 14에 상당하는 금액을 국고에서 공단에 지원한다.

4. 보험료산정

1) 직장가입자

(1) 직장가입자의 월별 건강보험료

직장가입자의 월별 건강보험료는 보수월액보험료와 소득월액보험료로 구분되며, 각각 다음에 따라 산정된다.

보수월액보험료 : 보수월액에 다음의 보험료율을 곱하여 얻은 금액
보수월액보험료 = 보수월액×0.0612(국외에서 업무에 종사하고 있는 직장가입자의 경우에는 0.036)

직장가입자의 보수월액은 직장가입자가 지급받는 보수를 기준으로 산정된다.

"보수"란 근로자 등이 근로를 제공하고 사용자 · 국가 또는 지방자치단체로부터 근로의 대가로 받은 봉급, 급료, 보수, 세비(歲費), 임금, 상여, 수당, 그 밖에 이와 유사한 성질의 금품으로서 다음을 제외한 것을 말한다.

① 퇴직금
② 현상금, 번역료 및 원고료
③「소득세법」에 따른 비과세근로소득(다만,「소득세법」따라 비과세되는 소득은 제외함)

그러나 보수월액이 28만 원 미만인 경우에는 28만 원, 보수월액이 7,810만 원을 초과하는 경우에는 7,810만 원이다(「국민건강보험법」 제70조제1항 및 「국민건강보험법 시행령」 제32조).

휴직이나 그 밖의 사유로 보수의 전부 또는 일부가 지급되지 않는 가입자의 보수월액보험료는 해당 사유가 생기기 전 달의 보수월액을 기준으로 한다(「국민건강보험법」 제70조제2항).

2) 지역가입자

지역가입자의 건강보험료는 지역가입자의 소득, 재산, 생활수준 및 경제활동참가율을 고려하여 책정하는데, 각 부과요소별 점수를 합산한 보험료 부과점수에 점수당 금액을 곱한 값으로 결정된다.

(1) 지역가입자의 건강보험료 산정

지역가입자의 월별 보험료액은 세대 단위로 산정하되, 지역가입자가 속한 세대의 월별 보험료액은 보험료부과점수에 보험료부과점수당 금액을 곱한 금액으로 한다.

보험료 부과점수×점수당 금액(점수당 금액 179.6원)

(2) 지역가입자의 건강보험표 부과

지역가입자의 건강보험료는 지역가입자의 소득·재산·생활수준 및 경제활동참가율을 고려하여 부과요소별 점수를 합산한 보험료 부과점수에 점수당 금액을 곱하여 보험료를 산정한 후 경감율 등을 적용하여 세대 단위로 부과한다.

보험료부과점수는 지역가입자가 속한 세대의 보험료 부담능력을 표시하는 점수로 정하되, 다음의 기준에 따라 구체적으로 산정된다.

소득금액이 연 500만 원을 초과하는 세대는 소득·재산 및 자동차에 부과하는 점수를 합하여 산정하고 소득금액이 연 500만 원 이하인 세대는 재산·자동차 및 생활수준과 경제활동참가율에 부과하는 점수를 합하여 산정한다.

구간별 점수표, 소득등급별·재산등급별·자동차등급별 점수 및 생활수준과 경제활동참가율등급별 점수에 대해서는 「국민건강보험법 시행령」 별표 4에서 구체적으로 정하고 있다.
위에 따라 산정한 지역가입자의 보험료부과점수가 20점 미만인 경우에는 20점으로 하고, 12,680점을 초과하는 경우에는 12,680점으로 한다.
보험료 부과점수의 산정기준이 되는 소득의 범위는 다음과 같으며, 이 경우 「소득세법」에 따른 비과세소득은 제외한다(「국민건강보험법」 제72조제3항, 「국민건강보험법 시행령」 제42조제2항 및 제41조제1항).

① 이자소득(「소득세법」 제16조)
② 배당소득(「소득세법」 제17조)
③ 사업소득(「소득세법」 제19조)
④ 근로소득(「소득세법」 제20조에 따른 소득. 다만, 비과세소득의 금액은 제외하며, 「소득세법」 제47조에 따른 근로소득공제는 적용한 금액)
⑤ 연금소득(「소득세법」 제20조의3에 따른 소득. 다만, 「소득세법」 제20조의3제2항에 따른 연금소득에서 제외되는 소득과 비과세소득의 금액은 제외하며, 「소득세법」 제47조의2에 따른 연금소득공제는 적용한 금액)
⑥ 기타소득(「소득세법」 제21조)

보험료 부과점수의 산정기준이 되는 재산의 범위는 다음과 같다.

① 재산세의 과세대상이 되는 토지, 건축물, 주택, 선박 및 항공기(다만, 종중재산·마을공동재산 그밖에 이에 준하는 공동의 목적으로 사용하는 건축물 및 토지는 제외함)
② 주택을 소유하지 않은 자의 경우에는 임차주택에 대한 보증금 및 월세 금액

지역가입자의 건강보험료는 소득, 재산, 생활수준 및 경제활동참가율 등을 종합적으로 반영하여 고지된다. 다만 소득 발생시점 또는 재산 취득시점과 보험료 부과시점 사이에 약 6개월에서 1년의 시간차이가 발생하게 되는 사

실을 고려하여 소득 또는 재산의 변동사실을 가입자로부터 확인하여 보험료를 조정하게 된다.

5. 건강보험분쟁해결

1) 이의신청

건강보험의 자격, 보험료, 보험급여 및 보험급여 비용에 관한 국민건강보험공단의 처분에 이의가 있거나 요양급여비용 및 요양급여의 적정성에 대한 건강보험심사평가원의 처분에 이의가 있는 사람은 해당 기관에 이의신청을 할 수 있다.

이의신청을 하여 받은 결과에 불복하는 경우에는 보건복지부 건강보험분쟁조정위원회에 심판청구를 할 수 있다.

(1) 이의신청 대상

가입자 및 피부양자의 자격, 보험료 등, 보험급여, 보험급여 비용에 관한 국민건강보험공단의 처분에 이의가 있는 자는 각 기관에 이의신청을 할 수 있다.

요양급여비용 및 요양급여의 적정성에 대한 평가 등에 관한 건강보험심사평가원의 처분에 이의가 있는 공단 · 요양기관 그 밖의 자는 심사평가원에 이의신청을 할 수 있다.

(2) 신청기간

공단이나 심사평가원에 대한 이의신청은 처분이 있음을 안 날부터 90일 이내에 문서(전자문서를 포함)로 해야 하며 처분이 있은 날부터 180일을 지나면 제기하지 못한다. 다만, 정당한 사유로 그 기간 내에 이의신청을 할 수 없었음을 소명한 때에는 그렇지 않다.

그러나 요양기관이 요양급여의 대상 여부 확인 요청에 대한 심사평가원의 확인에 대하여 이의신청을 하려면 확인 요청에 대한 통보를 받은 날부터 30일 이내에 제기해야 한다.

(3) 이의신청의 방법

공단의 처분에 대한 이의신청은 다음의 서식에 따른다.

① 공단의 처분에 대한 이의신청서
② 심사평가원의 처분 중 요양급여비용의 심사에 대한 이의신청서
③ 요양급여의 적정성 평가에 대한 이의신청서

(4) 이의신청 결정의 통지 및 결정기간

공단 또는 심사평가원은 이의신청에 대한 결정을 한 때에는 지체 없이 신청인에게 결정서의 정정본(正本)을 보내고, 이해관계인에게는 그 사본을 보내야 한다.
이의신청 결정기간은 공단 또는 심사평가원은 이의신청을 받은 날부터 60일 이내에 결정을 해야 한다. 다만, 부득이한 사정이 있는 경우에는 30일의 범위에서 그 기간을 연장할 수 있다.
부득이한 사정으로 결정기간을 연장하는 때에는 결정기간이 만료되기 7일 전까지 이의신청을 한 자에게 그 사실을 알려야 한다.

2) 심판청구

공단이나 심사평가원에 이의신청하여 받은 결정에 불복하는 경우에는 건강보험분쟁조정위원회(이하 '분쟁조정위원회'라 함)에 심판청구를 할 수 있다.

(1) 심판청구기간

심판청구는 이의신청에 대한 결정통지를 받은 날부터 90일 이내에 문서(전자문서를 포함함)로 해야 하며 처분이 있은 날부터 180일을 지나면 심판청구를 제기하지 못한다.

다만, 정당한 사유에 의해 그 기간 내에 심판청구를 할 수 없었음을 소명한 경우에는 그렇지 않다.

(2) 심판청구서 제출

심판청구를 하려는 자는 다음의 사항을 적은 심판청구서를 그 처분을 한 공단 또는 심사평가원에 제출하거나 분쟁조정위원회에 제출해야 한다.

① 청구인과 처분을 받은 자의 성명 · 주민등록번호 및 주소(법인인 경우에는 법인의 명칭, 법인등록번호 및 주사무소의 소재지)
② 처분을 한 자(공단 이사장 또는 심사평가원 원장의 위임을 받아 분사무소의 장이 처분을 한 경우에는 그 분사무소의 장을 말함)
③ 원처분의 요지 및 처분이 있음을 안 날
④ 심판청구의 취지 및 이유
⑤ 청구인이 처분을 받은 자가 아닌 경우에는 처분을 받은 자와의 관계
⑥ 첨부서류의 표시
⑦ 심판청구에 관한 고지의 유무 및 그 내용

(3) 처분청의 답변서 등 제출

공단과 심사평가원은 심판청구서를 받으면 그 심판청구서를 받은 날부터 10일 이내에 그 심판청구서에 처분을 한 자의 답변서 및 이의신청 결정서 사본을 첨부하여 분쟁조정위원회에 제출해야 한다.

(4) 심리 및 의결

위원회는 심판청구서를 받은 날부터 60일 이내에 결정을 해야 하며, 다만 부득이한 사정이 있는 경우에는 30일의 범위에서 그 기간을 연장할 수 있다. 부득이한 사정으로 결정기간을 연장하려면 결정기간이 끝나기 7일 전까지 청구인에게 그 사실을 알려야 한다.

(5) 재결 및 결정 통지

분쟁조정위원회의 위원장은 심판청구에 대하여 결정을 하였을 때에는 그 결정서에 서명 또는 기명날인하여 지체 없이 청구인에게는 결정서의 정본을, 처분을 한 자 및 이해관계인에게는 그 사본을 보내야 한다.

(6) 이의신청 및 심판청구의 절차

공단이나 심사평가원의 처분에 대한 이의신청 및 심판청구는 다음의 순서에 따라 진행된다.

[표 8-3] 심판청구절차

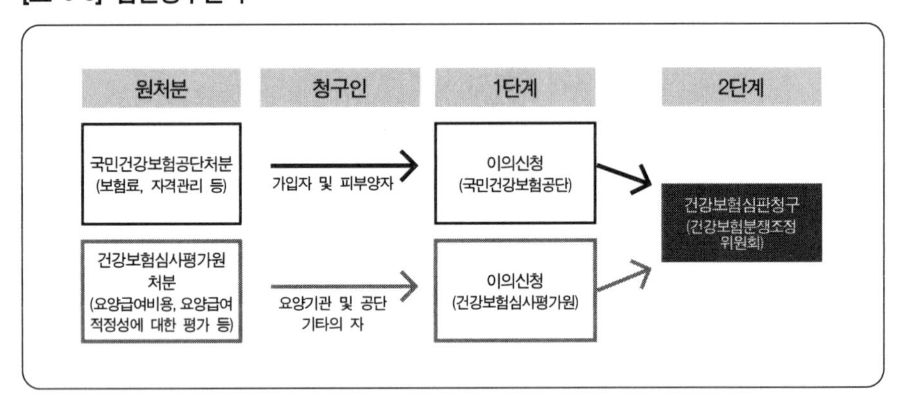

제3절 국민건강보험제도의 문제점

1. 국민건강보험제도의 형평성 문제

국민건강보험제도의 형성성 문제 중 가장 근본적인 문제는 지역간, 직장간 보험료 부과의 형평성 문제이다. 우리나라 자영업자 보험료 부과체계는 평가소득 보험료가 30등급, 과세소득 보험료가 70등급, 재산 보험료도 100등급으로 세분화되어 있고, 자동차 보험료도 7등급으로 차등화 되어 있는 것을 보면 매우 합리적이고 과학적인 것 같지만 객관적이고 과학적인 자료에 근거하지 않고 실무자 직권으로 보험료가 부과되고 있다.

2. 부과체계의 이원체계

국민건강보험은 현실적으로 지역가입자의 소득파악이 쉽게 개선되지 않아 소득을 중심으로 한 단일부과체계를 적용할 수 없기 때문에 직장가입자와 지역가입자에게 별도의 부과체계를 적용하는 이원체계를 유지하고 있다.
즉, 직장가입자는 근로소득을 기초로 일정률을 부과하지만 급료 이외에 이자소득이나 배당소득, 기타 사업소득이 고려되지 않아 형평성이 없다는 비판이고 지역가입자는 소득뿐만 아니라 재산, 자동차 등을 고려한 부과체계를 각각 별도로 적용하지만 자영자 소득파악의 투명성이 확보되지 않은 상태에서 지역가입자의 보험료 부과방식은 직장가입자에게 불리하게 작용할 가능성이 있다.

3. 고액 중증환자의 본인부담률 완화

본인부담금은 법정급여의 환자 본인부담분과 건강보험적용제외 비급여부분인데 본인부담률은 61.4%정도로 추정되고 있다. 그러나 특히 암 같은 중증질환자의 보장률은 더욱 낮아 고액진료비로 인한 가계파탄 등의 문제가 대두되고 있다. 따라서 고액·중증 상병인 암 환자를 중심으로 본인부담률 완화가 절실하고, 법정 본인부담률을 총 진료비의 20%에서 10%로 절반 인하하게 되었다. 현재 암, 심장질환 및 뇌혈관 질환 등 질환만이 중증환자 등록대상인데, OECD 국가에 비해 현저히 높은 본인 부담률을 고려할 때 앞으로 중증상병의 범위가 확대되어 건강보험의 보장성이 더욱 강화되어야 한다.

4. 의료보장의 사각지대 해소

현재 지역가입자인 비정규직 근로자의 직장가입자 전환이 추진되어야 할 것이다. 또한 보험료 체납으로 급여자격을 상실한 사람들에 대한 대책이 마련되어야 한다. 장기체납자는 2004년 기준 약 152만 세대 정도인데, 이 중 보험료 납부능력이 없는 생계형 체납세대에 대해 보험료를 면제해 주었다. 의료보장의 사각지대 해소를 위해서는 앞으로 면제기준이 더욱 확대되어야 할 것이다.

5. 재정안정화를 위한 꾸준한 노력

건강보험재정은 재정불안정 문제가 상당히 해소되었지만, 이는 주로 한시적 재정건전화특별법과 이에 따른 담배부담금 등에 크게 의존하고 있다. 재정건전화특별법의 한시적 성격을 폐지하여 현재의 국고지원과 국민건강증진

기금의 지원을 안정적으로 구조화하는 것이 필요하다.
나아가 장기적으로는 의료보장체계를 효율적으로 재구축해 재정안정성을 도모해야 한다. 의료공급제도의 비효율 제거는 건강보험의 재정안정화에 보험재정확충 이상으로 중요하다.

6. 질병군 포괄수가제

지금까지 의료서비스 하나하나에 가격을 매기는 행위별 수가제는 근본적으로 의료서비스 제공량의 증대요인을 의료기관에 줌으로써 의료비용의 상승을 가속화시키는 요인이 되어 왔다.
2002년 1월부터 일부 진료과의 질병군에 한해 질병군 포괄수가제를 실시하고 있다. 2006년 1월 현재 4개 과와 7개 질병군에 한정하여 시행하고 있는데, 보험재정의 안정화를 위하여 포괄수가제의 확대, 총액계약제의 시행 등을 고려해야 한다. 또한 진료비 심사기능 강화를 통한 급여비의 통제와 도덕적 해이 감소, 전체 국민을 가입대상으로 하는 점과 연간 운영하는 거대한 재정 규모에 비추어 효율적 관리 운영을 위한 지속적인 노력이 필요할 것이다.

7. 의약품 보험적용 여부

정부는 그동안 특별한 문제가 없는 한 모든 의약품을 보험적용 대상으로 등재했으나 적정화 방안은 개별 의약품의 약효와 경제성 평가를 통해 보험적용 등재여부를 결정하는 것이다. 따라서 건강보험심사평가원 내의 '약제급여평가위원회'가 의약품의 경제성을 평가하고 이를 기초로 국민건강보험공단이 해당 제약사와 개별 가격협상을 벌이게 된다. 이후 가격협상이 이루어지면 보건복지부 약제급여조정위원회가 보험적용 여부를 최종 결정한다. 이러한 방안의 도입은 지나치게 거품이 끼어있는 것으로 평가되는 고가약제의 가격을 현실화하여 건강보험제도의 재정을 획기적으로 개선할 수 있을 것이다.

8. 건강보험보장률

국민건강보험은 국민의 건강과 의료서비스에 관하여 국민을 대리하는 보험자로서의 기능을 담당하고 있으며, 2016년 12월 기준 재정흑자는 20조 원을 넘어섰다. 그러나, 건강보험보장률은 2015년 63.4%에 불과해 80%인 OECD 평균에 미치지 못한 채 답보 수준에 머물러 있으며, 급여지급과 공급자에 대한 통제, 의료비 증가 억제, 가입자 및 재정 보호의 기능이 취약해 이에 대한 보완과 개선이 시급한 실정이다.

9. 건강보험운영방식 재정립

건강보험 운영 방식 재정립, 시민적 통제와 참여 보장, 보험자의 독립성 및 권한 존중, 건강보험공단 기능 개편과 가입자 권한 강화 등 기본권 보장과 거버넌스 개혁 중심의 건강보험으로 전환할 수 있는 패러다임의 개혁이 필요하다.

10. 공공과 민간의료 영역

요양기관 당연지정제를 실시하고 있는 우리나라에서 공공과 민간의료 영역을 별도로 구분한다는 것은 큰 의미가 없다. 따라서 공공병원을 확대하는 것도 중요하지만 그 재원으로 취약계층의 보장성을 높여주는 방안을 모색하는 것이 오히려 더 바람직할 것이다.

전국민에게 동일한 급여항목과 수가를 적용하고 민간과 공공의 기능적인 차이도 없는 상황에서 민간과 공공을 구분하는 정책은 큰 의미가 없다.

특히 공공병원이지만 간호간병통합서비스와 같이 간호사 부족으로 정부가 시행하는 보건의료정책의 시범사업을 하고 싶어도 여건이 따라주지 않아 못하는 사례 등을 개선할 정부 차원의 지원이 필요하다.

우리나라의 공공병원은 자본비용의 경우 공적 재원을 통해 충당하지만 운영에 소요되는 경상비용은 건강보험제도에 의한 수입에 의존하는 경우가 대부분이어서 구조적으로 공적인 기능을 수행하기 어렵다. 민간병원과 특별히 차별화되는 기능을 수행하지 못하는 상황에서 민간병원에 비해 상대적으로 낮은 생산성으로 인해 대부분 적자 경영을 면치 못하고 있다.

특히 한 지역 내에서 수요가 적거나 진료비가 민간부문의 공급을 유도하기에 충분하지 않은 의료취약지역의 응급의료, 산과의료, 호스피스, 희귀난치 외상 등의 진료기능을 공공병원이 수행하도록 하는 정책의료기관으로의 전환, 혹은 보건의료정책사업의 시범사업 수행기관으로서의 기능을 고려해야 한다.

CHAPTER

09

국민연금제도의 이해

제1절 국민연금제도의 개요

1. 국민연금제도의 배경과 연혁

국민연금제도는 사회보험 중의 하나로 사회보험은 사회정책을 위한 보험으로서 국가가 사회정책을 수행하기 위해서 보험의 원리와 방식을 도입하여 만든 사회경제제도이다. 이러한 의미에서 사회보장기본법 제3조 제2호에 의하면, "사회보험이라 함은 국민에게 발생하는 사회적 위험을 보험방식에 의하여 대처함으로써 국민건강과 소득을 보장하는 제도를 의미한다."라고 정의하고 있다. 구체적으로 살펴보면 사회보험은 국민을 대상으로 질병 · 사망 · 노령 · 실업 기타 신체장애 등으로 인하여 활동 능력의 상실과 소득의 감소가 발생하였을 때에 보험방식에 의하여 그것을 보장하는 제도라고 할 수 있다. 우리나라 국민연금제도는 일반적으로 가계를 책임지는 자가 노령 폐질 또는 사망 등으로 소득능력이 영속적으로 상실 또는 감퇴된 경우 그 자신과 유족의 보호를 위하여 정기적으로 일정액의 금전 급부를 행하여 안정된 생활을 지속할 수 있도록 보장하는 일반 국민을 대상으로 한 장기적 소득보장제도로 실시되었다. 또한 생활수준의 향상, 의료기술의 발달로 평균 수명이 늘어나면서 65세 이상 노인인구가 빠르게 증가하고 있다. 노인인구가 14%가 넘어서면 그 사회를 고령사회라고 부르는데, 미국은 71년 만에 고령사회에 진입했고 프랑스는 115년이 걸렸다. 고령화가 급속도로 진행되고 있는 일본도 2006년 초고령사회로 진입하는데 12년이 걸리는 점을 감안하면 한국의 고령화 속도는 단연 두드러진다. 한국은 2000년 65세 이상 인구 비중이 7%를 넘어서면서 고령화사회에 진입했으며 이 같은 추세라면 2019년에 고령사회(14.4%), 2026년 초고령사회(20%)에 진입할 것으로 예상된다. 60세 이후의 노후기간이 8년에서 18년으로 늘어났으며 평균 수명은 20년 만에 10년이나 늘어났다. 노령 인구가 늘어날수록 젊은 세대의 노인 부양 부담은 늘어나게 마련이다. '09년에는 생산가능인구 8.2명이 65세 이상 노인 1명을 부담했지만 2020년에는 4.7명당 1명, 2030년에는 2.8명당 1명꼴로 노인을 부양해야 한다.

1) 국민연금제도의 도입배경

우리나라는 1960년대부터 시작된 경제개발 5개년 계획을 체계적인 계획아래 지속적으로 추진함으로써 세계 경제 발전에 있어 단 시간에 유래 없는 발전을 이룩하였다. 이에 따라 고용기회가 늘어나고 국민소득도 크게 증가하였다. 그러나 산업화, 도시화, 핵가족화, 노령화가 주요 사회문제로 대두되자 사회보장에 대한 대책도 시급한 과제로 동시에 부각되었다. 이와 같은 상황에서 국민의 노후 소득보장제도를 구축함과 동시에 경제발전 5개년 계획에 필요한 재정을 도달할 목적으로 하여 1973년 국민복지연금법을 제정, 공포하고 이듬해 1월부터 시행할 예정이었다. 그러나 1973년 세계를 강타한 오일쇼크의 영향으로 인하여 우리나라 경제는 큰 어려움에 직면하게 되었고 시행할 예정이었던 국민연금제도의 실시도 무기한 연기되었다. 이러한 여건의 악화로 인하여 국민연금제도의 시행이 보류되어 오다가 제6차 경제개발 5개년 계획 기간에 국제수지의 흑자전환으로 인한 국가의 부채가 감소하고 지속적인 물가안정과 경제 호황으로 1인당 국민 총생산이 2천 달러를 크게 넘어서는 등 국민의 부담능력이 예전에 비해 크게 향상됨으로써 국민연금제도의 실시를 위한 사회 경제적 여건이 성숙하게 되었다. 1986년에 비로서 기존의 연금구조와 내용들을 대폭 수정 보완하여 국민복지연금법을 국민연금법으로 변경하여 1988년 1월부터 국민연금제도가 시행되게 되었다. 이러한 국민연금제도는 기금운용 등 효율적 관리운영을 위해 1987년 9월에 독립기관으로 국민연금공단을 설립하였으며, 우선적으로 10인 이상 사업장에 근무하는 18세 이상 60세 미만의 근로자 및 사업주를 대상으로 실시하였다.

1988년 10인 이상 사업장을 중심으로 추진되었던 국민연금제도는 1992년 소득보장 혜택이 더욱 절실한 5인 이상 사업장으로 당연적용대상을 확대하였으며, 1995년에는 신경제 5개년 계획 및 WTO 체제 하의 농어촌 발전대책의 일환으로 농어촌 지역에까지 국민연금제도를 확대하였고, 1999년 4월 도시지역에까지 국민연금제도를 실시함으로써 전국민 연금시대가 열렸다.

산업화, 도시화의 진전으로 사회적 위험은 증대되고 평균수명은 연장된 반면 가족구조는 점차 핵가족화 되어 노인부양 의식과 상부상조의 정신이 약화되어, 노령과 각종 사고 등으로 인한 갑작스러운 소득상실로부터 국민들을 보호하기 위한 제도가 필요하게 되었다.

이에 따라 1960년에 공무원연금, 1963년에 군인연금, 1973년에 사립학교교직원연금이 실시된 바 있다.

사회보험으로서 연금보험은 국가에 의해 일정한 자격을 가진 사람을 대상으로 강제적으로 적용되는 성격을 갖는다. 특히 연금보험은 사회생활을 영위하는 과정에 소위 사회적 위험으로 불리는 보험 사고 중 노령, 폐질 또는 사망에 봉착할 경우 개인과 가족의 소득 단절을 막고 인간다운 생활을 유지하게 하는 데 목적을 두고 있다. 우리나라의 연금보험은 2001년 1월 현재 국민연금을 위시하여 공무원연급, 사립학교교직원연금 및 군인연금 등이 각기 분립, 실시되고 있다. 그 중 국민 대다수를 차지하고 있는 연금보험이 국민연금으로서 연금보험의 주류를 차지하고 있다.

(1) 국민연금제도의 연혁

1973.12.24 국민연금복지법 공포(석유파동으로 시행 연기)

1986.12.31 국민연금법 공포, 법률 제3902호(구법 폐지)

1987.09.18 국민연금관리공단 설립

1988.01.01 국민연금제도 실시(상시근로자 10인 이상 사업장)

1992.01.01 사업장 적용범위 확대(상시근로자 5인 이상 사업장)

1992.01.01 특례노령연금 지급 개시

1995.07.01 농어촌지역 연금 확대 적용

1999.04.01 도시지역 연금 확대 적용(전국민 연금 실현)
2000.07.01 농어촌지역 특례노령연금 지급
2001.11.01 텔레서비스 시스템 전국 확대 운영
2003.07.01 사업장 적용범위 확대(근로자 1인 이상 사업장)

질병 · 노령 · 장애 · 빈곤 등의 문제는 산업화 이전의 사회에서도 존재하였다. 다만 이 시기의 위험은 사회 구조적인 성격을 띤 것이 아니라 개인의 위험차원에서 머물러 있어 개인이나 가족의 책임아래 해결하였다. 그러나 산업사회로 넘어오면서 환경오염, 산업재해, 실직 등 스스로의 힘만으로는 해결할 수 없는 각종 사회적 위험에 노출되고 부양 공동체 역할을 해오던 대가족 제도의 해체로 노인부양 문제는 개인 차원을 넘어서 국가개입의 필요성이 요구되는 사회적 문제로 대두되었다.
이에 따라, 각종 사회적 위험으로부터 모든 국민을 보호하고 빈곤을 해소하며 국민생활의 질을 향상시키기 위해 제도적 장치를 국가적으로 마련하였는데 이것이 바로 사회보장제도이다. 우리나라에서 시행되고 있는 대표적인 사회보장제도는 국민들이 노령, 장애, 사망 등으로 소득활동을 할 수 없을 때 기본적인 생활이 가능하도록 연금을 지급하는 국민연금제도를 비롯하여 건강보험, 산재보험, 고용보험, 노인장기요양보험 등 사회보험과 생활보호, 의료보호 등 공적부조 그리고 사회복지서비스 등이 있다. 1970년까지만 해도 구호사업 및 구빈정책 위주였던 우리나라의 사회보장제도는 70년대 후반에 실시되었던 의료보험이나 1988년 실시된 국민연금제도로 인해 1980년대 이후부터 그 틀을 갖추기 시작했다.
이 중 국민연금은 국가가 보험의 원리를 도입하여 만든 사회보험의 일종으로 가입자, 사용자 및 국가로부터 일정액의 보험료를 받고 이를 재원으로 노령으로 인한 근로소득 상실을 보전하기 위한 노령연금, 주소득자의 사망에 따른 소득상실을 보전하기 위한 유족연금, 질병 또는 사고로 인한 장기근로능력 상실에 따른 소득상실을 보전하기 위한 장애연금 등을 지급함으로써 국민의 생활안정과 복지증진을 도모하는 사회보장제도의 하나이다.

외국속담에 'Make hay while the sunshine.'이라는 말이 있고, 동양권에서는 유비무환이라는 말이 전해져 내려오는 것을 보면 동서를 막론하고 훗날을 위해 미리 준비하는 지혜를 귀하게 여기기는 다를 바가 없다고 본다. 그러한 좋은 취지의 국민연금제도가 정부의 미온적인 복지행정의 시행과 대국민 홍보의 부족, 정확한 소득의 산출없이 실시되는 바람에 많은 국민연금보험료 납부에 대다수의 국민들이 소극적으로 대처하고 있는 등 많은 문제점을 안고 있으며 그러한 문제점으로 인하여 소기의 목적달성에 상당히 어려움을 겪고 있다.

국민연금제도는 오늘날 급속한 산업화의 진전에 따른 산업재해 및 실업 등의 증대와 고령화 추세와 핵가족화, 노인부양의식의 약화현상 등이 맞물려 생기는 사회적 문제를 해결하기 위하여 정부가 실시하는 소득 보장장치로서 이러한 사회적 위험으로부터 모든 국민을 보호하기 위한 사회보험제도이다. 즉 젊어서 소득이 있을 때 조금씩 모아 두었다가 나이가 들거나 장해 또는 사망 등으로 소득을 잃게 될 경우, 국가로부터 본인 또는 유족이 일정액의 연금을 매월 수령하도록 함으로써 안정된 생활을 유지해주는 제도이다. 국민연금제도는 가입자격을 갖춘 모든 사람에게 강제적이며 개인소득을 기준으로 하여 정부기관에 의하여 독점적으로 관장하는 제도이다.

(2) 국민연금 특성

① 소득보장기능

국민연금급여는 소득보장기능을 한다. 즉 노령 · 폐질 · 사망 등으로 소득능력이 상실 · 감퇴된 경우에 노령, 장해 또는 유족연금을 지급하여 본인 또는 유족의 기본생계를 보장하게 된다. 그리고 국민연금은 소득 재분배기능을 하게 된다. 본인이 납부한 보험료만을 기준으로 급여액이 산정되는 사적보험(개인연금보험)과는 달리 저소득 계층일수록 유족의 기본생계를 보장하게 되는 것이다. 연금액의 실질가치가 항상 보장된다. 즉 연금액을 최초로 결정할 때 가입기간 중의 임금인상률과 물가상승률을 반영하고 연금을 받는 동안에는 전국소비자 물가 변동률에 따라 연금액이 상향조정되기 때문에 실질가치를 항상 유지해 주는 기능을 하게 된다.

② 가입대상의 강제성

모든 국민이 가입대상으로 강제성이 있다.

국민연금은 어려운 생활의 위험을 모든 국민이 연대하여 공동으로 대처하는 제도로 모든 국민이 가입대상이다. 국민연금뿐만 아니라 건강보험 등 대부분의 사회보험제도는 강제가입을 채택하고 있다. 가입을 기피하는 사람이 많을수록 노년빈곤층이 많아지고 사회문제화 될 경우 결국 국가는 빈곤해소를 위해 조세 등을 통해 해결해야 한다. 이렇게 되면 성실하게 노후를 준비한 사람은 자신의 노후는 물론 노후를 준비하지 못한 사람에 대한 보장을 책임지는 이중부담을 해야 하기 때문에 소득활동을 하는 사람은 누구나 의무적으로 가입하도록 하는 것이다.

③ 국민통합에 기여

국민연금은 소득 재분배로 국민통합에 기여한다.

국민연금은 동일한 세대 내의 고소득 계층에서 저소득 계층으로 소득이 재분배되는 세대 내 소득 재분배 기능과 미래세대가 현재의 노인세대를 지원하는 세대간 소득 재분배 기능이 동시에 포함되어 있다.

④ 세대 내 소득 재분배

부자가 빈자를 도와주는 세대 내 소득 재분배 기능은 국민연금의 급여 산식에서 가입자 전체의 평균소득을 포함시켜 실현되고 있다. 저소득 계층의 경우 전체가입자의 평균소득이 자신의 소득보다 높기 때문에 더 많은 연금을 받는데 비해 고소득 계층은 전체가입자의 평균소득이 자신의 소득보다 낮기 때문에 저소득층에 비해 상대적으로 연금혜택이 적은 것이다. 국민연금은 납입한 보험료 대비, 수급하는 연금급여가 저소득층이 훨씬 높아 소득격차를 줄임으로써 사회통합에 기여한다.

⑤ 세대간 소득 재분배

미래세대가 현재의 노인세대를 지원하는 세대간 소득 재분배 기능은 국민연금제도 도입초기단계 가입자의 제도순응성을 높이기 위해 도입하였다. 미래세대는 자신의 노후만 준비하면 되지만 국민연금 초기가입자의 경우 자신의 노후는 물론 부모 부양이라는 이중부담을 지고 있어 이들의 부담을 완화하기 위해 낮은 보험료에서 출발, 단계적으로 보험료를 높여가도록 한 것이다. 우리보다 연금제도를 먼저 시행한 외국의 경우에도 초기가입자의 부담을 완화하기 위해 낮은 보험료에서 출발하여 경제발전 정도, 부담능력, 연금재정상태 등을 종합적으로 고려해 연금보험료를 높여가고 있다(예 미국 2% → 12.4%, 독일 5% → 19.1%).

월 100만 원 소득의 임금소득자가 1999년이 아닌 제도 도입시점인 1988년부터 가입하여 30년 동안 보험료를 납부한다면 이 사람의 수익비는 2.60으로, 1999년에 가입한 동일소득 근로자의 수익비인 2.39보다 높다. 국민연금은 제도도입 초기 가입자가 연금제도가 성숙한 이후의 자식세대에 비해 수익비가 높게 설계되어 있으므로 현재의 가입세대는 미래세대로부터 일정한 소득지원을 받는 세대간 소득 재분배의 순기능을 가지고 있다.

⑥ 국민연금 지급의 항구성

국민연금은 국가가 최종적으로 지급을 보장하기 때문에 국가가 존속하는 한 반드시 지급된다. 설령 적립된 기금이 모두 소진된다 하더라도 그 해 연금지급에 필요한 재원을 그 해에 걷어 지급하는 이른바 부과방식으로 전환해서라도 연금을 지급한다. 우리보다 먼저 국민연금과 같은 공적연금제도를 시행한 선진복지국가들도 초기에는 기금을 적립하여 운영하다가 연금제도가 성숙되면서 부과방식으로 변경했다.

현재 전세계적으로 공적연금제도를 실시하고 있는 나라는 170여 개국에 달하지만 연금지급을 중단한 예는 한 곳도 없다. 심지어 최악의 경제상황에 직면했던 80년대 남미 국가들과 90년대의 옛 공산주의 국가에서도 연금지급을 중단한 사례는 없다.

⑦ 노령연금 이외 장애유족연금 등

노령연금 이외 장애유족연금 등 다양한 혜택이 있다

장애연금은 가입 중에 발생한 질병이나 부상으로 완치 후에도 장애가 남았을 경우 장애정도(1~4급)에 따라 자신과 가족의 생활을 보장하기 위해 장애가 존속하는 한 지급한다. 유족연금은 국민연금에 가입하고 있거나 연금을 받고 있던 사람이 사망하면 그 사람에 의해 생계를 유지하던 유족에게 가입기간에 따라 기본연금액의 일정율을 지급하여 유족들의 생활을 돕기 위한 연금이다.

⑧ 연금액의 실질가치

물가가 오른 만큼 연금액의 실질가치도 보장된다.

국민연금은 물가가 오르더라도 실질가치가 항상 보장된다. 처음 연금을 지급할 때는 과거 보험료 납부소득에 연도별 재 평가율을 적용하여 현재가치로 재평가하여 계산한다. 예를 들어 1988년도 100만 원 소득으로 국민연금에 가입되었다면 이를 2007년 현재가치로 재평가하면 약 430만 원의 소득액으로 인정, 국민연금을 계산한다. 또 연금지급 중에도 전국 소비자 물가변동율에 따라 금액이 조정된다. 물가가 매년 3%p씩 오른다고 가정하면 2007년 1월에 40만 원의 연금을 받을 경우 20년 뒤에는 약 72만 2천 원으로 인상된다.

⑨ 부분 적립방식채택

부분 적립방식(수정 적립방식) 채택이다.

기본적으로 '적립방식'을 채택하고 있지만, 시행 초기에 낮은 보험료로 출발하여 단계적으로 인상함으로써(3%, 6%, 9%), 후 세대에 일정한 부담을 전가하는 점에서 두 가지 방식을 절충하고 있다. 부분 적립방식(수정적립방식, 혼합방식)이다.

⑩ 소득 계층간 소득 재분배 효과

소득 계층간 소득 재분배 효과이다.

전 가입자에게 동일한 액수의 연금을 지급하는 균등부분이 전체 연금액의 상당부분(평균 50% 정도)을 차지하는데, 전체 가입자 표준소득월액의 평균치보다 낮은 사람은 이 부분 때문에 상대적으로 유리하고 그 반대인 경우는 불리하다. 그리고 최저소득 가입자와 최고소득 가입자 간의 보험료 부담은 16.4배, 기본연금 급여액은 3.2배 차이가 나도록 설계되었다.

⑪ 내자 동원책의 하나로 발의

내자 동원책의 하나로 발의되었다.

1973년 국민복지연금법에 의하여 적립된 기금은 경제개발에 필요한 내자로 활용하여 국가 경제부흥에 이바지하며(KDI의 국민복지연금제도안) 연금기금을 내자로 동원하려는 정부의 의지가 있었다. 1986년 국민연금법은 외면적으로는 연금 본래의 목적인 근로계층의 노후생활 보장에 초점을 두었다. 그러나 국민연금 시행 후 매년 수 조 원에 달하는 막대한 자금이 조성되고, 조성된 자금의 반 이상을 정부가 가져간 것을 볼 때 정부의 내자 동원 의지가 없었다고 보기 어렵다.

2. 노령화와 사회보장연금

공식적 노후대책은 사회보장연금, 기업연금, 개인저축연금이 해당되며 비공식적 노후대책은 노후문제를 전적으로 개인이나 가족의 책임에 있다.

우리나라의 퇴직금제는 법정 급여로 사회보장연금에 가까우며, 기업이 전액 재정 부담하는 기업연금에 가깝다.

[표 9-1] 노령화 연금

사회보장 연금	① 피용자와 자영업자를 대상으로 하는 '법정' 연금 ② 정부가 재정, 관리운영, 가입 등 거의 모든 일을 책임짐. ③ 급여와 기여를 연계시키지 않는 '부과방식' 혹은 '확정급여방식' 운영 ④ 재정 : 고용주와 피용자가 공동부담하는 보험료 혹은 사회보장세(일부 정부보조가 있는 경우가 있다.) ⑤ 세대간 소득 재분배 : 현재 지출되는 연금의 재정을 현재 근로하는 계층이 부담하기 때문
기업 연금	① 기업이 노무관리 차원에서 제공하는 '민간' 연금 ② 일정한 정부 규제, 조세감면 혜택 ③ 부분적립방식 혹은 확정급여방식 혹은 확정기여방식
개인저축 연금	① 근로자 자력으로 노후에 대비하는 저축성 연금제도 ② 완전적립 확정기여방식 ③ 급여 확정 ×. 투자선택권이 가입자에게 있기 때문에 개인은 투자위험을 감수해야 함. ④ '임의적 가입' 혹은 '법정 제도'(일부 국가는 정부가, 일부 국가는 복수의 민간투자회사가 운용에 책임을 진다.) ⑤ 조세감면 혜택

3. 사회보장연금의 재정운용방식

1) 재정운용방식의 유형

[표 9-2] 재정운용방식의 유형

완전적립방식 (funded scheme)	- 장래에 지급하게 될 연금급여를 가입하고 있는 동안 보험료, 국고출연금, 누적기금 등으로 적립하는 방식 - 즉, 근로기간 중 규칙적으로 저축한 것을 정년 후 되돌려 받는 일종의 강제저축
부과방식 (pay-as-you-go scheme)	- 한 해의 지출액 정도에 해당하는 미미한 보유잔고만을 남겨두고 그 해 연금보험료 수입을 그 해의 급여 지출로 써버리는 방식(일정기간에 '지출될 급여'를 동일 기간의 '보험료 수입'으로 충당하는 재정방식)
확정기여방식 (defined contribution, DC)	- '사전에 확정된 보험료를 부담'하되 그에 상응하는 연금급여는 확정하지 않고 가입자 개인이 결정한 투자의 적립 수익금을 월정연금이나 일시금으로 되돌려 받는 것

확정급여방식 (defined benefit, DB)	- 개인이 부담한 보험료의 크기에 관계없이 '사전에 확정된 연금급여'를 지급하는 방식
명목확정기여방식 또는 명목적립방식 (notional defined contribution)	- 가입자 개인계정에 보험료를 가상적으로 적립하고 실제 지불되는 연금은 신규가입자의 적립금으로 충당함. - 개인계정에 개인별 보험료가 적립된다는 점에서 '적립방식'이지만, 급여는 개인계정에 실제로 적립된 돈이 아니라 급여산식에 의해 정해진 만큼을 타인의 적립금에서 지급받는 점에서 '부과방식'임.

2) 사회보장연금 재정운용방식

[표 9-3] 적립방식과 부과방식의 장 · 단점

구 분	장 점	단 점
적립 방식	- 가입기간 중 납부되는 보험료에 대한 이자의 축적으로 보험료 총액보다 높은 연금액을 지급받을 수 있음. - 장래의 보험료 부담이 경감됨. - 부과방식에 따르는 인구변동으로 인한 위험이 적음. - 적립된 기금이 잘 활용되는 경우 경제발전에 기여할 수 있음.	- 인플레이션으로 인해 연금의 실질가치를 보호하지 못함. - 수급자의 생활수준의 향상과는 원칙적으로 무관하게 일정금액을 지급받게 됨. - 충분한 적립기간이 요구됨. - 투자위험이 존재함.
부과 방식	- 연금의 수입 · 지출 차이가 거의 없어 연금의 실질가치 대책이나 연금 수입 · 지출의 장기 추계를 필요로 하지 않음. - 경제성장에 비례해 연금의 실질가치를 높일 수 있음. - 인플레에 강함. - 시행 초의 적은 부담 - 완전연금을 즉각적으로 지불할 수 있음. - 세대간 소득 재분배	- 인구구조 변화에 영향 받음. - 후 세대에 부담 과중 - 장기적인 측면에서는 재정 운영 불안

[표 9-4] 사회보장연금 재정운용방식의 유형

유 형	확정급여방식 (defined benefit, DB)	확정기여방식 (defined contribution, DC)
부과방식	전통적 부과방식(서유럽 국가, 미국)	명목확정 기여방식(스웨덴, 이탈리아)
적립방식	부분 적립방식(개발도상국가)	완전 적립방식(칠레)

제2절 국민연금 적용대상과 급여

1. 적용대상

보편주의로 적용대상을 '전국민'을 대상으로 하며, 직업주의로 적용대상을 '피용자'에 한정하는 것으로 즉 고용관련 프로그램으로 운용되는 것이다. 우리나라 국민연금변천은 상시근로자 10인 이상의 사업장 근로자 대상(1988년)으로 하다가, 5인 이상 사업장으로 확대(1992년)되었으며 농어촌 지역주민 대상(1995년 7월)으로 도시 지역주민으로 확대(1999년 4월)됨으로써 전국민 연금이 달성되었으며, 2003년 7월부터 1인 이상 사업장은 당연 가입장이 되었다.

[표 9-5] 사업장의 변화

변경 전	변경 후
상시 5인 이상 근로자를 사용하는 사업장	1단계(2003.7.1) - 근로자 5인 미만 사업장 중 법인 또는 전문직종사업장 - 당연적용사업장의 임시·일용직 및 시간제근로자
	2단계(2004.7.1) - 1단계 적용대상이 아닌 근로자 5인 미만 사업장 중 2003. 7.1.일 현재 국민건강보험 또는 고용보험에 가입한 사업장
	3단계(2006.1.1) - 1,2단계 적용대상이 아닌 나머지 사업장

위에서 전문직종 사업장은 의약품 및 의료용품소매업(약국에 한함), 부동산감정업, 변호사업(공증인업 포함), 변리사업, 법무사업, 공인회계사업, 세무사업(관세사업 포함), 건축설계 및 관련 서비스업(건축사업에 한함), 병·의원, 수의업에 해당하는 사업장이다.

가입자의 종류에서 가입형태는 사업장, 가입자이고, 가입자는 사업장가입자, 지역가입자, 임의가입자, 임의계속가입자가 있다.

[표 9-6] 사업장 및 가입자

사 업 장	가 입 자
- 국민연금법에 의하여 국민연금에 의무적으로 가입되는 사업장 즉, 당연적용사업장을 말함. - 당연적용사업장에 해당되는지 여부는 그 사업장의 근로자 수를 기준으로 하는데, 2006년 1월부터 1인 이상의 근로자를 사용하는 사업장 또는 주한외국기관으로서 1인 이상의 대한민국 국민인 근로자를 사용하는 사업장은 모두 당연적용사업장이 됨. - 국민연금에 가입된 사업장의 사용자와 근로자는 당연히 국민연금에 가입하게 되는데, 이와 같이 사업장으로 국민연금에 가입된 사람들을 사업장가입자라고 함.	국민연금 가입자는 가입종별에 따라 사업장가입자, 지역가입자, 임의가입자, 임의계속가입자로 구분함.

[표 9-7] 가입자 형태

당연 가입자	사업장 가입자	- 국민연금에 가입된 사업장의 18세 이상 60세 미만의 사용자 및 근로자로서 국민연금에 가입된 자 - 1인 이상의 근로자를 사용하는 사업장 또는 주한외국기관으로서 1인 이상의 대한민국 국민인 근로자를 사용하는 사업장에서 근무하는 18세 이상 60세 미만의 사용자와 근로자는 당연히 사업장가입자가 됨. - 따라서, 지역가입자가 사업장에 취업하면 자동적으로 사업장가입자가 되고, 지역가입자 자격은 상실됨
	지역 가입자	- 국내에 거주하는 18세 이상 60세 미만의 국민으로서 사업장가입자가 아닌 사람은 당연히 지역가입자가 됨. - 다만, 다른 공적연금에서 퇴직연금(일시금), 장애연금을 받는 퇴직연금 등 수급권자, 국민기초생활보장법에 의한 수급자, 소득활동에 종사하지 않는 사업장가입자 등의 배우자 및 보험료를 납부한 사실이 없고 소득활동에 종사하지 않는 27세 미만인 자는 지역가입자가 될 수 없음.
임의 가입자	임의 가입자	- 사업장가입자와 지역가입자가 될 수 없는 사람도 60세 이전에 본인의 희망에 의해 가입신청을 하면 임의가입자가 될 수 있음. - 즉, 다른 공적연금에서 퇴직연금(일시금), 장애연금을 받는 퇴직연금 등 수급권자, 국민기초생활보장법에 의한 수급자, 소득활동에 종사하지 않는 사업장가입자 등의 배우자 및 보험료를 납부한 사실이 없고 소득활동에 종사하지 않는 27세 미만인 자는 본인의 선택에 따라 임의가입자가 될 수 있음.
	임의 계속 가입자	- 가입기간이 20년 미만인 가입자가 60세 도달로 국민연금 가입자 자격을 상실하였으나, 가입기간이 부족하여 연금을 받지 못하거나 가입기간을 연장하여 더 많은 연금을 받고자 원할 경우는 65세에 달할 때까지 신청에 의하여 임의계속가입자가 될 수 있음

가입대상자는 국내에 거주하는 18세 이상 60세 미만의 국민이고 가입대상 제외자는 공무원(공무원연금), 군인(군인연금), 사립학교교직원(사학연금), 기타 대통령령이 정하는 자(거택 · 시설보호자), 특수직종근로자(광업법에 의한 갱내작업 광부, 선원법에 의한 어로작업 선원)이다.

2. 급 여

연금의 급여 자격요건은 수급연령이 60～65세이지만 65세가 대종을 이루고 보험료 불입기간 요건은 대체로 30～40년이다. 우리나라 국민연금 연금급여의 종류는 ① 노령연금 ② 장애연금 ③ 유족연금 ④ 반환일시금 ⑤ 사망일시금이다. 노령연금(old-age benefits)은 가입자 본인이 연금수급 연령에 도달하면 지급되는 급여로서 10년 이상 가입하고 60세부터 지급된다. 다만 현재 연금 수령연령은 만 60세이고, 2013년부터 5년 마다 1세 씩 상향 조정되어 2033년 이후에는 65세가 된다. 장애연금(disability benefits)은 가입자가 영구 장애인이 되면 지급되는 연금(직업으로 인한 장애는 산재보험 적용) 가입 중에 발생한 질병 또는 부상으로 장애가 남아있을 때 지급되는 급여로 장애정도(장애등급 1～4등급)에 따라 지급된다. 장애1급은 기본연금액 100%＋가급연금액, 장애2급은 기본연금액 80%＋가급연금액, 장애3급은 기본연금액 60%＋가급연금액, 장애4급은 기본연금액 225%이다.
장애 1～3급에 해당하는 경우 장애가 존속하는 동안 연금으로 지급되고, 장애 4급에 해당하는 경우에는 일시보상금으로 지급된다.
유족연금(survivor benefits)은 가입자 또는 10년 이상 가입자이었던 자나 노령연금 수급권자 또는 장애등급 2급 이상의 장애연금 수급권자가 사망한 경우에 그 유족의 생활을 보장하기 위하여 지급하는 연금으로 이를 지급받을 수 있는 유족은 사망 당시 그에 의하여 생계를 유지하고 있던 자 중 배우자(夫 등인 경우는 60세 이상이거나 장애등급 2급 이상), 자녀(18세미만이거나 장애등급 2급 이상), 손자녀(18세 미만 또는 장애등급 2급 이상), 조부모(60세 이상이거나 장애등급 2급 이상)의 순으로 최우선 순위자에게 지급된다.

반환일시금은 가입자 또는 가입자이었던 자가 연금(노령, 장애, 유족)의 수급요건을 충족하지 못하고 탈퇴하여 가입 중에 납부하였던 연금 보험료에 일정한 이자를 가산하여 지급받는 것으로 본인 또는 그 유족이 지급받을 수 있다.

[표 9-8] 국민연금 연금급여의 종류

<table>
<tr><td rowspan="8">연금
급여
(매월
지급)</td><td rowspan="6">노령
연금</td><td rowspan="6">노후 소득보장을
위한 급여
(국민연금의
기초가 되는 급여)</td><td rowspan="6">- 가입자가 노령이 되어 소득활동에 종사하지 못할 경우 생활안정과 복지증진을 위해 지급되는 급여</td><td>노령연금 종류</td><td>가입기간</td><td>수급연령</td><td>직업유무</td></tr>
<tr><td>완전노령연금</td><td>20년 이상</td><td>60세 이상</td><td>무직</td></tr>
<tr><td>감액노령연금</td><td>10~20년 미만</td><td>60세 이상</td><td>무직</td></tr>
<tr><td>재직자노령연금</td><td>10년 이상</td><td>60~65세</td><td>유직</td></tr>
<tr><td>조기노령연금</td><td>10년 이상</td><td>55세 이상</td><td>무직</td></tr>
<tr><td>특례노령연금</td><td>제도 도입 시 45세 이상</td><td>60세 이상</td><td>무직</td></tr>
<tr><td>장애
연금</td><td>장애로 인한 소득감소에
대비한 급여</td><td colspan="5">- 연금 가입 중에 발생한 질병 또는 부상으로 완치 후에도 장애가 있는 자(노동능력의 손실 또는 감소가 의학적으로 인정)에게 장애정도에 따라 지급하는 연금급여</td></tr>
<tr><td>유족
연금</td><td>가입자의 사망으로 인한
유족의 생계보호를 위한
급여</td><td colspan="5">- 다음 중 하나에 해당하는 자가 사망한 때 유족연금 지급함.
· 노령연금수급권자
· 가입자(다만 가입기간 1년 미만인 자의 경우 가입 중에 발생한 질병이나 부상으로 사망)
· 가입기간 10년 이상인 가입자이었던 자
· 장애등급 2등급 이상의 장애연금 수급권자
· 가입기간 10년 미만인 가입자이었던 자로서 가입 중에 발생한 질병이나 부상으로 가입 중 초진일 또는 가입자 자격상실 후 1년 이내의 초진일로부터 2년 이내에 사망한 때</td></tr>
<tr><td rowspan="2">일시금
급여</td><td>반환
일시금</td><td>연금을 받지 못하거나
더 이상 가입할 수 없는
경우 청산적 성격으로
지급하는 급여</td><td colspan="5">- 가입자 또는 가입자이었던 자가 다음 중 하나에 해당하게 될 때 본인 또는 그 유족의 청구에 의해 반환일시금을 지급함.
· 가입기간 10년 미만인 자로서 60세에 달한 때
· 가입자 또는 가입자이던 자가 사망한 때. 단, 가입자 또는 가입기간이 10년 이상인 가입자이었던 자가 사망한 때는 사망 당시 보험료를 2/3 이상 납부하지 아니하여 유족연금이 지급되지 않는 경우에 한함.
· 국적상실 또는 국외이주한 때
· 공무원, 군인, 사립학교교직원, 별정우체국 직원 등 타 공적연금 가입자가 된 때</td></tr>
<tr><td>사망
일시금</td><td>유족연금 또는
반환일시금을 받지 못할
경우 장제보조금적
성격으로 지급하는 급여</td><td colspan="5">- 가입자 또는 가입자이었던 자가 사망하여 유족연금 또는 반환일시금수급권이 발생하였으나 법 제63조의 규정에 의한 유족이 없는 경우 그 배우자, 자녀, 부모, 손자녀, 조부모, 형제자매 및 4촌 이내의 방계혈족으로서 가입자 또는 가입자이었던 자에 의하여 생계를 유지하고 있던 자</td></tr>
</table>

가입기간 10년 미만의 자가 60세가 된 때(2000.12.23 이후 60세에 도달한 자의 경우 가입기간 60개월 미만이어야 함), 가입자 또는 가입자이었던 자가 국적을 상실하거나 국외에 이주한 때, 가입자가 타 공적연금 가입했을 때 타 공적연금에서 퇴직연금 등을 수급한 자가 국민연금 사업장가입자 또는 지역가입자 자격을 상실한 때, 가입자 또는 가입자이었던 자가 사망했으나 유족연금을 지급받을 수 없는 경우이다.

사망일시금은 가입자 또는 가입자이었던 자가 사망하였으나 유족연금 또는 반환일시금을 지급받을 수 없는 경우에 지급되는 장제부조금 성격의 급여로서 95년 7월 1일 이후에 사망한 경우에만 지급된다.

노령연금 급여기준은 전체 가입자의 평균소득(A값)과 개별 가입자의 평균소득(B값)을 기준으로 산정한다.

P[기본연금액(年)] = 1.8(A+B) × (1+0.05n/12)

P : 기본연금액(年)
A : 균등부분(전체가입자의 연금 수급 전 3년간 평균소득월액의 평균액)
B : 소득비례부분(가입자 개인의 가입기간 동안의 평균소득월액)
n : 20년 초과 월수

노령연금에서 '전체가입자의 평균소득(A값)'을 반영하기 때문에 소득 계층간 소득 재분배(수직적 재분배)가 발생한다.

※ 특수직 연금

특수직 연금이란 공무원, 군인, 사립학교교직원 등 '공직자'를 대상으로 하는 연금이다. ① 공무원연금이란 (국가 및 지방공무원, 법관, 경찰관, 교육공무원)이고 ② 군인연금이란 (장기복무 하사관과 장교) ③ 사립학교교직원연금(이하, 사학연금)은 사립학교 교직원이 해당된다. 특수직연금은 대상자와 관리운영 주체만 다를 뿐, 보험료율, 급여내용, 급여산식, 급여기준, 연금조정기준 등 공적연금의 핵심적 부분은 동일하며 보험료율은 17%(공직자

8.5%, 정부 8.5%)으로 17%(단, 사학연금의 교원인 경우 교직원 종사자 8.5%, 학교법인 5.0%, 정부 3.5%이다)

급여산식은 다음과 같다.

$$P = (0.5 \times 0.02n) \times C$$

P : 연금액
C : 퇴직 전 3년 평균소득
n : 20년 이상을 초과하는 가입년수

공직자연금의 연금액은 개인이 낸 보험료 액수(C)와 가입기간(n)에 비례하여 결정도며 국민연금과 달리 공직자연금은 소득계층 간 소득재분배의 효과가 없다. 연금급여 기준 소득액이 퇴직 전 최종소득에서 최근의 직 전 4년간 평균소득액으로 조정되고, 연금액 조정이 재직자 평균소득에서 소비자물가지수로 변경된 것은 사실상 공직자 연금급여가 하향 조정된 것인데, 특수직연금의 재정적자 때문에 취해진 불가피한 조치였다. 국민연금도 마찬가지이다. 공직자 연금의 소득 대체율은 20년 가입 시, 퇴직 전 3년 평균소득의 50%, 40년 가입 시 70%이며 연금급여에는 퇴직연금, 장애연금, 유족연금, 일시금, 단기급여(공무상 요양비, 공무상 요양일시금, 사망조위금, 재해부조금 등이다.

3. 보험료

우리나라 국민연금은 보험료는 가입자의 소득에 부과된다. 따라서 사업장가입자의 소득은 근로소득에서 비과세근로소득을 차감한 소득이고, 지역가입자의 소득은 농업소득, 임업소득, 어업소득, 사업소득(도매업, 소매업, 제조업, 기타의 사업에서 얻는 소득)이 있다.

연금보험료 = 가입자의 표준소득월액 × 연금보험료율

첫째, 사업장가입자의 보험료율은 9%(근로자 4.5%, 사용자 4.5%)이며, 보험료율은 시행초기(1988년~1992년)에는 3%로 시작하여, 1993년 6%로 인상되었고, 1998년부터 9%로 인상되었다.
1999년 4월부터 퇴직금 전환금 제도가 폐지되고 근로자와 사용자가 각각 4.5%씩 부담하는 것으로 바뀌었다.

[표 9-9] 사업장 가입자의 보험료율

구 분		'88~'92	'93~'97	'98 이후	'99.4월 이후
사업장 가입자	계	3.0%	6.0%	9.0%	9.0%
	근로자	1.5%	2.0%	3.0%	4.5%
	사용자	1.5%	2.0%	3.0%	4.5%
	퇴직금전환자	-	2.0%	3.0%	-
사업장임의계속가입자		3.0%	6.0%	9.0%	9.0%

둘째, 지역가입자는 임의 가입자 · 임의계속가입자를 포함하며, 본인이 보험료를 전액 부담한다(농어업인의 경우 일정한 조건에 해당되면 보험료의 일부를 국고에서 지원받는다). 보험료율은 소득의 3%에서 시작하여 2000년 7월부터 매 1년마다 1%씩 상향 조정되어 2005년 7월까지 9%로 점차 상향 조정되었다.
참고로 가입자 개인별로 부과되는 보험료는 등급제로 정해지는데, 현재 45개 등급이 있다.

[표 9-10] 지역 가입자의 보험료율

구 분	2000.6까지	2000.7~2005.6	2005.7 이후
지역가입자 임의가입자 지역 임의계속가입자 일반 임의계속가입자	3.0%	4.0~8.0% (매년 1%씩 상향조정)	9.0%

4. 기금운용

우리나라 국민연금은 '부분적립방식'을 채택하고 있기 때문에 시행 초기에 상당한 액수의 적립금이 축적되며, 적립금의 운용이 재정안정에 관건. 따라서 적립금을 적재적소에 투자하여 최대의 수익을 올리는 것이 감독기관인 보건복지부와 관리운영기구인 국민연금관리공단의 중요한 책무가 된다.

5. 국민연금과 직역연금의 연계

2010년 1월 보건복지가족부는 국민연금과 직역연금의 연계에 관한 법률 일부개정안에 대해 입법예고했다.
여기서 직역연금 : 공무원 · 사립학교교직원 · 군인 · 별정우체국직원 연금으로 개정안은 연금수급권 소멸 · 변경 시 신고의무자가 관련 있는 연금기관에 각각 신고해야했던 것을 한 기관에만 신고하면 되도록 하여 국민의 신고부담을 경감하고, 2010년 1월 1일부터 시행된 개정 공무원연금법 및 사립학교교직원연금법을 반영하며, 현행 제도의 운영상 나타난 일부 미비점을 개선 · 보완함으로써 연계제도의 합리성을 확보하고자 마련되었다.
주요 개정사항은 다음과 같다.

첫째, 사망 외 사유로 인한 수급권 소멸 · 변경 시 신고 규정을 마련하고 수급권 소멸 · 변경의 경우 연계법에 신고 규정을 두고 신고의무자가 하나의 연금기관에 신고하면 관련 있는 다른 연금기관에 즉시 통보하도록 한다. 사망신고의 경우 연계법에 신고의무를 규정하고 있어, 신고의무자가 하나의 연금기관에 신고하면 신고받은 연금기관이 다른 연금기관에 즉시 통보하도록 하고 있다. 사망 외 수급권 소멸 · 변경 사유는 재혼, 입양 · 파양, 자녀의 18세 도달, 장애 미해당, 행방불명 등이다.
연계퇴직연금액 계산 시 공무원연금법 및 사립학교교직원연금법 개정사항

반영하고, 연계퇴직연금액 계산 시 변경된 연금 산정기준인 “평균기준소득월액” 및 “연금지급률 1.9%”를 적용한다. 연계퇴직연금액이란 직역(공무원 · 사학 · 군인 · 별정우체국) 재직기간에 상응하여 지급되는 연금액을 의미한다.

연계퇴직연금액 계산방법은 다음과 같다.

현행 : 평균보수월액(퇴직전 3년 보수평균)×재직기간×2%
개정 : 평균기준소득월액(재직기간전체 소득평균)×재직기간×1.9%

별정 우체국직원연금과 다른 직역연금 간 연계신청 근거 마련하고 현황은 기존 각 연금법에서 공무원 · 사학 · 군인연금 간 재직기간 연계는 허용하고 있으나, 문제점은 별정우체국직원연금과 다른 직역연금 간 연계는 인정하지 않고 있어 별정우체국에서 다른 직역연금으로 이동한 경우 재직기간이 단절되어 불이익이 발생하므로, 개정안은 이를 해소하고자 직역연금 간 연계신청 근거를 마련하고자 한다.
최근 우리사회의 이슈로 떠올라 개혁의 길을 걷고 있는 국민연금보험제도의 허와 실에 대해 조사를 하게 되면서 조금은 객관적이고 사실에 근거하여 냉철한 시각을 가지고 문제에 접근하고 있다.

제3절 국민연금제도의 문제점

국민연금관리공단의 재정추계 결과에 의하면 본격적으로 완전노령연금의 지급(20년 가입)이 개시되는 2008년까지는 연금기금이 지속적으로 누적되고 있으나 2008년 이후에는 연금급여 지출이 급격히 증가하여 2020년에는 당해년도 재정수지 적자가 시작되고 2031년에는 적립기금이 완전 소진될 것으로 전망되고 있다. 이와 같은 재정 불안정은 저부담 고급여 급여체제 및 급속한 인구구조의 노령화에 기인한 것이다. 현재는 우리나라의 노령화율이 그리 높지는 않지만 노령화 속도는 매우 빠르게 진행되고 있다는데 문제의 심각성이 있다. 즉, 66세 이상의 노령인구 비율이 7%에서 14%로 되는 기간이 영국은 45년, 프랑스는 115년, 서독은 45년, 스웨덴은 85년이 걸린데 비해 우리나라의 경우 22년에 불과할 것으로 전망된다. 이와 같은 노령화의 심각성에 우리의 연금제도의 구조적 문제가 더해져서 연금재정의 위기는 불가피하다. 장기적으로는 재정이 불안정하다는 것이다.

국민연금제도가 국민의 생활 안정에 기여하고 빈부격차를 불이는 소득재분배 기능을 담당하는 보험임에도 국민들의 불신을 떠안고 있는 이유에 대하여 다음과 같은 측면을 고려하여 연금제도의 개선을 추구하여야 할 것이다.

첫째, 적용대상의 한계

18세 이상 60세까지의 근로자를 강제적용대상으로 하여 실시한다는 것은 가입대상자의 연령분포, 빈곤, 상급학교진학을 못하는 경우 등 사회·경제적 여건을 감안하여 재검토되어야 한다. 18세 미만으로 취업하는 경우 경제사정의 어려움으로 가장의 역할을 수행하고 있는 경우가 많으며, 이를 고용하고 있는 사업장도 대부분 영세기업이다.

둘째, 적은 부담과 많은 연금

우리나라 국민연금의 가장 큰 특징은 “적은 부담으로 많은 연금”을 받는다는 점인데 이것에서 연유하는 문제점의 해결이다. 전체가입자 중에서 중간 계층에 속하는 사람이 40년 불입하게 되면 자신의 종전소득의 70%를 연금 급부로 받을 수 있다. 이것은 세계에서 가장 높은 독일, 일본과 같은 수준으로 프랑스와 스웨덴보다도 높은 것이다. 갹출의 경우 현재 6.0%인데 이것도 독일, 프랑스, 일본, 스웨덴 등 16~20%대의 선진국과 비교하면 낮은 수준이다. 결국 이러한 낮은 갹출률과 높은 급부율은 연금기금의 고갈을 갖고 올 것은 쉽게 예상할 수 있다. 본격적인 전국민개연금시대를 앞두고 제도의 개선은 절대적으로 필요하다. 우리나라의 GNP를 감안하면 내년부터의 갹출요율 9%는 결코 낮은 수준이 아니다. 그것보다는 연금 급부액을 최소보장이라는 수준으로 낮추는 것도 고려해야 한다. 또한 연금수급연령도 현행 60세에서 65세로 늦추는 제도가 개선되었고 연금급부자격이 주어지는 최소가입기간을 20년에서 25년으로 연장하는 것도 생각해 볼 수 있다. 보다 구체적인 방법으로는 일본과 독일 등에서 연금개혁방안으로 채택하였던 것처럼 가입자의 상여금에도 보험료를 징수하고 급여수준을 결정하는 소득기준을 세전소득기준에서 세후소득기준으로 하는 것 등이다.

셋째, 소득재분배기능 극대화

우리나라 국민연금제도는 소득재분배기능이 극대화되어 있어서 저소득층의 혜택이 매우 크다는 것이다. 그런데 전국민연금시대가 오면 가장 소득파악이 어려운 도시, 농어촌 자영자에게 가장 큰 혜택이 주어진다는 것이다. 그 이유는 연금불입액이 적을수록 이득을 보기 마련이기 때문이다. 결국 상대적으로 근로자의 불이익이 커지면 연금제도 자체에 대한 불만은 확대될 수 있다.

넷째, 기금운영 전문성

기금운영위원회가 정치적으로 중립성이 보장되기 위하여 정부의 한 개 부처에 소속되는 것 보다는 대통령 직속으로 두거나 총리실 산하에 두는 것이 바람직하며, 민간전문가들이 실질적으로 의사결정에 영향력을 끼칠 수 있는 규모로 참여하는 것이 필요하다.

기금운영의 전문성이 확보되기 위하여는 첫째, 기금운영의 규칙이 확립되고 통제방법이 명확해져야 하며, 운용분야에 따라 금융전문가, 경제전문가, 사회복지전문가들의 참여가 필요하다. 참여민주주의에 입각한 가입자들의 실질적 대표성의 확보는 우선 가입자단체들의 대표들이 국민연금 기금운영위원회에 유의미한 구성원으로 참여하는 것이 필요하고, 둘째로 국민들의 대의기관인 국회의 해당상임위를 통한 통제가 필요하다. 미래세대의 공평한 부담공유를 위한 일관성을 확보하기 위해서는 정부가 주책임을 지는 것이 바람직하다고 보여지며 장기재정추계를 일정한 기간마다 반복하여 제시함으로써 국민들이 스스로 미래세대에 부담되는 폭을 예측할 수 있도록 하는 것이 필요하다.

다섯째, 기금운영위원회 의사결정기구

국민연금기금운용과 관리감독은 보건복지부장관의 기금정책 결정, 기금운용위원회의 심의, 의결, 기금운용본부의 투자운용 등 복지부, 기금운용위원회, 기금운용본부 삼각체제가 기본이다. 그러나 최근 기금관리기본법이 개정되어 기금운용계획에 대한 최종적인 권한이 국회 해당 상임위원회(보건복지위원회)에 주어지고 기획예산처의 기금운용과정에 대한 개입이 강화됨으로써 기존의 세 기구 외에 기획예산처와 국회가 기금운용의 전반적인 과정에 이전보다 더 강하게 개입되게 되었다. 여전히 기금관리감독체계와 관련하여 가장 중요한 기구는 기금운용위원회라고 할 수 있으며 기금운용위원회는 기금운용에 관한 실질적인 최고 의사결정 기구이다.

기금운용위원회는 국민연금법 제84조에 의해 기금운용지침에 관한 사항, 기금운용계획에 관한 사항, 기금의 운용내역과 사용내역에 관한 사항을 심의, 의결할 수 있는 권한을 갖고 있어 보건복지부와 더불어 기금운용 관리감독에 대한 최종적 책임을 갖고 있으나 국민연금법에 기금의 관리감독과 관련하여 기금운용위원회가 심의, 의결해야 할 구체적인 사항은 제시되어 있지 않다. 더욱이 기금운용위원회가 비상설조직이기 때문에 기금관리감독과 관련하여 구체적인 업무를 떠맡는다 하더라도 실질적으로 기금운용 및 투자를 체계적으로 관리하는데 기본적인 한계가 있을 수밖에 없다.
현재 국민연금기금 관련 규정은 국민연금기금운용의 실무적인 관리감독 기능은 복지부 연금재정과와 국민연금연구센터 기금평가팀, 기금운용본부 리스크관리팀, 그리고 공단 감사실의 기금감사팀으로 다기화되어 있으며 포괄적인 의미에서 기금운용위원회 그리고 국민연금 기금운용실무평가위원회에도 관리감독 권한이 있다.
그러나 이러한 다기화되었고 중층적인 관리감독기능이 실효성과 책임성이 담보되어 있느냐고 반문하였을 때 긍정적인 제시가 어려운 실정이다.

여섯째, 국민연금기금의 여유기금운영
국민연금기금은 2007년 기준, 6개 사회보험성 기금 가운데 여유자금의 운용이 가장 많은 기금이다. 국민연금기금이 사회보험성 기금에서 차지하는 비중은 89.5%이다. 60개의 기금 전체로 봐도 62.7% 여유자금 비중을 가져 규모면에서도 독보적인 위치에 있다. 국회 예산정책처는 "부분적립방식"으로 운영되는 국민연금기금이 2007년 말 2백조 원을 넘어섰고, 2030년경 경상 GDP 대비 54% 수준에 이를 정도로 국민경제에서 차지하는 비중이 계속해서 증가할 예정으로 전망된다. 예산정책처는 이런 거대한 기금을 관리하고 있는 국민연금기금운용위원회 등 국민연금 기금운용 관리체계의 책임성, 독립성, 전문성이 미흡하다고 지적하고 이러한 관리체계의 미흡은 국민연금 기금운용에 대한 전반적인 신뢰성을 떨어뜨린다는 것이다. 따라서 국민연금기금운용위원회의 책임성 및 전문성 강화 등을 포함한 국민연금 기금운용 관리체계의 개선방안이 필요하다.

일곱째, 국민연금의 2가지 문제점
국민연금은 2가지 문제점이 있다.
첫 번째는 고령화 문제이고, 두 번째 문제는 내는 돈과 받는 돈의 불일치 문제다. 수령액은 평균 급여의 40%이고, 납입은 급여의 9% 수준이다.

정부 설명에 따르면 급여의 40%를 받기 위해서는 최소 현 급여에서 15~16%를 내야한다. 정부에서는 현 세대들이 보험료를 더 내지 않거나 받는 수급액을 더 낮추지 않으면 국민연금은 재정위기를 겪게 될 것이다.

실제 외국의 연금은 주식에 많이 투자한다. 외국 거대 연금들은 40~50%까지 주식에 투자된다. 그런데 선진국의 경우 자산시장이 잘 발달돼 있고, 금융자본이 고도화된 나라이기에 금융시장 안정성이 높은 편이다. 그렇기 때문에 주식에 높은 비중을 둘 수 있다. 외국의 경우 주식투자 비율이 높은 것이 단순히 시장 안정성 때문만은 아니고 연금의 성격 차이도 중요하다. 연금의 공적 성격을 보면 우리나라의 경우 국민연금이 맨 아래 놓여 진 기본 연금이다. 그 다음에 직업연금, 맨 위에 사적 연금이 놓여져 있다. 국민연금은 사회보장제도로서 최후의 보루이기 때문에 리스크를 최대한 줄여야 하는 위치인 것이다. 그런 면에서 국민연금과 비교할만한 외국 연금은 없다. 외국의 연금같은 경우는 대부분 직업연금 형식으로 2차적 연금이기 때문이다.

미국도 국민연금이 있다. 그런데 미국의 경우 모두 국채를 매입한다. 물론 미국의 재정전략에 의한 경우도 있다.

보건복지부에서 기금운용공사 설립을 추진했다. 2009년까지 국민연금관리공단 안에 기금운용본부를 두고 거기서 2백 30조 기금을 관리한다. 그런데 국가재정에 맞먹는 돈을 한 부서에서 맡는 것은 적절치 않다. 기금 운용 체계를 좀 더 전문화, 상설화할 필요는 있다. 문제는 기금관리의 전문성을 위해 운영위원회를 금융전문가로만 채우려고 한다. 과연 금융전문가들이 사회보장제도의 가장 아래 부분에 위치해 사회적 기능을 책임져야 하는 국민연금의 책임자가 되는 것이 맞는가 하는 문제가 수반될 수 있다.

국민연금 수령대상자는 2013년부터 5년에 한 살씩 지급연령을 올리고 수령금액도 줄어든다. 120개월 이상 납입을 해야 연금식으로 수령이 가능하고 120개월 미만 불입자는 연금 수령시기에 일시금으로 지급받는다. 현재 수급대상인 65~70세 사이 노인들이 수급대상자에서 납세자로만 바뀌어도 도움을 줄 수 있다. 사회 발달로 노인 평균수명이 증가하면서 이제 그들은 경제활동이 충분히 가능한 연령층으로 바뀌었다. 따라서 현재 65세로 규정돼 있는 고령화개념을 늦춰 노인들의 경제활동 참가만 늘여도 국민연금에 있어 고령화 문제는 큰 걸림돌이 되지 않을 것이다.

국민연금이 시작된 해는 서울 올림픽이 열렸던 1988년이다. 국민연금제도에 대한 국민들의 대체적인 반응은 처음부터 부정적이었다. 보험료는 당장, 강제적으로 납부해야 하는 반면, 연금을 받는 것은 만 60세(법 개정으로 2013년부터 매 5년마다 1세씩 연장하여 2038년에는 65세까지 인상)가 되어야 시작되는 것은 받아들이기 어려운 점도 있다.

국민연금을 인식하는 사람들의 태도 또한 천차만별이다. 2007년의 국민연금 만족도에 대한 여론조사에 의하면 전체 응답자의 50.8%가 불만을 표시하였다. 그러나 수급자, 즉 이미 은퇴하여 연금을 수령하고 있는 사람들의 경우에는 불만자가 8.0%인 데 반해 58.8%가 만족한다고 응답하였다. 결국 연금을 타고 있는 노인들과 연금보험료만 내고 있는 젊은이들 사이에 쉽사리 좁혀지지 않는 분단의 갭이 형성된 것이다. 이처럼 국민연금을 효자보다 더 낫다고 하면서 고맙게 생각하는 사람들이 있는가 하면, 당장이라도 폐지해야 할 혐오의 대상으로 바라보는 사람들도 있다.

뒤늦게 시작한 국민연금일지라도 이제 20년의 연륜이 쌓였다. 노령연금의 수급자가 200만 명을 넘어섰고 그들 중 일부는 월 1백만 원 이상의 연금을 수령하고 있다. 그들은 "국민연금은 효자 열 명보다 낫다."고 얘기한다. "어느 자녀가 매월 몇 십만 원씩 어김없이 예금통장에 입금시키느냐?"고 반문한다. 현재의 그들에게는 고마운 국민연금이지만 연금보험료를 당장 납부해야 하는 젊은이들에게는 사정이 정반대다. 월급봉투가 투명한 사업장 가입자들은 울며 겨자 먹기 식으로라도 낼 수밖에 없다. 그러나 소득자료가 불투명한 자영업자들의 경우는 보험료 납부 회피의 유혹을 이겨내기가 쉽지 않다. 그 결과 지역가입자들 중 절반이 국민연금 보험료를 내지 않고 있다.

국민연금기금운용위원회의 위원은 투자전문가만으로 구성되어선 안 되며,

가입자 대표와 전문가가 균형을 이루는 구조로 구성되어야 한다. 정부의 개정 법률안에 제시된 기금운용위원회 구성은 투자전문가로만 구성되어 있어 국민연금기금운용의 사회적 합의 정신을 훼손하기 쉽다. 국민연금은 막대한 규모와 국민경제적 파급효과가 크기 때문에 수익률이 최고의 가치가 될 수 없으며, 사회구성원들의 합의에 의한 기금운용이라는 원칙이 우선되어야 한다.

따라서 국민연금기금운용위원회 위원구성을 투자전문가 7인으로 구성하는 것이 아니라 가입자단체 과반수 대표성 보장을 통해 안정성과 수익성, 두 가지 목표 모두를 고려하면서 운용하는 것이 국민으로부터 직접 각출한 국민연금기금의 성격에 부합된다고 할 수 있다.

1. 보건복지부 기금운용위 개편안과 문제

기금운용위원회는 가입자 대표 등으로 구성된 국민연금기금의 최고의사결정기구로 그동안 비상설조직으로 전문가가 없고 출석률이 낮아 제대로 된 기금운용 논의가 이뤄지지 않는다는 지적을 받았다.

기금운용위원회를 한국은행의 금융통화위원회 같은 독립행정기구로 상설화하고 위원회 아래 기금투자정책국, 성과평가국, 준법감시국 등 상설기구를 별도로 설치해 기금운용의 독립성을 높이는 방안 등을 검토하여야 할 것이다.

이는 2017년 더불어민주당 사회복지특별위원회가 올해 초 국민연금기금의 지배구조 개혁을 위해 제시한 안으로 내부개혁을 통해 상설 견제장치를 새롭게 마련한다는 장점이 있다.

첫째, 가입자단체의 대표성 배제이다.

국민연금은 국민들 각자로부터 각출하여 적립된, 언젠가는 다시 국민들에게 안정된 노후생활 보장을 위해 되돌려줘야 할 기금이다. 따라서 수익성도 중요하지만 우선 안정성이 보장되어야 하며 이를 위해서는 가입자단체의 대표성은 유지되어야 한다. 기금의 공공성 보장은 최우선적으로 지켜져야 할 원칙이며 이는 민간기구에 의해 보장되지 않는다.

가입자단체는 어느 특정이해집단의 이해관계에 국한되지 않고 기금운용이 전체 국민의 안정적 노후생활을 담보할 수 있는 공적 역할을 수행할 수 있도록 하는 안정적 기제로써 충분한 권리를 지니고 있다는 점을 고려해야 한다.

둘째, 재정관련 부처 및 금융기관과의 종속성이다.

개편안의 기금운용위원회는 순수 민간기구로 운영되고 운용위원(장), 공사사장 등의 자격조건을 '자산운용에 특화된 금융 · 투자분야 10년 이상 경력'으로 국한하여 재정관련 부처, 금융기관 등 특정이해집단과의 종속성을 우려하지 않을 수 없다.

또한 기금의 공적자금 예탁, 경기부양책 활용 등 그 동안의 경험을 통해 볼 때, 기금이 공격적 투자 중심으로 운용되는 것은 기금의 시장에 대한 종속성을 오히려 심화시킬 수 있다.

셋째, 국민연금심의위원회 기능 미비이다.

정부의 개편안에 따르면 심의위원회는 정부, 가입자단체, 공익의 참여를 통해 여유자금을 제외한 수입, 지출에 관하여 장기 재정전망 계획을 심의하고 추천위원회와 감사위원회 위원을 추천하는 정도의 역할만으로 국한되어 있다. 정작 중요한 기금운용에 있어 의결권을 갖지 못하여 가입자 단체의 공적 이해관계를 훼손시키고 심의위원회의 기능이 유명무실화될 여지가 크다.

넷째, 운용위원회의 책임 및 평가기능 부재이다.

기금운용위원회의 가장 큰 문제는 엄청난 거액을 책임져야 하는 조직임에도 위원회의 무리한 기능과 역할에 대해 사전에 조치를 취할 수 있는 기제가 전무하다. 기금운용에 관한 평가와 관련해서 기금운용위원회와 공사의 독립적인 운영은 복지부의 장기성과평가권 등의 평가방법만으로는 충분하지 않다. 장기성과평가권은 3년 이상의 기금운용 성과평가를 실시하는 것으로 단지 사후 책임만을 지게 하여 기금운용 과정에 있어서 닥칠 수 있는 위험성에 대해 누구도 책임지는 시스템이 부재한 상황이기 때문이다.

다섯째, 가입자 과반수 원칙이다.
우리나라 국민연금기금운용위원회에서 가입자대표의 과반수 참여는 매우 중요하다. 국민연금에 대한 국민의 불신이 팽배한 상황에서 연금에 대한 긍정적 이해와 사회적 책임을 도모할 수 있기 때문이다.

여섯째, 기금운용에 대한 책임성과 사회적 감시 강화이다.
기금운용 결과에 관한 정보 공개, 실패에 따른 제재조치 등 기금운용에 대한 책임성 제고와 사회적 감시를 강화해야 한다.

일곱째, 기금운용체계 상설화 추진이다.
기금운용체계의 상설화가 필요하다. 방대하고 중요한 안건을 1시간 내외의 시간에 모두 통과시키는 형식적인 위원회가 아닌 위원회 산하에 사무국을 설치하고 위원 중 상임위원을 두어 위원회가 주도적으로 기금운용본부와 협의하고 그를 견제할 수 있는 기능과 역할을 담당해야 할 것이다.
지난 2005년 이후 5년간 잘못 지급된 국민연금 액수(부당이득금)가 810억원이 넘는 것으로 나타났다. 국민연금공단이 국회 보건복지가족위원회 제출한 자료에 따르면 2005년부터 2009년까지 잘못 지급된 국민연금 금액(부당이득금)은 811억 2,700만 원이었으며 이 가운데 137억 32,00만 원이 회수되지 않았다. 특히 2009.8월까지 잘못 지급된 국민연금액이 168억 원에 달했고 미회수 금액은 62억 원이었다.
국민연금이 잘못 지급된 사례 중에는 사망, 재혼 등으로 연금을 받을 권리가 없어졌는데도 이에 대한 확인을 소홀히 했거나 반환일시금 수령자격이 없는 가입자가 허위로 청구했는데 이를 확인하지 못해 일시금이 지급된 경우 등이다.
이에 대해 공단 측은 대다수가 수급자와 유족이 사망 등의 신고를 늦추기 때문이라고 했다. 이러한 국민연금 부당이득금에 대해 국민연금이 잘못 지급되는 사례를 막으려면 연계기관의 자료 확보 방안을 마련하는 등 시스템 개선이 필요하다.

우리가 일상생활을 해나가는 동안 나이가 들어 퇴직하거나 또는 예기치 못한 사고나 질병 등으로 장해를 입거나 사망할 경우 그 이후의 생계가 어렵게 된다. 국민연금은 이러한 때를 대비하여 소득이 있는 동안 평소 조금씩 돈을 내어 공동의 기금을 만들어 두었다가 노령, 장해, 사망 등의 사고가 생겼을 때 일정액의 연금을 지급받아 안정된 생활을 할 수 있도록 해주는 소득보장제도이다.

2009년 기준으로 국민연금기금 총 적립금액은 시가 250조 9,000억 원 규모에 이른다. 우리나라 1년 국가재정 규모와 거의 맞먹는 금액이다.

하지만 현행 국민연금제도가 고령화사회에 제대로 부합할 수 있으며 지속가능할 것인가에 대해 회의적인 견해가 지배적이다. 현행의 연금제도는 구조적 결함에 따른 지속 가능성의 문제뿐 아니라, 연금 사각지대 문제, 세대간 및 계층간 형평성 문제 등 다양한 문제점을 내포하고 있기 때문이다.

국민연금제도는 1988년 처음 실시돼 1999년부터 도시지역 자영업자에게까지 전면 확대 · 적용되면서 본격적인 국민연금의 틀을 갖추었다. 그러나 이러한 외형적 제도성장에도 불구, 국민연금제도는 제도도입 당시부터 후한 급여혜택과 낮은 보험료 수준으로 인해 심각한 구조적 불균형 문제가 제기됐다.

지난 2007년 법 개정에도 불구하고 이러한 문제점을 해결하는 데 한계를 드러내고 있다. 또한 선진국의 경험에 비춰 볼 때 추후 인구고령화의 진전에 따라 고령노동자의 조기은퇴 문제도 새롭게 부각될 전망이다. 아울러 전문가들은 노후소득보장체계의 구축에 있어 정부와 민간의 역할분담방안도 중요한 정책과제로 대두될 것으로 예상하고 있다.

현행의 국민연금제도는 보험료율을 9%로 하고 급여수준을 40년 동안 가입한 평균소득자 기준으로 단계별로 40%까지 인하하도록 돼 있다. 하지만 이러한 법 개정도 기존의 고급여, 저부담구조를 근본적으로 수정해 수지균형을 확립하는 데에는 미흡하다. 보험료율 인상에 대해서는 반대여론도 적지 않다. 국민연금에 대한 기본적 신뢰가 낮은 상황에서 보험료율 상승에 대한 국민들의 동의를 얻을 수 있겠느냐 하는 지적이다. 하지만 결과적으로 국민연금제도의 보다 근본적인 재정균형을 달성하기 위해서는 현재의 낮은 보험료수준을 상향조정하거나 추가적인 급여조정 등의 조치를 빠른 시일 내에 강구해야 한다는 주장이 힘을 얻고 있다.

우리나라 국민연금 기금운용 성과를 세계 10대 공적연금기금들의 운용성과와 비교해 본 결과 지난 6년간 평균 국민연금기금 수익률은 국제비교상 중상위권에 위치했다. 동 기간 중 수익률 등락 정도도 상당히 안정적인 것으로 나타났다.

그러나 최근 3년간의 성과만을 비교할 경우에는 국민연금기금의 운용수익률은 타 기금 수익률의 약 절반수준에 그친다. 이러한 원인은 국민연금기금이 그동안 채권투자 위주의 보수적 운용기조를 유지해 왔다는 지적도 있다. 이러한 안전성 위주의 투자배분원칙은 국내금융시장의 환경변화, 외환위기 이후 지속적 금리하락 및 주식시장회복 등 투자환경변화에 대해 전략적 자산배분을 보다 신축적으로 조정하는 데 걸림돌이 될 수도 있다. 국민연금 전체 수익률을 살펴보면 2005년에는 5.61%, 2006년에는 5.77%, 2007년에는 6.84%로 나타났다. 같은 해 국채 수익률과 비교해 보면 1%정도 수익률이 높은 편이다.

기금운용위원회의 전문성을 높여야 한다. 국민연금 관리 체계에 대한 문제점의 지적이다. 현재 국민연극기금 운영에 관한 최고 심의의결기구인 '기금운용위원회'는 총 21명으로 구성돼 있다.

그 중 당연직 위원이 7인, 위촉위원이 14인이다. 정광모 전 국회의원 보좌관은 이러한 기금운용위원회의 국민연금 운용 능력에 대해 문제제기 했다. 정 전 보좌관의 주장에 따르면 기금운용위원회는 형식적으로 운영되고 있다는 것이다.

위원들의 출석률도 저조하고 회의에 단 한 차례도 출석하지 않은 위원들도 있었다. 또한 연금 운용과는 관계없는 비전문가들이 많은 게 사실이다.

2. 보건복지부 기금운용 방향

2010년부터 기업의 장기적 가치를 높이기 위해 주요 주주로 있는 기업에 대해 의결권행사를 강화하고 기금운용수익률을 높이는 한편 금융시장에 대한 영향력을 완화하기 위해 위탁운용은 지속적으로 확대한다.

보건복지부는 2013년 '제3차 국민연금 재정계산' 추진에 따라 장기 재정추계 결과를 바탕으로 한 '국민연금 종합운영계획'을 수립하여 2017년 10월 8일, 국무회의의 심의 · 의결을 받았다.

국민연금법 제4조에 따라 2003년부터 매 5년마다 실시하는 '국민연금 재정계산'*에 따라 국민연금 재정에 대한 장기재정추계를 실시하고, 국민연금 제도 및 기금운용 등 전반적인 국민연금 발전방향을 수립하여 국무회의를 거쳐 대통령 승인 후 국회에 제출하였다.

국민연금 재정계산은 올해 세 번째로 추진되고 있으며, 국민연금의 장기적 지속가능성 제고를 위해 재정추계를 실시하고, 재정추계 결과를 바탕으로 국민연금 운영 전반에 관한 계획을 수립하여야 한다.

* 국민연금재정추계위원회('12.6~'13.5) : 국민연금 재정의 장기 추계 추진
* 국민연금제도발전위원회('12.10~'13.9) : 국민연금 제도의 발전 방향 논의
* 국민연금기금운용발전위원회('12.10~'13.9) : 국민연금 기금운용의 발전 방향 논의

제3차 국민연금 장기재정추계 결과, 기금의 수지적자가 발생하는 해는 2044년이며, 기금보유기간은 2060년이다.

이는 제2차 재정계산 결과와 수지적자 발생시점 및 적립금 보유기간은 동일하나 기금규모의 변동 폭이 다소 커질 것으로 전망된다.

장기재정추계 결과를 바탕으로 국민연금제도발전위원회와 국민연금기금운

용위원회의 논의 내용 및 공청회('13.8.21)시 국민 의견 수렴 결과를 바탕으로 보건복지부는 다음과 같이 '국민연금 종합운영계획'을 제시하였다.

① '노후빈곤 해소를 위한 기반 강화'와 관련하여 현 시점에서는 국민연금 보험료를 인상하지 않음
② 다층노후소득보장체계 확립을 위해 실태조사와 정책연구를 추진하고, 관계부처와 협의하여 공·사적연금의 유기적 연계 방안 마련
③ 노후소득보장의 사각지대 해소와 관련하여 국민연금 가입자격을 혼인여부에 따라 구분하지 않고, 그간 보험료를 납부한 이력이 있으면 가입자로 관리하여 추가적인 보험료 납부없이 장애·유족연금 수급권을 인정하여 '1소득자 1연금' 기반 구축
④ 출산크레딧과 군복무크레딧을 현행 연금수급권 발생 시점이 아닌 크레딧 지급 조건 발생 시점에 지급하도록 변경하여 수혜 체감도 상승
⑤ '국민연금 제도의 내실화'와 관련하여 재직자노령연금의 감액방식을 현행 연령별에서 소득수준별로 개선하고, 부분연기연금과 부분조기노령연금 도입으로 근로유인형 급여제도로 개선
⑥ 장애등급 판정 시기에 대한 합리성을 제고하여 장애연금 수급권을 확대하며, 노령(장애)연금과 유족연금간의 중복지급률을 현행 20%에서 30%로 상향 조정하여 유족연금액 상승
⑦ 국민연금 기금운용의 선진화와 관련하여 해외·대체투자 확대 등 투자다변화의 지속 추진과 장기투자에 부합하는 기금운용 프로세스 및 인프라 강화
⑧ 국민연금의 의결권 행사 강화 및 책임투자 원칙 도입, 국내기업 및 금융산업과의 동반성장을 위한 노력 강화

보건복지부는 '국민연금 종합운영계획'을 금년 10월 말까지 국회에 제출하고, 이를 언론에 공시할 예정이다.
국민연금 종합운영계획에서 제시하고 있는 내용 중 관련 법령 개정이 필요

한 부분에 대해서는 법령 개정을 곧 추진할 것이며, 관련 사업 및 정책을 충실히 이행할 계획이다.
보건복지부는 국민연금 재정계산을 통해 국민연금의 사회적 · 재정적 지속가능성 제고를 위해 장기재정추계를 실시하고, 국민연금 제도 및 기금운용에 관한 전반적인 중기 발전방향 계획을 수립하므로, 국민연금이 국민들의 가장 기본적인 노후소득보장제도로 공고화될 수 있도록 지속적으로 노력하여야 할 것이다.

첫째, 리스크관리 강화를 통한 안정성 제고 및 국내외투자 다변화이다.
리스크 관리를 강화하여 기금운용의 안정성을 높여나가기로 하였다. 기금운용본부장의 하부조직으로 있던 준법감시인을 이사장직속으로 확대 · 개편하여 내부통제기능을 강화하기로 하였다. 금융시장 변화에 선제적으로 대응할 수 있도록 위험관리를 강화하고 대체투자자산 위험지표 관리체계를 구축하고 국제적 성과평가기준에 부합하는 평가체계를 마련할 계획이다.
국내 주식 · 채권의 안정적 수익창출과 대체투자를 확대하기로 하였다. 이를 위해 국내 주식운용 스타일을 다변화하며, 국내 채권의 경우 신용도가 우량한 비국채 투자도 확대할 계획이고 해외주식은 직접투자 도입 및 확대예정이다. 또한 SOC, 공기업 민영화 기업 등의 대체 투자 분야에서 다양한 상품을 발굴하여 투자를 확대하고 국내운용사(국내기업)의 해외투자 뿐만 아니라 해외운용사(해외기업)의 국내투자에 대한 동반투자를 확대하는 등 투자지역과 대상을 다양화 한다. 위탁운용 내실화와 함께 주주권 행사도 강화하기로 하며 기금운용 수익률 제고 및 금융시장 영향력 완화를 위해 위탁운용을 지속적으로 확대해 나가며, 기업의 장기적 가치 증진을 위해 의결권 행사를 강화해 나가기로 한다.

둘째, 국민연금제도 신뢰제고 및 사각지대의 축소이다.
연금제도에 대한 신뢰제고 사업을 적극적으로 추진하기로 하고 이를 위해 대국민 교육 · 홍보체계를 정비하고, 사업장 중심의 업무체계를 가입자 개인별 밀착방식으로 전환해 나가기로 한다. 또한 급여청구절차 간소화를 위해 무방문 급여청구제도 확대 및 급여자동지급 서비스 등 각종 편의제도를 도입하는 한편 수급권 사후관리도 강화하여 부정수급을 방지해 나갈 계획이다. 사각지대 해소를 위해 소득신고자를 확충하고 징수활동을 강화하기로 하며 기초생활수급자 및 시간제근로자에 대한 사업장 가입범위를 확대하고, 보험모집인 등 인적용역제공자에 대한 지역가입자 편입도 추진할 계획이다.

셋째, 경영효율화 및 노사관계 선진화 정착이다.
인적자원 운영의 선진화를 통해 생산성을 높여 나가기로 하였고 간부직 및 본부 인력을 축소하여 고객접점 현장으로 재배치하고, 명예퇴직 확대 등을 통해 지속적으로 인력구조를 개선해 나갈 계획이다. 단위기관장 상·하향 보임을 확대하여 역량중심의 보직관리 로 경쟁력을 강화해 나가기로 하였다. 노사관계 선진화로 바람직한 조직문화를 정착해 나가기로 하였으며 정부의 공공기관 선진화 정책에 적극 부응하고, 경영을 효율화시키는데 도움이 되도록 생산적인 노사관계 정립에 역량을 집중한다.
국민연금은 국민 노후를 책임지는 최소한의 장치다. 국민 2명 중 1명은 국민연금 가입자이거나 수급자다. 그럼에도 소득대체율은 39%에 불과하다. 노후자금으로서의 역할과 함께 지속 가능한 지급 능력을 유지하는 것은 국민연금 운용의 기본이다. 우리나라는 유럽 등 선진국과 달리 사회보장제도가 완벽하지 않은 만큼 국민연금의 안정성은 수익성 못지않게 중요하다. 진보정권이든 보수정권이든 국민연금을 마음대로 쓸 수 없는 이유다. 만에 하나 국민연금이 잘못된 투자로 고갈되거나 거액의 적자를 내면 그 피해는 고스란히 국민들에게 전가된다.
새 정부가 공약한 복지 정책을 실천하자면 재원이 절대적으로 필요한데 그렇다고 세금을 올리기는 쉽지 않으니 560조 원에 달하는 국민연금에 손대고 싶은 유혹이 생길 수 있다. 그렇더라도 함부로 손댈 수 없는 게 국민연금이고 이를 위해서 기금운용위원회라는 것을 만들지 않았나. 국민연금은 주인이 있는 돈으로, 세금으로 조성된 재정과는 다르다. 정부 정책의 목표를 위해 국민연금을 수단화하면 문제가 발생하는 시점은 후임 정부이고, 고통은 국민이 져야 한다. 정권이 바뀌었다고 해서 국민연금 투자의 기본이 훼손돼선 안 된다.

CHAPTER

10

고용보험의 이해

제1절 고용보험의 개관

1. 고용보험의 개요

우리나라는 1995.7.1.부터 30인 이상 사업장을 대상으로 실업급여사업과 70인 이상 사업장을 대상으로 한 고용안정사업 및 직업능력개발사업으로 출발하였다. 고용보험제가 시행(1993.12.7.고용보험법제정)됨으로써 산재보험(1964년), 의료보험(1977), 국민연금(1988)제도 등 선진국 수준의 4대 사회보장 제도를 모두 갖추게 되었다. IMF 구제금융 요청(1997년 12월 3일~2001년 8월 23일)은 국가부도 위기에 처한 대한민국이 IMF으로부터 자금을 지원받는 양해각서를 체결한 사건으로 경제난 등을 겪으면서 빠른 속도로 적용범위를 확대하여 1998년 10월 1일부터는 상시근로자 4인 이하의 농업, 임업, 수렵업 등 일부 업종을 제외하고는 근로자 1인 이상 고용의 전 사업장에 적용하여 도입 4년만에 전체근로자를 대상으로 하는 사회보험으로 정착하였다. 고용보험제도는 실직근로자에게 실업급여를 지급하여 실직자의 생계를 보장하고 적극적인 직업소개 또는 직업훈련 지원을 통해 재취업을 촉진하고 다양한 고용안정, 직업능력개발사업 등을 행하는 적극적인 취업알선 및 취업기회의 확대 등을 상호 연계하여 실시하는 사회보험제도이고 적극적 차원의 사회보장제도이자 고용정책제도이다.

고용보험제도는 실직근로자에게 실업급여를 지급하는 전통적 의미의 실업보험사업뿐만 아니라 산업구조조정 및 경기변동 등에 따른 기업의 고용조정의 지원과 근로자의 직업능력 향상, 기타 근로자의 복지증진을 목적으로 하는 적극적인 노동시장정책을 결합한 형태로 운영되고 있다.

참고로 2018년에는 최저임금이 전년보다 1,060원 상승한 7,530원으로 확정됐다. 최근 7년간 한 자리대에 머물던 최저임금 인상폭이 16.4%로 뛰었으니 급격하게 올랐다는 것은 부인할 수 없는 사실이다.

인건비가 올라 소상공인의 고용이 축소되고 물가가 오른다는 재계의 논리, 최저시급으로 밥 한끼 제대로 사먹지 못 하기 때문에 당장 1만 원으로 인상해야 한다는 노동계의 논리, 둘 다 일리가 있으면서 동시에 절충점을 갖고 있다.

그러나 일반 기업과 공공 부문 노동자들은 이미 최저임금보다 훨씬 많은 급여를 받고 있다. 최저임금으로 생존을 고민하는 사람들은 비정규직이나 기간제, 그 외 알바생과 같은 처우가 좋지 않은 노동자다.

그래서 정부가 비정규직을 과다하게 고용하는 대기업에 대한 고용부담금을 도입하고 일자리를 많이 창출하는 기업에는 세제 혜택을 주고 있다.

2017년 이후 우리나라는 최저임금, 근로시간 단축, 비정규직 제로 등의 노동현안에 놓여있다.

특히 고용노동부의 2015년 고용형태별 근로실태조사 자료를 분석한 결과를 보면, 최저임금의 1.5배 미만의 임금을 받고 근무하는 여성 노동자(주휴수당 고려)는 전체 여성의 62.1%, 남성 노동자는 33.1%로 나타났다. 최저임금과 매우 밀접하게 연동돼 임금이 변화하는 구간인 최저임금 2.5배 미만의 임금을 받는 여성은 86.8%에 달했다. 남성 노동자는 66.3%만 이 구간에 포함됐다. 최저임금 인상은 여성 비정규직 노동자들의 '생명줄'이 될 수밖에 없다.

게다가 한국노동사회연구소가 발간한 '비정규직 규모와 실태' 보고서를 보면 전체 여성노동자의 53.8%가 비정규직으로 일한다. 비정규직 여성노동자의 평균임금은 124만 원(2016년 기준), 올해 최저임금인 126만 원보다 적다. 불안정한 시간제 일자리로 일하는 여성이 많고 최저임금이 인상되더라도 이조차 받지 못하는 여성이 많기 때문이다.

하지만 여성은 최저임금제도의 주 수혜 대상이면서도 최저임금을 받지 못하는 비율도 가장 높다. 2016년 경제활동인구 부가조사 기준으로 법정 최저임금조차 받지 못하는 노동자의 63.6%가 여성이다. 여성 최저임금 미달자는 92.3%가 비정규직, 장기 임시근로와 시간제로 일하고 있다. 산업별로는 숙박 및 음식점업, 도매 및 소매업, 제조업, 보건업에, 직업별로는 단순노무, 서비스직, 판매직에 최저임금 미달자가 몰려 있었다. 대기업보다는 소규모 영세사업장에 여성 최저임금 미달 노동자가 많았다.

1) 고용보험의 성격

(1) 사회보험으로서의 고용보험

고용보험은 피보험자인 근로자가 실업을 보험사고로 하여 소득의 원천을 상실한 경우 보험원리에 의하여 그들에게 일정 기간 동안 일정한 수준의 소득을 보상하고 근로자의 생활을 안정시키고, 산업에 필요한 노동력을 유지 · 보전하기 위한 사회보험제도 중에 가장 발전된 단계의 강제보험이다.

(2) 강제보험으로서의 고용보험

고용보험은 강제가입을 원칙으로 하고 있다. 강제가입을 하게 하는 이유는 ① 위험이 많은 자만이 가입하는 역선택의 폐해를 방지한다. ② 일정한 조건에 해당하는 자를 모두 가입시킴으로써 피보험자 수를 확보하고 안정된 보험재정을 꾀하여 모든 위험을 분산시키기 위해서이다. ③ 보험급부를 받을 필요가 있음에도 불구하고 소득이 낮기 때문에 보험료납입이 곤란한 자에 대해서 가입을 강제하지 않는 경우 보험의 보급을 할 수 없기 때문이다.

(3) 공보험으로서의 고용보험

고용보험은 공보험으로서 사보험과 같은 급부 대 반대급부의 균등의 원칙, 즉 보험가입자가 지급하는 보험료는 그가 받을 보험금의 정당한 대가에 해당한다는 원칙에 따르지 않고, 능력에 따라 보험료를 부담하고 필요에 따라 보험급부를 받는다는 특질을 갖는다. 또한 고용보험은 원칙적으로 피보험자의 연령 · 성별 · 직종은 묻지 않고 피보험자 전체로서 평균위험률을 기준으로 하여 평균보험료주의에 따른다는 특질을 갖고 있으며, 고용보험에서는 사보험에서와 같이 보험회사의 관리비 · 경영비 등이 부가보험료에 포함되지 않고 원칙적으로 국가가 부담하고, 보험료 및 급부금의 일부를 국가가 부담하거나 보조하는 경우가 있다는 특질을 갖는다.

(4) 공적부조와 구별되는 고용보험

공적부조는 생활이 곤궁한 모든 국민을 대상으로 최저한의 생활을 보장할 목적으로 그 곤궁의 정도에 따라 국가가 필요한 급부를 하는 것이다. 그리고 고용보험은 보험료를 부담하는 자만을 급부의 대상으로 하고, 현재의 생활을 유지하는 것을 목적으로 하여 생활비를 급부하는 경우 급부액은 임금소득에 비례하는 경우가 많으며, 법정요건을 갖추는 경우 자산이나 능력에 관계없이 급부가 이루어진다.

2) 고용보험의 목적

고용보험의 목적은 본질적 목적과 부수적 목적으로 구분된다.

(1) 본질적 목적

첫째, 실질근로자 및 가족의 생활안정에 있다. 이는 고용보험제도의 가장 중요한 목적은 근로자가 실업을 당하였을 경우에 실업기간 중 실업급부를 지급함으로써 실직자 및 그 가족의 생활안정과 생존권을 보장하는 것이다.

둘째, 실직근로자의 고용촉진이다. 고용보험제도는 실직근로자에 대한 실업급부의 지급에만 그치는 것이 아니라 실직근로자의 공공직업안정기관에 등록하여 실업급부와 구직을 신청하게 되고, 구인 · 구직활동이 공공직업안정소를 중심으로 이루어지게 된다.

셋째, 노동력의 효율적 이용과 보존이다. 고용보험은 적극적 구직활동을 유도하고 취업알선과 직업훈련을 실시하여 노동력의 이용률을 제고하며, 실직근로자에 대한 실업급부의 지급은 근로자 자신의 능력과 적성에 맞는 직업을 선택하는데 필요한 시간적 여유를 제공한다.

넷째, 노동시장 정보의 신속 · 정확한 파악에 있다. 실직근로자가 공공직업안정소에 등록하게 되고, 구인자도 근로자 채용을 위한 구인신청을 공공직업안정기관에 함에 따라 노동력의 이동 및 수급상황이 신속·정확하게 파악되고, 이는 효과적인 고용정책 수립을 가져온다.

다섯째, 근로복지의 증진이다. 고용보험에서 고용복지사업으로서 근로자 주택건설 및 각종 공공근로복지시설의 건립 등 근로자의 직장생활과 관련된 환경을 조성하고 중소기업에 대한 근로복지사업의 지원 등을 실시할 경우 고용보험은 근로복지를 증진시키고 기업 간 근로복지의 격차를 축소시키는 데 기여할 수 있다.

(2) 부수적 목적

첫째, 고용조정의 원활화 및 경제의 효율성 제고이다.

잉여인력에 대해서는 고용보험재정과 기업의 부담에 의해 전직훈련을 실시하고 재취업을 알선함으로써 인력의 효율적 활용을 통한 생산성 향상과 경제의 효율성을 도모한다.

둘째, 자동적인 경기조절기능의 수행이다.

고용보험제도는 불황시 실직자가 증가하면 실업급여총액이 증가하여 유효수요부족으로 인한 경기침체를 완화시켜 실업발생을 최소화하고, 호황시 실업자가 감소하면 실업급여총액이 감소하여 보험기금의 적립을 통한 불황에의 대비로 유효수요의 증가를 억제함으로써 경기에 대한 자동안정장치로서의 역할을 하게 된다.

셋째, 미숙련근로자의 이직감소와 사용자의 고용안정을 위한 노력의 유도에 있다.

고용보험은 급부의 신청자격으로 일정기간 이상의 고용을 조건으로 하고 있으므로 미숙련근로자의 갖은 이직을 줄일 수 있고, 미국에서와 같이 사용자가 부담하는 보험료율을 사업장의 고용안정성과 연계하여 경험률 제도를 채택할 경우 사용자의 고용안정 노력을 유도할 수 있다.

넷째, 저소득근로자 계층에 대한 소득재분배이다. 실업급부의 대부분이 고용상태가 상대적으로 불안정하 저소득근로자 계층에 지급될 확률이 높다는 점에서 고용보험제도는 소득재분배의 기능도 가진다.

3) 고용보험의 기능

첫째, 사회보장적 기능이다.

고용보험제도는 소득의 재분배라는 계획을 통해 그 원인이 실업을 해소하거나 실업을 인한 구직활동기간 중에 소득을 보장하여 실직근로자와 그 가족의 경제적 안정을 보장함과 동시에 적극적인 취업알선을 촉진하고 직업안정을 위하여 실업의 예방, 근로자의 능력개발 및 향상 등을 꾀하는 사회보장제도로서의 사회보장적 기능을 갖는다.

둘째, 국민경제적 기능이다.

고용보험은 보험료를 호황시 또는 취업시에 불입하고 불황시 또는 실업시에 보험금을 급여 받음으로써 실업근로자로서의 한계효용이 큰 소득원이 되며, 그 소비지출은 불황시에 있어서 경제활동을 유지함과 동시에 경기회복에의 결정적 요소로서 작용될 수 있다. 따라서 고용보험의 적립금은 불황에 대한 일종의 국민경제적 저축이 되어 최대의 효용이 발휘될 때 지급되는 효과를 가짐으로써 경기조정기능을 가진다.

셋째, 고용정책상의 기능이다.

실업자의 등록으로 정확한 개별실업현황의 파악이 가능하며, 고용보험기금을 재원으로 하여 실업자 전업촉진훈련 등 실업대책사업을 수립 · 실시할 수 있어 마찰적 · 구조적 실업해소에 기여한다.

2. 고용보험 적용대상

고용보험의 적용대상은 근로자를 사용하는 모든 사업이며 적용단위는 사업 또는 사업장이다. 고용보험의 적용대상사업은 당연적용사업과 임의적용사업으로 나눈다.

1) 당연적용대상

다음의 적용제외 사업을 제외한 근로자 1인을 사용하는 모든 사업 또는 사업장은 당연적용대상이 된다.

적용 제외 근로자와 적용 제외 사업장이다.

다음 어느 하나에 해당하는 자에게는 적용하지 아니한다.

① 65세 이후에 고용되거나 자영업을 개시한 자(근로자 또는 자영업자에 대한 고용안정 · 직업능력개발사업은 적용)

② 소정(所定)근로시간이 대통령령으로 정하는 시간 미만인 자

"소정근로시간이 대통령령으로 정하는 시간 미만인 자"란 1개월간 소정근로시간이 60시간 미만인 자(1주간의 소정근로시간이 15시간 미만인 자를 포함한다)를 말한다. 다만, 생업을 목적으로 근로를 제공하는 자 중 3개월 이상 계속하여 근로를 제공하는 자와 일용근로자("일용근로자"란 1개월 미만 동안 고용되는 자)는 제외한다.

③ 「국가공무원법」과 「지방공무원법」에 따른 공무원. 다만, 대통령령으로 정하는 바에 따라 별정직공무원, 임기제공무원의 경우는 본인의 의사에 따라 고용보험에 가입할 수 있다.

④ 「사립학교교직원 연금법」의 적용을 받는 자

⑤ 그 밖에 대통령령으로 정하는 자

여기서 그 밖에 대통령령으로 정하는 자는 다음을 말한다.

① 첫째, 외국인 근로자. 다만, 다음 어느 하나에 해당하는 자는 제외한다.

㉠ 외국인의 체류자격 중 주재(D-7), 기업투자(D-8) 및 무역경영(D-9)의 체류자격을 가진 자(법에 따른 고용보험에 상응하는 보험료와 급여에 관하여 그 외국인의 본국법이 대한민국 국민에게 적용되지 아니하는 경우는 제외한다.)

㉡ 취업활동을 할 수 있는 체류자격을 가진 자(고용노동부령으로 정하는 바에 따라 보험 가입을 신청한 자만 해당한다.)

㉢ 외국인의 체류자격 중 재외동포(F-4)의 체류자격을 가진 자(고용노동부령으로 정하는 바에 따라 보험 가입을 신청한 자만 해당한다.)

㉣ 외국인의 체류자격 중 영주(F-5)의 체류자격을 가진 자

② 별정우체국법에 따른 별정우체국 직원이다.

고용보험법은 근로자를 사용하는 모든 사업 또는 사업장(이하 "사업"이라 한다)에 적용한다. 다만, 산업별 특성 및 규모 등을 고려하여 대통령령으로 정하는 사업에 대하여는 적용하지 아니한다.

"대통령령으로 정하는 사업"이란 다음 어느 하나에 해당하는 사업을 말한다.

㉠ 농업 · 임업 및 어업 중 법인이 아닌 자가 상시 4명 이하의 근로자를 사용하는 사업

㉡ 다음 어느 하나에 해당하는 공사

ⓐ 「고용보험 및 산업재해보상보험의 보험료징수 등에 관한 법률 시행령」 제2조제1항제2호에 따른 총공사금액(이하 이 조에서 "총공사금액"이라 한다)이 2천만 원 미만인 공사

ⓑ 연면적이 100제곱미터 이하인 건축물의 건축 또는 연면적이 200제곱미터 이하인 건축물의 대수선에 관한 공사

2) 적용대상자

1998년 10월 1일부터 1인 이상 근로자가 있는 사업주는 의무적으로 고용보험에 가입하여야 한다. 1인 이상의 근로자를 고용하는 사업 및 사업장을 대상으로 적용한다.

고용보험의 적용대상자는 다음과 같다.

고용보험제는 실업급여, 고용안정사업, 직업능력개발사업 등 세 가지 사업

으로 구성되어 있는데 사업별로 적용범위가 다르다. 즉, 실업급여는 상시근로자 30인 이상, 고용안정, 직업능력개발사업은 상시근로자 70인 이상 사업장에 당연 적용되며 1998.1.1.부터 실업급여는 10인 이상, 고용안정, 직업능력개발사업은 50인 이상 사업장으로 확대 적용된다. 한편 위와 같은 당연적용규모 미만의 사업장도 근로자 과반수 이상의 동의를 얻어 임의가입을 할 수 있다. 그리고 건설공사는 1996년도 경우 총공사금액의 40억 원 이상인 경우에 한해 고용보험이 적용된다. 그러나 고용보험 적용사업장의 근로자 중 60세 이후에 새로이 고용된 자, 시간제 근로자[1주간의 소정근로일(근로시간)이 다른 근로자보다 3할 이상 짧은 자], 3개월 이하의 계절적 일시적 사업에 고용된 자, 국가 및 지방공무원법에 의한 공무원, 국가지자체에서 직접 행하는 사업에 종사하는 자, 사립학교에 의한 교원 및 사무직원, 선원법에 의한 선원(일부 선원은 적용) 등은 고용보험이 적용되지 않는다.

고용보험은 언급한 바와 같이 적용대상에 따라 일반적인 당연적용사업과 임의가입사업으로 구분한다.

당연적용사업은 사업이 개시되거나 사업이 적용요건을 충족하게 되었을 때 사업주 또는 근로자의 의사와 관계없이 자동적으로 보험관계가 성립되어진다. 임의가입사업은 고용보험법의 의무적용을 받지 아니하는 사업으로서 고용보험가입여부가 사업주의 자유의사에 일임되어 있는 사업을 말한다. 이 경우 사업주는 근로자(적용제외근로자 제외) 과반수 이상의 동의를 얻어 고용보험가입신청서를 관할 근로복지공단에 제출하여 승인을 받아야 가입할 수 있다.

개산보험료와 확정보험료에 의하여 매년 보험연도 초일부터 3월 31일까지 단, 보험연도 중 보험관계가 성립한 경우에는 그 보험관계의 성립일부터 70일까지 전년도 확정보험료와 당해 연도 개산보험료를 근로복지공단 사업장의 관할지사에 보고하고 납부하여야 한다. 개산보험료는 보험료를 선납하는 방식을 취하고 있는데 피보험자인 근로자에게 당해년도에 지급할 1년치의 예산임금총액에 해당보험료를 곱하여 개략적으로 산정한 보험료를 개산보험료라고 한다. 개산보험료는 일시납부하거나 분기별로 4회 분할 납부할 수 있으며 일시 납부하는 경우에는 개산보험료의 5%가 공제된다. 확정보험료는 개산보험료와 반대되는 개념으로 확정보험료는 당해년도가 지나고 보통 그 다음해의 3월 31일까지 신고하는 보험료이다. 이 때 작년도의 임금이 확정되었기 때문에 실제 지급된 임금총액을 기준으로 다시 보험료를 산정하게 된다. 확정보험료 보고 및 납부 시 이미 납부한 개산보험료보다 확정보험료가 많은 경우에는 그 부족액을 추가 납부하고, 초과 납부한 경우에는 초과 금액을 반환받거나 다음년도 개산보험료에 충당을 신청할 수 있다. 그리고 근로자가 부담하는 보험료에 대하여는 사업주가 임금 지급 시 원천공제(0.45%)하며, 법정기일 내에 보험료를 보고 납부하지 아니하면 연체금, 가산금이 부과되고, 사업장 적용징수업무는 '99.10.1.부로 근로복지공단에서 위탁 수행하고 있다.

3) 고용보험료 부담

고용보험료를 납부하는 사람은 사업장 가입자가 납부하는 것으로 개인은 0.65%씩 과세표준에 의거해서 납부하게 되고 실업급여용으로 사용이 된다. 우리가 받는 급여에서 월급상여 혹은 성과급에서 비과세액을 제외하고 0.65%를 다음달 10일에 건강보험공단에 납부하게 되어 있다.

다음년도 3월에 연말정산 금액이 확정되면 일괄 정산한다. 개인과 마찬가지로 사업주도 0.65%를 납부하고 추가적으로도 납부하게 되어 있는데, 그것은 고용안정과 직업능력 개발사업을 위해서 납부하도록 하고 있다.

이것은 연말정산 할 때에 개인 납부금액 100% 소득공제 대상으로 포함이 된다. 물론 건강보험료나 국민연금보험료도 소득공제 대상이다.

고용보험에 용도에 대해서 세 가지로 정리할 수 있다. 출산휴가 및 육아휴직 지원, 실업급여 지급, 재직 및 구직 중인 사람의 훈련 지원이다. 출산휴가 및 육아휴직 지원은 출산휴가 있어서 지급액수로는 한 달에 최고 135만원까지 국가에서 지원하게 되어 있으며 육아휴직에 있어서는 50만 원~100

만 원을 지원하고 있다.

그리고 실업급여의 경우에는 개인 사정으로 퇴직할 경우에는 받을 수 없으며 회사의 사정으로 인해서 퇴직할 경우에 해당된다.

제2절 고용보험사업

고용보험의 시행을 통하여 실업의 예방, 고용의 촉진 및 근로자의 직업능력의 개발과 향상을 꾀하고, 국가의 직업지도와 직업소개 기능을 강화하며, 근로자가 실업한 경우에 생활에 필요한 급여를 실시하여 근로자의 생활안정과 구직 활동을 촉진함으로써 경제·사회 발전에 이바지하는 것을 목적으로 한다. 이를 위하여 고용보험사업으로 고용안정·직업능력개발 사업, 실업급여, 육아휴직 급여 및 출산전후휴가 급여 등을 실시한다.
근로자가 보험관계가 성립되어 있는 둘 이상의 사업에 동시에 고용되어 있는 경우에는 고용노동부령으로 정하는 바에 따라 그 중 한 사업의 근로자로서의 피보험자격을 취득한다.
보험관계가 성립되어 있는 둘 이상의 사업에 동시에 고용되어 있는 근로자는 다음 순서에 따라 피보험자격을 취득한다. 다만, 일용근로자와 일용근로자가 아닌 자로 동시에 고용되어 있는 경우에는 일용근로자가 아닌 자로 고용된 사업에서 우선적으로 피보험자격을 취득한다.

① 「고용보험 및 산업재해보상보험의 보험료징수 등에 관한 법률」에 따른 월평균보수가 많은 사업
② 월 소정근로시간이 많은 사업
③ 근로자가 선택한 사업

1. 고용안정·직업능력개발사업

1) 고용안정·직업능력개발사업

고용노동부장관은 피보험자 및 피보험자였던 자, 그 밖에 취업할 의사를 가

진 자("피보험자등")에 대한 실업의 예방, 취업의 촉진, 고용기회의 확대, 직업능력개발 · 향상의 기회 제공 및 지원, 그 밖에 고용안정과 사업주에 대한 인력 확보를 지원하기 위하여 고용안정 · 직업능력개발사업을 실시한다. 고용노동부장관은 고용안정 · 직업능력개발사업을 실시할 때에는 근로자의 수, 고용안정 · 직업능력개발을 위하여 취한 조치 및 실적 등 대통령령으로 정하는 기준에 해당하는 기업을 우선적으로 고려하여야 한다.

고용노동부장관은 경기의 변동, 산업구조의 변화 등에 따른 사업 규모의 축소, 사업의 폐업 또는 전환으로 고용조정이 불가피하게 된 사업주가 근로자에 대한 휴업, 휴직, 직업전환에 필요한 직업능력개발 훈련, 인력의 재배치 등을 실시하거나 그 밖에 근로자의 고용안정을 위한 조치를 하면 대통령령으로 정하는 바에 따라 그 사업주에게 필요한 지원을 할 수 있다. 이 경우 휴업이나 휴직 등 고용안정을 위한 조치로 근로자의 임금이 대통령령으로 정하는 수준으로 감소할 때에는 대통령령으로 정하는 바에 따라 그 근로자에게도 필요한 지원을 할 수 있다.

고용노동부장관은 고용조정으로 이직된 근로자를 고용하는 등 고용이 불안정하게 된 근로자의 고용안정을 위한 조치를 하는 사업주에게 대통령령으로 정하는 바에 따라 필요한 지원을 할 수 있다.

지역 고용의 촉진) 고용노동부장관은 고용기회가 뚜렷이 부족하거나 산업구조의 변화 등으로 고용사정이 급속하게 악화되고 있는 지역으로 사업을 이전하거나 그러한 지역에서 사업을 신설 또는 증설하여 그 지역의 실업 예방과 재취업 촉진에 기여한 사업주, 그 밖에 그 지역의 고용기회 확대에 필요한 조치를 한 사업주에게 대통령령으로 정하는 바에 따라 필요한 지원을 할 수 있다.

고용노동부장관은 고령자 등 노동시장의 통상적인 조건에서는 취업이 특히 곤란한 자의 고용을 촉진하기 위하여 고령자 등을 새로 고용하거나 이들의 고용안정에 필요한 조치를 하는 사업주 또는 사업주가 실시하는 고용안정 조치에 해당된 근로자에게 대통령령으로 정하는 바에 따라 필요한 지원을 할 수 있다.

고용노동부장관은 다음 요건을 갖춘 사업의 사업주에게 고령자 고용연장 지원금을 지급한다. 다만, 상시 사용하는 근로자 수가 300명 이상인 사업의 사업주는 그러하지 아니하다.

① 정년을 폐지하거나, 기존에 정한 정년을 60세 이상으로 1년 이상 연장할 것. 다만, 정년 폐지 또는 정년 연장 전 3년 이내에 해당 사업장의 정년을 폐지하고 정년을 새로 설정하거나, 기존에 정한 정년을 단축한 경우에는 고령자 고용연장 지원금을 지급하지 않는다.

② 정년을 55세 이상으로 정한 사업장의 사업주에게 고용되어 18개월 이상을 계속 근무한 후 정년에 이른 자를 퇴직시키지 아니하거나 정년퇴직 후 3개월 이내에 고용(재고용)하고 재고용 전 3개월, 재고용 후 6개월 동안 근로자를 고용조정으로 이직시키지 않아야 한다. 다만, 1년 미만의 기간을 정하여 재고용하거나 재고용 전 3년 이내에 그 사업장의 정년을 단축한 경우에는 고령자 고용연장 지원금을 지급하지 아니한다.

2) 사업주 혜택

사업주는 고용안정사업, 직업능력개발사업을 통하여 각종 지원금 및 장려금을 받을 수 있다. 고용사정이 악화되고 있다고 고용노동부장관이 지정고시한 특정업종 및 특정지역의 사업주가 근로자의 실업예방 및 고용안정을 위하여 휴업 · 전직훈련인력재배치를 행한 경우에는 휴업수당지원금, 전직훈련지원금, 인력재배치지원금, 지역고용촉진지원금을 지원받을 수 있다.

(1) 고용창출장려금 사업

통상적 조건 하에 취업이 어려운 취약계층을 고용하거나 교대제 개편, 실근로시간 단축, 시간선택제 일자리 도입 등 근무형태를 변경하여 고용기회를 확대한 사업주를 지원하는 사업으로 사전에 사업참여신청서 및 사업계획서를 제출받아 고용센터 심사위원회의 심사를 거쳐 선정된 기업에 한하여 예산의 범위 내에서 지원한다. 단, 고용촉진장려금은 사업 참여 신청 필요 없이 지급 요건을 갖추어 장려금 지급신청서를 제출하면 지원한다.

(2) 고용안정장려금 사업

학업, 육아, 간병 등 생애주기별로 고용불안이 가속될 때 근로시간 단축, 근로형태 유연화 등을 도입하여 근로자의 계속고용을 지원하거나 기간제 근로자 등을 정규직으로 전환하는 사업주를 지원하여 기존 근로자의 고용안정과 일자리 질 향상을 도모하는 사업이다.

단, 출산육아기 고용안정장려금은 사업 참여 신청이 필요 없이 지급 요건을 갖추어 장려금 지급신청서를 제출하면 되며, 시간선택제 전환 지원의 경우 사전 참여 신청이 필요 없이 시간선택제로 전환한 근로자의 전환일로부터 6개월 이내에 최초로 장려금 지급신청을 하면 지원한다.

(3) 고용유지지원금 사업

경기의 변동, 산업구조의 변화 등으로 생산량 · 매출액이 감소하거나 재고량이 증가하는 등의 고용조정이 불가피하게 된 사업주가 근로자를 감원하지 않고 근로시간 조정, 교대제 개편, 휴업, 훈련, 휴직과 같은 고용유지조치를 실시하고 고용을 유지하는 경우 임금(수당) 및 훈련비를 지원하여 사업주의 경영 부담을 완화하고 근로자의 실직을 예방한다.

고용유지를 한 조치기간동안 사업주가 근로자에게 지급한 휴업, 휴직수당 또는 임금액의 일부를 지원한다.

(4) 직장어린이집 지원금(인건비)

사업주가 단독 또는 공동으로 근로자를 위하여 어린이집(보육시설)을 설치/운영하는 보육교사 등의 인건비를 지원하는데 보육교사, 보육시설의 장 및 취사부에 대해 1인당 월 80만 원 지원(조건을 만족하는 시간제근로자 포함)한다. 대상기업이 운영하는 직장보육시설에 대하여 운영비 일부를 보육아동수에 따라 차등 지원한다.

3) 근로자 혜택

(1) 근로자직업능력개발훈련

고용보험에 가입한 근로자 등이 직무 경쟁력 강화를 도모할 수 있도록 근로자카드를 발급받아 직업능력개발 훈련에 참여할 수 있도록 훈련비용을 지원하는 제도이다.

지원대상은 다음과 같다.

- 우선지원 대상기업에 재직중인 근로자
- 기간제 근로계약을 체결한 기간제 근로자
- 1주 동안의 소정근로시간에 비하여 짧은 단시간 근로자(1주 동안의 소정근로시간이 36시간 미만)
- 파견근로자보호 등에 관한 법률에 따른 파견근로자
- 일용근로자(근로자 카드 신청일 이전 30일 이내에 10일 이상 일용근로내용이 있는 자)
- 고용보험료 체납액이 없는 자영업자
- 근로자 카드를 신청한 일로부터 180일 이내에 이직 예정인 자
- 경영상의 이유로 90일 이상 무급휴직, 휴업중인 자
- 대규모 기업에 재직중인 45세 이상인 자
- 근로자 카드를 신청한 날로부터 고용보험 가입기간이 3년 이상이고, 그 기간 동안에 사업주 및 근로자 개인 지원 훈련과정 수강이력이 없는 자
- 육아휴직자
- 일학습병행제 훈련에 참여한 근로자

(2) 재직근로자 훈련지원

기업과 근로자의 직업능력개발지원을 통해 인적자원의 질을 향상시키고 근로자 스스로의 직무능력 향상 노력을 유인하여 급변하는 경제상황에 능동적으로 대처하는데 목적이 있다.

(3) 근로자 수강지원금 지원

고용보험 피보험자인 재직근로자가 자발적으로 직업 능력개발 훈련을 수강하는 경우 수강비용을 지원해 준다.

(4) 실업자 훈련지원

고용보험에서는 실업자의 재취업을 위한 훈련을 지원하고 있다. 훈련지원에 대한 훈련비, 훈련수당을 지원하고 있으며 민간 훈련기관, 대한상공회의소 등의 취업훈련을 실시하고 실업자 재취업 훈련지원으로 고용보험 사업장에서 실직한 근로자가 재취업을 위해 훈련을 받는 경우 훈련비(전액 국비지원이나 일부 훈련의 정부지원훈련비 초과분은 훈련생부담)와 훈련수당을 지원한다.

2. 실업급여

고용보험 실업급여란 고용보험 가입 근로자가 실직하여 재취업 활동을 하는 기간에 소정의 급여를 지급함으로써 실업으로 인한 생계불안을 극복하고 생활의 안정을 도와주며 재취업의 기회를 지원해주는 제도로서 실업급여는 크게 구직급여와 취업촉진수당으로 나누어져 있다.

실업급여는 실업에 대한 위로금이나 고용보험료 납부의 대가로 지급되는 것이 아니라 실업이라는 보험사고가 발생했을 때 취업하지 못한 기간에 대하여 적극적인 재취업활동을 한 사실을 확인(실업인정)하고 지급한다.

실업급여 중 구직급여는 퇴직 다음날로부터 12개월이 경과하면 소정급여일수가 남아있다고 하더라도 더 이상 지급받을 수 없다(실업급여 신청없이 재취업하면 지급받을 수 없으므로 퇴직 즉시 신청하여야 한다).

실업급여는 다음과 같이 고용보험에 가입된 근로자 및 자영업자(이하 “피보험자”라 함)를 수급대상으로 하고 있다.

실업급여를 받기 위해서는 고용센터의 장으로부터 구직급여의 수급 요건을 갖추었다는 사실의 인정을 받아 수급자격자가 되어야 한다.

고용보험에 가입되지 않은 경우
고용보험이 당연(의무) 적용되는 사업장임에도 사업주가 가입을 하지 않는 경우에는 근로자의 신청(고용보험 피보험자격 확인청구)이 있는 경우 사실관계를 확인하여 3년 이내의 근무기간에 대해서는 피보험자격을 소급하여 취득할 수 있다.
따라서 1인 이상을 고용하는 사업장에서 근무한 근로자는 고용센터에 고용보험 미가입 사실을 신고하고 소급하여 고용보험에 가입하면 실업급여를 받을 수 있다.
사업장이 폐업되어 영업을 하지 않는 경우에도 근로자가 해당 사업장에서 근무하였음을 증명할 수 있는 증빙자료가 있는 경우 사실관계를 조사하여 근무이력이 인정되는 경우 고용보험을 소급, 가입하여 실업급여를 받을 수 있다.
구직급여를 받으려면 이직 후 지체없이 고용센터에 출석하여 실업을 신고해야 하며, 실업의 신고에는 구직신청과 수급자격 인정신청이 포함된다.
실업을 신고하려면 구직신청을 하고, 구직급여의 수급 요건을 갖추었다는 사실의 인정을 받아야 한다. 그리고 실업급여를 받을 권리는 양도 또는 압류하거나 담보로 제공할 수 없다.

[표 10-1] 실업급여의 종류

구 분	종 류	
구직급여	연장급여	훈련연장급여
		개별연장급여
		특별연장급여
	상병급여	
취업촉진수당	조기(早期)재취업수당	
	직업능력개발수당	
	광역 구직활동비	
	이주비	

[표 10-2] 실업급여설명도

구 분		요 건
구직급여		• 고용보험 적용사업장에서 실직 전 18개월 중 피보험단위기간이 통산하여 180일 이상 근무 • 근로의 의사 및 능력 있고(비자발적으로 이직), 적극적인 재취업활동(재취업활동을 하지 않는 경우 미지급)에도 불구하고 취업하지 못한 상태 ※일용근로자로 이직한 경우 아래 요건 모두 충족하여야 함. • 수급자격 제한사유에 해당하지 않아야 함. ※자발적으로 이직하거나, 중대한 귀책사유로 해고된 경우는 제외. • (일용) 수급자격신청일 이전 1월간의 근로일 수가 10일 미만일 것 • (일용) 법 제58조에 따른 수급자격 제한사유에 해당하는 사유로 이직한 사실이 있는 경우에는 최종 이직일 이전 피보험단위기간 180일 중 90일 이상을 일용근로 하였을 것
상병급여		• 실업신고를 한 이후 질병・부상・출산으로 취업이 불가능하여 실업의 인정을 받지 못한 경우 • 7일 이상의 질병・부상으로 취업할 수 없는 경우 증명서를 첨부하여 청구 • 출산의 경우는 출산일로부터 45일간 지급
훈련연장급여		실업급여 수급자로서 연령・경력 등을 고려할 때, 재취업을 위해 직업안정기관장의 직업능력개발훈련지시에 의하여 훈련을 수강하는 자
개별연장급여		취직이 특히 곤란하고 생활이 어려운 수급자로서 임금수준, 재산상황, 부양가족 여부 등을 고려하여 생계지원 등이 필요한 자
특별연장급여		실업급증 등으로 재취업이 특히 어렵다고 인정되는 경우 고용노동부 장관이 일정한 기간을 정하고 동기간 내에 실업급여의 수급이 종료된 자
취업 촉진 수당	조기 재취업 수당	대기기간이 경과하고 구직급여를 지급받을 수 있는 소정급여일수를 30일 이상 남기고 6개월 이상 계속 고용(자영업을 영위할 것)될 것 ※ '14.1.1. 이후 수급자격 인정 신청자부터는 지급받을 수 있는 소정급여일수를 1/2 이상 남기고 12개월 이상 고용(사업을 영위한)된 경우여야 함(자영업의 경우에는 1회 이상 자영업 준비 활동으로 실업인정을 받아야 함).
	직업능력 개발수당	실업기간 중 직업안정기관장이 지시한 직업능력개발훈련을 받는 경우
	광역구직 활동비	직업안정기관장의 소개로 거주지에서 50km 이상 떨어진 회사에 구직활동을 하는 경우
	이주비	취업 또는 직업안정기관의 장이 지시한 직업능력개발훈련을 받기 위해 그 주거를 이전하는 경우

[표 10-3] 실업급여 수급 절차

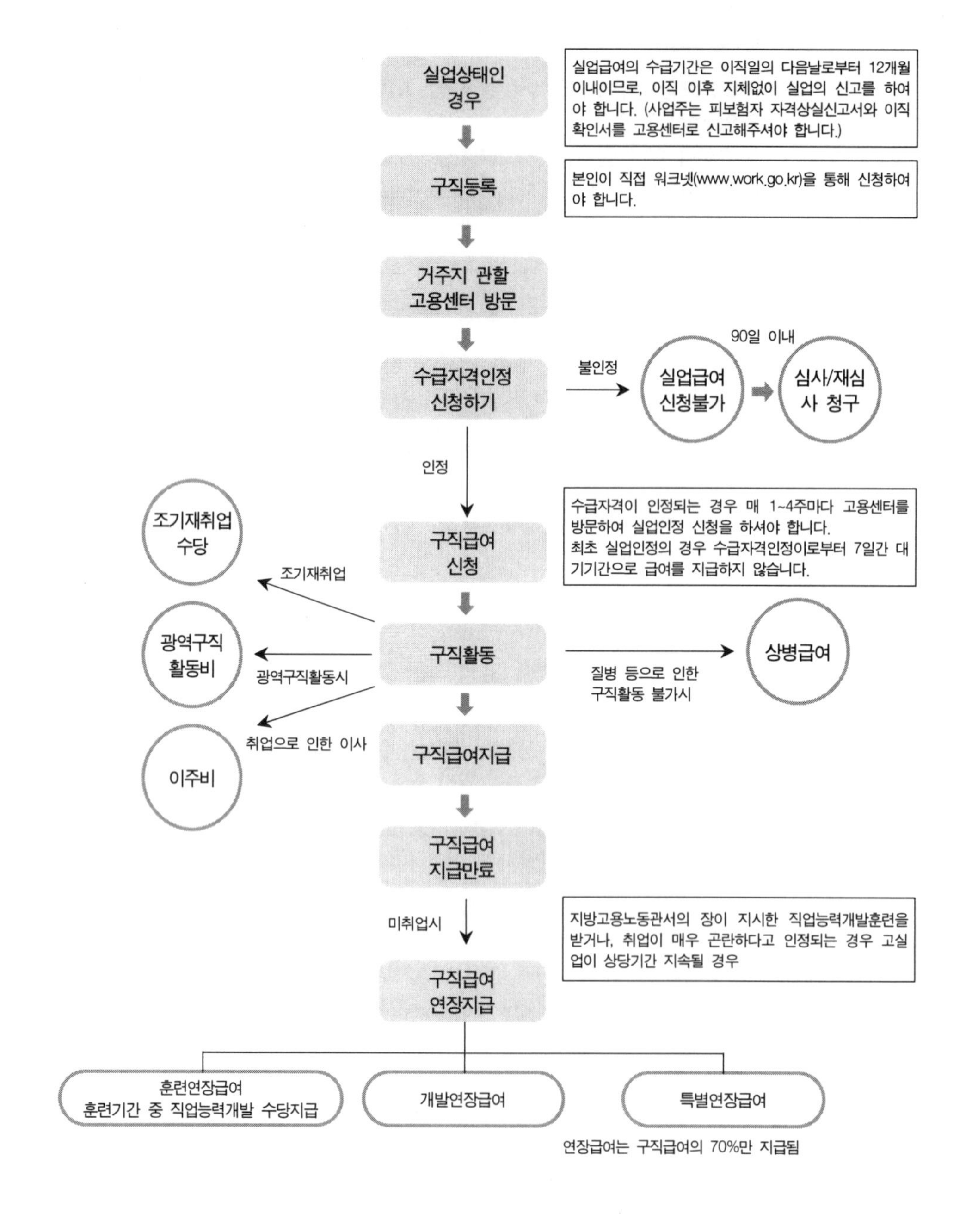

3. 출산전후휴가급여 및 육아휴직급여

1) 출산전후(유산 · 사산)휴가

출산전후휴가는 임신, 출산 등으로 인하여 소모된 체력을 회복시키기 위하여 부여하는 제도이다. 출산전후휴가급여란 임신 중의 여성에 대하여는 출산 전과 출산 후를 통하여 90일(다태아 일 경우 120일)의 출산전후휴가를 주되, 휴가기간의 배정은 출산 후에 45일(다태아 일 경우 60일) 이상이 확보되도록 부여하여야 하며, 출산한 여성근로자의 근로의무를 면제하고 임금 상실 없이 휴식을 보장받도록 하는 제도이다.

출산전후휴가기간은 임신 중의 여성에게 출산 전과 출산 후를 통하여 90일(다태아 일 경우 120일)의 출산전후휴가를 주어야 하며, 이 경우 휴가기간의 배정은 출산 후에 45일(다태아 일 경우 60일) 이상이 되어야 한다. 임신 중의 여성 근로자가 유산의 경험 등 대통령령으로 정하는 사유로 휴가를 청구하는 경우 출산 전 어느 때라도 휴가를 나누어 사용할 수 있도록 하여야 하며, 이 경우 출산 후의 휴가기간은 연속하여 45일(다태아 일 경우 60일) 이상이 되어야 한다. 출산이 예정보다 늦어져 출산전휴가가 45일을 초과한 경우에도 출산 후 45일 이상이 되도록 휴가기간을 연장하여야 한다.

휴가기간 중의 임금지급은 우선지원 대상기업의 경우 90일(다태아 120일)의 급여가 고용보험에서 지급되고, 대규모 기업의 경우 최초 60일(다태아 75일)은 사업주가 그 이후 30일(다태아 45일)은 고용보험에서 지급된다. 우선지원대상기업(고용보험법 시행령 제15조)은 광업 300인 이하, 제조업 500인 이하, 건설업 300인 이하, 운수 · 창고 및 통신업 300인 이하, 기타 100인 이하 사업장에 해당하는 기업이다.

출산전후휴가기간 90일 중 최초 60일(다태아 75일)은 유급휴가이므로 종전과 같이 사용자가 급여를 지급할 의무가 있고, 다만 고용보험에서 출산전후휴가급여를 받은 경우 그 금액의 한도 내에서 지급의무가 면제된다.

지급대상은 임신 중인 여성근로자가 사업주로부터 출산전후휴가(또는 유산 또는 사산휴가)를 부여받아 사용하고, 출산전후휴가가 끝난 날 이전에 고용보험 피보험단위기간이 통산하여 180일 이상이어야 하며, 출산전후휴가를 시작한 날 이후 1개월부터 휴가가 끝난 날 이후 12개월 이내 신청하여야 한다.

통상임금이란 사업주가 근로자에게 정기적이고 일률적으로 소정근로 또는 총 근로에 대하여 지급하기로 정한 시간급 금액, 일급 금액, 주급 금액, 월급 금액 또는 도급 금액을 말한다.

신청시기는 우선지원대상기업의 경우 휴가를 시작한 날 이후 1개월부터 휴가가 끝난 날 이후 12개월 이내(휴가기간중 : 30일 단위로 신청 가능)이고, 대규모기업은 휴가 시작 후 60일이 지난 이후 1개월부터 휴가가 끝난 날 이후 12개월 이내이다. 출산전후 휴가 종료일부터 12월 이내에 신청하지 않을 경우에는 출산전후휴가급여를 받을 수 없다. 단, 천재지변, 본인 · 배우자 또는 그 직계존 · 비속의 질병 · 부상, 병역법에 의한 의무복무, 범죄혐의로 인한 구속 또는 형의 집행으로 급여를 신청할 수 없었던 사람은 그 사유가 끝난 후 30일 이내에 신청해야 한다.

출산전후휴가급여를 지급받고자 하는 근로자는 사업주로부터 출산전후 휴가확인서를 발급받아 출산전후 휴가신청서와 함께 30일 단위로 신청인의 거주지 또는 사업장 소재지를 관할하는 고용센터에 제출한다.

2) 육아휴직

육아휴직급여는 만 8세 이하 또는 초등학교 2학년 이하의 자녀를 가진 근로자가 그 자녀를 양육하기 위해 남녀 고용평등과 일 가정 양립 지원에 관한 법률 제 19조에 의한 육아휴직을 30일 이상 부여 받고 소정의 수급요건을 충족하는 경우 매월 통상임금의 100분의 40(상한액 : 월 100만 원, 하한액 : 월 50만 원)을 육아휴직 급여액으로 지급한다. 단, 육아휴직 급여액의 100분의 25는 직장 복귀 6개월 후에 합산하여 일시불로 지급 한다(육아휴직 시작일이 2015년 7월 1일 이전 : 100분의 15).

육아휴직이란 근로자가 만 8세 이하 또는 초등학교 2학년 이하의 자녀를 양육하기 위하여 신청, 사용하는 휴직으로 육아휴직은 근로자의 육아부담을 해소하고 계속 근로를 지원함으로써 근로자의 생활안정 및 고용안정을 도모하는 한편, 기업의 숙련인력 확보를 지원하는 제도이다.

육아휴직기간은 1년 이내이며, 자녀 1명당 1년 사용가능하므로 자녀가 2명이면 각각 1년씩 2년 사용 가능하며, 근로자의 권리이므로 부모가 모두 근로자이면 한 자녀에 대하여 아빠도 1년, 엄마도 1년 사용가능하다.

지급대상은 사업주로부터 30일 이상 육아휴직을 부여받아야 한다.

① 근로한 기간이 1년 미만인 근로자, ② 같은 자녀에 대하여 배우자가 육아휴직을 하고 있는 근로자에 대하여는 사업주가 육아휴직을 거부할 수도 있다.

육아휴직 개시일 이전에 피보험단위기간(재직하면서 임금 받은 기간)이 모두 합해서 180일 이상이 되어야 한다. 단, 과거에 실업급여를 받았을 경우 인정받았던 피보험기간은 제외 같은 자녀에 대해서 피보험자인 배우자가 동시에 육아휴직(30일 미만은 제외) 중인 경우에는 중복된 기간에 대하여는 1명만 지급한다.

지급액은 육아휴직기간 동안 매월 통상임금의 100분의 40을 육아휴직급여로 지급하고(상한액 : 월 100만 원, 하한액 : 월 50만 원), 육아휴직급여액 중 일부(100분의 25)를 직장복귀 6개월 후에 합산하여 일시불로 지급한다. (육아휴직 시작일이 2015년 7월 1일 이전 : 100분의 15)

또한, 육아휴직 기간 중 사업주로부터 육아휴직을 이유로 금품을 지급받은 경우로서 매월 단위로 육아휴직기간 중 지급받은 금품과 육아휴직 급여의 100분의 75에 해당하는 금액(그 금액이 50만 원 미만인 경우에는 하한액 50만 원)을 합한 금액이 육아 휴직 시작일 기준으로 한 월 통상임금을 초과한 경우에는 그 초과한 금액을 육아휴직 급여의 100분의 75에 해당하는 금액에서 빼고 지급한다. 육아 휴직 시작일이 2015년 7월 1일 이전은 육아휴직 급여의 100분의 85에 해당하는 금액(그 금액이 50만 원 미만인 경우에는 하한액 50만 원)을 합한 금액이 육아 휴직 시작일 기준으로 한 월 통상임금을 초과한 경우에는 그 초과한 금액을 육아휴직 급여의 100분의 85에 해당하는 금액에서 빼고 지급한다.

같은 자녀에 대하여 부모가 순차적으로 모두 육아휴직을 사용하는 경우, 두 번째 사용한 사람의 육아휴직 3개월 급여를 통상임금의 100%(상한 150만 원)로 상향하여 지급하며, 육아휴직은 동시에 사용할 수 없으며, 순차적으로 사용할 경우 적용되며, 연속으로 사용할 필요는 없다.

아빠의 달이 적용된 달은 육아휴직 급여 사후지급분 제도는 적용되지 않으며, 사후지급분 제도는 육아휴직 급여의 25%는 육아휴직 급여 종료 후 복귀하여 6개월 이상 근무한 경우에 지급하는 제도이다.

부모가 같은 자녀에 대하여 육아휴직을 사용한 경우 지급되며, 육아기 근로시간 단축을 사용한 경우에는 아빠의 달 급여 지급대상이 아니다. 단, '16.1월 이후에 동일한 자녀에 대하여 두 번째 육아휴직을 사용한 근로자에게만 아빠의 달이 3개월 적용되며, 이미 같은 자녀에 대해 '16.1.1. 이전 휴직을 했고, '16.1.1. 이후 나머지 기간을 분할 사용 또는 연장 시 3개월 혜택 미적용된다.

배우자가 공무원인 경우나 사립학교 교원인 경우 등은 고용보험 시스템에 육아휴직 이력이 남지 아니하나, 배우자가 육아휴직을 사용한 적이 있다는 확인서 등을 제출한다면, 아빠의 달 급여를 지급 받을 수 있다.

2017.7.1 이후 출생한 둘째 이후 자녀에 대하여 아빠의 달 제도 사용 시 상한액이 200만 원으로 인상된다.

신청시기는 육아휴직을 시작한 날 이후 1개월부터 매월 단위로 신청하되, 당월 중에 실시한 육아휴직에 대한 급여의 지급신청은 다음 달 말일까지 해야 하며, 매월 신청하지 않고 기간을 적치하여 신청 가능하다. 단, 육아휴직이 끝난 날 이후 12개월 이내에 신청하지 않을 경우 동 급여를 지급하지 않는다.

4. 미지급 실업급여 수급

미지급 실업급여란 수급자격자가 사망한 경우 그 수급자격자에게 지급되어야 할 실업급여로서 아직 지급되지 않은 것이 있는 경우에 그 수급자격자의 배우자(사실상의 혼인 관계에 있는 자를 포함)·자녀·부모·손자녀·조부모 또는 형제자매로서 수급자격자와 생계를 같이하고 있던 자의 청구에 따라 그 미지급 실업급여를 받을 수 있다(「고용보험법」 제57조제1항).

실업급여 수급자격자가 사망한 경우 미지급된 실업급여가 있는 경우에 그 수급자격자의 배우자(사실상의 혼인 관계에 있는 자를 포함)·자녀·부모·손자녀·조부모 또는 형제자매로서 수급자격자와 생계를 같이하고 있던 사람이 지급을 청구하면 그 미지급 실업급여를 받을 수 있다. 미지급 실업급여를 지급받을 권리는 3년간 행사하지 않으면 시효로 소멸한다.

미지급 실업급여에 대한 실업의 인정으로 수급자격자가 사망하여 실업의 인정을 받을 수 없었던 기간에 대해 미지급급여 청구자가 사망한 수급자격자의 실업의 인정을 받으려면 사망한 수급자격자의 신청지 관할 고용센터에 출석하여 미지급 실업급여 청구서와 사망한 수급자격자가 실업급여를 받으려 하였을 경우에 하였어야 할 신고나 서류를 제출하여 해당 수급자격자에 대한 실업의 인정을 받아야 한다.

제3절 고용보험제도의 발전과 대안

1. 고용보험제도의 발전

1) 노동조합의 자주적인 실업공제기금

고용보험제도는 원래 19세기 후반 유럽의 일부 노동조합이 실직조합원들에게 실업급여를 지급하던 자주적인 실업공제기금제도에서 출발하였다. 19세기 말에는 노동조합에 의한 자주적인 실업공제기금제도가 벨기에, 프랑스, 독일, 영국, 노르웨이, 스웨덴, 스위스, 미국 등 서구제국의 주요 도시에서 실시되면서 위험의 분산이라는 보험의 방법이 실업의 경우에도 적용될 수 있음을 보여주었다.

그러나 노동조합에 의한 자주적인 실업공제기금제도는 근로자가 모든 비용을 부담하므로 충분한 실업급여가 이루어지지 못하였다. 또한, 가입이 임의적이었기 때문에 비교적 고용이 안정된 근로자는 가입을 기피하고, 실업의 위험이 상대적으로 높은 근로자들만이 주로 가입하고 있어 실업공제기금의 재정난이 심각하였다.

이에 따라 19세기 말에는 실업공제기금을 운영하는 노동조합에 대하여 지방자치단체가 보조금을 지급하는 도시들이 나타나기 시작하였다. 1893년 스위스의 베른(Bern)시는 세계 최초로 노동조합의 임의적인 실업공제기금에 보조하면서 노동조합원인지의 여부에 관계없이 본인이 희망하는 근로자는 실업공제기금에 가입할 수 있게 하였다. 이러한 제도는 스위스의 다른 도시는 물론 프랑스, 독일 등에도 파급되었다.

한편 프랑스, 영국, 독일, 미국 등에서는 사용자가 매년 임금총액 또는 순이익의 일정 비율을 실업기금으로 적립하여 실업자를 구제하는 사용자에 의한 실업구제제도가 일부 기업에서 실시되었다. 사용자에 의한 실업구제제도는 노동조합에 의한 자주적인 실업공제기금제도보다 늦게 발족되었으며, 모든 비용을 사용자가 부담하므로 재정능력이 취약한 대부분의 기업에서는 사실상 실행이 불가능하였다.

사용자에 의한 임의적인 실업구제제도는 국가에 의한 실업보험제도가 도입됨에 따라 점차 소멸하였으나, 미국과 이탈리아 등에서는 사용자에 의한 실업구제제도의 원리가 강제적 사회보험방식인 실업보험제도에 전수되어 아직도 실업보험료의 부담을 전액 사용자만 부담하고 있다.

2) 소득분배율 : 실업급여

'소득 주도 성장'을 강조한 문재인 정부가 최소한의 적정 가계 소득을 보장하도록 소득분배 · 실업급여 수준을 OECD 평균 수준으로 끌어올리겠다는 의지이다.

문재인 정부는 'J노믹스'의 밑그림을 담았다.

양적 성장 결과를 중시하며 대기업 · 제조업 · 수출에만 집중하다 저성장 · 양극화의 늪에 빠진 한국 경제를 소득 주도와 혁신의 쌍끌이 방식으로 끌어올리겠다는 것이다. 이를 위해 '사람 중심 경제'라는 새로운 패러다임으로 전환해야 한다며 그 방안으로 소득 주도 성장, 일자리 중심, 공정경제, 혁신성장 등 4대 정책방향의 선순환 구조를 제시했다.

특히 가계부채를 잡기 위해 올해 가계부채 증가율은 한자리 수로 연착륙시킨다는 목표 아래 DTI 부채 · 소득 산정방식을 개선하고, 제2금융권의 주택담보대출을 장기 · 고정분할상환 대출로 전환하는 계획이다.

재정에 있어서는 향후 5년간 정부 재정지출 증가속도를 경상성장률보다 높게 관리해 저성장 · 양극화 극복에 정부가 적극 나선다.

이를 통해 2015년 기준 13.5% 수준으로 OECD 최저 수준인 재정의 분배개선율을 20%대로 높이고, GDP 대비 공공사회지출 비중도 확대할 계획이다.

특히 하우스푸어 가구를 위해서는 주택기금과 LH, 주택담보대출 취급은행 등이 출자해 리츠(REITs, 부동산 투자회사)를 설립해 한계차주가 주택(주담대)을 리츠에 매각한 뒤 임차해 거주하거나 5년의 임차기간을 마치면 아예 재매입도 할 수 있도록 주택 파이낸싱 시스템을 개편한다.
의료 부문에서도 선택진료 폐지, 상급병실 단계적 급여화, 간호·간병 통합 서비스 확대 등으로 3대 비급여 부담을 지속적으로 줄이는 등 건강보험 보장률을 2022년까지 70%로 끌어올릴 계획이다.
충분한 소득을 올리기 어려운 가구에는 사회안전망을 확충해 적정소득을 보장하기로 했다.
우선 기초생활보장제도 부양의무자 기준을 단계적으로 낮추고, 근로장려세제(EITC)를 확대하는 등의 방안으로 소득분배를 OECD 평균 수준으로 개선하겠다고 밝혔다.
또 노동시장의 이중구조·생산성을 혁신하기 위한 '한국형 안정·유연 모델'을 구축하려면 우선 실업을 당해도 생계가 끊긴다는 두려움보다는 이직을 위한 준비 기간으로 인식할 수 있도록 실업안전망부터 챙기기로 했다.
이를 위해 우선 실업급여부터 의무가입자는 100% 가입하도록 유도하고, 보장성도 문 대통령 임기 안에 OECD 평균 수준까지 끌어올리기로 목표를 정했다.
폴리텍 훈련과정을 혁신산업 중심으로 개편하거나 맞춤형 경력설계 등 평생직업능력개발 체계를 구축하는 등 노동시장정책에 대한 재정투자를 총재정지출증가율을 넘는 수준을 유지해 계속 확대할 방침이다.
또 '교육 희망사다리 프로젝트'를 추진, 가계소득의 근원적 기반을 강화해 사회적 이동성을 복원하기로 했다.
이를 위해 교육급여 지원단가를 인상하고, 취약계층을 대상으로 영재교육 및 우수인재 육성사업을 신설한다.
또 저소득층을 대상으로 평생학습 바우처를 신설하고, 중소기업 재직자의 계약학과 등록금 지원 수준도 기존 65%에서 85%로 끌어올리는 등 평생교육 예산도 지속적으로 확대한다.
이처럼 가계소득을 늘리기 위한 핵심방편은 역시 일자리로, 정부는 그동안의 고용없는 성장을 고용 친화적 경제·사회 시스템을 구축해 돌파하겠다는 것이다.

이를 위해 외투기업, 유턴기업, 지방이전기업 등 각종 투자유치제도를 통합해 고용효과를 중심으로 재설계하고, 지역에 일자리를 만드는 기업은 국적에 관계 없이 기존 외투 지원 수준으로 강화한다.

또 혁신도시별로 종합발전계획을 수립하고 14개 시도별 국가혁신 클러스터를 선정하는 등 지역별 일자리창출 거점을 구축해 세제 · 금융 등을 집중 지원한다.

정부는 지역 일자리 기업에 대한 정책 지원 청사진을 담은 '지역 일자리 확대를 위한 투자유치제도 개편방안'을 2017년 오는 12월까지 마련해 발표할 계획이다.

아울러 이러한 일자리 중심 정부 기조는 세제 및 예산에도 반영해서 고용증가에 비례한 기업 세액공제 등 일자리 지원세제 3대 패키지를 추진하고, 각 정부부처 예산도 고용영향평가 결과에 따라 차등배분하기로 했다.

특히 협력 · 포용성장의 주역으로 '사회적 경제'를 지목하면서 사회적 경제 기업의 자생력 확보를 위한 초기지원을 강화하는 한편 관련 규제 완화를 통해 이들 기업 간의 네트워크로 규모화를 촉진한다.

비단 기존 대기업의 횡포로부터 중소기업을 보호할 뿐 아니라 새로운 성장동력으로 육성해 일자리 창출을 꾀하는 선순환 구조를 완성할 계획이다.

특히 기존의 개별기업 지원 방식에서 벗어나 중소기업 간 협업을 통해 규모의 경제를 구현하는 '수평적 네트워크', 대기업 등의 '밸류 체인'에 기여한 만큼 성과 · 성장을 보상받는 '상생형 네트워크', 해외 시장확보 및 경쟁력을 강화할 '개방형 네트워크' 등 네트워크형 산업생태계를 구축하겠다는 것이 새 정부의 포부다.

4차 산업혁명에 대비해서는 자율주행차 · 정밀의료 · 드론 등 선도분야를 선정해 패키지 방식으로 집중 지원하고, 고부가가치 서비스업 육성 과정에서 제조업-서비스업, IT 등 고부가서비스-음식 · 숙박 등 저부가서비스의 융합도 강화한다.

3) 사회보험방식의 강제적 실업보험제도

노동조합에의 가입유무와 관계없이 일정요건에 해당하는 근로자를 강제적으로 보험의 적용을 받도록 하는 국가에 의한 강제적 실업보험제도는 1911년 영국에 의해 최초로 도입되었다. 영국은 실업보험의 비용을 노·사·정 3자의 부담을 원칙으로 하였으며, 이와 같은 영국의 강제적 실업보험제도는 에이레(1911년), 이탈리아(1919년)의 실업보험제도 도입에 영향을 주었다.

제1차 세계대전 이후의 대규모 실업사태는 많은 국가에서 실업보험제도의 도입을 촉진하는 계기가 되었다. 1920년대에는 벨기에(1920년), 스위스(1924년) 등 2개국은 노동조합 중심의 자주적인 실업공제기금에 정부가 보조금을 지급하는 임의적인 실업보험제도를 채택하였으나, 오스트리아(1920년), 불가리아(1925년), 독일(1927년), 유고슬라비아(1927년) 등은 강제적 실업보험제도를 도입하였다. 소련은 1921년에 제정된 노동법의 규정에 의해 강제적 실업보험제도를 도입하여 모든 비용을 사용자가 부담하도록 하였으나, 1930년 10월 9일의 법률개정에 의해 실업보험제도가 폐지되었다. 한편 룩셈부르크(1921년)는 저소득실업자에 대해 국가 재정에서 실업수당을 지급하는 실업부조제도(unemployment assistance system)를 도입하였다.

1930년대에는 세계적인 경제불황으로 인하여 세계 각국은 심각한 대량실업사태에 직면하였으며, 많은 나라는 실업자의 보호를 조직적으로 행할 수 있는 실업보험제도의 도입을 적극적으로 검토하게 되었다. 1934년에는 국제노동기구(ILO)가 '비자발적 실업자에 대하여 급여 또는 수당을 보장하는 협약'(제44호 협약)을 채택하여 이를 비준한 국가에 대해서는 실직자에게 실업급여를 지급하는 강제적 또는 임의적인 실업보험제도를 유지할 수 있도록 하고 실업보험제도의 적용범위, 수급요건 및 급여기간에 대한 최저기준 등을 명시함으로써 실업보험제도의 도입 및 발전에 많은 영향을 미쳤다. 스웨덴은 1934년에 임의적인 실업보험제도를 도입하였으며, 미국은 1932년 위스콘신 주에서 강제적 실업보험제도가 도입된 후 뉴딜정책의 일환으로 1935년에 사회보장법이 제정되어 각 주가 운영하는 실업보험제도에 대해서 연방정부로부터의 보조금제도가 신설됨에 따라 1937년까지 모든 주에서 실업보험제도가 시행되게 되었다. 캐나다에서는 1935년에 연방의회가 실업보험제도를 포함한 '고용 및 사회보장법안'을 가결하였다. 그러나 캐나다의 최고재판소는 동법에 규정하는 사항은 주의 고유권한에 속한다는 이유로 동법의 무효를 선언함에 따라 연방정부는 1937년에 각 주의 동의를 얻어 1940년에 모든 주가 동의한 실업보험법을 제정하였다.

1940년대에는 제2차 세계대전이 끝날 경우 예상되는 심각한 실업에 대비하여 많은 국가가 실업보험에 대한 계획을 수립하였다. 그리스는 1945년에 강제적인 실업보험제도를 도입하였고 일본도 1947년에 이 제도를 도입하였다. 프랑스는 1951년에 국가부담에 의한 실업부조제도를 실시하고 1958년에는 종래의 자주적인 실업보험제도를 강제적 실업보험제도로 전환하였다.

4) 실업보험제도와 고용정책의 연결 : 고용보험제도로의 전환

초기의 실업보험은 실직자에게 실업급여를 지급함으로써 실직된 근로자와 그 가족의 생활안정에 기여한다는 실업에 대한 사후구제적인 차원의 것이었다. 그러나 기술진보와 산업구조의 고도화에 따라 고용조정이 급격히 이루어지면서 실직자에 대한 실업급여만으로는 실업을 사전에 예방하여 실질적인 고용안정을 유지하는 데에는 미흡하다는 것이 인식되었다. 이에 따라 실직자에 대한 실업급여와 동시에 실업을 사전에 예방하고 고용안정을 근본적으로 보장하기 위하여 고용조정과정에서 발생하는 사양산업근로자, 잉여노동력 등에 대한 전직훈련과 인력재배치를 통하여 근로자의 고용안정과 산업구조의 원활한 조정을 가능하게 하고 평소에 근로자의 직업능력을 지속적으로 개발·향상시키는 직업훈련사업 등 적극적인 고용정책과 실업급여를 연결시키는 '고용보험'으로 전환하는 추세를 보이기 시작하였다. 실업보험제도는 근로자가 비자발적인 사유로 인하여 실직을 당한 경우에 일정기간 실업급여를 지급하여 근로자의 생활안정을 기하는 소극적 개념인데 반하여 고용보험제도는 실업급여를 지급하는 전통적인 실업보험사업뿐만 아니라 적극적인 취업알선을 통한 재취업의 촉진과 근로자의 직업안정 및 고용구조 개선을 위한 고용안정사업, 근로자의 직업능력개발을 위한 능력개발사업까지 포함하는 적극적인 인력정책 차원의 개념으로 이해되고 있다. 스웨덴이 1940년대 중반부터 노동시장의 유연성(flexibility)을 제고하기 위한 취업알선서비스를 강화하고 근로자에 대한 교육훈련을 고용보험재원에 의해 지원하기 시작하였다. 독일은 1929년에 제정된 '직업소개 및 실업보험에 관한 법률'을 1969년에 '고용촉진법'으로 대체하였으며, 일본은 1947년에 제정된 '실업보험법'을 1974년에 '고용보험법'으로 대체하였는데, 이는 실업급여 중심의 실업보험에서 종합적이고 적극적인 고용정책의 일환인 고용보험제도로 전환한 예에 해당된다.

영국과 미국은 실업급여 중심의 순수실업보험제도를 시행하고 있는 대표적인 나라였다. 그러나 이들 국가에서도 최근 단순히 실업급여만을 지급하는 것으로는 근로자의 고용안정을 실질적으로 보장하는데 한계가 있기 때문에 실업 그 자체를 사전에 예방하기 위하여 근로자들의 직업능력을 지속적으로 개발하도록 촉진·지원하기 위한 각종 장려제도를 고용보험제도 내에 포함시키고 고용조정과정에서 발생하는 잉여노동력에 대한 전직훈련을 지원하는 제도적 장치를 강구하여야 한다는 주장이 제기되었다. 이러한 논의를 바탕으로 실업보험제도를 고용보험제도로 전환하려고 노력하고 있다.

이와 같이 고용보험제도의 발전과정은 19세기 중반 자주적 실업공제기금으로 1905년 프랑스실업공제기금에 대한 정부보조(임의적 실업보험제도) 그리고 1911년 영국 실업보험제도(강제적 실업보험제도)와 1969년 독일 고용보험제도를 거쳐 발전하여 왔다.

2. 고용보험제도의 문제점과 대안

1) 세계금융위기와 한국고용동향

세계 금융위기와 맞물린 국내 경기침체로 우리나라 고용안전망의 취약성이

드러났으며, 미국발 금융위기가 촉발시킨 세계적 규모의 경제위기는 고용안전망을 재설계할 필요가 있다.

세계경제 위기로 국내 고용사정이 극도로 악화되고 있으며, 농촌에서의 노동력 축소와 도시 지역에서 고용의 완충지대로 존재하던 자영업이 포화됨에 따라 고용구조의 변화가 예상된다. 그것은 사회안전망이 성숙되지 않은 상태에서의 신빈곤층이 확대되고, 경제위기 국면에서 대기업들이 어떤 행동을 취하느냐, 공공부문이 어떤 일자리 형태를 창출하느냐"가 고용구조의 변화를 이끄는 세 가지 중요한 요소이다.

"지금 세계경제의 초점은 수출보다는 내수에, 과소비보다는 적정소비에, 시장자율보다는 정부규제에, 감세보다는 세수확보에, 소비보다는 저축에, 미국, 유럽보다는 아시아에 맞춰지고 있다."는 진단은 이를 반영한 적절한 지적이다(매일경제 2009.9.13). 물론 경제지형의 변화가 현재로서는 다수 노동자와 국민에게 이익이 되는 방향이 아니라, 사지에서 생존한 금융자본과 거대 기업들의 부활에 이익을 줄 가능성이 높아진다는 점이 기대와는 다를 것이다. 최근 고용절벽이 심화되면서 청년실업 문제가 날로 심각해지고 있는 모습이다.

통계청이 2017년 6월 중 고용동향을 살펴보면, 청년 실업률은 10.5%로 1999년 관련 통계작성 이후 6월 기준으로 역대 최고치를 기록한다.

특히, 취업 준비생과 취업을 원하는 청년 등을 포함한 청년층의 체감 실업률은 23.4%로 2015년 해당 통계 집계를 시작한 이래 6월 기준으로는 가장 높은데 이는 청년 4명 중 1명은 사실상 '백수'라는 의미다.

우리나라의 청년층 실업 문제는 다른 국가와 비교해도 좋은 상황은 아니다. 경제협력개발기구(OECD)에 따르면 금년 4월 중한국의 15~24세 청년층 실업률은 지난해 12월 8.7%에 비해 2.5%포인트 상승한 11.2%인데 이와 같은 상승률은 OECD 국가 중 1위로 나타났다.

인간은 본디 희망이 있는 한 아무리 어려운 환경이라 하더라도 참고 견디려고 한다. 미래가 있기 때문이다. 그러나 아무리 노력해도 엄청난 벽이 있다는 걸 인식하는 순간, 모든 것을 포기하게 된다.

그러나 이 시대의 젊은 청춘들은 그 벽을 이미 오래전부터 인식하고 있다. 좋은 학교를 나오고 토익 만점에 아무리 좋은 스펙을 쌓았다 한들 취직이 어렵다는 것을 깨닫는 순간, 노동을 하지 않고 자포자기하는 소위 '니트족(NEET : Not Education, Employment or Training)'이 되고 만다.

니트족이란 일할 능력은 되지만 일하지 않고 일할 의지도 없는 청년 실업자를 가리키는 말이다.

악순환으로 이어지는 청년실업, 우리나라의 대학 진학률은 약 70%로 OECD 평균 40%보다 월등히 높은 수준이다. 반면 대학 졸업 후 일자리는 태부족이다. 특히 공공기관이나 대기업 등 직업 안정성이 좋은 곳에 들어가기는 하늘의 별따기처럼 더욱 어렵다.

구조조정 여파와 경기침체 등의 여파로 좋은 일자리는 줄고, 파견직 등 비정규직 일자리는 확대되어 왔다. 그렇다고 대졸자들이 근무여건이나 대우가 좋지 않은 중소기업에 지원하려고 하지 않는다.

많은 청춘들이 대기업과 중소기업, 정규직과 비정규직 사이에서 방황하고 있는 것이다. 그러는 동안 세월은 흐르고 어느 사이 본인도 모르게 니트족이 되고 만다. 니트족 문제가 심각해질수록 그 사회는 미래가 없다.

청년실업문제는 사회 전반에 영향을 미친다. 직업이 없으니 결혼을 포기하거나 늦추려고 하고 이는 1인가구의 급증으로 이어진다. 최근 우리나라 1인가구가 520만 명에 육박한다는 통계도 있다. 또한 실업은 출산율뿐만 아니라 내수 시장에도 많은 영향을 미친다. 이렇듯 청년실업 문제는 일종의 악순환의 고리가 형성되는 것이다.

청년실업 문제, 이제 니트족으로 대변되는 청년실업 문제는 더 이상 개인의 문제가 아니다. 사회구성원 모두가 떠안아야 할 짐이자 숙제이다. 취직도 하지 않고 결혼도 하지 않는 불행한 청춘들에게 미래를 돌려줘야 할 책임은 그동안 고속성장의 기득권을 누려 온 기성세대에게 있다.

대입시험과 입사시험에 몰두해 젊음을 허비하는 우리의 아들과 딸 그리고 젊은이들에게 좌절감부터 안겨줘서야 되겠는가. 앞으로 갈수록 저출산 문제와 고령화로 인한 생산인력의 감소 문제는 심각해질 것이다. 이로 인해 기업들의 경쟁력이 저하되고 저성장의 장기화와 고용시장 악화를 부채질할 가능성이 있다.

따라서 재정을 통한 고용마중물 마련과 경제체질의 획기적인 개선을 통한 성장동력 확보는 어떻게 보면 우리의 미래가 달려있는 일이라 하겠다. 젊은이들에게 절망이 아닌 희망을 불어넣어 주는 일보다 더 급한 일이다.

그런 측면에서 영국정부가 사회적 동의를 얻어 추진한 '큰 사회(Big Society)' 정책은 우리에게 시사하는 점이 크다고 할 수 있다. 동 정책의 하나로 영국정부는 2011년 혁신기금을 조성하여 청년고용에 지원하는 사회성과연계채권(SIBs : Social Impact Bonds)을 도입 · 시행하였는데, 2016년 영국정부 평가에 의하면 양적, 질적인 측면에서 청년실업 문제에 큰 성과를 거둔 것으로 나타났다.

또한 니트족에게 자신감 회복과 취업훈련 등에 중점을 둔 영국의 E2E(Entry to Employment) 프로그램도 소기의 성과를 거둔 것으로 평가되고 있다. 우리나라는 올해부터 제2의 베이비붐 세대인 소위 '에코붐(Echo-boom)' 세대가 본격적으로 취업전선에 뛰어든다고 한다. 청년실업 문제가 사회적 문제, 구조적 문제임을 인식하고, 경제의 활력제고와 성장동력 확보를 위해서 사회 구성원의 지혜를 모아야 할 때다.

한국의 고용시장도 2009년 위기를 거치면서 구조 변동의 징후가 곳곳에서 발견되고 있다. '평생직장'으로 고용은 보장되었지만 '저임금 · 장시간 노동'에 시달렸던 외환위기 이전의 고용체제가 외환위기로 순식간에 급변했던 것을 이미 우리 국민은 경험한 바가 있다. 고용 유연화의 확산으로 '있을 때 벌어두기 위해 발버둥 쳐야 하는' 상시적 고용불안과 차별적 비정규직이 구조화된 환경에서 지금까지 10여 년간의 고용체제를 겪고 있는 것이다.

프랑스에서 나폴레옹 이후 가장 젊은 지도자로 꼽히는 마크롱 대통령(39세)은 30대 중반의 젊은 나이에 경제장관을 지낸 엘리트 정치인이다. 파리 낭

테르대에서 철학을 전공했으며 고위 공무원으로 가는 길로 꼽히는 국립행정학교(ENA)를 졸업했다. 재무부 금융조사관으로 일하다가 투자은행(IB) 로스차일드로 옮겨 민간금융을 경험하기도 했다. 2012년 사회당 소속 대통령인 프랑수아 올랑드는 그를 경제수석비서관으로 임명하기도 했다. 나이는 젊지만 정치 경험이 나름 풍부한 정치인인 셈이다. 프랑스 대선과 총선에서의 '마크롱 돌풍'은 이런 그의 정치 이력이 도움이 된 것으로 풀이된다.

노동개혁으로 '프랑스병' 치유할까? 마크롱 대통령은 최근 유럽 각국의 노동개혁을 상징하는 인물이 됐다. 그가 대선 과정에서 저성장과 고실업을 '프랑스병'으로 지목하고 강력한 경제개혁을 추진하겠다고 밝힌 데다 경제장관 시절 주 35시간 근로제의 근간을 흔드는 경제개혁법(일명 마크롱법) 입법을 주도했기 때문이다. 특히 이번 총선으로 당의 기반이 탄탄해져 그가 공언한 경제개혁이 속력을 낼 가능성이 커졌다.

주 35시간 근로제는 더 유연해질 가능성이 크다. 주 35시간 근로제는 2000년 사회당 정부가 '일자리 나누기' 차원에서 도입했다. 하지만 기대와 달리 일자리는 늘어나지 않았고 근로시간 단축으로 기업 부담만 커졌다. 결과적으로 프랑스의 일자리 경쟁력과 성장 잠재력만 갉아먹었다는 비판이 제기됐다. 마크롱 대통령은 주 35시간인 법정근로시간을 늘린다는 방침이다. 또 임금 · 단체 협상 권한을 산별 노조에서 기업별 노조로 이관해 파업 등으로 인한 산업 피해를 줄인다는 입장이다. 우리나라도 임금 · 단체 협상 권한을 산별 노조가 쥐고 있어 각 기업별 입장과는 달리 노조 투쟁이 격화되고 있는 실정이다.

기업의 해고규정 역시 완화될 가능성이 크다. 마크롱 정부는 300인 이상 사업장을 대상으로 1년 경영실적 등을 반영해 해고 요건을 완화하는 방안을 추진 중이다. 경직된 노동시장이 기업의 생산성을 해치고 있다는 판단에서다. 프랑스뿐 아니라 유럽의 주요국들은 2008년 글로벌 금융위기 이후 지속적으로 노동개혁에 나서고 있다. 캐머런 전 영국 총리는 2015년 공공노조 파업요건을 강화(전 노조원의 50% 이상 투표 필요)했고, 독일은 2003년 해고보호 사업장을 5인 이상에서 10인 이상 사업장으로 완화했다. 이와 함께 시간제근무 일자리도 확대했다. 이탈리아 역시 2012년 이후 지속적으로 노동시장 유연화를 추진하고 있다.

2) 미국식 금융시스템과 고용시스템

최근 경기회복을 빌미로 금융규제 추진에 저항하려는 월가의 움직임이 심상치 않지만, 전세계 경제를 삽시간에 혼란으로 밀어 넣은 글로벌 경제위기가 미국식 금융시스템의 실질적 파산이었다는 사실은 바뀌지 않는다. 더욱 비대한 규모로 부활하고 있는 월가 생존자들의 기대와는 무관하게 그들이 과거의 영광을 되찾기는 쉽지 않다는 것이다.

2009년 말과 2010년 초 오바마 정부의 존립 기반을 뒤흔들 수 있는 '건강보험제도 개혁'에 대한 기득권의 저항과 물론 하원과 상원을 통과하였지만 그 내용은 미비한 수준이다. 미국 내부의 갈등 양상을 보건데, 무너진 것은 미국식 금융시스템만이 아니었다. 미국식 복지시스템도 마찬가지였다. 미국 GDP 대비 의료비 지출이 16.6퍼센트에 이를 정도로 기업 비용지출과 가계 소비지출에 더는 감당할 수 없는 부담을 주고 있는 현재의 미국식 보건시스템을 공적으로 개혁하지 않고서는 미국의 장래가 불투명하다는 사실이 건강보험 개혁의 절박성을 키우고 있는 것이다.

미국식 금융시스템과 미국식 복지시스템 못지않게 '미국식 고용시스템' 역시 이번 글로벌 금융위기로 파산 선고를 받았다고 할 수 있다. 세계적으로 신자유주의를 이끌었던 미국식 고용시스템이 '고용 유연화'였다는 것은 잘 알려진 사실이다. 한국을 포함하여 신유주의를 도입한 많은 국가들은 양호한 고용실적을 올려왔던 살아있는 모범-미국 고용모델을 추종하여 고용 유연화 정책을 속속 수용했었다.

그런데 2009년 경제위기는 과거 10~20년 동안 3~4퍼센트라는 낮은 실업률을 유지하면서도 높은 생산성을 유지해왔던 미국을 가장 심각한 실업난으로 몰아넣게 된다. 그 동안 세계적으로 고용 유연화의 정당성을 뒷받침해

왔던 근거가 붕괴되고 있는 것이다. 경제위기로 미국 고용시장이 받은 충격이 얼마나 컸는가는 고용 유연화가 미진했던(?) 유럽과 비교하면 명확히 드러난다. 2009년 7월 기준 미국 실업률 9.4퍼센트는 유럽연합의 9.5와 거의 같아졌다. 그러나 과거에 상대적으로 유럽이 높은 실업상태를 유지했던 것을 감안하면 이번 경제위기로 미국 실업의 증가 속도가 매우 급격하다는 것을 말해준다.

특히 한국처럼 개방화 정도가 매우 높은데도 불구하고 신자유주의화로 고실업을 해결하면서 고성장까지도 달성했다며 한국 정책결정자들의 부러움을 샀던 아일랜드는 금융위기 충격여파로 다시 10퍼센트가 넘는 과거의 고실업 상태로 복귀하는 비극을 겪고 있는 중이다.

미국은 2007년 12월 공식 실업률이 5퍼센트로 올라선 이래 2009년 8월 9.7퍼센트를 넘어서 2010년 초 10퍼센트 이상으로 올라갔으며 2년 안에 두 배 이상의 증가율을 기록하게 되는 것이다. 더구나 구직 포기자와 추가 근로를 원하는 시간제 노동자를 포함한 실질 실업은 약 2,600만 명으로 16.8퍼센트에 이른다.

더욱이 유럽과 아시아는 올해 말까지 고용이 개선될 전망이지만 미국은 더 나빠질 것이라는 조사결과도 있다. 취업컨설팅과 아웃소싱 전문업체인 미국의 맨파워가 전세계의 고용주 10만 명을 대상으로 설문조사에서 2009년 4/4분기에 미국의 고용전망지수는 −3을 기록, 전분기보다 1포인트 하락했는데 이는 지난해 4분기의 9에 비해서 12포인트나 내려간 것이다.

2009년 금융위기에 미국식 고용시스템이 가장 취약했다는 것이 드러난 것이며 미국식 고용 유연화 모델이 미국식 금융혁신 모델과 함께 사실상 파산한 것이라는 점을 보여준다. 최근 정부의 재정투입으로 겨우 지탱되고 있는 한국 고용시장 상황도 바로 외환위기 이후 미국의 고용 모델을 직수입하면서 발생한 것이다. 그러나 우리 정부는 미국식 고용체제의 파산으로부터 아무런 교훈도 얻지 못하고 대통령을 포함해서 "노동유연성 문제는 금년 연말까지 최우선적으로 해결해야 할 국정 최대 과제"라는 식의 과거 정책기조를 고집하고 있는 형편이다.

미국과 유럽의 감세(減稅) 경쟁이 한창이다. 미국은 지난 27일 발표한 세제 개편안에서 법인세율(과세구간별 15~35%)을 15% 단일세율로 대폭 인하하고, 소득세 최고세율은 39.6%에서 35%로 내리기로 했다. 상속세와 최저한세율 폐지까지 파격을 더했다. 트럼프 대통령은 '고용 화수분'인 내수기업들의 우려를 수용해 핵심 공약인 국경조정세도 포기했다. 오직 일자리와 기업경쟁력 제고에만 매진하겠다는 것이다.

반(反)기업 정서가 팽배하던 프랑스도 에마뉘엘 마크롱 대통령 집권 후 부자감세, 노동개혁 등 친(親)기업으로 급선회했다. 법인세율(33.3% → 25%), 부유세율(50~60% → 30%) 인하에다 노동개혁, 근무시간 유연화, 공무원 12만 명 감축까지 포함했다. 저성장 · 고실업의 '프랑스병(病)'을 치유하기 위해 지지율 급락을 무릅쓰고 집권 초기에 규제 · 세금 · 노동 등 시장을 확 바꾸겠다는 절박함이 묻어난다.

이뿐만이 아니다. 벨기에는 33.99%인 법인세율을 내년부터 29%(중소기업은 20%)로 내린다. 영국은 1980년대 52%에 달하던 법인세율이 지금은 20%다. 일본은 10년 전 30%에서 올해 23.4%까지 법인세율을 낮춰 한국(22%)과 별 차이도 없다. 아베노믹스의 세 번째 화살인 규제개혁은 아예 민간에 맡기는 발상의 전환까지 이뤘다.

3) 상시 구조조정으로 유지된 상용직, 대기업의 고용흡수력은 미흡

2009년 고용위기가 1998년 외환위기 당시의 고용위기와 구별되는 가장 큰 특징을 꼽으라면 '상용직의 극적인 고용추락이 없다.'는 것이다. 외환위기 당시 은행과 대기업에서 대량 정리해고로 몰려나오면서 상당기간 80만 명 수준의 상용직 실업자들이 양산되었던 것을 비교한다면, 2009년의 고용대란 위험 시기에도 불구하고 꾸준히 지난해에 비해 30만 명 이상의 상용직 노동자 증가세를 유지한 한국의 노동시장은 상당히 주목을 받을 만하다.

물론 연초부터 고용 유지를 위해서라며 정부와 재계가 발 빠르게 일자리 나누기나 임금삭감을 시행하고, 정부가 지난해의 10배~20배가 넘는 매월 수백억 원의 고용유지지원금을 투입한 효과도 있었을 것이다. 그러나 그것만으로는 설명이 부족하다. 외환위기 이전에는 상용직 위주 고용으로 경영을 해왔던 기업들이, 갑작스럽게 닥친 외환위기 때문에 상용직 고용을 대거 방출했던 반면, 외환위기 이후 이른바 '상시적 구조조정'을 통해 이미 최소한의 정규직 유지와 다수의 비정규직을 활용한 시스템으로 구조변화가 된 결과가 이번에 상용직 유지의 원인일 가능성이 높다는 것이다.

상시 구조조정 결과 경제위기가 닥쳤음에도 불구하고 '생산규모 자체를 축소'하는 결과를 낳을 수 있는 정규직 인력감축보다는 임시직과 일용직을 해고하는 방식으로 초기 경제위기 대처를 해 왔다고 보는 것이 합리적이라는 것이다.

특히 대기업부터 충격이 시작된 외환위기와 달리, 이번 경제위기 충격은 자영업, 중소기업, 대기업으로 상향 전파된 결과, 100인 미만 중소기업은 상용직 증가가 현저히 둔화되었지만, 300인 이상 대기업은 비록 2009년 상반기 상용직 증가수가 8만 명으로 적은 수이지만 전년 대비 오히려 증가세가 더 확대되었다.

물론 이 정도 증가세는 우리나라 대기업들이 경제위기에도 불구하고 깜짝 실적행진을 거듭한 것을 고려할 때 기대했던 만큼의 정규직 신규채용을 했다고 볼 수 없다. 더욱이 깜짝 실적 행진을 주도한 제조업에서는 오히려 상용직 고용이 전년 대비 마이너스 4만 명으로 감소했던 점에 주목해야 하고, 건설업은 정부의 막대한 건설투자에 비해 상용직 채용은 그야말로 미미한 수준이었다.

여기서 추정할 수 있는 것은, "앞으로 경기가 회복된다고 하더라도 정규직을 크게 늘리기보다는 최소 필요인원으로 제한하고 경기변동에 대한 대응은 비정규직 채용과 방출을 통해 할 것"이라는 점이고, "제조업과 건설 대기업들은 실적 호전 여부와 무관하게 정규직 고용에 미치는 영향이 매우 적을 것"이라는 점이다. 현재 구조에서 제도적 개혁이 없다면 앞으로 더욱 축소된 규모로 상용직이 비탄력적으로 유지될 가능성이 높고, 이는 대기업 실적행진과 무관하게 계속될 것이라는 전망이 가능하다.

4) 취약계층에 집중된 고용타격, 완충지대가 없다

2009년 고용위기의 특징은, 대량 해고로 몸살을 앓은 쌍용차 사례의 경우가 있기는 하지만 대기업 상용직과 같은 안정적인 일자리는 비교적 타격이 덜한 반면, 대신에 고용 취약계층은 거의 외환위기에 버금할 정도의 타격을 받고 있다는 사실이다. 대기업에서 안정되게 일하는 직장인들이 잠시 불안감을 갖다가 곧 잊어버린 것과 달리, 임시 일용직과 청년, 여성과 자영업인들은 또 다시 생계걱정에 날을 지새워야 했다는 뜻이다.

취약계층에게 집중된 고용충격은 외환위기 당시와 전혀 다른 고용구조로 인해 발생한 것이고 이는 앞으로의 고용위기 해소 방향에도 큰 영향을 줄 가능성이 있다. 즉, 외환위기시에는 정규직의 급격한 일자리 감소를 임시 일용직이나 자영업이 흡수해주면서 일종의 '고용 완충지대' 역할을 하여 고용 회복을 시작했다. 그러나 지금은 상용직 고용이 축소된 형태로 현상유지를 하는 동안, 고용시장에서 떨어져 나간 임시 일용직과 특히 자영업은, 향후 완만한 경기회복세가 된다 하더라도 다시 자기자리로 되돌아오지 못한 채 상당기간 아예 고용시장에서 이탈할 가능성이 높다는 것이다. 왜냐하면 지금은 이들을 고용시장에서 받아줄 완충지대가 실업대열 말고는 더 이상 없기 때문이다.

임시 일용직과 자영업이라는 측면 외에 또 다른 각도로 고용 취약계층에게 집중된 충격을 발견할 수도 있다. 취업자 감소의 90퍼센트 이상을 차지하는 여성 고용감소가 두드러지다는 점이고, 노동시장에 신규로 진입해야 할 청년들의 취업감소가 더욱 심화되고 있다는 사실이 그것이다.

특히, 외환위기 당시와 비교하여 연령대별 취업자 증감에서 몇 가지 눈에 띄는 차이점이 있다. 첫째, 20대는 예나 지금이나 고용위기에 가장 취약하다는 것이다. 물론 이번에는 정부의 청년 인턴 지원 등의 효과로 20대 고용이 일시적으로 호전되었지만 이는 연말까지 한시적일 가능성이 높다.

둘째는, 감소폭으로 보면 30대의 일자리 감소가 가장 크다는 점이다. 정확한 측정은 어렵지만 이는 대략 평균 취업 연령이 남성 기준 29세까지 높아지면서 최초 취업이 늦어진 30대 청년들의 고용악화가 반영되었을 가능성이 있고, 또 하나는 최근 몇 년간 취업한 청년들의 일자리가 정규직보다는 임시 일용직일 가능성이 높았음을 암시할 수 있다. 실제로 30대 실직자 가운데 여성들이 많았던 사실은 이들이 주로 임시 일용직으로 취업했을 개연성을 높이고 있다.

셋째는, 외환위기 당시 가장 타격을 덜 받았고 회복도 빨랐던 40대가 50대 이상 보다도 취업자 감소폭이 크게 나타나고 있다는 사실이다. 이는 외환위기 당시와 달리 40대 역시 이미 임시 일용직이나 자영업 등에 상당수 포진해 있었기 때문일 가능성과, 제조업과 건설업 부문에 종사하는 40대들이 일자리를 잃어버리면서 나타난 결과일 가능성이 존재한다. 반면 50대와 60대 이상은 정부의 희망근로 채용 등으로 인해 다시 고용 증가세로 돌아선다.

연령대별로 살펴본 결과를 요약하면, 최근 고용시장 구조 변화로 인해 청년 고용불안 여파가 20대를 넘어 30대로 확산되고 있다는 점, 주로 한 가정의 가장일 가능성이 높은 30대와 40대에도 광범위하게 임시 일용직이 분포되어 있어 현재의 고용구조가 우리 가정 가계 운용의 안정성을 크게 흔들고 있다는 점이 외환위기 당시와 구조적으로 달라진 고용시장의 특징이라고 할 수 있다.

5) 경기회복의 주력 제조업, 고용회복의 주력은 아니다

2009년 경제위기로 인한 고용구조 변동 가능성의 세 번째 특징은, 기존에 고용책임을 주로 담당했던 제조업, 건설업, 도소매업 등의 주력 산업분야에서 고용 흡수 능력이 현저히 떨어졌고, 앞으로 더욱 약화될 것이라는 사실이다.

외환위기 이후 정리해고 된 노동자들을 흡수하며 한때 초과잉상태로까지

팽창했던 도소매업 중심의 서비스 자영업은, 2003년 카드대란 이후 자체 구조조정을 시작하면서 지속적으로 고용이 축소되어왔고 이번 금융위기 이후에는 가장 큰 감소폭을 보이며 줄어들고 있다.

또한 그 동안 고용 확대에 일정한 기여를 해왔던 한국의 전통적 고용창출 선도 분야인 건설업도 이명박 정부의 기대와 달리 엄청난 정부예산을 쏟아부으며 일자리 창출을 전망했으나 역시 마이너스 10만 명 이상의 감소세를 이어가고 있다. 더구나 최근 반도체, LCD, 휴대폰, 자동차 등 핵심 제조업들이 글로벌 시장 점유율을 확대하면서 경기 조기회복의 견인차 역할을 하면서 세계 시장에서 주가를 올려가고 있지만 제조업에서의 고용 감소폭은 대기업에서조차 줄어들지 않고 있는 실정이다. 이 모든 산업분야에서 떨어져 나온 실업자 규모만큼을 현재는 정부의 재정을 투입해 2009년 1월에 비해 100배 이상 취업자 증가수가 늘어난 공공분야 고용으로 대신하고 있다는 것이다.

그 결과, 최소 400만 명 이상의 고용을 꾸준히 유지했던 제조업이 2007년에 400만 명 밑으로 주저앉았고 2009년 8월에는 370만 명으로 떨어졌다. 단일 산업으로만 180만 명이라는 엄청난 고용을 지탱했던 건설업도 올해에 160만 명 수준으로 취업자 수가 추락했다. 과거에 그나마 서비스업종으로 몰렸던 구직 인력들도 지금은 영세한 도소매업의 과잉팽창을 이기지 못하고 가혹한 자체 구조조정에 더해, 대형 유통자본 골목상권 잠식에 설자리를 잃고 있는 실정이다. 금융위기 여파로 금융 분야에서는 전혀 일자리가 늘지 않고 있음은 물론이고 구체적 내용도 없는 '녹색산업'에서의 새로운 일자리 창출은 아직 요원하기만 하다.

고용창출을 중심으로 이 모든 사실을 본다면, 이제 한국의 산업이 전통적인 제조업과 건설업으로 고용을 이끌고 나갈 수 없다는 것을 보여준다. 대신 서비스 산업, 그것도 이미 과잉된 도소매업이 아니라 '공적인 사회서비스 산업'을 적극적으로 육성하여 고용창출과 사회안전망 확보를 동시에 달성하면서 산업 구조전환의 기회로 삼아야 한다는 것이다.

6) '실질적 고실업 국가'로 변화여부

지금까지의 고용구조 변화를 요약하면, 상용직과 같은 안정적인 일자리는 고용 축소도 적은 대신 고용 확대도 미미할 것이고, 고용 취약계층은 거의 외환위기에 버금갈 정도의 고용 감소 타격을 받고 있는 상황이다. 한때 '이태백', '삼팔선', '사오정', '오륙도'라는 말이 유행어가 된 적이 있지만 지금이야 말로 20대에서 50대까지 모든 취업 연령대에서 고용불안을 넘어 노동시장 이탈 가능성마저 상존하고 있다. 아울러 전통적 고용책임분야였던 제조업, 건설업, 도소매업은 대기업의 글로벌 선방이나 정부의 막대한 재정지출에도 불구하고 고용창출 효과를 내지 못하고 있다.

향후에 경기회복과 함께 어떻게 변할 것인가? 현재 시점에서 전망은 다음과 같다.

첫째, 국가가 고용 추락을 임기응변식으로 막고 있지만 희망근로도 올해 25만 명 규모에서 10만 명 수준으로 줄이기 시작하는 내년 초부터 빠르게 효력을 상실할 것이다. 둘째, 자영업의 축소 구조조정 추세는 경기회복과 무관하게 향후 상당기간 지속될 것이다. 셋째, 경기회복의 한 축을 담당하고 있는 글로벌 대기업의 고용 창출능력은 수익창출 실적에 비해서 미미한 수준을 탈피하기 어려울 것이다. 다섯째, 건설업의 고용 창출능력은 앞으로는 기대하기 어렵다. 여섯째, 녹색 산업 등 정부가 추진하려고 하는 신산업은 당분간 고용창출 효과가 빠르게 나올 분야는 아니다.

결국 지금과는 또 다른 노동시장의 구조 변동이 예고되고 있다 할 것이다. 이른바 노동시장 이탈 구조화(비경제활동 인구 확대)나 구조적 실업 상시화 가능성이다. 이미 2004년 카드 대란에서 벗어난 이후 비경제활동 인구는 꾸준히 늘어나고 있고, 이와 반비례하여 경제활동 인구(취업자와 구직자)는 증가폭이 감소해왔다. 2009년 1~5월까지는 아예 전년 대비 마이너스 3만 명 수준으로 떨어진 경제활동인구 증가수는 6월에 희망근로 효과로 겨우 플러스로 돌아섰다.

이런 상황에 대해 실업기간이 장기화 될 경우 적극적인 구직의욕이 감퇴하고 교육이나 훈련 부족으로 인해 재고용 가능성이 감소하게 되어 구조적 실업(structured unemployment)이 증가하거나 노동시장 이탈로 이어질 가능성도 있다. 경제위기의 조기 회복 여부와 무관하게 향후 노동시장은 외환위기로 만들어진 '상시적 고용불안' 체제가 다시 구조변동을 겪으며 이제는 '실질적 고실업' 체제로 접어들 가능성이 높아지고 있다.

이미 2000년대 이후 공식적인 실업률이 3퍼센트 수준을 맴돌고 있는 동안, 실질 실업률은 지난 10여 년 동안 단계적으로 상승해왔다. 공식 실업자에 더해서 비경제활동 인구로 계산되어 있는 취업 준비를 위한 통학생, 취업 준비자, 쉬었음, 18시간미만 취업자 중 추가 취업 희망자를 모두 더한 실질 실업률은 2004년까지는 9퍼센트(230만 명대), 2005년~2008년 기간에는 10퍼센트 수준(270만 명대)이었다가 2009년 들어오면서 12퍼센트(300만 명대) 수준으로 높아진다. 공식실업자 90여만 명의 3배가 넘는 수자로 커진 것이다. 문제는 지속적으로 상승해온 실질 실업률이 다시 하락할 가능성이 그다지 높지 않다는 사실이다. 외환위기 이후 지금까지 진행되어온 노동시장 변화 추세로 보건데, 앞으로 고용시장 지형은 청년의 노동시장 진입 지체가 계속되고, 정규직이 정체되고 고령화되는 가운데, 임시 일용직 등 비정규직은 정부의 청년인턴과 희망근로 시한이 만료되면 일부는 경기회복으로 흡수되겠지만 일부는 노동시장을 이탈할 것이며, 여성의 고용축소도 원상회복되기는 어렵고, 자영업 고용 축소도 당분간 계속될 것이며, 일부 고령층은 거꾸로 질 낮은 일자리로 역류하는 현상까지 벌어지면서 전반적으로 노동시장에서의 고용 이탈이 지속되는 추세로 갈 가능성이 있다는 것이다.

7) '고실업 상시화'의 징후가 고용보험에 줄 충격

앞으로 예상되는 고실업 상시화 징후가 가장 먼저 충격을 줄 것은 고용보험 시스템이 될 것이다. 고실업 가능성에 대비한 가장 시급한 대책은 실업자에 대한 생계와 재취업 대책이고 그 다음으로 신규 일자리 창출대책, 마지막으로는 고용을 보호할 제도적 개혁이 뒤따라 올 것이기 때문이다.

전체 경제활동 인구 가운데 고용보험 가입자가 40퍼센트도 안 될 정도로 아직 포괄범위가 제한되어 있음에도 불구하고, 2009년 경제위기 이후 이미 실업급여 수급자는 매월 공식 실업자의 절반에 가까운 40만 명 수준을 돌파했다.

문제는 이처럼 매우 제한된 수준의 고용보험제도 아래에서도 실업급여가 폭발적으로 늘어나고 있고, 여기에 고용보험기금에서 지출되는 고용유지 지원금까지 크게 증가하는데도 고용보험재정에 문제가 없는 것인가 하는 점이다. 물론 고용보험재정은 당해년도를 기준으로 볼 때 이미 2007년부터 적자를 기록해왔다. 다만 그 이전부터 누적된 적립금의 여유가 있어 이를 보충하고 있을 뿐이었다.

그 결과, 2009년에 거의 5조 원에 육박하는 실업급여 지출이 예정되어 있고, 기타 고용안정지원금과 직업능력개발지원금 그리고 모성보호지원금도 모두 합해 3조 가까운 금액이 지출될 것을 예상한다면, 2008년 까지만 해도 8조 2,000억 원이 넘었던 고용보험 적립금은 2009년 말 기준으로는 무려 3조 2,000억 원 이상이 감소할 것으로 예상되고 있는 실정이다. 정부의 실업급여 지출액도 급증하게 된다. 올해 실업급여 예상 지출액은 5조 4,669억 원이다. 최저임금 인상 폭을 감안하면 내년 해당 지출액은 최소 6조 3,635억 원으로 늘어난다. 8,965억 원 급증한 규모다. 정부 관계자는 “최저임금의 급격한 인상으로 고용보험 고갈 시기가 앞당겨질 것”이라고 우려했다.

기획재정부는 2017년 실업급여 재원인 고용보험기금이 2020년 바닥날 것으로 예상했다. 출산 전후 휴가급여(하한액 최저임금의 100%), 산업재해보상금(하한액 최저임금의 100%), 새터민지원금(월 최저임금의 200%) 등도 최저임금이 산정 기준이다.

향후에 실업급여지급의 지속으로 인한 고용보험기금 고갈의 가능성은 없는가? 오히려 국민연금 고갈 가능성에 대비해야 할 것이 아니라 고용보험기금 고갈 가능성에 대비해야 하는 것은 아닌가? 경기가 회복된다 하더라도 정부 기대와 달리 느린 회복세가 장기화될 경우 충분히 가능성이 있다. 자영업 등으로 고용보험 적용을 확대하거나 지급 비중을 높일 경우에는 더욱 그러하다.

그런데 이 대목에서 확인해야 할 문제는 지금까지 실업급여 지급이나 고용유지 지원금과 같은 자금이 정부가 아니라 노동자와 기업이 그동안 적립해 온 재원으로 스스로 자구책을 마련하고 있다는 사실이다. 노동부가 임의로 자금집행을 해서 정부가 생색을 내고 있을 뿐이다. 이대로라면 조만간 정부가 국민연금과 건강보험료 인상 등과 유사하게 고용보험료 인상을 들고 나올 가능성이 얼마든지 있다.

고용은 현재 상황에서 가장 중요한 사회안전망 대책이자 복지일 수밖에 없으므로 정부는 국민에 대한 고용 책임을 다하기 위해서라도 '일반재정'을 고용보험기금에 출연하는 것을 적극적으로 검토하면서 고용보험 적용 대상을 대폭 확대하는 사실상의 '전국민고용보험제도'를 시작할 필요가 절실하다.

온디맨드 경제에 맞는 노동시스템인 노동 4.0시대 전체 일자리의 수에 대한 전망은 불확실하지만 중숙련 정규직의 일자리가 기계와 로봇으로 대체될 가능성이 높다는 것만은 분명하다. 또 고용의 유연화로 노동시장의 재진입이 힘들었던 비경제 활동 인구의 일부가 노동시장에 재진입할 수 있을 것으로 예측된다.

프리랜서와 1인 기업 근로자들은 실업이 심각할 때는 무한히 스스로를 착취하게 될 수 있다. 노동 4.0시대 기술의 이러한 도전에 대한 노동의 응전이 필요한 시기다.

로봇과 기계로부터 축출될 위기에 처해있거나 로봇 또는 기계와 일자리를 나눠야하는 중숙련 노동자들의 경영참여권의 확보가 이뤄질 전망이다. 다양한 비정규 노동, 특히 월급을 받지 않는 특수형태 근로자를 위해 국가가 사회보장보험을 운영하고 전 국민이 그 대상이 되는 과거 북구식 사회보장제도의 도입이 필요할 것으로 보인다. 여기에 최저임금 1만원제 도입도 한몫을 할 것이다.

CHAPTER

11

산업재해보상보험의 이해

제1절 산업재해보상보험의 개관

1. 산업재해보상보험의 개요

1) 고용보험의 성격

산재보험은 1960년대 공업화가 진전되면서 산업재해 발생이 급격히 증가하여 영세한 사업주의 재산만으로는 업무상 재해를 당한 근로자에게 「근로기준법」에 따른 재해보상을 할 수 없는 경우가 많아졌다.

이에 따라 「근로기준법」에 따른 재해보상을 받을 권리는 있으나 사업주 등의 무자력(無資力)으로 인해 재해보상을 받지 못하는 근로자를 보호하기 위해 1964년 「산업재해보상보험법」이 제정되어, 국가가 사업주로부터 일정한 보험료를 징수하여 그 보험료로 마련된 재원으로 업무상 재해를 당한 근로자에게 사업주를 대신하여 「근로기준법」에 따른 재해보상 대신 산업재해보상 보험급여를 지급하는 산업재해보상보험 제도가 시행되게 되었다(무과실 책임, 정액 · 정률보상).

또한 「민법」 상 손해배상청구로서 다른 사람의 고의 또는 과실로 인한 위법행위로 손해를 입은 사람은 그 사람에게 손해배상을 청구할 수 있다.

따라서, 사업주 등의 고의 또는 과실로 업무상 재해를 당한 근로자는 사업주 등을 상대로 업무상 재해에 대한 손해배상을 청구할 수 있다(고의 · 과실 책임, 실제로 받은 손해액 배상).

그러나, 「민법」 상의 손해배상은 사업주 등의 고의 또는 과실을 근로자가 입증해야 하고, 민사재판이 확정되기까지는 비교적 장기간의 기간이 필요하기 때문에, 「근로기준법」은 1953년 제정 당시부터 근로자가 업무상 재해를 당한 경우 사업주로부터 요양보상, 휴업보상, 장해보상 등의 재해보상을 받을 수 있도록 정하여, 사업주의 고의 · 과실 존재 여부와 상관없이 일정한 재해보상을 하도록 하고 있다(무과실 책임, 정액 · 정률보상).

2) 산업재해보상보험의 목적

산업재해보상보험은 근로자의 업무상의 재해를 신속하고 공정하게 보상하며, 재해근로자의 재활 및 사회 복귀를 촉진하기 위하여 이에 필요한 보험시설을 설치·운영하고, 재해 예방과 그 밖에 근로자의 복지 증진을 위한 사업을 시행하여 근로자 보호에 이바지하는 것을 목적으로 한다.

산업재해보상보험 사업은 고용노동부장관이 관장하고 보험사업의 보험연도는 정부의 회계연도에 따른다.

국가는 회계연도마다 예산의 범위에서 보험사업의 사무 집행에 드는 비용을 일반회계에서 부담하여야 한다.

국가는 회계연도마다 예산의 범위에서 보험사업에 드는 비용의 일부를 지원할 수 있으며 보험사업에 드는 비용에 충당하기 위하여 징수하는 보험료나 그 밖의 징수금에 관하여는 「고용보험 및 산업재해보상보험의 보험료징수 등에 관한 법률」에서 정하는 바에 따른다.

산업재해보상보험은 업무상 재해를 당한 근로자의 보호를 위해 국가가 시행하는 의무보험으로서 업무상 사유로 부상 또는 질병을 당한 근로자에게 요양급여, 휴업보상, 장해급여 등을 제공하는 사회보험이다.

산업재해(산재)를 당한 근로자가 산업재해보상 보험급여를 지급받으려면 산업재해보상보험에 가입된 사업의 근로자이어야 하고, 그 재해가 업무상 재해로 인정되어야 한다.

"업무상의 재해"란 업무상의 사유에 따른 근로자의 부상·질병·장해 또는 사망을 말하며, "근로자"·"임금"·"평균임금"·"통상임금"이란 각각 「근로기준법」에 따른 "근로자"·"임금"·"평균임금"·"통상임금"을 말한다. 다만, 「근로기준법」에 따라 "임금" 또는 "평균임금"을 결정하기 어렵다고 인정되면 고용 노동부장관이 정하여 고시하는 금액을 해당 "임금" 또는 "평균임금"으로 한다.

"유족"이란 사망한 자의 배우자(사실상 혼인 관계에 있는 자를 포함한다)·자녀·부모·손자녀·조부모 또는 형제자매를 말하며, "치유"란 부상 또는 질병이 완치되거나 치료의 효과를 더 이상 기대할 수 없고 그 증상이 고정된 상태에 이르게 된 것을 말한다. "장해"란 부상 또는 질병이 치유되었으나 정신적 또는 육체적 훼손으로 인하여 노동능력이 상실되거나 감소된 상태를 말하며, "폐질"이란 업무상의 부상 또는 질병에 따른 정신적 또는 육체적 훼손으로 노동능력이 상실되거나 감소된 상태로서 그 부상 또는 질병이 치유되지 아니한 상태를 말한다.

산업재해로 인한 노동자의 건강파괴와 노동력 상실은 개인과 그 가족의 생존권 문제와 직결될 뿐만 아니라, 거시적인 측면에서 볼 때 경제적 손실, 노사 간의 갈등, 안정적 노동력 재생산정책에 대한 위협을 초래하므로 서구의 선진 산업국가들은 일찍부터 이에 대한 대응기제로써 산재보험제도를 실시해왔다. 산재보험제도는 노동과정에서 발생하는 산업재해와 관련하여 근로자와 그 가족의 기본적인 생존권(노동력회복과 생활보장)을 확보하기 위해 급여가 제도화된 대표적 제도이다.

3) 산업재해보상보험제도의 특징

산업재해보상보험제도에 관한 구체적인 사회입법은 근로기준법이며, 강제노동재해보험유형에 속한다. 보험관계는 정부는 보험자, 사업주는 보험가입자, 근로자는 보험계약자로서 근로자는 피보험자의 개념이 성립되지 않으며 사용자의 무과실책임 원칙이 적용된다. 주로 제조업체에 해당되며 근로복지가 잘 발전된 국가일수록 산업재해보상보험제도를 무시한다. 사용자의 무과실책임 원칙 하에 근로자를 보호하므로 비용은 전액 사업주가 부담하며 사용주의 고의 및 과실의 경우가 발생하며 별도의 손해배상청구를 할 수 있도록 제도화하였다.

자진신고, 자진납부의 원칙이 적용되며 개별노동자 단위가 아닌 사업장 단위로 산재보험관리가 운영된다.

무과실책임제도란 산업재해를 불법행위의 입장에서 보면, '과실 없으면 책임 없다.'고 하는 로마법 이래의 과실책임주의의 원칙이 적용된다. 이 경우 사용자의 과실에 기한 산업재해가 아닌 한 그 책임은 생기지 아니하고, 사용자에게 과실이 있다고 하더라도 그 입증이 용이하지 않다. 사용자의 무과실책임주의의 인정은 이 사회에 실재하는 자본가와 노동자의 관계를 자유의사에 방임하지 않고 오히려 간섭함으로써 당사자의 자유와는 무관하게 합리적인 노동관계를 창설하여 근로자에게 실질적인 자유를 보장하여 주고자 하는 것이다.

산재보상입법의 방식은 다음과 같다.

산재보상입법의 방식은 직접보상방식과 사회보험방식이다.

직접보상방식은 영국형인 직접보상방식은 근로계약에 입각한 것이다. 즉, 근로협약의 당사자인 사용자가 직접적으로 피재근로자에 대하여 보상책임을 지는 형태로 직접보상방식에 있어서는 보상책임은 근로관계와 중복되고 보상규정은 필연적으로 근로조건의 보호규정으로서의 의미를 가지게 된다.

사회보험방식은 독일형인 사회보험방식은 직접보상방식과는 달리 개별적인 기업 내지 사용자가 피재근로자에 대하여 직접적으로 보상의무를 부담하는 것이 아니라, 보상관계는 보험기관과 피재근로자 간에 존재한다. 근로관계 당사자인 사용자와 피재근로자의 관계는 보험기관의 개입에 의해서 간접적인 것이 되며, 피재보상의 관계는 근로관계와 직접적으로 중첩되지 않고 근로관계와는 분리되어 그 기능도 근로조건의 보호라는 측면보다도 오히려 질병보험이나 노령보험 등 사회보험정책의 하나로서 총자본에 대한 노동력 보전이라는 관점에서 이해하게 되었다.

2. 산재보험 보상원칙

보상원칙은 다음과 같다.

첫째, 산업재해의 인정에 관한 원칙이다.

산업재해에 있어서 무엇보다 재해를 입은 근로자와 그 가족의 구제라는 기본에 입각하여 의심나는 것은 보상해야 한다는 원칙을 말한다.

둘째, 산업재해의 치료와 보상의 원칙이다.

장기요양 중 또는 상병의 치유 후에도 장애가 남아 노동능력이 저하되었을 때 해고제한 및 직장복귀의 권리가 보장되어야 하며, 요양에 필요한 비용 및 치료행위 그리고 재활은 모두 보상되어야 한다는 원칙을 말한다.

셋째, 유족보상의 원칙이다.

유족에 대한 보상은 먼저 유족이 안심하고 생활할 수 있는 임금보상이 이루어져야 한다는 원칙이다.

제2절 산업재해보상보험의 적용대상

1. 당연적용대상

적용범위는 산업재해보상법은 모든 사업 또는 사업장에 적용한다. 다만 사업의 위험률, 규모 및 사업장소 등을 참작하여 대통령령이 정하는 사업은 적용되지 않는다. 보험가입자는 1인 이상 사업장의 사업주는 당연히 산업재해보상보험의 보험가입자가 된다. 보험의 의제가입은 사업주가 보험의 당연가입자이었던 사업장이 사업규모의 변동 등으로 인하여 당연가입자에서 제외된 경우에도 당해 사업주는 보험에 가입한 것으로 본다.

1) 보험관계 신고 의무

당연히 산재보험의 가입자가 된 사업주는 그 보험관계가 성립한 날부터 14일 이내에, 사업의 폐지 · 종료 등으로 인해 보험관계가 소멸한 경우에는 그 보험관계가 소멸한 날부터 14일 이내에 근로복지공단에 보험관계의 성립 또는 소멸의 신고를 해야 한다(규제 「고용보험 및 산업재해보상보험의 보험료징수 등에 관한 법률」 제11조제1항 본문).
다만, 보험관계가 성립한 날부터 14일 이내에 종료되는 사업의 경우에는 종료일 전날까지 그 보험관계의 성립신고를 해야 한다.

2) 보험관계의 성립신고 절차

보험관계의 성립을 신고하려는 사업주는 보험관계 성립신고서(건설공사 및 벌목업의 경우에는 건설공사 및 벌목업 보험관계 성립신고서)에 다음의 서류를 첨부하여 근로복지공단에 제출해야 한다.

① 도급계약서(공사비명세서를 포함)

② 건축 또는 용도변경 등에 관한 허가서 또는 신고확인증 사본(건설공사인 경우에만 해당함)

(3) 보험관계의 소멸신고 절차

보험관계의 소멸을 신고하려는 사업주는 보험관계 소멸신고서(건설공사 및 벌목업의 경우에는 건설공사 및 벌목업 보험관계 소멸신고서)를 근로복지공단에 제출해야 한다.

2. 적용제외사업

근로자를 사용하는 모든 사업 또는 사업장(이하 "사업"이라 한다)에 적용한다. 다만, 위험률·규모 및 장소 등을 고려하여 대통령령으로 정하는 사업에 대하여는 이 법을 적용하지 아니한다.

적용제외사업은 산업재해보상보험법에서 적용제외대상으로 "대통령령으로 정하는 사업"이란 다음 어느 하나에 해당하는 사업 또는 사업장을 말한다.

① 「공무원연금법」 또는 「군인연금법」에 따라 재해보상이 되는 사업

② 「선원법」, 「어선원 및 어선 재해보상보험법」 또는 「사립학교교직원 연금법」에 따라 재해보상이 되는 사업

③ 「주택법」에 따른 주택건설사업자, 「건설산업기본법」에 따른 건설업자, 「전기공사업법」에 따른 공사업자, 「정보통신공사업법」에 따른 정보통신공사업자, 「소방시설공사업법」에 따른 소방시설업자 또는 「문화재수리 등에 관한 법률」 제2조제5호에 따른 문화재수리업자가 아닌 자가 시공하는 다음 어느 하나에 해당하는 공사

㉠ 「고용보험 및 산업재해보상보험의 보험료징수 등에 관한 법률 시행령」 제2조제1항제2호에 따른 총공사금액(이하 "총공사금액"이라 한다)이 2천만 원 미만인 공사

ⓛ 연면적이 100제곱미터 이하인 건축물의 건축 또는 연면적이 200제곱미터 이하인 건축물의 대수선에 관한 공사

④ 가구 내 고용활동

⑤ 제1호부터 제4호까지의 사업 외의 사업으로서 상시근로자 수가 1명 미만인 사업

⑥ 농업, 임업(벌목업은 제외한다), 어업 및 수렵업 중 법인이 아닌 자의 사업으로서 상시근로자 수가 5명 미만인 사업

위의 사업의 범위에 관하여 특별한 규정이 없으면 「통계법」에 따라 통계청장이 고시하는 한국표준산업분류표에 따른다.

그리고 총공사금액이 2천만 원 미만인 건설공사가 「고용보험 및 산업재해보상보험의 보험료징수 등에 관한 법률」에 따라 일괄적용을 받게 되거나 설계변경(사실상의 설계변경이 있는 경우를 포함한다)으로 그 총공사금액이 2천만 원 이상으로 되면 그 때부터 법의 적용을 받는다.

산재보험에 가입하지 않은 사업장에서의 재해에서 사업주가 산재보험에 가입하지 않은 상태(산재보험 가입신고를 하여야 할 기한이 만료된 다음날부터 보험가입 신고를 하기 전 기간)에서 재해가 발생하더라도 해당 사업이 당연 가입 대상이면 업무상 재해를 당한 근로자는 산업재해보상 보험급여를 받을 수 있다.

보험계약의 해지는 그 보험계약이 성립한 보험연도가 종료된 이후에 해야 한다.

또한 산재보험 가입자인 사업주가 보험료를 납부하지 않은 경우에도 근로자는 산업재해보상 보험급여를 받을 수 있다.

제3절 보험급여

1. 보험급여

보험급여의 종류는 다음과 같다. 다만, 진폐에 따른 보험급여의 종류는 요양급여, 간병급여, 장의비, 직업재활급여, 진폐보상연금 및 진폐유족연금으로 한다.

① 요양급여
② 휴업급여
③ 장해급여
④ 간병급여
⑤ 유족급여
⑥ 상병(傷病)보상연금
⑦ 장의비(葬儀費)
⑧ 직업재활급여

보험급여를 산정하는 경우 해당 근로자의 평균임금을 산정하여야 할 사유가 발생한 날부터 1년이 지난 이후에는 매년 전체 근로자의 임금 평균액의 증감률에 보험급여를 산정하는 경우 해당 근로자의 평균임금을 산정하여야 할 사유가 발생한 날부터 1년이 지난 이후에는 매년 전체 근로자의 임금 평균액의 증감률에 따라 평균임금을 증감하되, 그 근로자의 연령이 60세에 도달한 이후에는 소비자물가변동률에 따라 평균임금을 증감한다. 다만, 제6항에 따라 산정한 금액을 평균임금으로 보는 진폐에 걸린 근로자에 대한 보험급여는 제외한다. 위의 전체 근로자의 임금 평균액의 증감률 및 소비자물가변동률의 산정 기준과 방법은 대통령령으로 정한다. 이 경우 산정된 증감률 및 변동률은 매년 고용노동부장관이 고시한다. 전체 근로자의 임금 평균액의 증감률 및 소비자물가변동률의 산정 기준과 방법은 다음과 같다.

평균임금의 증감은 보험급여 수급권자의 신청을 받아 하거나 공단이 직권으로 할 수 있다.

(1) 요양급여

요양급여는 근로자가 업무상의 사유로 부상을 당하거나 질병에 걸린 경우에 그 근로자에게 지급한다.

요양급여는 산재보험 의료기관에서 요양을 하게 한다. 다만, 부득이한 경우에는 요양을 갈음하여 요양비를 지급할 수 있다.

부상 또는 질병이 3일 이내의 요양으로 치유될 수 있으면 요양급여를 지급하지 아니한다.

요양급여의 범위는 다음과 같다.

① 진찰 및 검사
② 약제 또는 진료재료와 의지(義肢) 그 밖의 보조기의 지급
③ 처치, 수술, 그 밖의 치료
④ 재활치료
⑤ 입원
⑥ 간호 및 간병
⑦ 이송
⑧ 그 밖에 고용노동부령으로 정하는 사항

요양급여(진폐에 따른 요양급여는 제외)를 받으려는 자는 소속 사업장, 재해발생 경위, 그 재해에 대한 의학적 소견, 그 밖에 고용노동부령으로 정하는 사항을 적은 서류를 첨부하여 공단에 요양급여의 신청을 하여야 한다. 이 경우 요양급여 신청의 절차와 방법은 고용노동부령으로 정한다. 근로자를 진료한 산재보험 의료기관은 그 근로자의 재해가 업무상의 재해로 판단되면 그 근로자의 동의를 받아 요양급여의 신청을 대행할 수 있다.

요양급여의 신청을 한 자는 공단이 요양급여에 관한 결정을 하기 전에는 「국민건강보험법」 요양급여 또는 「의료급여법」에 따른 의료급여(이하 "건강보험 요양급여 등"이라 한다)를 받을 수 있다. 건강보험 요양급여 등을 받은 자가 「국민건강보험법」 또는 「의료급여법」에 따른 본인 일부 부담금을 산재보험 의료기관에 납부한 후에 요양급여 수급권자로 결정된 경우에는 그 납부한 본인 일부 부담금 중 요양급여에 해당하는 금액을 공단에 청구할 수 있다.

요양급여를 받은 자가 치유 후 요양의 대상이 되었던 업무상의 부상 또는 질병이 재발하거나 치유 당시보다 상태가 악화되어 이를 치유하기 위한 적극적인 치료가 필요하다는 의학적 소견이 있으면 다시 요양급여(이하 "재요양")를 받을 수 있다.

(2) 휴업급여

휴업급여는 업무상 사유로 부상을 당하거나 질병에 걸린 근로자에게 요양으로 취업하지 못한 기간에 대하여 지급하되, 1일당 지급액은 평균임금의 100분의 70에 상당하는 금액으로 한다. 다만, 취업하지 못한 기간이 3일 이내이면 지급하지 아니한다.

부분휴업급여는 요양 또는 재요양을 받고 있는 근로자가 그 요양기간 중 일정기간 또는 단시간 취업을 하는 경우에는 그 취업한 날 또는 취업한 시간에 해당하는 그 근로자의 평균임금에서 그 취업한 날 또는 취업한 시간에 대한 임금을 뺀 금액의 100분의 90에 상당하는 금액을 지급할 수 있다. 다만, 최저임금액을 1일당 휴업급여 지급액으로 하는 경우에는 최저임금액(감액하는 경우에는 그 감액한 금액)에서 취업한 날 또는 취업한 시간에 대한 임금을 뺀 금액을 지급할 수 있다.

위의 단시간 취업하는 경우 취업하지 못한 시간(8시간에서 취업한 시간을 뺀 시간을 말한다)에 대하여는 규정에 따라 산정한 1일당 휴업급여 지급액에 8시간에 대한 취업하지 못한 시간의 비율을 곱한 금액을 지급한다.

저소득 근로자의 휴업급여로 산정한 1일당 휴업급여 지급액이 최저 보상기준 금액의 100분의 80보다 적거나 같으면 그 근로자에 대하여는 평균임금의 100분의 90에 상당하는 금액을 1일당 휴업급여 지급액으로 한다. 다만, 그 근로자의 평균임금의 100분의 90에 상당하는 금액이 최저 보상기준 금액의 100분의 80보다 많은 경우에는 최저 보상기준 금액의 100분의 80에 상당하는 금액을 1일당 휴업급여 지급액으로 한다.
산정한 휴업급여 지급액이 「최저임금법」 시간급 최저임금액에 8을 곱한 금액(이하 "최저임금액")보다 적으면 그 최저임금액을 그 근로자의 1일당 휴업급여 지급액으로 한다.
고령자의 휴업급여를 받는 근로자가 61세가 되면 그 이후의 휴업급여는 규정에 따라 산정한 금액을 지급한다. 다만, 61세 이후에 취업 중인 자가 업무상의 재해로 요양하거나 61세 전에 업무상 질병으로 장해급여를 받은 자가 61세 이후에 그 업무상 질병으로 최초로 요양하는 경우 대통령령으로 정하는 기간에는 적용하지 아니한다.

(3) 장해급여

장해급여는 근로자가 업무상의 사유로 부상을 당하거나 질병에 걸려 치유된 후 신체 등에 장해가 있는 경우에 그 근로자에게 지급한다.
장해급여는 장해등급에 따라 장해보상연금 또는 장해보상일시금으로 하되, 그 장해등급의 기준은 대통령령으로 정한다. 신체부위별 장해등급 판정에 관한 세부기준은 고용노동부령으로 정한다.
장해보상연금 또는 장해보상일시금은 수급권자의 선택에 따라 지급한다. 다만, 대통령령으로 정하는 노동력을 완전히 상실한 장해등급의 근로자에게는 장해보상연금을 지급하고, 장해급여 청구사유 발생 당시 대한민국 국민이 아닌 자로서 외국에서 거주하고 있는 근로자에게는 장해보상일시금을 지급한다.
장해보상연금은 수급권자가 신청하면 그 연금의 최초 1년분 또는 2년분(제3항 단서에 따른 근로자에게는 그 연금의 최초 1년분부터 4년분까지)의 2분의 1에 상당하는 금액을 미리 지급할 수 있다. 이 경우 미리 지급하는 금액에 대하여는 100분의 5의 비율 범위에서 대통령령으로 정하는 바에 따라 이자를 공제할 수 있다.

장해보상연금 수급권자의 수급권이 소멸한 경우에 이미 지급한 연금액을 지급 당시의 각각의 평균임금으로 나눈 일수(日數)의 합계가 장해보상일시금의 일수에 못 미치면 그 못 미치는 일수에 수급권 소멸 당시의 평균임금을 곱하여 산정한 금액을 유족 또는 그 근로자에게 일시금으로 지급한다.

장해보상연금 또는 진폐보상연금의 수급권자가 다음의 어느 하나에 해당하면 그 수급권이 소멸한다.

① 사망한 경우
② 대한민국 국민이었던 수급권자가 국적을 상실하고 외국에서 거주하고 있거나 외국에서 거주하기 위하여 출국하는 경우
③ 대한민국 국민이 아닌 수급권자가 외국에서 거주하기 위하여 출국하는 경우
④ 장해등급 또는 진폐장해등급이 변경되어 장해보상연금 또는 진폐보상연금의 지급 대상에서 제외되는 경우

(4) 간병급여

간병급여는 제40조에 따른 요양급여를 받은 자 중 치유 후 의학적으로 상시 또는 수시로 간병이 필요하여 실제로 간병을 받는 자에게 지급한다.

간병급여의 지급 기준과 지급 방법 등에 관하여 필요한 사항은 대통령령으로 정한다.

위의 간병급여는 간병급여의 지급 대상에 해당되는 사람이 실제로 간병을 받은 날에 대하여 지급한다.

간병급여의 지급 기준은 「통계법」에 따른 지정통계 중 고용노동부장관이 작성하는 고용형태별 근로실태조사의 직종별 월급여총액 등을 기초로 하여 고용노동부장관이 고시하는 금액으로 한다. 이 경우 수시 간병급여의 대상자에게 지급할 간병급여의 금액은 상시 간병급여의 지급 대상자에게 지급

할 금액의 3분의 2에 해당하는 금액으로 한다.

(5) 유족급여

유족급여는 근로자가 업무상의 사유로 사망한 경우에 유족에게 지급한다.
유족급여는 유족보상연금이나 유족보상일시금으로 하되, 유족보상일시금은 근로자가 사망할 당시 유족보상연금을 받을 수 있는 자격이 있는 자가 없는 경우에 지급한다.
유족보상연금을 받을 수 있는 자격이 있는 자가 원하면 유족보상일시금의 100분의 50에 상당하는 금액을 일시금으로 지급하고 유족보상연금은 100분의 50을 감액하여 지급한다.
유족보상연금을 받던 자가 그 수급자격을 잃은 경우 다른 수급자격자가 없고 이미 지급한 연금액을 지급 당시의 각각의 평균임금으로 나누어 산정한 일수의 합계가 1,300일에 못 미치면 그 못 미치는 일수에 수급자격 상실 당시의 평균임금을 곱하여 산정한 금액을 수급자격 상실 당시의 유족에게 일시금으로 지급한다.
유족보상연금의 지급 기준 및 방법, 그 밖에 필요한 사항은 대통령령으로 정한다.
유족보상연금을 받을 수 있는 자격이 있는 자(이하 "유족보상연금 수급자격자"라 한다)는 근로자가 사망할 당시 그 근로자와 생계를 같이 하고 있던 유족(그 근로자가 사망할 당시 대한민국 국민이 아닌 자로서 외국에서 거주하고 있던 유족은 제외한다) 중 배우자와 다음의 어느 하나에 해당하는 자로 한다. 이 경우 근로자와 생계를 같이 하고 있던 유족의 판단 기준은 대통령령으로 정한다.

① 부모 또는 조부모로서 각각 60세 이상인 자
② 자녀 또는 손자녀로서 각각 19세 미만인 자
③ 형제자매로서 19세 미만이거나 60세 이상인 자
④ 위의 규정 중 어느 하나에 해당하지 아니하는 자녀 · 부모 · 손자녀 · 조

부모 또는 형제자매로서 「장애인복지법」에 따른 장애인 중 고용노동부령으로 정한 장애등급 이상에 해당하는 자

위의 내용을 적용할 때 근로자가 사망할 당시 태아(胎兒)였던 자녀가 출생한 경우에는 출생한 때부터 장래에 향하여 근로자가 사망할 당시 그 근로자와 생계를 같이 하고 있던 유족으로 본다.
유족보상연금 수급자격자 중 유족보상연금을 받을 권리의 순위는 배우자 · 자녀 · 부모 · 손자녀 · 조부모 및 형제자매의 순서로 한다.
유족보상연금 수급자격자인 유족이 다음 어느 하나에 해당하면 그 자격을 잃는다.

① 사망한 경우
② 사망한 근로자와의 친족 관계가 끝난 경우
③ 자녀 · 손자녀 또는 형제자매가 19세가 된 때
④ 장애인이었던 자로서 그 장애 상태가 해소된 경우
⑤ 근로자가 사망할 당시 대한민국 국민이었던 유족보상연금 수급자격자가 국적을 상실하고 외국에서 거주하고 있거나 외국에서 거주하기 위하여 출국하는 경우
⑥ 대한민국 국민이 아닌 유족보상연금 수급자격자가 외국에서 거주하기 위하여 출국하는 경우

유족보상연금을 받을 권리가 있는 유족보상연금 수급자격자(이하 "유족보상연금 수급권자"라 한다)가 그 자격을 잃은 경우에 유족보상연금을 받을 권리는 같은 순위자가 있으면 같은 순위자에게, 같은 순위자가 없으면 다음 순위자에게 이전된다.
유족보상연금 수급권자가 3개월 이상 행방불명이면 대통령령으로 정하는 바에 따라 연금 지급을 정지하고, 같은 순위자가 있으면 같은 순위자에게, 같은 순위자가 없으면 다음 순위자에게 유족보상연금을 지급한다.
유족 간의 수급권의 순위는 다음 각 호의 순서로 하되, 각 호의 자 사이에

서는 각각 그 적힌 순서에 따른다. 이 경우 같은 순위의 수급권자가 2명 이상이면 그 유족에게 똑같이 나누어 지급한다.

① 근로자가 사망할 당시 그 근로자와 생계를 같이 하고 있던 배우자・자녀・부모・손자녀 및 조부모
② 근로자가 사망할 당시 그 근로자와 생계를 같이 하고 있지 아니하던 배우자・자녀・부모・손자녀 및 조부모 또는 근로자가 사망할 당시 근로자와 생계를 같이 하고 있던 형제자매
③ 형제자매

위에서 부모는 양부모(養父母)를 선순위로, 실부모(實父母)를 후순위로 하고, 조부모는 양부모의 부모를 선순위로, 실부모의 부모를 후순위로, 부모의 양부모를 선순위로, 부모의 실부모를 후순위로 한다.
수급권자인 유족이 사망한 경우 그 보험급여는 같은 순위자가 있으면 같은 순위자에게, 같은 순위자가 없으면 다음 순위자에게 지급한다.
위 규정에도 불구하고 근로자가 유언으로 보험급여를 받을 유족을 지정하면 그 지정에 따른다.

(6) 상병(傷病)보상연금

요양급여를 받는 근로자가 요양을 시작한 지 2년이 지난 날 이후에 다음 요건 모두에 해당하는 상태가 계속되면 휴업급여 대신 상병보상연금을 그 근로자에게 지급한다.

① 그 부상이나 질병이 치유되지 아니한 상태일 것
② 그 부상이나 질병에 따른 폐질(廢疾)의 정도가 대통령령으로 정하는 폐질등급 기준에 해당할 것
③ 요양으로 인하여 취업하지 못하였을 것
② 상병보상연금은 별표 4에 따른 폐질등급에 따라 지급한다.

상병보상연금을 산정할 때 그 근로자의 평균임금이 최저임금액에 70분의 100을 곱한 금액보다 적을 때에는 최저임금액의 70분의 100에 해당하는 금액을 그 근로자의 평균임금으로 보아 산정한다.

위의 산정한 상병보상연금액을 365로 나눈 1일당 상병보상연금 지급액이 산정한 1일당 휴업급여 지급액보다 적으면 제54조에서 정한 바에 따라 산정한 금액을 1일당 상병보상연금 지급액으로 한다.

상병보상연금을 받는 근로자가 61세가 되면 그 이후의 상병보상연금은 별표 5에 따른 1일당 상병보상연금 지급기준에 따라 산정한 금액을 지급한다.

(7) 장의비(葬儀費)

장의비는 근로자가 업무상의 사유로 사망한 경우에 지급하되, 평균임금의 120일분에 상당하는 금액을 그 장제(葬祭)를 지낸 유족에게 지급한다. 다만, 장제를 지낼 유족이 없거나 그 밖에 부득이한 사유로 유족이 아닌 자가 장제를 지낸 경우에는 평균임금의 120일분에 상당하는 금액의 범위에서 실제 드는 비용을 그 장제를 지낸 자에게 지급한다.

장의비가 대통령령으로 정하는 바에 따라 고용노동부장관이 고시하는 최고 금액을 초과하거나 최저 금액에 미달하면 그 최고 금액 또는 최저 금액을 각각 장의비로 한다.

(8) 직업재활급여

직업재활급여의 종류는 다음과 같다.

① 장해급여 또는 진폐보상연금을 받은 자나 장해급여를 받을 것이 명백한 자로서 대통령령으로 정하는 자(“장해급여자”) 중 취업을 위하여 직업훈련이 필요한 자(훈련대상자)에 대하여 실시하는 직업훈련에 드는 비용 및 직업훈련수당

② 업무상의 재해가 발생할 당시의 사업에 복귀한 장해급여자에 대하여 사업주가 고용을 유지하거나 직장적응훈련 또는 재활운동을 실시하는 경

우에 각각 지급하는 직장복귀지원금, 직장적응훈련비 및 재활운동비

훈련대상자 및 장해급여자는 장해정도 및 연령 등을 고려하여 대통령령으로 정한다.
훈련대상자에 대한 직업훈련은 공단과 계약을 체결한 직업훈련기관에서 실시하게 한다.
직업훈련비용의 금액은 고용노동부장관이 훈련비용, 훈련기간 및 노동시장의 여건 등을 고려하여 고시하는 금액의 범위에서 실제 드는 비용으로 하되, 직업훈련비용을 지급하는 훈련기간은 12개월 이내로 한다.

2. 재해인정기준

1) 사고로 인한 업무상 재해의 인정기준

근로자가 다음의 어느 하나에 해당하는 업무상 사고로 부상 또는 장해가 발생하거나 사망하면 업무상 재해로 본다.

근로자가 근로계약에 따른 업무나 그에 따르는 행위를 하던 중 발생한 사고
사업주가 제공한 시설물 등을 이용하던 중 그 시설물 등의 결함이나 관리소홀로 발생한 사고이다.
사업주가 제공한 교통수단이나 그에 준하는 교통수단을 이용하는 등 사업주의 지배관리 하에서 출퇴근 중 발생한 사고이거나 사업주가 주관하거나 사업주의 지시에 따라 참여한 행사나 행사준비 중에 발생한 사고이다.
그리고 휴게시간 중 사업주의 지배관리 하에 있다고 볼 수 있는 행위로 발생한 사고, 그 밖에 업무와 관련하여 발생한 사고로서 업무와 사고로 인한 재해 사이에 상당인과관계가 있어야 한다.

위의 업무상 재해 인정기준에도 불구하고 업무와 업무상 사고로 인한 재해(부상 · 장해 · 사망) 사이에 상당인과관계(相當因果關係)가 없는 경우에는

업무상 재해로 보지 않는다.

여기서 "상당인과관계"란 일반적인 경험과 지식에 비추어 그러한 사고가 있으면 그러한 재해가 발생할 것이라고 인정되는 범위에서 인과관계를 인정해야 한다는 것을 말하며, 인과관계의 존재에 대한 입증책임은 보험급여를 받으려는 자(근로자 또는 유족)가 부담한다.

인과관계의 판단기준으로 업무와 재해사이의 인과관계의 상당인과관계는 보통평균인이 아니라 해당 근로자의 건강과 신체조건을 기준으로 해서 판단해야 한다.

인과관계의 입증 정도는 인과관계는 반드시 의학적, 과학적으로 명백하게 입증되어야 하는 것은 아니고, 근로자의 취업 당시의 건강상태, 발병 경위, 질병의 내용, 치료의 경과 등 제반 사정을 고려할 때 업무와 재해 사이에 상당인과관계가 있다고 추단되는 경우에도 인정된다.

인과관계 판단의 두 기준은 업무수행성과 업무기인성에 의하는 데 "업무수행성(業務遂行性)"이란 사용자의 지배 또는 관리 하에 이루어지는 해당 근로자의 업무수행 및 그에 수반되는 통상적인 활동과정에서 재해의 원인이 발생한 것을 의미한다.

"업무기인성(業務基因性)"이란 재해가 업무로 인하여 발생하였다고 인정되는 관계를 말한다.

업무수행성과 업무기인성의 관계는 1981.12.17. 법률 제3467호로 개정되기 전의 구 「산업재해보상보험법」 제3조제1항은 "업무상의 재해라 함은 근로자가 업무수행 중 그 업무에 기인하여 발생한 재해를 말한다."라고 규정하고 있었고, 판례도 이에 따라 업무수행성과 업무기인성을 모두 요구하는 것이 주류적 판례였다.

그러나 1981.12.17. 「산업재해보상보험법」이 법률 제3467호로 개정되면서 "업무상 재해란 업무상의 사유에 따른 근로자의 부상·질병·장해 또는 사망을 말한다."라고 규정하여 '업무수행'과 '업무기인'이라는 용어를 모두 삭제하였고 이에 따라 업무수행 및 그에 수반되는 통상적인 활동과정 중의 재해가 아니라도(업무수행성이 없더라도) 업무로 인하여 재해가 발생하였다면 (업무기인성이 있으면) 업무와 재해 사이에 상당인과관계가 인정되어 업무상 재해로 인정될 수 있게 되었다.

2) 업무상 질병 인정기준

근로자가 「근로기준법 시행령」의 업무상 질병의 범위에 속하는 질병에 걸린 경우는 다음과 같다.

① 업무수행 과정에서 유해 · 위험요인을 취급하거나 유해 · 위험요인에 노출된 경력이 있을 것
② 유해 · 위험요인을 취급하거나 유해 · 위험요인에 노출되는 업무시간, 그 업무에 종사한 기간 및 업무 환경 등에 비추어 볼 때 근로자의 질병을 유발할 수 있다고 인정될 것
③ 유해 · 위험요인에 노출되거나 유해 · 위험요인을 취급한 것이 원인이 되어 그 질병이 발생하였다고 의학적으로 인정될 것이라는 요건을 갖추면 업무상 질병으로 인정된다.

업무상 질병의 종류(규제 「산업재해보상보험법」 제37조제1항제2호)는 다음과 같다.

① 직업성 질병 : 업무수행 과정에서 물리적 인자, 화학물질, 분진, 병원체, 신체에 부담을 주는 업무 등 근로자의 건강에 장해를 일으킬 수 있는 요인을 취급하거나 그에 노출되어 발생한 질병을 말한다.
② 재해성 질병 : 업무상 부상이 원인이 되어 발생한 질병
③ 그 밖에 업무와 관련하여 발생한 질병

직업성 질병과 재해성 질병의 인과관계는 업무상 사유로 직업성 질병과 재해성 질병이 발병한 근로자는 의학적 · 과학적 지식 부족으로 업무와 질병에 사이의 인과관계를 입증하기 곤란한 경우가 많기 때문에 규제 「산업재해

보상보험법」 제37조에서는 업무상 질병의 인정기준을 두어 「산업재해보상보험법」 제37조에서 정한 요건이 있는 경우에 인과관계가 있는 것으로 보아 업무상 질병으로 인정하여 근로자의 인과관계 입증곤란 문제를 해결하고 있다.

직업성 질병의 인정기준은 근로자가 「근로기준법 시행령」 별표 5에 따른 업무상 질병의 범위에 속하는 질병에 걸린 경우 다음의 요건 모두에 해당하면 업무상 질병(직업성 질병)으로 본다(규제 「산업재해보상보험법」 제37조제3항 및 규제 「산업재해보상보험법 시행령」 제34조제1항).

① 근로자가 업무수행 과정에서 유해 · 위험요인을 취급하거나 유해 · 위험요인에 노출된 경력이 있을 것
② 유해 · 위험요인을 취급하거나 유해 · 위험요인에 노출되는 업무시간, 그 업무에 종사한 기간 및 업무 환경 등에 비추어 볼 때 근로자의 질병을 유발할 수 있다고 인정될 것
③ 근로자가 유해 · 위험요인에 노출되거나 유해 · 위험요인을 취급한 것이 원인이 되어 그 질병이 발생하였다고 의학적으로 인정될 것

재해성 질병의 인정기준은 업무상 부상을 입은 근로자에게 발생한 질병이 다음의 요건 모두에 해당하면 업무상 질병(재해성 질병)으로 본다.

① 업무상 부상과 질병 사이의 인과관계가 의학적으로 인정될 것
② 기초질환 또는 기존 질병이 자연발생적으로 나타난 증상이 아닐 것

"기초질환"이란 현재의 질병에 선행하여 계속적으로 존재하여 현재의 질병 발증(疾病發症)의 기초가 되는 병적 상태를 말하며, "기존질병"이란 이전에 발증(發症)한 질병이 이미 치유되었다든가 또는 요양을 요하지 않을 정도로 회복한 상태를 말한다(『노동특수이론 및 업무상 재해관련소송』, 사법연수원, 189면).

3. 근로복지공단

1) 업무내용

고용노동부장관의 위탁을 받아 제1조의 목적을 달성하기 위한 사업을 효율적으로 수행하기 위하여 근로복지공단을 설립한다.
공단은 다음의 사업을 수행한다.

① 보험가입자와 수급권자에 관한 기록의 관리 · 유지
② 보험료징수법에 따른 보험료와 그 밖의 징수금의 징수
③ 보험급여의 결정과 지급
④ 보험급여 결정 등에 관한 심사 청구의 심리 · 결정
⑤ 산업재해보상보험 시설의 설치 · 운영
⑥ 업무상 재해를 입은 근로자 등의 진료 · 요양 및 재활
⑦ 재활보조기구의 연구개발 · 검정 및 보급
⑧ 보험급여 결정 및 지급을 위한 업무상 질병 관련
⑨ 근로자 등의 건강을 유지 · 증진하기 위하여 필요한 건강진단 등 예방사업
⑩ 근로자의 복지 증진을 위한 사업
⑪ 공단은 제1항제5호의2부터 제5호의5까지의 사업을 위하여 의료기관, 연구기관 등을 설치 · 운영할 수 있다(필요한 사항은 공단이 정한다).
⑫ 정부는 예산의 범위에서 공단의 사업과 운영에 필요한 비용을 출연할 수 있다.

공단은 법인으로 한다. 공단의 주된 사무소 소재지는 정관으로 정한다.
공단은 필요하면 정관으로 정하는 바에 따라 분사무소를 둘 수 있다.

2) 근로복지사업

고용노동부장관은 근로자의 복지 증진을 위한 다음의 사업을 한다.

① 업무상의 재해를 입은 근로자의 원활한 사회 복귀를 촉진하기 위한 다음 각 목의 보험시설의 설치 · 운영

㉠ 요양이나 외과 후 처치에 관한 시설

㉡ 의료재활이나 직업재활에 관한 시설

② 장학사업 등 재해근로자와 그 유족의 복지 증진을 위한 사업

③ 그 밖에 근로자의 복지 증진을 위한 시설의 설치 · 운영 사업

고용노동부장관은 공단 또는 재해근로자의 복지 증진을 위하여 설립된 법인 중 고용노동부장관의 지정을 받은 법인에 사업을 하게 하거나 보험시설의 운영을 위탁할 수 있다. 지정법인의 지정 기준에 필요한 사항은 고용노동부령으로 정하며, 고용노동부장관은 예산의 범위에서 지정법인의 사업에 필요한 비용의 일부를 보조할 수 있다.

CHAPTER

12

사회보장체계의 주체와 전달체계의 이해

제1절 사회보장체계의 주체

인간은 사회적 동물이라 한다. 특별히 예외적인 경우를 제외하곤 대부분 그가 살고 있는 시대적 조건과 자신의 신분적, 계층적, 신체적 조건에 따라 자신의 삶의 형태와 복지수준이 결정되었다고 할 수 있다. 현재 복지의 대표적 공급주체는 국가와 사회복지 관련 비영리민간단체(NPO), 비정부기구(NGO) 그리고 광범위한 종교기관들이 있다. 1980년대 이전에는 대부분이 자선단체 등에 의해 시혜적 공급이 이뤄졌다. 1997년 외환위기 때는 많은 서민들이 경제적 어려움으로 거리로 내몰릴 때 한시적이기는 했지만 국가가 공적자금으로 대규모로 복지를 공급했고, 실업극복국민운동본부와 같은 민간에서도 전 국민적으로 부응했다.

소비주체는 시대마다 변화해 왔다. 2000년 이전에는 신체장애인, 독거노인, 요보호아동 등으로 칭하는 특정계층과 세대를 소비주체로 파악하고, 공급자가 그들을 위해 일방적으로 계획해 공급하는 경우가 많았으며, 근래에 이를수록 사회보험 즉 국민연금, 건강보험, 고용보험, 산재보험, 노인장기요양보험과 복지정책 등을 통해 전국민을 복지의 소비주체로 파악하려는 흐름이 강하다.

거시적 입장에서 복지의 소비와 공급주체를 상기와 같이 논할 수 있겠지만, 미시적 입장에서 보면 아직도 복지문제는 개인의 문제로 치부되는 경우가 많다. 복지현장에서는 당사자주의라는 말이 설득력 있고 흔하게 통용된다. 장애인문제는 장애인이, 노인문제는 노인이 나서서 복지권을 쟁취해야 한다는 전제 하에 강력한 행동을 수반하는 요구들이 복지정책들의 우선순위를 선점하는 경우가 많았다.

이런 당사자주의는 장점이 있지만, 여러 가지 이유로 사회행동에 나서기 힘든 요보호대상자들에겐 남의 일이 될 수 있다. 예컨대, 후천성 면역결핍증 환자나 정신장애인 등의 경우가 그러하다.

다음은 한 개인을 중심으로 복지의 소비와 공급을 말해 보고자 한다. 한 개인은 사회활동을 하는 순간 간접세든 직접세든 복지의 거시적 공급주체인 국가를 위해 세금을 납부한다. 선거 등을 통해 복지정책에 관여하고, 자원봉사와 민간복지단 등에 후원함으로써 복지의 공급자로서의 역할을 수행한다. 소비자로서는 건강보험이나, 기초노령연금, 기타 복지급여, 국민연금, 교육제도 등을 통해 복지수요자로 살아가고 있다고 할 것이다.

한 개인이 사회적 삶을 살아간다는 의미는 사회복지적인 공급과 소비를 동시에 수행한다고 할 수 있을 것이다. 장애인이어서 국가로부터 여러 혜택을 받으면서 한편으로는 자원봉사에 나서는 장애인, 연금을 받으면서 봉사활동에 참여하시는 노인들 그리고, 공공이익과 취약계층의 권리옹호를 위해 일하는 시민들을 볼 때 소비자이면서 공급자로서의 조화로운 모습은 우리사회를 밝게 하는 빛이다. 2010년 현재의 어려운 경제상황 속에서 정부가 정책적으로 시행하고 있는 희망근로, 사회적 서비스와 같은 고용과 복지효과 모두를 충족시키려는 시도는 사람을 수혜대상으로 하는 휴먼서비스가 대부분이다. 제공자로 참여하는 사람들 역시 복지의 수혜자이다. 이는 개발시대의 취로사업이 자연재해 복구와 예방 등이라는 경제적 성과를 주로 추구했던 것과는 차이가 있다.

지방자치시대에 선거는 복지에 중요한 역할을 한다. 주권이 국민에게 있고, 선거를 통해 본인이 생각하는 복지에 대해서 실천해줄 만한 믿음직한 정당이나 정치인을 선출할 수 있는 민주주의 통로가 열려야 한다. 그래야만 복지소비자의 선량한 의지가 복지공급자에게 정확히 전달될 수 있을 것이다. 그러나 세금에 의존하는 국가의 복지정책 공급만으로는 재정상의 한계가 분명하다. 결국, 복지주체는 국민 전체가 될 수밖에 없고, 개개인이 자신의 처지에서 선택해 할 수 있는 복지공급의 생산과 소비의 주체로 균형있고 조화롭게 살아가는 것이 복지사회로 가는 길이다.

사회복지정책의 구성요소는 주체, 객체, 영역이다. 사회복지정책의 주체는 국가, 지방자치단체, 공공복지기관, 민간복지기관이며, 사회복지정책의 객체는 권리를 주장할 수 있는 대상자로 클라이언트이다. 사회복지정책의 영역은 좁은 의미로는 소득보장, 건강, 주택, 대인적 사회서비스를 의미하고, 넓은 의미로는 소득보장, 건강, 주택, 대인적 사회서비스, 교육, 조세정책, 노동시장정책 등을 들 수 있다. 정책주체란 정책을 책임지고 실행하는 주체로서 사회복지정책주체는 공공부문과 민간부분으로 나누고 공공부분은 중앙정부와 지방정부로 구분되고 민간부문은 가족, 친족, 종교, 기업, 상호부조 등이다. 복지국가위기 이후에는 민간부문의 확대와 공적 복지부문의 축소경향으로 다양한 공급주체인 국가, 시장경제가 혼합되어 변화하면서 다양한 공급주체 발생되어 자조집단, 자원봉사조직, 소규모 직업활동 집단, 협동조직, 사회단체, NGO, 기업, 종교단체 등이 활성화되고 있다. 이와 같이 공공부문과 민간부분인 두 부분의 혼합형태인 제3부문에 대한 논의가 부각되고 있으며 주체와 재정의 측면에서 공공과 민간을 나누지 않고 다양한 주체들이 개발되고 협력적으로 함께 해야 한다는 복지혼합 또는 복지다원주의가 점차 주목되고 있다.

복지다원주의는 사회보호를 정부뿐만 아니라 여러 영역이 함께 담당하는 것으로, 사회보호 책임을 비정부 영역에게 일부 이양하는 것이다. 특히 자원(voluntary)영역에 대한 국가적 관심이 증가하면서 공공영역 뿐만 아니라 개인, 이웃, 자원집단이 사회의 보호와 후원에 책임져야 함을 강조하며, 정부는 자원집단과 개인이 수행하고 있는 지역사회 기여를 더욱 더 장려해야 한다고 주장이다. 국가 부문에서는 중앙 · 지방정부가 책임지고 운영하는 공식적인 제도 국가예산 및 인력에 의해 집행되나 경우에 따라서 국가의 책임을 위임받은 민간도 집행을 맡게 되고, 재원역시 민간의 기여금이 될 수도 있다. 여기서 자발적 부문은 비정부기관이나 비영리기관에 의하여 수행되고 있는 사회복지서비스의 현장을 말한다. 시장부문은 영리를 추구할 목적으로 복지를 수행하는 기업형 복지부문이며 비공식적 부문은 친구나 친지 등 사적인 관계에 의하여 충당되는 부문을 말한다.

1. 공공부분 주체역할과 필요성

자본주의에서는 시장 논리에 맡겨두면 최적의 균형점이 달성된다고 가정한다. 그래서 19세기 이후 자유주의적 기반에서 국가의 역할을 최소화하자는 야경국가론이 주도적이었다. 이때 시장은 완전경쟁시장을 가정한다. 완전경쟁시장은 ① 무수한 다수의 공급자 및 수요자 존재, ② 동질의 상품, ③ 완전한 정보, ④ 시장 진입과 퇴거가 자유로움 등을 전제로 한다. 즉 이런 상태에서는 특정 소수의 공급자 혹은 수요자가 가격을 조작하지 못한다는 조건이다.

그러나 완전경쟁시장의 조건이 깨질 때 즉 불완전경쟁시장 논리에만 맡기면 부작용이 크므로 정부가 개입해야 한다. 또한 완전경쟁시장이라 할지라도 ① 공공재나 ② 외부효과가 큰 경우 및 ③ 규모의 경제를 적용해야 하는 경우에는 국가가 개입해야 한다. 국가개입 필요성을 주장한 대표학자로 케인즈가 있으며 대공황 이후의 재건 논리로 등장하고 있다.

2차 대전 이후 국가의 개입과 영역이 크게 확대된 경우가 복지국가인데 관료주의 비효율성 등 정부의 실패가 나타나면서 70년대에는 경기 침체의 영향으로 다시 국가의 영향을 줄여야 한다는 주장이 대두된다. 신자유주의로 불리우는 신고전주의 경제학으로 하이예크, 밀턴 프리드먼 등을 들 수 있다.

시장의 실패 유형으로는 시장의 불완전성(불완전한 자기조절 기능), 외부효과, 공공재 공급의 실패, 소득분배의 불공평, 정보의 비대칭성, 도덕적 해이, 역선택, 규모의 경제 등을 들 수 있다.

공공복지의 필요성은 자칫 시장의 실패로 인한 비효율이 발생할 수 있으므로 국가가 나서서 정책 실현의 주체가 되어야 한다. 그래야 평등 즉, 소득재분배, 사회연대와 시민통합과 사회적 적절성 달성에 유리하고 일정 정도의 거시적 효율성을 추구할 수 있다. 우선 사회복지를 시장에 맡겼을 때 문제점이나 시장에서 사회복지를 제공할 때 비효율성이다. 따라서 공공복지가 필요하다는 것이다.

1) 공공부문의 필요성

자유시장 경제에서 시장의 불완전성, 외부효과, 공공재 공급의 실패, 소득분배 불공평, 규모의 경제, 정보의 비대칭성 등 때문에 시장의 실패가 발생하므로, 이를 바로잡기 위해 정부의 역할이 필요하다.

(1) 시장의 불완전성

시장의 실패를 말한다. 자유시장 경제에 의해 자기조절기능이 1930년대 나타난 대공황 등의 경험을 통해 외부에서의 개입이 필요하며 조정이 필요하다는 인식이 확산되고 있다. 대공황 이후 시장의 권한이 크면 효율적인 자원배분 및 소득분배 실현이 어렵다는 것을 인식하게 되었다. 따라서 시장개입의 필요성이 제기되었고 시장에 대한 외부조정자로서 국가의 역할이 필요하게 되었다.

(2) 외부효과(external effect)

경제활동과 관련하여 제3자에게 의도하지 않은 혜택이나 손해를 가져다주면서도 이에 대한 대가를 받지도 지불하지도 않는 상태이다. 사회복지의 재화, 서비스는 외부효과를 많이 만들어낸다. 외부효과는 한 사람의 행동, 활동이 타인에게 영향을 미치는 현상, 상황을 말한다. 외부효과가 발생한 경우에 시장이 실패하였다고 본다. 긍정적 외부효과는 K지역의 복지인프라를 확충하면, K지역뿐만 아니라 지역 외 사람들도 혜택을 누릴 수 있어 긍정적 외부효과가 나타나다. 부정적 외부효과는 M지역에 공장이 설립되었는데 공장에서 나온 매연과 오염물질로 K지역의 환경은 오염되었다. 이런 외부효과는 시장에서의 실패라고 하며 따라서 외부효과에 공공부문이 개입하는 것이 바람직하다는 것이다. 즉 환경오염이나, 가난한 사람들이 이웃의 누군가의 도움에 의하여 빈곤을 벗어나게 된다면 전혀 그런 행위에 기여하지 않은 많은 사람들도 빈곤이 감소함으로써 범죄율의 감소, 집값상승 등과 같은 여러 이익을 볼 수 있다. 이를 이웃효과라고도 한다.

(3) 공공재(public good) 공급의 실패

공공재란 어떤 집단의 구성원들이 생산한 유형 · 무형의 재화로서 구성원 각자가 그 생산에 기여했는지 여부에 관계없이 모든 구성원들이 활용할 수 있는 재화로서 재화와 서비스가 소비에 있어서 비경쟁성, 비배재성을 지닌다. 공공재는 비경쟁성(non-rival consumption), 비배재성(non-exclusiveness : 비배타적)인 성격을 지니고 있기 때문에 시장에 맡겨둘 경우 효율적으로 제공되지 않는다. 그러나 공공재의 공급을 시장에 맡겨둘 경우 다른 사람의 부담에 의해 생산된 공공재를 공짜로 소비하는 무임승차가 발생하기 때문에 비용을 지불하지 않고 혜택을 보는 문제가 생겨 시장의 실패가 발생한다.

(4) 소득분배의 불공평

시장경제에서는 가치가 큰 자원을 가진 사람이 있는가 하면 가치가 별로 없는 자원을 가진 사람이 있기 때문에 소득의 분배는 불공평해진다. 이의 해결을 위해 누진과세제도, 최저임금제도 등 소득재분배정책 실시하여야 한다. 또한 규모의 경제이다. 대중교육, 대량의 공공주택, 건설, 전국민의료서비스 등이 이에 해당하며 단위당 비용이 적게 들고 재화나 서비스가 민간부문의 여러 공급자들에 의해 제공되는 것보다 필요한 거래비용을 줄일 수 있다.

(5) 정보의 비대칭성

시장에 참여한 거래당사자 간에 쌍방이 동일한 양의 정보를 가지기보다는 여러 거래에서 어느 한쪽이 더 많은 정보를 가지기 쉬우며 공정한 경쟁과 교환을 위해서는 쌍방이 동일한 정보를 가져야 한다. 시장에서의 공정한 거래를 위해서는 정보의 양과 질이 공급자와 수요자에게 충분히 확보되어야 한다. 충분한 정보가 없다면 비효율적인 배분이 될 가능성이 크다. 여기서 국가가 재화에 대한 정보를 더 많이 갖고 있다면 국가가 주도하여 재화를 제공하는 것이 더 효율적인 배분이 될 수 있다. 정보의 불완전한 현상은 역의 선택과 도덕적 해이 현상을 가져온다.

(6) 도덕적 해이(moral hazard)

일반적으로 보험회사가 가입자의 형태를 완벽하게 감시·감독할 수 없으므로 가입자는 보험회사가 생각할 때 최상이라고 생각하는 만큼 노력을 기울이지 않는 현상, 즉 보험가입자가 위험 회피 노력을 적게하여 위험발생이 높아지는 현상이다. A가 B기업의 건강보험에 가입했을 경우 특정 질병이나 사고시 보험료가 나오게 된다. A는 보험에 가입했다는 생각에 사고나 질병 예방의 노력을 덜 하게 되고 지나치게 병원을 자주 찾아다닐 우려가 있다. 이것이 도덕적 해이이다.

(7) 역의 선택(adverse selection)

보험과 관련되어 있는데 위험이 발생할 가능성이 높은 사람들이 보험에 집중적으로 가입하게 되어 평균적인 위험확률과 보험료가 높아지는 악순환이 생겨서 위험분산이 되지 않는 문제이다. 시장에서 판매하는 보험만 있다고 했을 때 시장에서는 보험원리에 따라 위험발생률이 높을수록 보험료가 높아지게 된다. 위험발생률이 낮으면 보험료가 부담이 되어 가입을 하지 않게 되고 자연히 위험발생률이 높은 사람들만이 주로 가입하게 된다. 따라서 위험분산은 되지 않고 보험료도 높아지게 된다.

(8) 위험발생의 상호의존성

어떤 사람의 위험발생과 다른 사람의 위험발생이 관련되어 있을 때 보험회사의 재정안정은 이루어지기 어렵다. 따라서 민간시장에서는 이런 위험에 대한 보험상품이 제공되기 어렵다.

2) 민간부문의 필요성

(1) 정부의 실패

시장의 실패를 교정하기 위한 정부의 정책적 개입이 원래의 목표를 달성하지 못하고 오히려 효율적인 자원배분을 저해하는 상황이다. 정부실패가 발생하는 원인에는 규제자의 불완전한 지식 · 정보제공, 규제수단의 불완전성, 규제의 경직성, 근시안적인 규제, 규제자의 개인적 편견이나 권한확보 욕구, 정치적 제약 등을 들 수 있다.

서비스 독점권을 가진 공공기관은 경쟁상대가 없어 비경쟁적이며 이에 따라 업무의 효율성이 떨어진다. 또한 강한 관료성으로 인해 경직되어 융통성이 결여되어 있다.

(2) 사회복지서비스를 민간부문에서 제공해야 하는 이유

공공부문은 경제체계가 이루어지기 어렵기 때문에 독점화로 인한 여러 가지 문제가 발생하는 반면, 민간부문은 공급자간의 경쟁을 통해 비용을 낮추고 서비스의 질을 향상시킬 수 있다. 또한 서비스대상자들의 선택권이 보장된다. 공공부문보다 덜 관료적이며 효율성이 높고 서비스대상자들에게 더 쉽게 접근이 가능하다.

(3) 가족 결함이나 사회적 문제

가족 결함과 해체 등으로 인한 욕구 발생(독거노인, 조손가정 등)이나, 가족이 있음에도 불구하고 사회발전에 따라 발생하여 해결이 안 되는 실업, 산재, 노령 등은 누군가 사회발전의 혜택을 입었기에 그 해결도 사회적 책임으로 연대해서 한다는 의미이다.

(4) 국민의 기초적, 보편적 욕구와 관련된 때

기초소득 보장이나 의료 보장 등 최저한의 생존권은 국가의 목표이다.

2. 국가 공급주체

1) 중앙정부

사회복지정책 주체로서의 중앙정부의 특성은 첫째, 사회보험과 공공부조 등과 같은 기초적 서비스의 포괄적 제공이다. 이는 국민전체의 생존권 보장과 일괄적이고 통일적으로 책임성있게 제공하며, 막대한 재원조달을 중앙정부가 제공할 수 있다. 둘째, 국가 보조금의 지원으로 원래 국가책임인데 지자체나 민간에 위탁한 것이기에 보조금을 지불하는 것이다.

셋째, 규제자로서의 역할이다. 각종 법원과 행정지침을 통해 지방정부나 민간부문을 통제해서 정책목표의 달성을 유도한다. 넷째, 공적기구의 고용자로서의 기능으로 사회복지전담공무원 외에도 민간조직에 대한 위탁도 고용자로서의 기능을 한다.

(1) 전달체계로서 중앙정부의 장점

① 사회복지재화나 서비스 가운데 의료나 교육서비스와 같은 것은 그 속성상 공공재적인 성격이 강하여, 모든 국민들을 대상으로 하는 것이 전체사회의 이득의 관점에서 유리한데, 현실적으로 이것은 중앙정부만이 할 수 있기 때문이다.

② 어떤 재화는 대상이 되는 사람이 많을수록 기술적인 측면에서 유리하다.

③ 사회복지정책이 추구하는 가장 중요한 목표인 평등(소득재분배)과 사회적 적절성의 두 가치를 구현하는 데 중앙정부가 유리하다.

④ 다양한 사회복지에 대한 욕구를 체계화하여 다양한 프로그램을 통합, 조정하거나, 이러한 정책들을 지속적이고 안정적으로 유지하는 데 유리하다.

(2) 중앙정부의 기능상 한계

문서제일주의 등으로 대변되는 폐해, 엄격한 위계 형성으로 결정 지연과 상명하복 문화에서의 하향식 결정구조 등의 관료주의 폐해로 현장의 지역적, 시간적, 탄력적 욕구 해결에 미흡하고 소비자에게 소외감으로 인해 비공식부문에 의한, 자원봉사에 의한, 민간에 의한 역할 증대가 요구되고 있다.

국가 주도로 했음에도 불구하고 사회문제와 욕구가 불충족되고 복지욕구는 점증하며 계층간 갈등이 키워지는 한계가 노정된다는 점이다.

① 자원의 비효율적인 배분의 문제가 발생할 수 있다.
② 불필요하게 재화 가격이 비싸거나 혹은 재화의 가격이 통제된 상황에서는 재화의 질이 낮아질 수 있다.
③ 새로운 욕구나 변화된 욕구에 대한 재화나 서비스의 형태, 양의 변화가 늦다.

2) 지방정부

(1) 지방자치단체의 장점

사회복지서비스 분야에서 지방이 가진 특수한 욕구에 신속하고 전문적으로 대응할 수 있고, 재량권을 활용하면 지역 간 경쟁을 통해 전체적으로 국민복지가 증진될 것으로 본다.

① 지역주민들의 욕구를 더 효율적으로 해결할 수 있다는 점이다.
② 지방정부 단위로 제공하게 되면 지방정부들 간의 경쟁을 유발시켜, 경쟁논리에 의하여 재화의 가격과 질의 측면에서 수급자에게 유리해질 수 있다.
③ 중앙정부에 비하여 비교적 창의적이고 실험적인 서비스 개발이 용이하여 수급자들의 변화되는 욕구에 적극적으로 대처해 나갈 수 있다.
④ 수급자들이 정책결정에 참여할 기회가 높아져, 수급자의 입장이 반영될 가능성이 높아진다.

(2) 지방자치단체의 한계점

지방정부는 주민을 만족시키기 위해 더 나은 복지를 제공하려 노력하겠지만 지방 간에 ① 재정상태 ② 기술, 능력 ③ 규모의 차이로 인한 정책과 서비스의 효율성, 경제성, 지속성 등의 불평등은 결국 사회통합을 저해하고 불안요소가 된다. 그런 차원에서 자치체 간에 무한 경쟁이 바람직한 것만은 아니고 중앙에서의 조절이 필요하다 하겠다.

① 우선 지역 간의 커다란 불평등을 야기시켜 사회통합을 저해하는 점이다.
② 지방정부 단위는 중앙정부에 비해서 규모의 경제 효과가 적어, 사회보험의 경우 기술적인 측면에서 불리하다.
③ 지방정부 단위의 프로그램 발전은 단편화할 가능성이 크고,
④ 프로그램의 안정성과 지속성의 측면에서도 불리하다.

3) 중앙정부와 지방정부의 혼합체계

중앙정부가 지방정부에 재원을 일부 보조하여, 지방정부가 재화나 서비스를 제공하는 방법에 일정한 규제를 하는 것이다.

(1) 재정적 규제

중앙정부가 지방정부에 재정지원을 하는 방법은 크게 세 가지이다.

① 조건적 지원이다.
범주적 지원이라고도 하는 데 재원이 사용될 세부적인 항목을 지정하여 제공한다. '무제한 matching'의 방법으로 중앙정부가 지원하는 액수의 일정한 비율을 지방정부에 부담시키는 것과 '제한적 matching'의 방법, 주어진 항목에 사용하도록 단순히 일정한 액수를 주는 방법으로 세 가지가 있다.
② 중앙정부의 재정적 규제방법이다. 이른바 'block grant'로서 일괄보조금이다. 프로그램의 기능별로 크게 묶어 지원하는 것으로 이는 지방정부의 독립성을 다소 높이고 지방정부의 특수한 욕구들에 대해 보다 융통성 있게 대처할 수 있다.
③ 중앙정부의 예산 가운데 일정 부분을 지방정부에 넘겨주는 것으로 지방정부의 독립성을 가장 높여주는 장점이 있다.

(2) 프로그램 규제

중앙정부가 지방정부에게 재정보조를 할 때 프로그램의 세부적인 내용 즉,

대상자 자격, 급여의 형태와 액수, 세부적인 전달방법에 관하여 규제한다. 이는 지방정부의 독립성이 크게 줄일 수 있으며, 지방정부 전달체계의 장점들이 나타나기 어려운 반면, 중앙정부 전달체계가 갖고 있는 단점들만 부각될 수 있다.

(3) 수급자 숫자나 욕구에 따른 규제

어떤 프로그램들은 지방정부의 수급자의 숫자나 혹은 욕구를 가진 사람들의 숫자에 따라 차등 지원한다. 지방정부의 인구 숫자나 욕구가 많다고 판단되는 경우에 더 많은 재정을 지원하는 것이다. 지역간 불평등의 문제를 극복할 수 있는 반면, 중앙정부의 재정부담은 상대적으로 커질 수 있는 단점이 있다.

(4) 절차적 규제

중앙정부가 지방정부에 재정지원을 할 때 어떤 프로그램에 대해서는 운영에서 일정한 절차를 요구한다. 이는 프로그램을 운영할 때 지방정부의 남용과 오용을 막고, 중앙정부가 바라는 가장 기본적인 목표 인권의 존중, 시민참여 등을 이루고 있는가를 조사하기 위해서이다.

4) 민간공급주체

자원조직, 종교조직, 기업, 비공식부문 및 영리부문이 있다.

(1) 자원조직

제3섹터로 표현되는 자원조직은 국가, 시장 및 가족 사이에 존재하면서 공식적, 비영리적, 사적 기관이다. 과거에 국가가 나서기 전에 사회복지적 역할을 수행했고 현재도 활발한 활동 중이다. 단, 미국이나 일본같이 자유주의 전통국가에서 더 활발하고 사회민주주의 전통이 강한 노르딕 국가에서는 많은 부분이 국가 혹은 공공부분이 담당하고 있다.

(2) 비공식부문

비공식부문으로 가족, 친구, 이웃 등 비조직, 무형식으로 사회복지서비스를 공급하는 데 그 이점은 욕구의 다양성에 쉬운 대응과 적응, 전달체계에서 시간, 노력, 비용 발생이 적어 효율의 극대화를 도모하고 특별한 접근 어려움이 없어 서비스 효과성 높아진다.

비공식보호의 쟁점으로는 여성의 역할이 크기 때문에 비공식부문 역할 확대는 여성 권익 저해를 낳는다. 또한 인구 및 경제 지정학적 구조변화로 비공식부문 서비스 제공자가 줄어들고 있다. 기존의 비공식부문 체계를 공식제도로 대체하면 다시는 회귀할 수 없다. 예로 들어 요양보호체계가 비공식부문에서 공식부문으로 제도화되면 가족위주 보호로 돌아갈 수 없다는 점이다.

(3) 영리조직

기초적, 포괄적 욕구 이후의 부가적이고 일상적인 보육이나 재가서비스 등 사회복지 관련 욕구를 해결할 필요성과 국가에 기대하는 복지수준이 높아져서 재정난이 발생하는 등의 배경을 들 수 있다.

시장원리에 의존, 요금부과, 이윤추구가 특징이며 노르딕 국가는 역할 비중이 낮고 미국은 상대적으로 역할 비중이 크다.

(4) 국가와 민간의 혼합체계

오늘날 사회복지 공급주체는 공사 혼합체계로 변화되어 가고 있다. 사회복지재화나 서비스들 가운데 어떤 것들은 정부와 민간부문의 혼합체계를 통하여 제공되기도 한다. 이러한 전달체계는, 특히 오늘날의 '복지국가의 위기'의 시대에서 이른바 '민영화'의 이름하에 강조되고 있는 경향이 있다.

정부와 민간부문의 혼합체계가 필요한 가장 중요한 기본적인 이유는 이러한 혼합체계를 통하여 민간부문의 시장원리에서의 장점들인 효율성, 경쟁성, 선택의 자유, 접근성, 대응성, 융통성 등을 중앙정부와 지방정부의 혼합체계에 비하여 더 크게 살릴 수 있기 때문이다. 그러나 다른 한편으로는 정부와 민간부문의 혼합체계는 민간부문의 한계와 단점들인 공공재적 성격을 갖는 재화 제공의 어려움, 평등추구의 어려움, 규모의 경제에서의 단점 등도 상대적으로 크게 나타날 수 있다.

제2절 사회보장체계의 대상

사회보장체계의 대상은 사회복지정책의 객체로 사회문제를 해결하거나 욕구를 가지고 있는 사람들의 욕구를 충족시키기 위한 것이다.

1. 기본욕구

욕구란 본능적, 충동적으로 뭔가를 구하거나 얻고 싶어 하는 생리적·심리적 상태로 사전에서는 '욕심껏 구한다.'라고 정의하고 있다. 심리학에서는 '유기체가 건강한 상태를 유지하여야만 하는 세포가 지닌 본질'로 규정했으며 일반적 의미로는 '개인이 그의 복지에 유해한 것으로 느껴지는 어떠한 결핍 또는 부족'으로 설명하고 있다. 따라서 욕구는 어떠한 목적을 위해 좋은 것, 필요한 것, 필수적인 것을 의미한다. 일반적으로 기본욕구(basic needs)는 두 가지 요소를 포함하고 있다. 어떤 '최소한의 요소'를 포함하는 것이고, '필수불가결한 요소'를 포함하는 것이다. 즉 기본욕구란 인간 욕구들 중에서 모든 개인에게 존재하는 공통적이면서 필수불가결한 최소한의 욕구를 의미한다. 이에 사회복지는 인간 욕구들 중 특별히 기본욕구의 충족에 일차적인 관심을 두고 있다.
기본욕구는 다음 세 가지로 설명하고 있다.

첫째, 기본욕구는 모든 사람에게 공통적으로 존재하는 욕구이다. 기본욕구는 인종, 종교, 성별, 교육수준과 사회·경제적 지위에 관계없이, 한 인간으로서 동일하게 지니는 욕구를 말한다. 기본욕구의 이러한 특성 때문에 무차별 평등의 원리라 표현되는데, 의식주를 포함하여 건강, 직업, 가족 등이 포함될 수 있다.
둘째, 기본욕구는 모든 사람에게 필수불가결한 욕구이다. 이 때문에 욕구가 확보되지 않으면 인간다운 생활이 보장될 수 없다. 현대 복지국가는 국가 존립의 핵심적 근거로서 국민의 생존권의 보장을 설정하여, 기본욕구의 충족을 국가의 책임으로 규정하고 있다.

셋째, 기본욕구는 모든 사람에게 최소한의 수준으로 있어야 하는 욕구이다. 한 사회에서 인간의 욕구가 기본욕구로 채택되기 위해서는 그 사회에서 인간다운 생활을 할 수 있는 수준이면서 동시에 그 최소한에 그친다는 점이다. 설사 기본욕구를 높게 설정하더라도, 그 욕구를 충족시킬 수 있는 자원을 동원하지 못한다면 기본욕구의 의미가 퇴색될 것이다.

이러한 기본욕구는 고정되는 것이 아니라, 시대와 장소 그리고 한 사회의 사회 · 경제적 수준과 지향하는 이념에 따라서 변화된다는 특성이 있다. 대체로 현대사회로 오고 경제가 발전되며 복지국가/복지사회를 지향할수록 기본욕구는 그 내용이 다양해지고, 수준이 상승되는 경향이 있다. 따라서, 어떤 사회에서 기본욕구가 무엇인가는 늘 논쟁이 되고, 그러한 기본욕구를 어떻게 충족시킬 것인가는 사회복지의 주된 관심사이다.

Richards & Thomson은 기본욕구는 모든 개인에게 공통적으로 존재하며 무차별 평등의 원리로서 특정의 개인의 사회 · 경제적 지위나 그 외 개성과 관계없이 한 인간으로 동일하게 지니는 욕구이다.

기본욕구는 필수불가결한 욕구로서 인간이 사회적 존재로 생활을 유지하는 데 필요한 없어서는 안될 욕구이다.

개인에게 최소한의 수준으로 있어야 하는 욕구로 한 개인으로서 생활을 할 수 있을 만큼의 적절한 수준 즉 국민최저수준이나 사회적 최저수준으로 충족되어야 할 욕구이다.

그러므로 사회적 시대와 상황에 따라 구체적 수준이 변화한다.

2. 사회적 욕구

인간이 가지고 있는 기본욕구가 개인적 차원에서가 아닌 사회적 차원에서 발생가능하다는 인식으로 브래드쇼는 사회적 욕구를 ① 규범적 욕구(normative need : 빈곤선, 최저생계비 등), ② 느낀 욕구(felt need : 욕구감촉적 욕구로 사회조사를 통해 파악됨), ③ 표현된 욕구(expressed need), ④ 비교욕구(comparative need : 상대적 빈곤)로 분류하고 이런 사회적 욕구는 특정 사회에서 사회복지를 통해 해결해야 하는 인간의 기본적 욕구라고 인식하여 규정한 것이다.

규범적 욕구는 전문가가 주어진 상황에서 욕구라고 정의한 것으로, 즉 바람직한 수준이 정해지고 실제적으로 존재하는 수준과 비교하여 개인이나 집단이 바람직한 수준에 미치지 못하면 그들은 욕구 상태에 있다고 본다.

느낀 욕구는 욕망(want)과 동일시되는 것으로서, 주관적 지각에 초점을 두고 그것은 통상 관련된 사람들에게 특정 서비스가 필요하다고 느끼고 있는지 여부를 물음으로써 사정된다.

표현된 욕구는 사람들이 어떤 서비스가 필요하다고 느끼면서 욕구가 충족되기를 요청하거나 요구하는 행동을 취하는 경우의 욕구를 말한다.

비교 욕구는 서비스 대상자들을 연구함으로써 얻어지는 욕구로서, 만약 비슷한 상황에서 어떤 사람들은 요구호자이고 다른 사람은 아닐 경우 후자는 욕구 상태에 있는데, 이때의 욕구를 의미한다.

사회적 욕구로는 매슬로우의 욕구 5단계로서 생리적 욕구, 안전의 욕구, 애정의 욕구, 자기존중의 욕구, 자아실현의 욕구가 있다.

사회적 문제는 개인들의 기본적인 욕구를 충족하지 못하여 사회적으로 문제화 되는 것, 사회적 불평등, 사회적 부적응, 사회해체 등이 있다. 사회보장기본법은 질병, 장애, 노령, 사망, 실업 등의 사회적 위험의 보장에 있으며 현대사회의 4D는 Destitute(빈곤), Disease(질병), Delinquency(비행), Dependence(의존), 베버리지 보고서의 5대 사회악은 질병, 궁핍, 무지, 불결, 나태이며, 노인의 4고는 빈곤, 질병, 무위, 고독이다.

사회문제는 많은 사람에게 영향을 주고, 그 영향이 바람직하지 못하고, 이런 상태에 대하여 대책이 행하여지기를 요구하며, 그것은 집단적 사회행동에 의한 사회개입이 존재하는 것을 말한다.
공공문제(사회문제)의 특징(Mills)은 다음과 같다.

① 크기와 범위에 있어, 상당수 사람이 공유한다.
② 고유성에 있어, 연령, 성별, 인종 등 일부 집단에 공통적이다.
③ 시간에 있어, 결과가 수년간 비교적 장기간 나타난다.
④ 문제의 원인이, 제도나 정책의 역기능에서 발발한다는 특징이 있다.

개인문제 관점에서는 사람들 생활에 어떻게 개입을 할 것인가가 중요하고 공공문제 관점에서는 사회의 제도적 여건의 구조적 변화에 시사점을 갖는다. 개인문제와 사회문제의 차이점은 다음과 같다.

개인문제는 개인이 지닌 다양한 욕구에 대한 충족이 이루어지지 않는 상태를 말한다.
따라서 사회성에 있어서는 개인의 욕구 충족이 어려운 사건과 상태가 특정 문제에 직면한 개인의 책임보다 사회적 제도나 구조상의 결함과 실패로 인해 야기된다(환경문제).
보편성에 있어서는 사회문제가 지닌 부정적인 영향력이 특정 개인에게만 한정된 것이 아니라 사회구성원 전체에게 보편적으로 미칠 수 있는 영향력이 높다는 것을 의미한다(노인문제).

3. 할 당

사회복지정책에서 그 대상을 어떤 사람, 어떤 집단으로 할 것인가에 대한 논의를 할당이라 한다. 즉 사회복지급여를 누구에게 제공할 것인가에 관련한 질문으로 수급자의 자격요건을 어떻게 설정할 것인가도 연관된다. 길버트는 사회적 할당이란 사회급여를 받을 자격을 가진 사람이 누구인지 결정하기 위한 조건으로 결혼여부, 고용상의 지위, 거주, 가계규모, 아이큐, 건강, 연령, 교육수준, 군복무기간, 인종, 종교, 소득이 있고 유럽연합의 경우 ① 수급자의 수 ② 일반조건으로서 거주기간, 국적, 거주조건, 연령, 노동의사, 다른 급여와의 관계 ③ 자산조사 ④ 지역간의 차이를 포함하고 있다. 할당원칙은 다음과 같다.

사회복지정책을 사회구성원 중 누구에게, 어떤 문제를 해결하기 위해 제공할 것인가를 정확하게 파악하여 필요한 사람들에게 사회급여를 정확하게 전달하려는 다양한 원리 사이의 선택을 의미하고 이런 할당원칙에 따라 사회복지정책의 대상이 결정된다.
전통적 할당원칙은 보편주의와 선택(선별)주의가 있다.
보편주의는 사회적 급여가 모든 국민에게 하나의 사회적 권리로서 인정되며, 인간의 존엄성 유지와 사회통합, 평등의 원칙(노령보장, 의무교육)으로 선별주의가 효용의 극대화를 주장하지만 제도 유지를 위한 비용투입 면에 있어서 보편주의가 오히려 우수하다고 주장한다.
선별주의는 사회적 급여가 소수의 사회적 약자를 대상으로 제한적으로 이루어지며, 전체사회의 비용효과와 총 효과(정책 목표 효과성이나 대상 효율성)를 높이고 효용의 원칙(사회부조, 영구임대주택)으로 빈민에게 선별적으로 할당하는 것이 불평등을 감소시켜 평등 이행에 더욱 효과적이라 주장한다.
양자의 차이는 소득자산 조사가 있느냐(means test=income test)에 있다.
보편주의는 특정한 인구학적 특성에 맞으면 급여하므로 demo grant(수당제도)라 하고 이때는 소외나 stigma가 없다. 선별주의는 소득자산 조사를 하는 것에 해당한다. 길버트와 스펙트의 할당원칙은 다음과 같다.

① 귀속적 욕구는 충족되지 않은 공통요구를 가진 집단에 속하느냐에 따라 자격요건이 좌우된다. 즉 욕구의 규범적 준거에 기반을 둔 범주적 할당에 기초한다(working mom, 아동).
② 보상은 사회·경제적으로 공헌을 했거나(재향군인, 사회보험 가입자), 사회적으로 고통을 당한(인종피해자, 도시이주자) 자와 같이 특정한 범

주나 혹은 집단에 속하느냐에 따라 자격요건이 결정된다.

③ 진단적 차별은 특정상품이나 서비스가 필요한지를 전문가의 판단에 의존한다(장애아동).

④ 자산조사에 의한 욕구는 상품이나 서비스를 개인이 구매할 수 없다는 증거에 의해 좌우되며(빈민) 경제적 기준에 근거를 둔 개인적 할당에 기초한다.

윌렌스키와 르보의 전통적 사회복지개념 모델과 비교하면 위에서 귀속적 욕구 쪽으로 갈수록 사회복지제도적 개념에 가깝고 위의 자산조사에 의한 욕구 쪽으로 갈수록 보충적 개념과 가깝다.

4. 사회보장제도의 재원

사회보장제도의 재원으로는 공공재원으로 정부의 일반예산, 사회보장을 위한 조세, 조세지출(조세비용)이 있고 민간재원으로 사용자 부담금, 자발적 후원·모금, 가족내·가족간 이전 등이 있다.

사회복지재원의 조달에 있어서 공공 대 민간 재원의 비율을 보면 19세기 말까지는 민간 재원 위주였으며 사회복지발전에 따라 공공 재원이 훨씬 더 크게 변했다. '70년대 이후 신자유주의에 따라 공공지출이 줄어들고 민간의 역할이 커지게 되었지만 서구 복지국가에서는 여전히 공공 재원의 비중이 압도적이다. 유럽국가는 90% 이상이 공공 재원이고 영연방도 80% 이상이며, 미국은 전통적으로 민간의 역할이 상대적으로 큰 나라지만 공공 재원이 65% 선인데 비해 한국은 이제 60%에 도달해 있어 공공 재원을 더 늘려야 할 과제가 있다.

한편 공공재원 중에서도 일반조세에 의한 조달과 사회보험료에 의한 조달 비중을 비교해보면 스칸디나비아는 조세비중이 90%를 상회하여 절대적으로 조세에 의존하고 있고 영연방 쪽도 조세 비중이 높은데 비해 다른 유럽

국가들은 보험료 비중이 더 크다. 한국도 보험료 비중이 70% 수준으로 조세보다 더 크다.
공공재원조달 방식은 조세, 사회보험료, 조세지출, 수익자 부담 등이 있다.

첫째, 조세는 ① 소득재분배를 통한 평등가치 구현이다. 그 이유는 ㉠ 조세 부과 방식이 누진적 성격이라서 그렇고 ㉡ 기초생활급여처럼 한정 대상자에게 집중해서 급여하기에 소득재분배에 유리하다.
② 급여 내용이나 대상에서 보편화를 이룰 수 있다. 사회보장성 조세 재원을 사용하는 복지정책은 대상이 한정되고, 민간 재원은 수혜자가 제한될 수 있는 것과 대비된다. 아울러 대상만이 아니라 서비스 질도 보편화를 구현할 수 있다.
③ 지속성 측면에서 안정성이 있다. 한편으로는 조세저항으로 인한 정치적 부담이 존재한다.
④ 대상자 제한 없는 보편적 프로그램의 재원으로 적합하며, 대표적으로 기초생활보장제도가 있다.

조세를 사회보장의 재원조달 방식으로 선택하는 배경에는 ① 생존권에 대한 국가의 책임이 있고 ② 사회적 문제의 사회성과 보편성을 볼 때 그 비용을 국민 모두가 부담해야 하며, ③ 문제 축소와 해결에 의해 발생하는 외부성 효과 때문이다. ④ 누진세에 의해 소득재분배를 높일 수가 있다.
단점으로는 ① 행정의 자의적 개입 여지 ② 낙인 발생 ③ 조세 재원 확보를 놓고 다른 정책분야와의 경쟁으로 재원조달 안정성에 손상을 가져올 수 있다.
중앙정부의 지방정부에 대한 재정지원 방법으로는 항목별 보조금방법으로 사용처를 구체적으로 지정해서 보조하는 것으로 예산을 다른 용도로 사용하지 못하는 장점이 있다.
Matching grant는 중앙정부가 일정정도를 지원 해주면 지방정부도 일정정도 사용을 부담한다. Non-matching grant는 단순히 일정 액수를 지급하는 것으로 지원 상한액의 제한이 없다.
그리고 기능별보조금과 특별보조금이 있는데 기능별보조금은 전반적인 기능의 범위 안에서 지방정부의 재량대로 사용하도록 하며, 서비스 제공에서의 기능 및 역할을 분담한다.
특별보조금은 중앙정부 예산 중 일정부분을 지방에 넘겨줌으로써 지원한다.

둘째, 사회보장성 조세(사회보험료)는 다음과 같은 특성을 지니고 있다.
① 대상자가 보험료 납부자로 제한되는 특성이 있다.
② 보험의 성격으로는 수지 상등의 원리, 다 기여자에 대한 다급여 보장을 반영하면서도 얼마간의 소득재분배 기능을 한다.
③ 목적세처럼 용도가 분명해서 유럽의 경우 조세저항이 적어 정치적 측면에서 절대적으로 유리하다. 목적세와 유사한 측면을 지적한다면 부담과 수익이 개별적으로 대응관계가 없다. 일반적으로 능력비례원칙에 따라 징수하고 강제적으로 징수한다는 점이다.
④ 소득재분배 효과가 조세보다 역진적 효과(경제적 능력이 클수록 부담이 적게 되어 부자가 더 유리한 효과)가 클 가능성이 높다. 그 이유는 ㉠ 사회보험료율 정률제가 많아 빈민에게 상대적으로 보험료가 크게 느껴진다. ㉡ 대부분 소득상한액을 설정하기에 상한액 이상의 소득에 대해서는 보험료를 물지 않기에 부자에게 유리하다. ㉢ 보험료 부담이 근로자와 사용자의 2자부담 방식인 경우 사실상 사용자(부자) 부담은 근로자(빈민) 노동비용으로 대체되기에 역진적이다.
⑤ 소득재분배 효과가 조세보다 떨어지지만 대상자가 많기 때문에 재분배의 총량적인 면은 효과가 크다.

조세재원의 장점은 다음과 같다. 소득재분배 효과가 더 크고, 사회적 평등화에 더 기여, 소득역진성을 원천 차단, 각종 서비스 프로그램간에 상호조정이 가능, 보험료 인상요인이 되므로 무책임한 급여인상을 억제한다.
사회보장성 조세의 장점은 급여의 권리성과 낙인이 없으며, 보험운영에 참여하고, 사업주(사용자) 부담으로 인한 책임과 주의를 부과하고, 징수비용처럼 조세저항이 낮으며, 적립금의 공공적 활용이 가능하다는 점이다.

셋째, 조세감면(조세지출)이다.

① 개인에게 각종 공제와 감면을 해주는 사회복지성격과 기업체에게 투자나 기술개발에 대한 세금 감면을 해주는 경제활성화 성격을 지닌다.

② 원 취지로는 정부가 세금을 받았다가 사회복지 급여나 서비스의 형태로 돌려주는 형태인데 과정을 쉽게 하려고 세금 계산시 소득공제나 세액감면의 방법을 취한다. 그래서 소득세 납부자만 해당된다.

③ 소득재분배 효과에서는 매우 역진적이다. 그 이유는 ㉠ 사용자에게 주는 혜택(투자나 기술에 대한 감면)이 근로자에게 주는 혜택보다 크다. ㉡ 고소득자가 감면받는 것이 저소득자보다 크다. ㉢ 소득이 높을수록 공제대상이 많은 것이 현실이다(의료비, 교육비, 보험료, 기부금 등).

④ 신자유주의에 따른 정부 비대화 비판을 피하기 위해 직접 급여나 서비스를 제공하기 위한 조직을 피하려고 조세감면 방법의 비중이 커져 미국은 재원의 35%를 차지할 정도로 큰 비중을 차지한다. 하지만 누진적 세금을 정당히 거둬 본래 목적에 맞는 급여와 서비스를 제공하는 것이 소득재분배 효과와 대상의 효과성을 높일 수 있다.

넷째, 수익자부담이다. 수익자부담은 서비스 남용억제 효과 있으며, 사회복지 재정부담을 완화할 필요(신자유주의 이후 사회복지서비스에 자유시장 경제원리 도입)가 있으며, 새로운 사회복지 욕구 출현에 따라 필요해 질 수 있다.

민간재원조달 방식은 민간사회복지기관이 대부분은 재정적인 면에서 공공과 민영의 혼합 형태. 수익자 부담, 모금, 기부금, 회비, 후원금, 수익사업 이익금, 비공식 부문 형태가 있다.

사회보장의 일반예산과 민간부문 재원의 장점을 비교하면 다음과 같다.

첫째, 일반예산재원의 소득 재분배성이다.

소득 재분배성, 누진성이다. 소득이 낮은 사람에게 급여시 재산이 적고, 높은 사람일수록 납부를 많이 한다. 평등측면으로 급여대상이 넓고 급여 내용이 보편적이며, 재원의 안정성과 지속성인데, 국가의 공권력에 의해 조세부과가 이루어진다는 점이다.

둘째, 민간부분 재원은 융통성이 있다.

사용자부담금이라는 면에서 일정액수 본인 부담(예 의료서비스의 본인부담금)으로 이루어지고, 자발적 기여금으로 특히 개별적 사회서비스(예 불우이웃돕기성금)가 있고 기업의 복지지출면에서 다양한 프로그램 존재(예 기업연금, 기업의료보험)한다. 그리고 비공식 부분의 지원으로 가족, 친척, 이웃(예 노부모에게 자녀들이 용돈제공 및 보험제공)이 있다.

재원조달정책 선택의 기준은 중립성 기준, 공평성 기준, 안정성 기준, 간소성 기준이 있다.

셋째, 재정관리방식이란 개별의 사회복지제도들이 조세, 보험료 그리고 기타의 운영수입 등으로 조달하게 되는 재원을 어떠한 방법으로 관리를 하도록 할 것인가 하는 문제와 관련된 사안이다.

일반적으로 조세를 운영재원으로 하는 사회복지제도들이나 질병 · 실업 · 산업재해 등 주로 단기성의 위험을 담당하고 있는 사회보험제도들의 경우 재정의 수지균형은 매년을 단위로 이루어지고 있다. 구체적으로 개개의 제도들이 매년도 국가나 사회보험의 가입자들로부터 조달하게 되는 재정수입의 규모는 같은 해의 재정지출을 충당하는 수준에서 결정이 된다. 따라서 이러한 방식으로 운영이 되는 사회복지제도들의 경우 긴급한 상황에 대비한 최소한의 기금을 제외하고는 별도의 적립기금이 필요로 하지 않게 된다. 반면 장애, 노령 또는 장기성의 위험을 담당하고 있는 공적연금제도의 경우 다양한 종류의 재정관리방식이 존재할 수 있다.

넷째, 재정관리방식 유형으로 적립방식과 부과방식이 있다.

적립방식은 장차 발생하게 될 연금급여의 지급에 대비하여 사전에 그에 상응하는 기금을 축적하는 방식을 의미한다.

부과방식은 매년도 연금 급여의 지출총액은 전적으로 같은 해의 보험료 수입으로 충당된다. 이에 따라 순수한 부과방식의 경우 아무런 적립기금이 존재하지 않게 된다. 여기서 노후소득보장의 기능은 근로세대가 노인세대를 부양하고, 향후 근로세대의 노후생활에 대해서는 미래세대가 책임을 지도록 하는 소위 '3세대 간 계약'을 바탕으로 이루어지게 된다. 부과방식의 이러한 세대 간 부양의 기능에 따라 연금제도는 도입 초기 이미 나이가 들어 연금제도에 가입할 수 없게 된 노령계층에 대해서도 노후소득을 보장해 줄 수 있는 장점을 갖는다.

제3절 사회보장과 전달체계

1. 전달체계의 의의

사회보장의 급여대상자의 측면에서 그를 둘러싼 일체의 공사 복지기관과 이들 기관의 서비스 전달망으로 전달체계가 적절하게 구성되어 있어야 급여대상자에게 급여가 최종적으로 효과적으로 전달될 수 있다.

예를 들면 중앙정부 사회복지 관련 부처, 지방정부 사회복지 관련 부서, 사회보험관련 관리공단, 민간복지기관 및 시설 등에 의한 전달체계를 말하며, 사례를 통한 전달체계의 문제는 알코올 중독의 실업 여성가장이 딸을 보육시설에 맡기고 재활치료와 직업훈련을 받아야 하는 경우에 어린이집, 알코올 치료센터, 재활시설, 직업훈련기관 등이 서로 거리가 떨어져 있고, 운영시간이나 프로그램이 중복되거나 조정이 어려운 경우에 있다.

기관들 사이에 편리한 교통수단이 부재하고, 기관간 의뢰나 협조가 없는 경우나, 가까이에 이용 가능한 어린이집이나 재활 기관들이 별로 없는 경우, 있어도 대기자가 많거나 차별받는 경우 그리고 클라이언트의 어려움에 대해 지역사회 사회복지기관들이 무심한 경우 등이 문제가 될 수 있다.

전달체계는 사회보장제도에서 제공하는 급여나 서비스를 제공하는 조직적 장치를 말하며 전달체계를 통해 서비스 대상자들의 욕구를 효과적으로 충족할 수 있다.

전달체계의 이상적인 목표는 사회복지서비스가 필요한 개인이나 집단에게 제대로 전달하여 정해진 사회보장제도를 효율적이고 효과적으로 달성하는 것으로 전달체계는 이를 위해 ① 서비스가 통합되고 지속적이어야 하고 ② 서비스에 대해 클라이언트가 손쉽게 접근할 수 있어야 하며 ③ 그 활동과 결정에 대해 책임성을 유지할 수 있어야 한다.

전달체계의 이상적인 기능으로는 ① 투입기능 ② 책임기능 ③ 서비스제공

기능 ④ 계획 및 통제 기능이 있다.

2. 사회보장 전달체계 원칙

전달체계 구축에 있어서의 원칙은 우선 행정적인 측면에서 ① 기능분담의 체계성 원칙 ② 전문성에 따른 업무분담의 원칙 ③ 책임성의 원칙 ④ 접근용이성의 원칙 ⑤ 통합조정의 원칙 ⑥ 지역참여의 원칙 ⑦ 조사 및 연구의 원칙이 있다.
서비스제공과 관련된 원칙으로는 ① 평등성의 원칙 ② 재활 및 자활목표의 원칙 ③ 적절성의 원칙 ④ 포괄성의 원칙 ⑤ 지속성의 원칙 ⑥ 가족중심의 원칙이 있다.

전달체계 구축에 있어서의 원칙은 다음과 같다.

(1) 책임성(accountability)의 원칙

사회욕구에 신속하고 융통성 있게 대응함으로써 소정의 기능수행을 다해야 하는 전달체계의 책임성이다. 급여대상자에 대해 최대한 욕구해결을 도모해야 하는 전문가의 책임성을 말한다. 전달체계에 맡겨진 사회적 위임과 과제를 어느 정도 적절하게 수행하는가에 대한 의문을 말한다. 책임성 확보방안으로는 행정적 청문회의 호소절차와 올바른 과정, 책임성 전략으로서 클라이언트에게 권한을 부여한다.

(2) 접근용이성(accessibility)의 원칙

서비스를 요할 때 용이하게 접근할 수 있어야 하며 시간적, 공간적, 문화적 접근성 등이 높아야 한다. 사회복지 대상자가 필요로 하는 서비스와 급여를 제공받기 위해 나아가는 과정이 쉬워야 한다는 의미이다.
접근성 확보방안은 ① 유사한 경험을 가진 워커의 채용, ② 의뢰서비스 전문기관, ③ 특수인종을 취급하는 기관이어야 한다.

(3) 지속성 원칙

연속성의 원칙으로 욕구 충족이 이루어질 때까지 지속적으로 그리고 안정적으로 급여가 제공되어야 한다.

(4) 통합조정(coordination)의 원칙

다양한 서비스를 통합 관리함으로써, 급여대상자에게 서비스가 중복되거나 혹은 단편적으로 수급되지 않도록 해야 한다.

여기서 통합적인 서비스란 사례관리(case management)로서 복잡하고 다양한 욕구를 가진 클라이언트가 개별 기관이나 전문가 등의 지역사회 내의 서비스 제공자들을 일일이 찾아다니지 않고, 필요한 서비스들을 효과적으로 받을 수 있도록, 사례관리자가 자원을 활용하여 클라이언트로 하여금 지역사회 내에서 독립적인 생활을 할 수 있게 도와주는 통합적인 서비스 전달방법이다.

통합성이란 문제를 가진 사람들이 전달체계를 통하여 사회복지서비스를 받게 될 때, 복합적이고 다양한 문제해결에 필요한 각종의 서비스가 질서정연하고 체계적으로 제공되어 문제를 해결하고 욕구 충족을 충분히 달성할 수 있는 것을 말하고, 지속성은 사회복지 대상자에게 필요한 서비스를 문제를 해결하는 동안 일정 기간 지속적으로 제공하는 것이다. 사회복지정책을 통한 해결해야 하는 문제나 욕구는 복합적이고 정책의 급여나 서비스는 전문화, 세분화 되어 있기 쉬우므로 통합성과 지속성의 확보는 매우 중요하다. 통합성과 지속성 확보방안은 중앙집중화(직원의 상호교환, 동일지역 내 업무제휴, 합동 전달, 출장소 직원 파견, 협의체 활용 등), 사례관리(사례관리자 한 사람이 일련의 서비스를 전달하기 위한 권한과 조직의 조정을 함으로 통합성을 증진시키고 단편성의 문제를 극복하는 중요한 전략중 하나이다.)

(5) 경쟁성의 원칙

복지급여의 질 향상과 수급자의 다양한 선택권을 보장하기 위해서 독점보다는 전달체계간 경쟁의 원리가 필요하다.

(6) 전문성

전달체계간 기능의 분담과 전문화를 말한다. 사회복지 전달체계는 인간욕구와 관련된 다양한 문제를 취급함으로 공공정책의 전달체계와 다른 특성을 가지는데 추상적이고 획일적인 사회복지정책 내용을 클라이언트의 여건에 맞추어 적절하게 전달하는 일은 전문적인 기술과 방법을 필요로 하기에 전달체계는 조직의 구조와 인력배치 등에 있어 전문성을 지닐 수 있도록 설립되어야 한다.

(7) 효과성

전달체계가 가져야 할 핵심적인 설립의 기준으로 조직이나 전달체계가 목적한 바를 얼마만큼 달성하였는가에 대한 물음으로 제공하는 서비스가 대상이 가지고 있는 문제해결이나 지역사회 욕구를 어느 정도 충족시켰는가 하는 개념으로 자원의 적합성, 욕구의 적합성, 과정의 적합성, 목적달성, 클라이언트나 지역사회의 변화 등이 포함된다.

(8) 효율성

최소한의 비용으로 정책목표를 달성할 수 있도록 전달체계를 구성해야 한다. 정책목적을 실행하기 위해 투입한 비용과 산출된 서비스나 프로그램의 비용을 비교하는 개념으로 가용자원의 활용도, 투입인력의 생산성, 산출물 단위당 비용 등의 측정치로 효율성을 파악하는데 전달체계는 적은 투입비용으로 최대한의 정책목표를 달성할 수 있도록 설립되어야 한다.

3. 전달체계 유형

전달체계의 유형은 공급주체에 따라 공공전달체계, 민간전달체계로, 제도적 · 기능적 분야에 따라 사회보험, 공공부조 및 사회복지서비스 전달체계로 구분된다.

① 공공전달체계는 국가 또는 지방자치단체가 수립과 운영의 주체인 경우를 말하며 우리나라의 경우 각종 사회보험은 중앙정부 차원에서 전달을 책임지고 공공부조와 사회복지서비스 전달체계는 중앙 및 지방자치단체에서 분담하고 있다. 노동부(산재보험, 고용보험), 보건복지부(국민연금보험, 의료보험), 행정자치부(공공부조, 사회복지서비스)가 있다. 산재보험, 고용보험, 연금보험 및 의료보험은 중앙정부가 직접 관장하되 산하의 공단과 같은 행정실무조직을 통해 바로 보험업무를 하고 있다. 이처럼 공공전달체계는 사회복지제도별로 각기 소관부서가 상이할 뿐만 아니라 중앙정부와 지방정부의 조직이 약간씩 다르다.

② 민간전달체계는 거의 대부분 사회복지서비스 부문에 집중되어 있고 정부에서 일부분의 재정지원과 행정적 지도 감독을 받으면서 다양한 형태와 방법으로 전달체계를 수립 운영하고 있다.

1) 중앙정부

중앙정부가 주체가 되는 사회복지 전달체계이다. 여기에는 조세를 사용하여 중앙정부 조직을 통해 사회복지정책을 집행하는 것으로 영국의 NHS 전달체계, 고용보험급여의 노동부, 지방노동청, 고용지원센터의 전달체계가 있다. 국가가 공법인을 설립하여 사회복지정책의 집행으로는 국민연금관리공단의 연금급여, 근로복지공단의 산재급여, 국민건강보험공단의 건강보험급여, 노인장기요양급여 등을 들 수 있다.

(1) 중앙정부 전달체계의 의의

① 전국민을 대상으로 하는 가치재의 전달에 바람직한 의료, 교육, 주택, 국방, 교통 등이 있다.

② 기술적 측면에서 전국 단위의 전달이 바람직한 정책의 시행에 유리한 사회보험 등을 들 수 있다.

③ 소득재분배를 통한 평등과 사회적 적절성 달성에 유리하다. 즉 사회복지

정책이 추구하는 가장 중요한 목표인 평등(소득재분배)과 사회적 적절성의 두 가지를 구현하는 데 중앙정부가 유리하다.

④ 정책의 계획과 조정, 통합 기능에서 효과적이다. 다양한 사회복지에 대한 욕구를 체계화하여 다양한 프로그램을 통합, 조정하거나, 이러한 정책들을 지속적이고 안정적으로 유지하는 데 유리하다.

⑤ 확실한 재정 확보로 정책의 안정적 공급에 유리하다.

⑥ 공공재적인 성격이 강하여 모든 국민들을 대상으로 하는 것이 전체 사회의 이득의 관점에서 유리하다. 이는 중앙정부만이 할 수 있다.

⑦ 대상이 되는 사람이 많을수록 기술적인 측면에서 유리하다.

(2) 중앙정부 전달체계의 문제점

① 수급자 효용의 극대화에 있어서 제한적이다.

② 독점체제로 인한 재화나 서비스의 질 저하이다.

③ 관료주의로 인해 환경변화와 수급자에 대한 반응성 낮다.

④ 수급자의 정책에 대한 접근용이성 낮다.

2) 지방정부

지방정부가 주체가 되는 사회복지 전달체계로 우리나라 지방자치단체의 자체 복지사업들이다. 미국 주정부의 교육, 산재보험, 실업보험 집행이나 영국 지방정부의 교육, 개별적 사회복지서비스집행이 이에 해당한다.

(1) 지방정부 전달체계의 의의

① 지역주민의 욕구에 부응할 수 있다. 지방정부가 제공하는 것이 지역주민들의 욕구를 더 효율적으로 해결할 수 있다.

② 지방정부간의 경쟁을 통한 재화나 서비스의 질 향상에 있다. 지방정부들간의 경쟁을 유발시켜 경쟁논리에 의하여 재화의 가격과 질의 측면에서 수급자에게 유리해질 수 있다.

③ 중앙정부에 비해 창의적이고 융통성 있는 정책 개발에 용이하다. 중앙정부에 비하여 비교적 창의적이고 실험적인 서비스 개발이 용이하여 수급자들의 변화되는 욕구에 적극적으로 대처해 나갈 수 있다.

④ 수급자의 정책참여 가능성이 크다. 수급자들이 정책결정에 참여할 기회가 높아져, 수급자의 입장이 반영될 가능성이 높아진다.

(2) 지방정부 전달체계의 문제점

① 지역간 불평등을 야기하고, 사회통합을 저해할 수 있다.

② 규모의 경제 효과가 적어 중앙정부에 비해 불리하다.

③ 프로그램의 통합성과 안정성, 지속성 면에서 중앙정부에 비해 불리하다.

3) 중앙정부와 지방정부의 혼합체계

중앙정부와 지방정부의 혼합체계 유형은 다음과 같다.

중앙정부가 지방정부에 재원을 일부 보조하여, 지방정부가 재화나 서비스를 제공하는 방법에 일정한 규제를 하는 것이다.

(1) 재정적 규제

중앙정부가 지방정부에 재정지원을 하는 방법은 크게 세 가지이다.

① 조건적 지원(=범주적 지원)

재원이 사용될 세부적인 항목을 지정하여 제공한다. '무제한 matching'의 방법으로 중앙정부가 지원하는 액수의 일정한 비율을 지방정부에 부담시키는 것과 '제한적 matching'의 방법, 주어진 항목에 사용하도록 단순히 일정한 액수를 주는 방법으로 세 가지가 있다. 중앙정부가 재정적 규제를 통해 지방정부 조직을 활용하는 사례로는 조건적 지원으로 범주적 보조금으로 재원의 세부 사용항목을 지정하여 matching 또는 일정액을 지원한다. 이에는 우리나라 국고보조사업에 해당한다.

② 중앙정부의 재정적 규제방법은 이른바 'block grant'로서 일괄보조금이

다. 프로그램의 기능별로 크게 묶어 지원하는 것으로 이는 지방정부의 독립성을 다소 높이고 지방정부의 특수한 욕구들에 대해 보다 융통성 있게 대처할 수 있다. 즉 총액보조금(block grant)으로 프로그램 기능별 지원이나 일정 예산을 지방정부에 할당하는 경우에 해당한다.

③ 중앙정부의 예산 가운데 일정 부분을 지방정부에 넘겨주는 것으로 지방정부의 독립성을 가장 높여주는 장점이 있다.

(2) 프로그램 규제

중앙정부가 프로그램 규제, 절차적 규제를 통해 지방정부 활용에 적용하는 사례이다. 중앙정부가 지방정부에게 재정보조를 할 때 프로그램의 세부적인 내용 즉, 대상자 자격, 급여의 형태와 액수, 세부적인 전달방법에 관하여 규제한다. 이는 지방정부의 독립성이 크게 줄일 수 있으며, 지방정부 전달체계의 장점들이 나타나기 어려운 반면, 중앙정부 전달체계가 갖고 있는 단점들만 부각될 수 있다.

(3) 수급자 숫자나 욕구에 따른 규제

어떤 프로그램들은 지방정부의 수급자의 숫자나 혹은 욕구를 가진 사람들의 숫자에 따라 차등 지원한다. 지방정부의 인구 숫자나 욕구가 많다고 판단되는 경우에 더 많은 재정을 지원하는 것이다. 지역간 불평 등의 문제를 극복할 수 있는 반면, 중앙정부의 재정부담은 상대적으로 커질 수 있는 단점이 있다.

(4) 절차적 규제

중앙정부가 지방정부에 재정지원을 할 때 어떤 프로그램에 대해서는 운영에서 일정한 절차를 요구한다. 이는 프로그램을 운영할 때 지방정부의 남용과 오용을 막고, 중앙정부가 바라는 가장 기본적인 목표 인권의 존중, 시민참여 등을 이루고 있는가를 조사하기 위해서이다.

그러나 프로그램 규제의 경우 대상자격, 급여수준, 세부적 전달과정 등에 관해 지방정부의 자율성부재 등을 들 수 있다. 예를 들면, 국민기초생활보장제도는 국고 보조사업으로 중앙정부의 프로그램 규제 등을 받는다. 그리고 노인, 장애인, 정신요양시설 운영에 대한 분권교부세(한시적 총액보조금 형태) 지급 등이 해당된다.

4) 정부와 민간부문의 혼합체계

오늘날의 복지국가 위기 시대에서 이른바 '민영화'의 이름으로 강조되는 경향이 있다. 대체적으로 사회복지 프로그램의 운영은 민간부문이 하도록 하되, 정부가 민간부문에 재정지원을 하면서 일정한 조건들을 붙여 여러 가지의 규제를 한다. 이는 민간부문의 시장원리에서의 장점들을 중앙정부와 지방정부의 혼합체계에 비하여 더 크게 살릴 수 있다는 장점이 있다.

민간전달체계를 활용한 공공 사회복지정책의 집행으로 그 유형은 첫째, 계약 방식으로 재원은 정부가 지원하고 행정이나 운영은 민간이 담당하는 사회복지시설의 위탁운영과 같은 것이다. 즉 정부와 민간부문과의 계약형태이다. 정부와 민간부문의 혼합체계 가운데 대표적인 형태는 정부가 제공할 재화나 서비스를 민간부문이 제공하도록 하는 대신, 그것에 소요되는 비용을 정부가 부담하는 것이다. 둘째, 재정보조 방식으로 정부가 민간 사업비의 일정액을 지원한다. 정부의 민간부문에 대한 재정보조형태이다. 정부가 민간부문 사회복지기관에 단순히 재정보조만 해주고 어떠한 규제도 하지 않는 것이다. 무조건적으로 서비스를 지원하는 형태이다.

셋째, 단순관리 방식으로 재정지원 없이 민간에 대해 정부가 규제나 관리하는 것으로 퇴직금제도 등이 이에 해당한다.

정부와 민간 혼합체계의 장점은 민간부문의 장점들 즉 창의성, 융통성, 효율성, 선택의 자유, 접근성을 살릴 수 있으며, 규모의 경제, 평등의 달성 등의 면에서 불리하다.

5) 순수 민간전달체계

재원과 운영을 모두 민간이 담당하는 체계로서 민간복지법인이나 시설, 기업복지 등이나 현대 복지국가에서 정부의 재정지원 없는 순수한 형태의 민간부문은 매우 적다.

순수 민간부문은 사회복지 재화나 서비스들 가운데 재원과 운영 모두를 민간부문에서 책임지는 것은 극히 드물다. 이는 복지국가의 목표상 재원과 운영 모두를 민간부문에 맡길 경우 전술한 민간부문의 단점들이 너무 크게 나타나기 때문이다.

순수 민간전달체계의 장점은 창의성, 융통성, 효율성, 선택의 자유, 접근성 등이 높으나 평등의 달성, 규모의 경제, 정책의 안정성 및 통합조정 가능성 등의 면에서 불리할 수 있다.

6) 전달체계의 전략

전달체계 선택의 기본요소는 정책목표와 이념, 급여내용, 재정여건, 기술과 인력 등이 전달체계 선택에 영향을 미칠 수 있는 요소이다.

전달체계 선택의 본질은 합리적인 전달체계의 선택과정은 객관적인 검토요인은 물론 주관적인 정책결정권자의 의지와 가치관 그리고 관련 집단의 영향력이 중요한 변수가 되기도 한다.

따라서 전달체계의 전략은 미시적 차원에서 바람직한 전달체계 구성에 관한 쟁점이다.

(1) 의사결정의 통제와 권한 배분

① 조정(coordination)

전달체계가 보다 통합적, 포괄적으로 발전되는 것을 목표로 이에는 행정적 단일화(centralization), 기관과의 연합(federation), 사례별 협동(case-level collaboration) 등을 들 수 있다.

② 시민참여

기관과 클라이언트간에 의사결정의 권한을 재분배하는 것을 목표로 허위참여(pseudo-participation), 명목적 참여(tokenism), 재분배적 참여(redistributive participation)로 나눌 수 있다.

(2) 전달체계의 수와 단위 형태 구성

① 전문화된 접근구조(specialized access structure)

전달체계의 권한이나 역할을 바꾸지 않고, 클라이언트가 좀더 전달체계에 쉽게 접근할 수 있도록 이를 돕는 전문화된 기구를 새로이 만들거나, 사회복지서비스 안내소 또는 안내 네트워크를 구축한다든지 할 때 전문화된 구조가 요구된다. 그러나 서비스의 단편화와 복잡성을 증가시킬 우려가 있으며, 기존 기관에서의 의뢰와 발굴서비스 등을 감소시킬 우려 등이 존재한다.

② 의도적 중복(purposive duplication)

기존 전달체계에서 이용 가능한 서비스를 중복해서 제공함으로써 서비스의 효과성과 발전을 도모하는 전략으로 비용 부담의 문제, 쓸데없는 갈등과 단편성 증가의 우려가 존재한다.

(3) 전달체계의 평가기준

재화나 서비스는 다양하고 또한 이러한 재화나 서비스는 서로 다른 속성들을 갖고 있다.

① 사회복지 재화나 서비스들은 그것들의 공공재적인 성격의 정도와 외부효과의 크기에 있어 차이가 있다. 주로 어떤 재화나 서비스들은 공공재적 성격이 강하고 외부효과(내가 부담하지 않고도 남이 부담함으로써 나도 이득을 볼 수 있는 것)가 크기 때문에 세금의 형태로 모든 사람에게 강제로 부담시켜야 할 필요가 있는 것이다. 대표적으로 의료서비스

나 교육, 아동복지를 위한 재화나 서비스들이 있다.

② 어떤 재화나 서비스들은 또한 소비자들이 합리적으로 선택할 수 있는 가능성에서도 차이가 있다. 소비자들의 합리적 선택이 어려운 속성을 갖는 재화나 서비스를 민간부문에서 제공하게 되면 비효율적인 배분이 일어나게 된다. 대표적으로 의료서비스가 있다.

③ 어떤 사회복지 재화나 서비스들은 대규모로 혹은 강제적으로 제공하는 것이 기술적인 측면에서 바람직할 수 있다. 대표적으로 사회보험이 있는데 보험 프로그램은 가입자가 많을수록 보험의 대상위험에 대한 분산효과가 커져 재정안정이 되기 때문에 보험료는 적어지고 보험금은 커진다. 따라서 이러한 보험은 정부에서 제공하는 것이 바람직하다.

④ 어떤 사회복지 재화나 서비스들은 여러 전달체계에서 보완적으로 제공되는 것이 바람직할 수 있다.

전달체계의 측면에서 그 전달체계가 얼마나 바람직한지 판단하는 기준은 다음과 같다.

① 전달체계가 얼마나 평등(소득재분배) 혹은 사회적 적절성의 목표를 이룰 수 있는가?

② 얼마나 통합적인가?

③ 얼마나 지속적인가?

④ 얼마나 효율적인가?

⑤ 얼마나 경쟁적인가?

⑥ 얼마나 재화나 서비스에 쉽게 접근할 수 있는가?

⑦ 얼마나 수급자의 욕구에 대응적이고 책임적인가?

⑧ 얼마나 수급자의 선택의 자유를 넓힐 수 있는가?

⑨ 얼마나 수급자들의 서비스에 대한 남용과 오용을 막을 수 있는가?

전달체계의 유형과 평가는 재원을 누가 부담하는가, 재화나 서비스는 누가 제공하는가, 누가 조정하는가에 따라 분류할 수 있다.

찾 아 보 기

【한글】

ㄱ

ㄴ

ㄷ

ㄹ

ㅁ

ㅂ

ㅅ

ㅊ

ㅋ

ㅌ

ㅍ

【영문】

I

L

M

N

O

R

S

W

기타

참고문헌

- 강영실 외, 사회문제론, 대왕사, 2013
- 강영실, 사회복지정책의 이해, 신정, 2012
- 강욱모 외 14인 공저, 21세기 사회 복지 정책, 서울:청목출판사, 2013
- 강혜규·박세경, 사회보장부문의 서비스 전달체계 연구, 한국보건사회연구원, 2016
- 곽노완, "기본소득과 21세기 대안사회로의 이행전략", 제4회 맑스꼬뮤날레 학술문화, 2012
- 곽효문, 복지국가론, 제일법규제 단체세션 자료집:한국의 기본소득 모델과 이행의 연구, 2013
- 구인회, "한국복지국가의 성격과 전망: 복지국가 유형론을 넘어", 한국사회포럼, 자료집:, 2012
- 권봉안, 건강교육과 보건학의 이해, 한미의학, 2015
- 김강석, 19세기 영국 구빈정책의 실제, 학지사, 2013
- 김경미, 영국의 신구빈법에 관한 연구, 석사논문, 2011
- 김교성, "기본소득 도입을 위한 탐색적 연구", 사회복지정책36권 2호, 2010
- 김기원, 공공부조, 학지사, 2012
- 김기원, 공공부조론, 학지사, 20012
- 김기원, 공적부조론, 학지사, 2011
- ______, 한국 사회복지 정책론, 나눔의 집, 2013
- 김기태 외, 사회복지의 이해, 박영사, 2013
- 김대빈, 우리나라 고령자 고용 활성화 정책에 관한 연구, 상명대학교 박사논문, 2014
- 김문길, 스웨덴의 사회보장과 사회통합을 위한 정책목표와 시사점, 국제사회보장동향, 2012
- 김미혜, "고령자 직업훈련의 정책대안", 「고령화사회와 노인인력 활성화방안」, 한국노년학회세미나, 2014
- 김상균, 현대사회와 사회정책, 서울대출판부, 2012
- 김성순, 고령사회정책론, 홍익사, 2012
- 김성옥, 사회복지윤리와 철학, 청목출판사, 2011
- 김영모, 사회정책, 한국복지정책연구소 출판부, 2012
- 김영모, 현대사회보장론, 한국복지정책연구소 출판부, 2014
- 김영화 외, 사회정의 실현을 위한 사회복지정책론, 삼우사, 2015
- 김유성, 한국사회보장김원, 독일문화의 이해 p293, 부산외국어대학교 출판부, 2011

- 김익균 외, 사회복지법제, 교문사, 2012
- 김익균 외, 사회복지법제, 교문사, 2013
- 김자경, 영국 빈민구제의 성격에 관한 연구, 석사논문, 2012
- 김정기 외 2명, 사회복지의 역사, 나남출판사, 2013
- 김정헌, 복지국가론, 대명, 2013
- 김정호, 독일의 사회보장제도의 발전과정과 통일후의 방향법론, 법문사, 2012
- 김종수, 스웨덴 사회복지의 유형과 발전상, 도서출판 한울, 2012
- 김진구, "복지국가 위기와 대안적 소득보장제도의 모색", 『협성논총』 13집, 2012
- 김진수, "통일에 대비한 인구 이동 및 사회복지 대책 방안에 관한 연구", 사회정책학회, 2013
- 김태성 외, 빈곤과 사회복지정책, 청목출판사, 2012
- 김태성 외, 사회보장론, 청목출판사, 2011
- 김태성 · 김진수, 사회보장론, 청목출판사, 2011
- 김태성 · 성경륭, 복지국가론, 나남, 2012
- 김태성 · 손병돈, 빈곤과 사회복지정책론, 청목, 2012
- 김태진, 사회보장론, 대구대학교 출판부, 2013
- 김태진, 사회복지보장론, 대구대학교 출판부, 2013
- 김혜원, "사회서비스 분야 사회적 기업은 지속가능한가", 노동리뷰 통권 제27호, 2012
- 남궁근, "비교정책연구: 방법, 이론, 적용", 서울: 법문사, 2013
- 남기만, 사회복지 정책론, 학지사, 2014
- 남세진 편, 한국사회복지론, 나남출판, 2012
- 남찬섭, "한국복지국가의 성격과 전망", 한국사회포럼 2008 자료집, 2012
- 남철현, 질병예방관리와 건강증진, 계축문화사, 2012
- 노동부, "사회적 일자리 창출 방안 연구", 한국노동연구원, 2013
- 노동부, 노동백서, 2013
- 노시평 외 3인, 사회복지정책, 대경출판사, 2012
- 모지환 외, 사회보장론, 학지사, 2012
- 문보경, "사회적 기업 인증요건에 대한 검토와 개선방안 모색", 노동부 주관 사회적 기업 정책 포럼 발제문, 2012
- 문진영, 국민기초생활보장법제정의 쟁점과 전망, 계명여성학세미나자료집, 2011
- 문진영, 영국의 복지제도 발달과정에 관한 고찰, 석사논문, 2011
- 문형표, 「국민연금제도의 재정건실화를 위한 구조개선방안」, 한국개발연구원, 2011

- 미쉬라 저, 김한주 · 최경구 역, 복지국가위기론, 범문사, 2013,
- 미쉬라 저, 표갑수 · 장소영 역, 사회이론과 사회정책, 한국복지정책연구, 2012
- 박광준, 사회복지의 사상과 역사, 양서원, 2002
- ______, 페비안사회주의와 복지국가의 형성, 대학출판사, 2012
- 박병현,『사회복지정책론-이론과 분석』, 학현사, 2012
- ______, 복지국가의 비교, 공동체, 2013
- 박병현, 사회복지정책론, 현학사, 2012
- 박병현, 사회복지정책론, 현학사, 2014
- 박상섭, 자본주의국가론, 한올, 2012
- 박석돈, 사회보장론, 공동체, 2016
- 박석돈, 사회보장론, 양서원, 2016
- 박옥희, 장애인복지론, 학문사, 2013
- 박웅섭, 학습목표에 맞춘 보건관리, 보문각, 2010
- 박응격 외, 독일사회복지론, 엠-애드, 2011
- 박종삼 외, 사회복지학개론, 학지사, 2012
- 박차상, 사회복지정책학, 형설출판사, 2013
- 변재관, "고령자 고용 정책의 개선방안" 사회일자리창출을 중심으로,「고령화사회와 노인인력 활성화 방안」, 한국노년학회세미나, 2012
- 보건복지부, "일자리, 기회, 배려"를 위한 능동적 복지실천계획, 2013
- 사 레비탄 · 가트 맨굼 · 스테픈 맨굼 공저, 미국의 사회보장제도, 나남출판, 2011
- 서정희 · 조광자, "새로운 분배제도에 대한 구상: 기본소득과 사회적 지분급여 논쟁을 중심으로", 사회보장연구 24권 1호, 2011
- 성철 외 공저, 사회복지학개론, 서울 : 동인, 2013
- 송근원, 사회복지와 정책과정, 대영문화사, 2012
- 송근원 · 김태성 공저, 사회복지 정책론, 나남출판, 2013
- 송병건, 영국 산업혁명기 구빈법의 변천과정에 관한 연구, 석사논문, 2011
- 송정부, 사회복지원론, 경진사, 2012
- 송정부, 사회복지학총론, 나눔의 집, 2011
- 송호근 편, 세계화와 복지국가, 나남출판, 20011
- 송호근, 시민과 복지정치, 사회비평사, 2013
- 신광영, 스웨덴 사민주의와 경제정책, 사회비평 제 4호, 한울, 2013

• 신섭중 외 공저, 세계의 사회보장, 유풍출판사, 2012
• 신섭중, 사회보장 정책론 , 대학출판사, 2011
• 신섭중, 세계의 사회보장, 유풍출판사, 2010
• 신수식, 사회보장론, 박영사, 2012
• 신재명, 사회복지학 총론, 2011
• 심일섭 외, 사회복지철학과 복지정책, 학문사, 2011
• 심일섭 외, 사회복지철학과 복지정책, 학문사, 2013
• 심창학, "사회적 기업의 개념 정의 및 범위 설정에 관한 연구:유럽의 사회적 기업을 중심으로", 사회보장연구 23(2), 2012
• 안종범, 연금제도의 문제점과 개선방안, 1999년도 추계학술대회 발표논문집, 한국재정학회, 20112
• 양정하 · 임광수 · 이명현 · 황인옥 · 신현석 공저, 사회복지정책론, 양서원, 2011
• 에다 톱 리스 저, 이준우 옮김, 장애인을 책임지는 사회 - 현대 영국의 장애인 복지정책, 여수룬, 2012
• 오건호, 연구보고서:진보의 눈으로 국가재정 들여다보기, 사회공공연구소, 2009a
• ______, "이명박 정부의 국가재정 운용의 문제점과 진보적 대안재정전략", 『사회공공연구소 1주년 기념 토론회 자료집』, 2009b
• 원석조, 사회보장론, 양서원, 2011
• ______, 사회복지역사의 이해, 양서원, 2011
• 원석조, 사회복지정책학원론, 양서원, 2010
• 원석조, 사회복지정책학원론, 양서원, 2012
• 이관우, 독일문화의 이해 , 학문사, 2011
• 이명현, "복지국가 재편을 둘러싼 새로운 대립축:워크페어 개혁과 기본소득 구상", 『사회보장연구』 22권 3호, 2012
• 이영찬, 영국의 복지 정책, 나남출판, 2012
• 이영찬, 영국의 복지정책, 나남출판, 2012
• 이영환, 한국 사회와 복지정책-역사와 이슈, 나눔의 집, 2013
• 이인재 외, 사회보장론, 나남출판, 2012
• 이인재, 사회보장론, 나남출판사, 2013
• 이인재 · 류진석 · 권문일 · 김진구, 사회보장론, 나남, 2012
• 이정서 · 김상철 공저, 한국사회복지정책론, 청목출판사, 2012

- 이정우, 사회복지정책, 학지사, 2013
- 이종수 · 윤영진 외-새 행정학, 대영문화사, 2011
- 이준영 · 김제선 · 박양숙, 사회보장론, 학지사, 2015
- 이중엽, 사회복지법제, 유풍출판사, 2013
- 이태수, "이명박정부의 복지정책, 어디로 가나", 광주대학교 대학원, 2014
- 이택구, 질병의 예방과 관리, 계축문화사, 2911
- 이헌근, 스웨덴 복지정치, 신지서원, 2001
- 이현주 외, 공공부조와 사회복지서비스의 체계분석 및 재편방안, 보사연, 2013
- 임종대 외, 독일이야기2, 거름, 2013
- 임희규, 스웨덴의 사회복지와 노인복지에 대한 고찰, 안산1대학 논문집 2011년 20호, 2012
- 장길훈 · 이용하 · 정기룡, 국민연금 기금운용의 개선방안:선진국의 기금운용 비교 연구, 국민연금연구센터, 2012
- 장인협 · 오정수, 아동 · 청소년 복지론, 서울 대학교 출판부, 2013
- 전광석, 독일사회보장법론, 법문사, 2011
- 전재일 · 배일섭 · 정영숙 공저, 사회복지정책론, 형성출판사, 2013
- 정경실, 국민기초생활보장제도의 집행에 관한 연구, 서울대학교석사논문, 2011
- 정은하, "노인의 취업훈련, 어떻게 봐야할 것인가", 「노인의 취업훈련 어디로 가야할 것인가」, 서울노인복지센터, 2014
- 정이환, 현대 노동시장의 정치사회학, 후마니타스, 2012
- 정정길, 정책학원론, 대명출판사, 2011
- 조병희, 질병과 의료의 사회학, 집문당, 2015
- 조성한 외 3인, 사회복지정책론, 법문사, 2013
- 조영복, "제1차 사회적 기업 인증 결과와 과제", 노동리뷰 통권 제35호, 2013
- 조원탁 외 9명, 사회보장론, 학지사, 2016
- 조지 · 윌딩 공저, 원석조 · 강남기 공역, 이데올로기와 사회복지, 홍익재, 2010
- 최선화 외, 사회문제와 사회복지, 경기:양서원, 2011
- 최혜경, "기본소득제 토론문" 진보신당 상상연구소주최 월례토론회 '기본소득제, 우리의 대안인가', 2011
- 칼 드 슈바이니츠 지음, 남찬성 옮김, 영국사회복지 발달사, 인간과 복지, 2012
- 한국노동연구원, "영국의 사회적 기업", 국제노동브리프, 2013
- 한국복지연구회, 사회복지의 역사, 이론과 실천, 2012

- 한국사회과학연구소 사회복지연구실 편, 세계의 사회복지, 인간과 복지출판사, 2011
- 한국사회과학연구소 편, 복지국가의 형성, 믿음사, 2011
- 한국사회복지학연구회 역, 변화하는 복지국가, 인간과 복지, 2012
- 허구생, 빈곤의 역사, 한울아카데미, 2010
- 허선, 한국공공부조 사업의 변화와 전망, 중앙사회복지연구회, 2013
- 허창무, 딜라드 저, 케인즈 경제학의 이해, 지식산업사, 2008
- 홍익제, 사회복지의 역사, 한국복지연구회, 2012
- 황진수, 현대복지행정론, 대영문화사, 2013

- 국민연금관리공단 : http://www.npc.or.kr
- 공무원연금관리공단 : http://www.gepco.or.kr/
- 국방부/복지보건관실(군인연금) : http://www.mnd.mil.kr/
- 사립학교교직원연금관리공단 : http://www.ktpf.or.kr/
- 국회도서관 http://www.nanet.go.kr(세미나, 논문자료)
- 보건복지부 홈페이지 http://blss.mohw.go.kr/2003.11.14~25
- http://www.pensionforum.net
- http://boheom.emoney.co.kr
- http://www.socialwork.ne.kr
- http://www.nanet.go.kr
- http://www.americanhistory.or.kr
- http://www.komericanjournal.com
- http://biznlaw.joins.com
- http://www.on-nuri.co.kr

- Ambrose, Peter, 2011, "Holism and Urban Regeneration" Susan Balloch and M.Taylor ed., Parternership Working, Bristol: The Policy Press
- Amiti Etzioni, 1967, "Mixed Scanning: A Third Approach to Decision Making", Public Administration Review, Vol,27, No. 5, December
- Beveridge, W. 1958, Social Insurance and Allied Services, London: Her Majesty's Stationery Office.
- Butrica, B.A., Lams, H.M., & Smith, K.E. , 2011, The changing impact of Social Security on retirement income in the United States. Retrieved from http://www.ssa.gov/policy/

docs/ssb/v65n3/v65n3p1.html

- Coulson. A, 1997, " Transaction Cost Economics and its Implication for Local Government Studies, 23-1.
- Difference Between Net. (n.d.), 2013, Difference between SSI and SSA. Retrieved September, 2013, http://www.differencebetween.net/business/finance-business-2/difference-between-ssi-and-ssa/
- Dinitto, Diana M., & Dye, Thomas R. 1968, Social Welfare, New York, Prentice Hall
- Obama Care Facts. Obama Care Facts, 2012, Facts on the Obama Health Care Plan. Retrieved from http://obamacarefacts.com/obamacare-facts.php
- The U.S. Social Security Administration. January, 2013, Difference between Social Security disability and SSI disability. Retrieved from http://ssa-custhelp.ssa.gov/app/answers/detail/a_id/245/~/difference-between-social-security-disability-and-ssi-disability
- The U.S. Social Security Administration. Social Security: Understanding the benefits. Retrieved from http://www.socialsecurity.gov/pubs/EN-05-10024.pdf, 2013
- Ackerman, Bruce & Alstott, Anne, 2013, The Stakeholder Society. Yale University Press, 2010
- Ackerman, Bruce & Alstott, Anne, 2013, "Why Stakeholding?" Politics & Society 32(1)
- Ackerman, Bruce & Alstott, Anne, 2011, "Macro-Freedom." Redesigning Distribution. Wright, Erik O. (ed.). Verso.
- Allerbeck, Jennings&Rosenmayr, 1999, "Generations and Families", in Barnes &Kaase (Eds.), Political Action, pp. 487-522, Beverly Hills, CA:Sage Publication.
- Bergman, Barbara. 2004. "A Swedish-style welfare state or basic income: which should have priority." Politics & Society 32(1): 107-118.
- Blaschke, Ronald. 2006. "Sklaverei der Lohnarbeit als Ziel?: Kritik der Kritik von Rainer Roth am Bedingungslosen Grundeinkommen."
- Crouch, Colin. 2004. Post-Democracy. Polity Press.
- Esping-Anderson, G., 1990, Three world of welfare capitalism, Princeton, N.J.: Princeton Univ. Press
- Gilbert, N. & H. Specht, ed, 1973, Dimention of Social Welfare Policy , N.J: Prentice Hall, Inc.
- Gilbert Specht, 1974, *dimensions of Social Welfare Policy* (N.J : Prentice Hall, Inc.)

- Glyn, Andrew. 2006. Capitalism Unleashed: Finance, Globalization and Welfare. Oxford University Press.
- Handler, J. & Bobcock, A. 2006. "The Failure of Workfare: Another Reason for a Basic Income Guarantee." Basic Income Studies 1(1).
- Hardt, Michael & Negri, Antonio. 2000. Empire. Harvard University Press.
- Raventós, Daniel. 2007. Basic Income: The Material Conditions of Freedom. Pluto Press.
- Rifkin, Jeremy. 1995. The End of Work: The Decline of the Global Labor Force and the Dawn of the Post-Market Era. Putnam Publishing Group.
- Shipler, David K. 2005. The Working Poor: Invisible in America. Vintage Books.
- Van Parijs, Philippe. 2006. "Basic Income versus Stakeholder Grants: Some afterthoughts on how best to redesign distribution." Redesigning Distribution. Wright, Erik O. (ed.). Verso.
- Wright, Erik O. 2004. "Basic Income, Stakeholder Grants, and Class Analysis." Politics & Society 32(1): 79-87.
- Aiken, M., 2006, "Towards Market or State? Tensions and Opportunities in the Evolutionary Path of Three Types of UK Social Enterprise." in M. Nyssens(ed.). *Social Enterprises in Europe?: Between Market, Public Policies and Communities*. London: Routledge.
- Aiken, M. and Roger Spear, 2005, "Work Integration Social Enterprises in the United Kingdom."EMES. Working Papers no 05/01
- Amin a, Cameron A. and Hudson R., 2002, *Placing the Social Economy*. London: Routledge Birkhŏzer, K., 1996, "Social Economy, Community Economy" in *People's Economy: Wirtschaft von Unten*(R. Dŏing, H. Kegler, and K. Zimmerman eds.) Dessau: Bauhaus Dessau Foundation.
- Bootstrap Enterprises. www.bootstrap-enterprises.org.
- Claessens, S., 2003, "Corporate Governance and Development". Global Corporate Governance Forum Focus 1. Washington: World Bank.
- Cornforth, C., 2003, "The Governance of Voluntary and Community Organizations: An Overview". Co-opratives UK.
- Clark J. and Newman J., 1997, *The Managerial State*. London: Sage
- Defourny, J., 2004, "Social enterprise in an enlarged Europe: concept and realities". Second

conference on social economy in the central and eastern european country.('Social entrepreneurship & Economic efficiency'). Krakow, Poland, 27-28. act.2004.1-21.(http://www.emes.net/fileadmin/emes/PDF_files/Articles/Defourny/Defourny.Soc.ent.CEE.3.06.pdf
- DTI., 2002, *Social Enterprise. A Strategy for Success.*
- DTI., 2005, *A Survey of Social Enterprises Across the UK.*
- DTI., 2006, "Social Enterprise Unit in the Small Business Service". http://www.sbs.gov.uk/sbsgov/, May 2006.
- Governancehub. http://www.governancehub.org.uk
- Green-Works. http://www.green-works.co.uk.
- Haugh, H., 2005, "A Research Agenda for Social Entrepreneurship. *Social Enterprise Journal* 1(1)
- Jessop, B., 1998, "The Rise of Governance and the Risks of Failure: The Case of Economic Development". *International Social Science Journal* 155. UNESCO London CRN., 2008, http://www.icrn.org.uk/recycle/search/organization?organization=105
- Ken Young, 2002, Deborah Ashby, Annette Boaz and Lesley Grayson July 2002.
- Myrdal, A., 1968, Nation and Family : the Swedish experiment in democratic family and population policy, Londin: The M.I.T. Press.
- National Council for Voluntary Organization, 2007, Governance and Social Enterprise. Executive Summary Report.
- Paton, R., 2003, *Managing and Measuring Social Enterprises.* London: Sage
- Pollitt, C. 1993, *Managerialism and the Public Services.* (2nd edition). Oxford: Basil Blackwell.
- Sharpen, C., 2006, Social Enterprise under the Microscope: Comparing and Contrasting Green-Works and ReBoot. *Social Enterprise Journal.* 2(1).
- Social Enterprise Coalition. 2003, A Guide to Social Enterprise.
- Social Enterprise London, 2002, Social Enterprise Guide to Recycling.
- Spear, Roger, 2007, "For Love and Money: Governance and Social Enterprise". Executive Summary Report. Governance Hub.
- Spear, R., C. Cornforth and M. Aiken. 2007, "For Love and Money: Governance and Social Enterprise". Report. Governance Hub.
- *Partnerships in Urban Governance.* London: MacMillan Press.

- ________, 2004, *Transforming Local Governance*. London: Palgrave.
- Schimitter, P.C.,1974, "Still the Century of Copotratism?" Review of Polictics, Vol.36
- Social Policy and Society, Volume1, Issue03, July 2002, pp.215-224.
- Stoker, G., 1998, "Public-Private Partnerships and Urban Governance" in J. Pierre(ed).
- Tawney, R.H., 1964, Radical Tradition., London: Penguin Books
- Titmus, R.M., 1969, Social policy: An Introduction, Lincoln: Allen & Unwin
- Titmus, R.M., 1971, The Gift Relationship, Allen& Urwin, London
- Townsend, P. 1970, Sciology and Social policy, London: Penguin Books
- Uhlenberg, P. 2000, "Introduction Why Study Age Integration?", The Gerontologist, Vol. 40, No.3.
- Wilensky, H.L., 1975, The Welfare state and Equality: Structural and Ideological Roots of Public Expenditure, Berkeley: Univ., of California Press.
- Hasenfield, Y., 1968, Public policy-Makinh Reexamine Pennsylvania: Chandler Publishing Company.
- Young, I. M. (1999), Justice and the policies difference, Preston, NJ: Prinston University Press.
- Weber. M., Economy and Society, Vol.3. Trans. by G. Roch and C. Wittich, New York: Bedmister Press.
- Zastrow, C. (1990), Introduction Social Welfare: Social Problem Service and Current Issues (4th. Ed.), Belmont, Ca: Wardsworth Publishing Company.

저자 약력

김경우

주요경력

현) 을지대학교 교수

- 프랑스 엔티앙폴리스 사회복지정책과정 수료
- 국민대 대학원 사회복지정책학 박사
- 한국사회복지지원학회회장
- 공보처 KFL 홍보조사부장(3급)
- 경기도 정책자문위원
- 국가민주평통자문위원
- 교육과학기술정책자문위원
- 서울시 정책모니터 위원, 성남시 정보센터 센터장, 성남시사회복지협의회 회장
- 現) 한국사회복지연구소장 및 정책자문위원
- 現) 한국운동재활협회부회장, 경기도 사회복지자문위원, 경기도사례관리전문요원, 성남시 사회복지정책자문위원, 위기가정사례관리심의위원, 경기도노인학대예방센터 자문위원, 사회단체 보조금지원 심의위원회, 21세기 사회복지학회 부회장

- 現) 을지대학교 중독재활복지학과 교수, 을지대학교 대학원 중독상담학과 학과장

사회보장론

2017년 9월 20일 제1판제1인쇄
2017년 9월 25일 제1판제1발행

저 자 김 경 우
발행인 나 영 찬

발행처 **MJ미디어**

서울특별시 동대문구 천호대로 4길 16(신설동)
전 화 : 2234-9703/2235-0791/2238-7744
FAX : 2252-4559
등 록 : 1993. 9. 4. 제6-0148호

정가 25,000원

ISBN 978-89-7880-266-6
www.kijeonpb.co.kr